中国法治实践学派书系

法治的中国实践和中国道路

张文显 著

人民出版社

本 书 系

国家2011计划 · 司法文明协同创新中心

系列成果

中国法治实践学派书系编委会

中国法治实践学派书系
顾问和学术委员会

总　序

中国法治实践学派是对法治中国伟大实践的理论回应。

1999年，《宪法》修正案规定："中华人民共和国实行依法治国，建设社会主义法治国家。"中国终于选择了法治道路，并将之载入具有最高法律效力的宪法。

2014年，中共中央出台《关于全面推进依法治国若干重大问题的决定》。这是中国共产党的法治宣言书，是法治中国建设的总纲领。

法治中国建设是一场伟大的政治实验。这场伟大实验的目标是开创一条中国自己的法治道路。这场伟大实验正在给中国带来深刻的变革。反腐败斗争正在改变中国的官场生态，立法正在朝着科学化方向发展，政府正在努力将工作全面纳入法治轨道，司法改革正在朝着公正、高效、权威的目标加快推进，全社会厉行法治的积极性和主动性正在逐步增强。法治正在对全面深化改革发挥引领和规范作用。法治普遍规律的中国表现形式正在展现其不可忽视的影响力。虽然在前行的道路上，有暗礁，有险滩，有种种困难，但全面推进依法治国这场治理领域的深刻革命正在改变中国。

中国法学研究已经出现重大转向，这个转向以"实践"为基本特征。法治的生命在于实践。走进实践，以实践为师，成为一大批法学家的鲜明风格。"中国法治实践学派"正是对这种重大转向的学术概括。中国法治实践学派以中国法治为问题导向，以探寻中国法治发展道路为目标，以创新法治规范体系和理论体系为任务，以实践、实证、实验为研究方法，注重实际和实效，具有中国特色、中国风格、中国气派。

法治中国的伟大实践必然催生新思想、新理论，必然带来思想和理论的深刻革命，必然为普遍的法治精神形成创造条件。中国客观上正在进行一场持久的法治启蒙运动。在欧洲，发生在17—18世纪的启蒙运动的成就之一是孕育了一个在世界上占主导地位的法学学派——古典自然法学派。古典自然法学说成为新兴资产阶级反对封建压迫和争取民族独立的武器，成为美国《独立宣言》、法国《人权宣言》的理论基础。正是古典自然法学派的出现，私有财产神圣不可侵犯、契约自由、法律面前人人平等、罪刑法定等法治原则才得以提出。正是以古典自然法学派为代表的学术流派的形成，才使得西方法治理论、西方法治精神形成一个系统。启蒙运动、契约精神的弘扬、自然法学派的产生、现代法律体系的构建、西方法治理论和法治精神的形成，是一个合乎历史逻辑和社会实践的有机整体。启蒙运动从根本上打造了西方近现代意义上的法治精神。在中国，法治启蒙运动的一个伴生现象也必然是学派的形成。伴随这样一个法治启蒙运动，法治实践不断推进，法治理论不断创新，法学学派在中国兴起，法治精神终将成为社会的主流精神，法治终将成为信仰。

我们组织力量编辑出版"中国法治实践学派书系"，是为了强化中国法学研究的实践转向，展示中国法治理论的风貌，传播法治精神，支持中国法治的具体实践，扩大中国在世界上的法治话语权。我们每年精选若干具有代表性的著作，由人民出版社出版，形成系列。这些著作具有鲜明的问题导向，注重中国具体实践问题的探索，注重理论的实际效果。我们相信，这套书系一定会对法治中国建设发挥良好作用。

时代赋予我们一种不可推卸的责任，我们不会袖手旁观，我们不会推卸责任。"为天地立心，为生民立命，为往圣继绝学，为万世开太平"是我们从先贤那里汲取的精神，"知行合一"是我们坚守的信条。中国并不缺少高谈阔论，中国并不缺少牢骚抱怨，中国需要的是身体力行、脚踏实地的行动。我们愿意不遗余力地推动中国法治实践学派的发展，我们愿意在法治中国的伟大进程中奉献热血、辛劳和汗水，我们愿意在法治中国的伟大进程中殚精竭虑、鞠躬尽瘁。

法治关涉每个人的权利，法治关涉每个人的财富，法治关涉每个人的命运。让我们大家携起手来，一起行动，共同关注中国法治实践学派，共同编织法治中国梦想，共同为实现法治强国而奋斗！

钱弘道

2017 年 1 月 20 日

目录 CONTENTS

中国法治实践学派书系
法治的中国实践和中国道路

方兴未艾的中国法治实践学派（代序） /001

治国理政的法治理念和法治思维 /001

中国特色社会主义法治理论的科学定位 /037

书本的法理学与实践的法理学 /049

当代中国法哲学研究范式的转换 /061
　　——从阶级斗争范式到权利本位范式

坚定不移走中国特色社会主义法治道路 /088

改革开放新时期的中国法治建设 /102

法治中国的文化建构 /128

运用法治思维和法治方式治国理政 /163

法治中国建设的前沿问题 /185

法治与国家治理现代化 /207

法治：社会稳定与发展的机制 /239

市场经济与现代法的精神论略 /251

和谐精神的导入与中国法治的转型 /262

　　——从以法而治到良法善治

构建社会主义和谐社会的法律机制 /281

我国法律体系的"中国特色"和"中国经验" /309

建设中国特色社会主义法治体系 /316

中国法律制度创新的法理基础 /332

现代性与后现代性之间的中国司法 /352

　　——诉讼社会的中国法院

人民法院司法改革的基本理论与实践进程 /363

论司法责任制 /388

推进全球治理变革，构建世界新秩序　/411

全球化时代的中国法治　/435

方兴未艾的中国法治实践学派

（代　序）

近几年，一批法学家致力于推动中国法治实践学派的形成和发展，浙江、河北、江苏先后建立中国法治实践学派研究基地，一系列具有鲜明问题导向的"实证研究"、"实验式研究"相继开展。中国法治实践学派是对法治中国伟大实践的一种理论回应。中国法治实践学派以中国法治为问题导向，以实践哲学为理论基础，倡导实践主义精神和实是精神。它实际上反映了中国法学研究的一种走向，受到国内外的关注。作为一个风生水起、方兴未艾的新学派，今后必然在理论范式、基石范畴、方法论变革等方面进行深入研究。

一、关于中国法治实践学派的概念

"中国法治实践学派"这个学派名取得很好，顾名思义，它涉及的领域应当包括很多学科。这个学派覆盖的范围不限于法学。这不是一个简单的法学学派，而是包括若干学科比较宽泛的领域。从目前中国法治实践学派的研究状况看，涉及了法学、社会学、经济学、政治学、管理学、统计学等不同领域。因此，这个学派具有学科交叉的特征。客观上，中国法治建设作为一个系统工程，一定需要多种学科交叉的研究，而不应局限于法学学科。习近平总书记在谈到法学学科体系建设时，特别强调要大力推进法学与其他学科的交叉研究，不断扩充法学认知空间。中国法治实践学派概念的出现正是适应了法学与其他学科交叉的发展规律和趋势。

中国法治实践学派是一个以中国法治为问题导向的学派，是一个法学领域强调法治实践的学派。有很多领域都不同程度地强调了实践。法学领域，应当说强调实践还远远不够。我们过去更多的是以规则主义为中心的研究。这些年，特别是党的十八届四中全会提出建设中国特色社会主义法治体系以后，我们才从法律转向了法治，从规则转向了实践。中国法治实践学派可以说是这种转向的学术概括和提炼，非常及时。它更重要的意义是从学派角度提出一种方向，树立一面旗帜，倡导一种精神，这样就更能凝聚力量，为全面推进依法治国的伟大实践提供理论支撑。

二、中国法治实践学派理论上的"合法性"

任何理论或学派都有其理论渊源。中国法治实践学派也有其理论的基础和依据，因而有其理论上的合理性。这个理论的依据或合理性，我们也可以把它称为理论的"合法性"。

首先，马克思主义哲学就是实践唯物主义，马克思主义哲学认识论的核心概念就是"实践"。正是因为实践，它构架了主观世界与客观世界、认识主体与认识客体、思维与存在的关系。恩格斯讲思维与存在的关系是哲学的基本问题，那么破解这个基本问题的就是"实践"范畴。

其次，西方也有很多著名的法学家，把法学定位于实践科学。无论是现实主义法学派还是法律社会学派，甚至包括新分析法学派当中的一些法学家也有这样的论述。西方许多法学家把法学定位于实践科学，中国法治实践学派从这里也能找到其"合法性"的域外依据。

最后，最近我写了一篇文章，其中讲到习近平关于法治的思想一个鲜明特征就是"求真务实的实践思维"。这个特征具体表现在三个方面：第一，强调法治建设要从实际出发，立足于中国国情，走自己的道路；第二，强调要树立问题意识，增强问题导向，以问题为中心；第三，强调要尊重规律、探索规律、发现规律，还要遵循规律。

由此可见，从马克思到习近平，坚持唯物论和辩证法的思想家，都重视"实践"范畴和实践科学。从霍姆斯到庞德，从耶林到塞尔茨尼克，都强调法律是实践科学。这样，从古典马克思主义到当代马克思主义，中国法治实践学派能够找到其理论上的"合法性"。

三、中国法治实践学派需要努力达到的学术标准

中国法治实践学派倡导实践主义精神，在学术界举起了一面新的旗帜。中国法治实践学派前面的路还很长，需要作出许多开拓性的努力。如果要独树一帜，或者被公认为一个新兴学派，有三个根本性的学术标准必须达到：

第一个标准，这个学派一定要有自己的理论范式，一定要有自己的理论模型。也就是说，中国法治实践学派，要有自己对法治这个研究对象的存在和发展规律的本体论思维。我觉得这一点很重要。要让人们知道中国法治实践学派对"法治"，特别是"中国法治"，在本体论意义上的基本思维、根本解读。也就是说，这样一种理论的概括是什么？

第二个标准，就是它必须有自己的基石范畴，或者说有它的理论底座。一个学派肯定是一个理论体系，这个体系一定是建构在一个理论基石之上的。就像我们通常所说：马克思的经济学是建立在"剩余价值学说"之上的，马克思主义哲学是建立在"实践论"、"矛盾论"的基础上

的，西方法律经济学的基石范畴是"交易费用"、"制度"、"产权"等，德国卢曼的社会学理论体系是建立在"社会系统"基石范畴之上的。所以，中国法治实践学派要在总结研究成果的基础上提出或凝练属于自己的基石范畴和理论底座。没有基石范畴，就不可能形成自己的理论体系；没有理论底座，就不可能形成自己的理论大厦。

第三个标准，一定要推进方法论变革。每一种理论的革命都是以方法的革命为先导，以概念的革命为标志。一个新的学说形成了，首先是因为它有特别的研究方法，像西方的自然法学、分析法学、批判法学、经济分析法学等，都是一种新颖的研究方法。然后，以一种独立的眼光和视野探索人们面前的世界，进而得出很多好的观点、崭新的概念。

从上述三方面来讲，有待中国法治实践学派学术群体今后向中国法学界、学术界作出进一步的阐述、进一步的展示。中国法治实践学派仍是一个成长中的学派、打造中的学派，是"一个冉冉升起的太阳"，但这个太阳还没到"八九点钟"。要使它能够普照法学和法治大地，还需要艰苦的理论探索，因为一个学派需要上述三大理论标志。世界范围内任何称得上学派的法学流派都符合这三条标准，否则就谈不上是一个学派。我愿意和大家一起，从上述三个方面努力探索，为中国法治实践学派的发展提供一点理论资源和学术助力。收入本书的文章就是这方面的初步探索。对一个新生的、成长中的学术流派，中国法学界应当给予热情关注和大力支持，以形成中国法学各种风格的学派百花竞放的喜人局面。

治国理政的法治理念和法治思维 [*]

  党的十一届三中全会以来，我们党始终重视法治建设，把依法治国确定为党领导人民治理国家的基本方略，把依法执政确定为党治国理政的基本方式，并在实践的基础上初步形成了中国特色社会主义法治理论。党的十八大以来，以习近平同志为核心的党中央在全面推进依法治国、加快建设中国特色社会主义法治体系和社会主义法治国家的伟大实践中，创造性地发展了中国特色社会主义法治理论，创立了具有鲜明时代特征、理论风格和实践特色的关于法治的思想，为坚持和开拓中国特色社会主义法治道路奠定了思想基础，为推进法治中国建设提供了理论指引。习近平关于法治的思想是马克思主义法学思想中国化的重大理论成果，是中国特色社会主义法治理论的最新成果，体现了我们党在法治领域的理论创新和理论创新基础上的制度创新和实践创新，树立了理论发展守正创新的典范。

一、习近平对法治原理和中国特色社会主义法治基础理论的创新

  法治原理和中国特色社会主义法治理论是有关法治的本质、法治的普遍规律、现代法治的一般原理及社会主义法治的本质特征、内在要求、价值功

---

  * 本文发表于《中国社会科学》2017年第4期。

能、基本原则、发展方向、遵循道路等重大问题的理论。习近平创造性地发展了法治原理和中国特色社会主义法治理论，深刻回答了什么是法治、什么是社会主义法治，如何依法治国、建设社会主义法治国家和社会主义法治体系，如何推进法治中国建设，如何在法治轨道上推进国家治理体系和治理能力现代化，如何形成全面依法治国与全面小康社会、全面深化改革、全面从严治党相辅相成、相互促进、相得益彰的局面等一系列战略性、基础性、普遍性、前沿性重大问题。

（一）关于厉行法治、依法治国的战略意义的理论

与战略家邓小平同志一样，习近平总是首先从战略层面思考和推进法治建设和法治改革。从以下三个方面为依法治国进行了具有鲜明时代特点的战略定位。

第一，从人类政治文明和社会现代化的纵深深刻分析了法治与人治的关系，深化了依法治国的理论基础，夯实了厉行法治的政治信念。习近平指出："法治和人治问题是人类政治文明史上的一个基本问题，也是各国在实现现代化过程中必须面对和解决的一个重大问题。综观世界近现代史，凡是顺利实现现代化的国家，没有一个不是较好解决了法治和人治问题的。相反，一些国家虽然也一度实现快速发展，但并没有顺利迈进现代化的门槛，而是陷入这样或那样的'陷阱'，出现经济社会发展停滞甚至倒退的局面。后一种情况很大程度上与法治不彰有关。"[①] 这一分析击中了新中国成立以来之所以屡屡出现重大失误和严重错误的要害。新中国成立以后，我们党和国家很多重大的失误和颠覆性错误，都是人治造成的。基于对我国民主法治建设成功经验和惨痛教训的深入分析和对治国理政规律的深刻认识，党的十八届四中全会作出了全面推进依法治国的伟大抉择。在四中全会上，习近平指出："历史是最好的老师。经验和教训使我们党深刻认识到，法治是治国理

---

① 习近平：《在中共十八届四中全会第二次全体会议上的讲话》，见《习近平关于全面依法治国论述摘编》，中央文献出版社 2015 年版，第 12 页。

政不可或缺的重要手段。法治兴则国家兴，法治衰则国家乱。什么时候重视法治、法治昌明，什么时候就国泰民安；什么时候忽视法治、法治松弛，什么时候就国乱民怨。"①"人类社会发展的事实证明，依法治理是最可靠、最稳定的治理。"②

第二，在建设中国特色社会主义的总体战略布局中思考法治建设问题。党的十八大之后，习近平深入调研，探索新的历史时期和新的发展阶段中国特色社会主义的战略布局，提出了"四个全面"战略布局，并把依法治国放在这一总体战略布局之中统筹安排。他强调指出："没有全面依法治国，我们就治不好国、理不好政，我们的战略布局就会落空。"所以，"要把全面依法治国放在'四个全面'的战略布局中来把握，深刻认识全面依法治国同其他三个'全面'的关系，努力做到'四个全面'相辅相成、相互促进、相得益彰。"③"全面推进依法治国是关系我们党执政兴国、关系人民幸福安康、关系党和国家长治久安的重大战略问题，是完善和发展中国特色社会主义制度、推进国家治理体系和治理能力现代化的重要方面。我们要实现党的十八大和十八届三中全会作出的一系列战略部署，全面建成小康社会、实现中华民族伟大复兴的中国梦，全面深化改革、完善和发展中国特色社会主义制度，就必须在全面推进依法治国上作出总体部署、采取切实措施、迈出坚实步伐。"④"党的十八大提出了全面建成小康社会的奋斗目标，党的十八届三中全会对全面深化改革作出了顶层设计，实现这个奋斗目标，落实这个顶层设计，需要从法治上提供可靠保障。"⑤"我们提出全面推进依法治国，坚定

---

① 习近平：《在中共十八届四中全会第二次全体会议上的讲话》，见《习近平关于全面依法治国论述摘编》，第 8 页。

② 习近平：《在庆祝澳门回归祖国十五周年大会暨澳门特别行政区第四届政府就职典礼上的讲话》，见《习近平关于全面依法治国论述摘编》，第 63 页。

③ 习近平：《在省部级主要领导干部学习贯彻党的十八届四中全会精神全面推进依法治国专题研讨班上的讲话》，见《习近平关于全面依法治国论述摘编》，第 15 页。

④ 习近平：《关于〈中共中央关于全面推进依法治国若干重大问题的决定〉的说明》，见《习近平关于全面依法治国论述摘编》，第 7 页。

⑤ 同上书，第 5 页。

不移厉行法治，一个重要意图就是为子孙万代计、为长远发展谋。"①"全面推进依法治国，是我们党从坚持和发展中国特色社会主义出发、为更好治国理政提出的重大战略任务，也是事关我们党执政兴国的一个全局性问题。落实好这项重大战略任务，对推动经济持续健康发展、维护社会和谐稳定、实现社会公平正义，对全面建成小康社会、实现中华民族伟大复兴，都具有十分重大的意义。"②"依法治国是坚持和发展中国特色社会主义的本质要求和重要保障，是实现国家治理体系和治理能力现代化的必然要求。我们要实现经济发展、政治清明、文化昌盛、社会公正、生态良好，必须更好发挥法治引领和规范作用。"③"我们面对的改革发展稳定任务之重前所未有，矛盾风险挑战之多前所未有，依法治国地位更加突出、作用更加重大。我们必须坚定不移贯彻依法治国基本方略和依法执政基本方式，坚定不移领导人民建设社会主义法治国家。"④

第三，把推进法治中国建设、建设法治强国作为实现中华民族伟大复兴中国梦的核心战略要素。复兴梦就是强国梦，而法治是国家强盛的重要标志，认定国家强盛的诸多标准中，法治要算重要一项，习近平多次引用"国无常强，无常弱。奉法者强，则国强；奉法者弱，则国弱"⑤的古典法家经典，用来教育党和人民走奉法强国之路。法治梦与强国梦是相通的。从成文法数量和法律体系规模，我们已经成为一个法律大国，但还不是法治强国。在强盛的国家，法治成为国家与社会的核心价值，成为国家治理和社会治理的根本方式，成为支撑国家兴旺发达的强大力量；全社会尊重法治、信仰法治、坚守法治；宪法具有极大权威，法律具有普遍的实效，任何个人和组织都自觉地在宪法和法律的范围内活动；公民权利得到切实尊重和保障，国家

① 习近平：《在中共十八届四中全会第二次全体会议上的讲话》，见《习近平关于全面依法治国论述摘编》，第12—13页。

② 同上书，第7页。

③ 同上书，第4—5页。

④ 习近平：《在中共中央召开的党外人士座谈会上的讲话》，见《习近平关于全面依法治国论述摘编》，第4页。

⑤ 《韩非子·有度》，中华书局2010年版，第42页。

公权受到有效的约束和监督。同时，法治成为国家强大的软实力，在全球治理中，拥有与其悠久文明、经济实力、军事力量、安理会常任理事国的地位相当的话语权、决策权和规则制定权。

（二）关于坚持和拓展中国特色社会主义法治道路的理论

中国特色社会主义法治道路是中国特色社会主义道路在法治领域的具体体现。党的十八大闭幕后第三天，习近平在主持十八届中央政治局第一次集体学习时明确提出，中国特色社会主义是发展中国、稳定中国的必由之路。在十二届全国人大一次会议上当选国家主席后，习近平又意味深长地强调："这条道路来之不易，它是在改革开放 30 多年的伟大实践中走出来的，是在中华人民共和国成立 60 多年的持续探索中走出来的，是在对近代以来 170 多年中华民族发展历程的深刻总结中走出来的，是在对中华民族 5000 多年悠久文明的传承中走出来的"，[1] 深刻揭示了中国特色社会主义道路的深厚历史渊源和广泛现实基础。习近平还多次强调，我们这一代共产党人的任务，就是继续把坚持和发展中国特色社会主义这篇大文章写下去。在法治领域，写好这篇大文章，就是要始终坚持并不断拓展中国特色社会主义法治道路。

习近平指出："中国特色社会主义法治道路，是社会主义法治建设成就和经验的集中体现，是建设社会主义法治国家的唯一正确道路。"[2] "全面推进依法治国，必须走对路。如果路走错了，南辕北辙了，那再提什么要求和举措也都没有意义了。全会决定有一条贯穿全篇的红线，这就是坚持和拓展中国特色社会主义法治道路。中国特色社会主义法治道路是一个管总的东西。具体讲我国法治建设的成就，大大小小可以列举出十几条、几十条，但归结起来就是开辟了中国特色社会主义法治道路这一条。"[3] "在坚持和拓

---

① 习近平：《在第十二届全国人民代表大会第一次会议上的讲话》，载《人民日报》2013年 3 月 18 日第 1 版。

② 习近平：《关于〈中共中央关于全面推进依法治国若干重大问题的决定〉的说明》，见《习近平关于全面依法治国论述摘编》，第 24 页。

③ 习近平：《加快建设社会主义法治国家》，载《求是》2015 年第 1 期。

展中国特色社会主义法治道路这个根本问题上，我们要树立自信、保持定力。"① 对这一点，要理直气壮讲、大张旗鼓讲。习近平关于中国特色社会主义法治道路的重要论述以及十八届四中全会《中共中央关于全面推进依法治国若干重大问题的决定》（以下简称《法治决定》）向全党全国人民释放出了明确的信号，指明了全面推进依法治国的正确方向，对于进一步统一全党全国人民的认识和行动具有十分重要的意义。

如何准确把握中国特色社会主义法治道路？习近平高屋建瓴，将中国特色社会主义法治道路凝练为"三个核心要义"，指出：坚持党的领导，坚持中国特色社会主义制度，贯彻中国特色社会主义法治理论，"这三个方面实质上是中国特色社会主义法治道路的核心要义，规定和确保了中国特色社会主义法治体系的制度属性和前进方向"。② 所谓"要义"，就是实质性、本质性意义，就是精髓、决定性要素。在"要义"前面再加上"核心"二字，更凸显出坚持党的领导、坚持中国特色社会主义制度、贯彻中国特色社会主义法治理论这三个方面对于中国特色社会主义法治道路所具有的决定性意义和标志性特征。正是这三个"核心要义"，明示了中国特色社会主义法治道路的基本内涵和基本内容，确定了中国特色社会主义法治道路的根本性质和根本要求，描绘了这条道路的鲜明特征和鲜明标识。

在中国特色社会主义法治道路的三个核心要义中，党的领导是根本，中国特色社会主义制度是基础，中国特色社会主义法治理论是指导思想和学理支撑。在依法治国实践中，坚持中国特色社会主义法治道路，必须做到"五个坚持"，即坚持中国共产党的领导，坚持人民主体地位，坚持法律面前人人平等，坚持依法治国和以德治国相结合，坚持从中国实际出发，遵循法治发展规律。

在坚持中国特色社会主义法治道路的同时，还要与时俱进，不断推进理论创新、制度创新、实践创新，不断丰富三个核心要义的具体内容，不

---

① 习近平：《加快建设社会主义法治国家》，载《求是》2015 年第 1 期。

② 习近平：《关于〈中共中央关于全面推进依法治国若干重大问题的决定〉的说明》，见《习近平关于全面依法治国论述摘编》，第 23 页。

断拓展中国特色社会主义法治道路。党的十八大以来，以习近平同志为核心的党中央全面推进依法治国、加快法治中国建设，以新的理论和实践全面拓展了中国特色社会主义法治道路，使我国法治建设呈现出"全面推进"、"全民推进"、"加快建设"、"协调发展"、"转型升级"的新特征新局面。

（三）关于社会主义法治本质特征的理论

改革开放以来，我们党在坚持不懈地实践探索和理论总结中，形成了"坚持党的领导、人民当家作主、依法治国有机统一"这一概括中国特色社会主义民主政治和法治文明的重要思想。党的十八大以来，习近平以新论断新命题丰富和发展了"三统一"的理论，赋予其新的内涵和意义。

1. 首次把"三统一"凝练为我国社会主义民主法治建设的基本经验。习近平指出："把坚持党的领导、人民当家作主、依法治国有机统一起来是我国社会主义法治建设的一条基本经验。"[1]"在中国，发展社会主义民主政治，保证人民当家作主，保证国家政治生活既充满活力又安定有序，关键是要坚持党的领导、人民当家作主、依法治国有机统一。"[2] 这条基本经验也是一百多年来中国人民探索政治发展道路的基本结论，是中国社会 100 多年激越变革、激荡发展的历史结果，是中国人民翻身作主、掌握自己命运的必然选择。为此，要"紧紧围绕坚持党的领导、人民当家作主、依法治国有机统一深化政治体制改革，加快推进社会主义民主政治制度化、规范化、程序化，建设社会主义法治国家，发展更加广泛、更加充分、更加健全的人民民主"。[3]

---

① 习近平：《关于〈中共中央关于全面推进依法治国若干重大问题的决定〉的说明》，见《〈中共中央关于全面推进依法治国若干重大问题的决定〉辅导读本》，人民出版社 2014 年版，第 51 页。

② 习近平：《在庆祝全国人民代表大会成立 60 周年大会上的讲话》，载《人民日报》2014 年 9 月 6 日第 2 版。

③ 《中共中央关于全面深化改革若干重大问题的决定》，见《〈中共中央关于全面深化改革若干重大问题的决定〉辅导读本》，人民出版社 2013 年版，第 4 页。

2. 强调"三统一"的根本与核心是坚持党的领导。 习近平指出："我们强调坚持党的领导、人民当家作主、依法治国有机统一，最根本的是坚持党的领导。坚持党的领导，就是要支持人民当家作主，实施好依法治国这个党领导人民治理国家的基本方略。党的领导和社会主义法治是一致的，只有坚持党的领导，人民当家作主才能充分实现，国家和社会生活制度化、法治化才能有序推进。不能把坚持党的领导同人民当家作主、依法治国对立起来，更不能用人民当家作主、依法治国来动摇和否定党的领导。那样做在思想上是错误的，在政治上是十分危险的。"①

3. 提出人民代表大会制度是党的领导、人民当家作主、依法治国三者的汇合点、凝聚点和根本制度安排。 习近平指出："人民代表大会制度是坚持党的领导、人民当家作主、依法治国有机统一的根本制度安排。"② 这是对"三统一"理论的又一重大发展。

为什么说人民代表大会制度是坚持党的领导、人民当家作主、依法治国有机统一的根本制度安排呢？

首先，人民代表大会制度是实现党的领导权和执政权的制度载体。中国共产党既是执政党又是领导党，既拥有执政权，又拥有宪法规定的领导权，而且这种领导权是其执政权的政治基础。党的执政权和领导权从体制上来说首先是通过人民代表大会制度实现的。通过人民代表大会制度，发挥党对国家政治和公共事务总揽全局、协调各方的领导核心作用，保证党的路线方针政策和决策部署在国家工作中得到全面贯彻和有效执行。所以，习近平指出：我们要坚持和完善人民代表大会制度，"善于使党的主张通过法定程序成为国家意志，善于使党组织推荐的人选通过法定程序成为国家政权机关的领导人员，善于通过国家政权机关实施党对国家和社会的领导，善于运用民

---

① 习近平：《在中央政法工作会议上的讲话》，见《习近平关于全面依法治国论述摘编》，第 19 页。

② 习近平：《在庆祝全国人民代表大会成立 60 周年大会上的讲话》，载《人民日报》2014 年 9 月 6 日第 2 版。

主集中制原则维护党和国家权威、维护全党全国团结统一"①。

其次，人民代表大会制度是实现人民当家作主的根本途径和最高实现形式。人民当家作主是社会主义民主政治的本质，人民民主是社会主义的生命。我国宪法明确规定："中华人民共和国的一切权力属于人民。人民行使国家权力的机关是全国人民代表大会和地方各级人民代表大会。""全国人民代表大会和地方各级人民代表大会都由民主选举产生，对人民负责，受人民监督。""国家行政机关、审判机关、检察机关都由人民代表大会产生，对它负责，受它监督。"人民代表大会制度可以保证国家权力始终掌握在人民手中，保证国家权力真正体现人民的意志、代表人民的利益，保证了人民当家作主的地位。人民通过各级人民代表大会行使宪法法律规定的国家大政方针的决策权、立法权、监督权、选举权，使人民民主得以从根本上实现。在新时期，我们要坚持、完善和创新人民代表大会制度，"支持和保证人民通过人民代表大会行使国家权力。要扩大人民民主，健全民主制度，丰富民主形式，拓宽民主渠道，从各层次各领域扩大公民有序政治参与，发展更加广泛、更加充分、更加健全的人民民主"②。

最后，人民代表大会制度是实现依法治国的基础和前提。依法治国的前提是有法可依，社会主义法治体系的基础是完备的法律规范体系，法律规范体系的统领是宪法。宪法是由全国人民代表大会制定和修改的，法律是由全国人民代表大会及其常委会制定的，不仅如此，各级人民代表大会及其常委会还拥有确保宪法法律实施的监督权。"要通过人民代表大会制度，弘扬社会主义法治精神，依照人民代表大会及其常委会制定的法律法规来展开和推进国家各项事业和各项工作，保证人民平等参与、平等发展权利，维护社会公平正义，尊重和保障人权，实现国家各项工作法治化。"③

习近平关于党的领导、人民当家作主、依法治国"三统一"的最新论述

---

① 习近平：《在庆祝全国人民代表大会成立60周年大会上的讲话》，载《人民日报》2014年9月6日第2版。

② 同上。

③ 同上。

是对马克思主义国家与法的理论和中国特色社会主义法治理论的重大发展，是对中国共产党治国理政理论体系的独创性贡献，续写了马克思主义国家与法的理论中国化、时代化的新篇章。

4.关于法治中国建设的理论。党的十八大召开不久，习近平围绕实现"两个一百年"的目标，提出了实现中华民族伟大复兴"中国梦"，之后紧接着又提出要建设法治中国。十八届三中全会通过的《中共中央关于全面深化改革若干重大问题的决定》正式确认了"法治中国"这一概念，并将法治建设的长远目标确定为"推进法治中国建设"。十八届四中全会向全党和全国各族人民发出"向着建设法治中国不断前进"、"为建设法治中国而奋斗"的号召。"法治中国"是习近平在浙江工作时提出的"法治浙江"概念的合乎逻辑的延伸和升华。①

"法治中国"概念是我们党在法治理论上的重大创新，也是对当前和今后中国法治建设的科学定位，具有深厚的历史文化底蕴、丰富的实践经验基础和强大的导向定位功能，构成我国法治建设新时期、新阶段的时代主题。"法治中国"以其无可比拟的包容性、凝聚力、感召力而成为中国特色社会主义法治理论体系和话语体系的统领性概念。

"建设法治中国"是法治国家的升级版，其要义是依法治国、依法执政、依法行政共同推进，法治国家、法治政府、法治社会一体建设。也就是说，不仅要建设法治国家，还要建设法治政府、法治军队、法治社会、法治经济；不仅要推进依法治国，还要推进依法执政、依法行政、依法自治；不仅要搞好国家法治，还要搞好地方法治、部门法治、社会法治，促进国家法治、地方法治、部门法治和社会法治的协调发展；不仅要推进法律制度硬实力建设，还要推进法治文化软实力建设；不仅要致力于国内法治建设，还要统筹国内法治和国际法治两个大局，推动国际关系法治化和全球治理民主化。

---

① 习近平同志在担任浙江省省委书记的时候，提出了"法治浙江"概念。2006年4月25日，在习近平同志主持下，浙江省委十一届十次全会作出了建设法治浙江的重大战略部署，明确了法治浙江建设的十大任务。

5.关于党法关系的理论。党和法的关系、党的领导和依法治国的关系，是社会主义法治建设和民主政治建设的核心问题。习近平指出，党与法、党的领导与法治的关系是政治与法治关系的集中反映。一方面，社会主义法治必须坚持党的领导，党的领导是社会主义法治最根本的保证，是中国特色社会主义法治之魂。坚持党的领导，关键是充分发挥党总揽全局、协调各方的领导核心作用，通过领导立法、保证执法、支持司法、带头守法，把党的领导贯穿于依法治国全过程、各领域、各方面。另一方面，党的领导必须依靠社会主义法治。依靠社会主义法治，有利于巩固党的执政地位、完成党的执政使命、改善党的执政方式、提高党的执政能力。因此，要坚持依法执政，推进依法执政制度化、规范化、程序化，要坚持以法治的理念、法治的体制、法治的程序，实行党的领导。

在党与法的关系上，习近平旗帜鲜明地指出："'党大还是法大'是一个政治陷阱，是一个伪命题。对这个问题，我们不能含糊其辞、语焉不详，要明确予以回答。"① 同时，习近平也指出："我们说不存在'党大还是法大'的问题，是把党作为一个执政整体而言的，是指党的执政地位和领导地位而言的，具体到每个党政组织、每个领导干部，就必须服从和遵守宪法法律，就不能以党自居，就不能把党的领导作为个人以言代法、以权压法、徇私枉法的挡箭牌。"② 他还有的放矢地指出："如果说'党大还是法大'是一个伪命题，那么对各级党政组织、各级领导干部来说，权大还是法大则是一个真命题。"③ 各级党政组织和领导干部必须用法律来约束权力的任性，依照宪法和法律正确行使权力。

6.关于社会主义法治核心价值的理论。世界上有各种类型的法治。我们党在反思和评估古今中外各种法治模式的基础上，提出"法律是治国之重器，良法是善治之前提"。这是对中国特色社会主义法治作为形式法治与实质法

---

① 习近平：《在省部级主要领导干部学习贯彻党的十八届四中全会精神全面推进依法治国专题研讨班上的讲话》，见《习近平关于全面依法治国论述摘编》，第34页。

② 同上书，第37页。

③ 同上书，第37页。

治相统一的法治模式的精辟定型。习近平在不同语境下提出的两个论断科学地揭示了形式法治和实质法治的内涵及其统一性。第一个论断："法律是什么？最形象的说法就是准绳。用法律的准绳去衡量、规范、引导社会生活，这就是法治。"① 这一论断所指的是形式法治。第二个论断："人民群众对立法的期盼，已经不是有没有，而是好不好、管用不管用、能不能解决实际问题；不是什么法都能治国，不是什么法都能治好国；越是强调法治，越是要提高立法质量。"②"努力使每一项立法都符合宪法精神、反映人民意愿、得到人民拥护。"③ 这个论断所指的是实质法治，强调良法善治。习近平还引用宋代思想家、政治家王安石的名言来说明良法善治："立善法于天下，则天下治；立善法于一国，则一国治。"④

所谓"良法"，可在四种意义上把握。一是法律应符合人性、人文、自然、经济、政治、社会等的规律，与作为法律调整对象的各种关系的存在与发展规律保持一致，而不能蔑视规律、抗拒规律。正如习近平所指出的："科学立法的核心在于尊重和体现客观规律。"⑤ 二是法律制定得良好。这是形式法治的基本要求。法律规则确定的行为标准适度、可遵守、可执行、可适用，权利、义务、责任对等，公开透明，标准统一，普遍适用，连续稳定，非溯及既往，规则与规则、法律与法律、法律部门与法律部门、实体法与程序法之间协调一致。三是法律实施得良好，不仅全民自觉守法，而且国家机关尊重宪法、严格执法、公正司法。四是法律体现社会良善价值。这是实质法治的基本要义。是不是良法善治，关键是看法律体系、法治体系以及

① 习近平：《在中共十八届四中全会第二次全体会议上的讲话》，见《习近平关于全面依法治国论述摘编》，第8—9页。

② 习近平：《在十八届中央政治局第四次集体学习时的讲话》，见《习近平关于全面依法治国论述摘编》，第43页。

③ 习近平：《在庆祝全国人民代表大会成立六十周年大会上的讲话》，见《习近平关于全面依法治国论述摘编》，第47页。

④ 王安石：《临川先生文集》，中华书局1959年版，第678页。

⑤ 习近平：《关于〈中共中央关于全面推进依法治国若干重大问题的决定〉的说明》，见《〈中共中央关于全面推进依法治国若干重大问题的决定〉辅导读本》，第54页。

国家治理制度体系贯通什么样的价值观和价值标准。习近平基于良法善治的崇高理念，从立党为公、执政为民的战略高度，重点强调了"人民主体"、"公平正义"这两个社会主义法治的核心价值。

"以人民为主体"，即"以人民为中心"，亦即"法治为民"，这是社会主义法治最核心的价值，是中国特色社会主义法治价值体系的基石。

坚持法治的人民主体价值，就是坚持法治为了人民、依靠人民、造福人民、保护人民，把实现好、维护好、发展好最广大人民根本利益作为法治建设的根本目的，把体现人民利益、反映人民意愿、维护人民权益、增进人民福祉、促进人的全面发展作为法治建设的出发点和落脚点。

坚持法治的人民主体价值，就是要保证人民在党的领导下，依照法律规定，通过各种途径和形式管理国家事务，管理经济和文化事业，管理社会事务；保证人民依法享有广泛的权利和自由、承担应尽的义务，维护社会公平正义，保障人民平等参与、平等发展权利；以法治来激励和保护人民的积极性、主动性、创造性，增强社会发展活力，确保人民安居乐业、社会安定有序。

坚持法治的人民主体价值，就是要在依法治国全过程各领域坚持以人民为中心的工作导向。要恪守以民为本、立法为民理念，使每一项立法都贯彻社会主义核心价值观、符合宪法精神、反映人民意志、得到人民拥护。坚持执法司法为人民，依靠人民推进公正执法司法，通过公正执法司法维护人民权益。

坚持法治的人民主体价值，就要弘扬人民权益靠法律保障、法律权威靠人民维护的社会主义法治精神，做到法律为人民所掌握、所遵守、所运用，增强全社会尊法学法守法用法护法的自觉意识。

以公平正义为法治的生命线。习近平指出："公正是法治的生命线。公平正义是我们党追求的一个非常崇高的价值，全心全意为人民服务的宗旨决定了我们必须追求公平正义，保护人民权益、伸张正义。全面依法治国，必须紧紧围绕保障和促进社会公平正义来进行。"[①]

---

① 《中共中央关于制定国民经济和社会发展第十三个五年规划的建议》，载《人民日报》2015年11月4日第1版。

公平正义的法律价值在立法层面主要体现为权利平等、机会平等、规则平等，在法律实施层面集中体现为法律面前人人平等。平等是社会主义法律的基本属性，是社会主义法治的基本要求。

党的十八届四中全会关于全面依法治国的决定以及三中全会和五中全会有关法治改革和法治建设的决策全面贯彻了公平正义价值观，强调："要把公正、公平、公开原则贯穿立法全过程。"①"健全以公平为核心原则的产权保护制度，加强对各种所有制经济组织和自然人财产权的保护，清理有违公平的法律法规条款。"②"依法保障公民权利，加快完善体现权利公平、机会公平、规则公平的法律制度，保障公民人身权、财产权、基本政治权利等各项权利不受侵犯，保障公民经济、文化、社会等各方面权利得到落实，实现公民权利保障法治化。"③"必须完善司法管理体制和司法权力运行机制，规范司法行为，加强对司法活动的监督，努力让人民群众在每一个司法案件中感受到公平正义。"④

除了人民主体和公平正义之外，中国特色社会主义法治理论还融通了人类社会的共同价值。与西方国家把自己的价值观和价值体系作为人类社会的"普世价值"强加于人不同，我们主张在文明互鉴基础上形成的人类社会的共同价值。在联合国峰会上，习近平十分鲜明地提出："和平、发展、公平、正义、民主、自由是全人类的共同价值，也是联合国的崇高目标。"⑤ 以"和平、发展、公平、正义、民主、自由"为核心的共同价值观的提出，使我们站在了国际社会价值和道德的制高点。

以"人民主体"为基石、以"公平正义"为核心的社会主义法治价值体系的阐发与法治价值体系的建构，以"和平、发展、公平、正义、民主、自

---

① 《中共中央关于全面推进依法治国若干重大问题的决定》，见《〈中共中央关于全面推进依法治国若干重大问题的决定〉辅导读本》，第8页。

② 同上书，第12页。

③ 同上书，第11—12页。

④ 同上书，第20页。

⑤ 习近平：《携手构建合作共赢新伙伴同心打造人类命运共同体——在第七十届联合国大会一般性辩论时的讲话》，载《人民日报》2015年9月29日第2版。

由"为主要内容的全人类共同价值的凝练与提出，增进了法治领域的价值共识，释放出推进法治进程的巨大动力源泉。

7.关于社会主义法治体系的理论。2011年，中国特色社会主义法律体系形成之后，中国法治建设的目标如何设计？党的十八届四中全会适时提出全面依法治国的总目标是建设中国特色社会主义法治体系，建设社会主义法治国家。中国特色社会主义法治体系概念是我们党十八大以来又一原创性和标志性的创新理论成果。习近平深刻阐述了中国特色社会主义法治体系的科学内涵和实践面向，指出：建设中国特色社会主义法治体系就是"在中国共产党领导下，坚持中国特色社会主义制度，贯彻中国特色社会主义法治理论，形成完备的法律规范体系、高效的法治实施体系、严密的法治监督体系、有力的法治保障体系，形成完善的党内法规体系"①。

习近平指出：在推进"四个全面"的过程中，"我们既要注重总体谋划，又要注重牵住'牛鼻子'"，比如，"既对全面推进依法治国作出系统部署，又强调以中国特色社会主义法治体系为总目标和总抓手"②。"提出这个总目标，既明确了全面推进依法治国的性质和方向，又突出了全面推进依法治国的工作重点和总抓手。一是向国内外鲜明宣示我们将坚定不移走中国特色社会主义法治道路。……二是明确全面推进依法治国的总抓手。全面推进依法治国涉及很多方面，在实际工作中必须有一个总揽全局、牵引各方的总抓手，这个总抓手就是建设中国特色社会主义法治体系。依法治国各项工作都要围绕这个总抓手来谋划、来推进。三是建设中国特色社会主义法治体系、建设社会主义法治国家是实现国家治理体系和治理能力现代化的必然要求，也是全面深化改革的必然要求，有利于在法治轨道上推进国家治理体系和治理能力现代化，有利于在全面深化改革总体框架内全面推进依法治国各项工作，有利于在法治轨道上

---

① 习近平：《关于〈中共中央关于全面推进依法治国若干重大问题的决定〉的说明》，见《〈中共中央关于全面推进依法治国若干重大问题的决定〉辅导读本》，第51页。

② 习近平：《在十八届中央政治局第二十次集体学习时的讲话》，见《习近平关于协调推进"四个全面"战略布局论述摘编》，中央文献出版社2015年版，第160页。

不断深化改革。"① 建设中国特色社会主义法治体系,"这是贯穿十八届四中全会决定全篇的一条主线,既明确了全面推进依法治国的性质和方向,又突出了全面推进依法治国的工作重点和总抓手,对全面推进依法治国具有纲举目张的意义"②。

8. 关于法治与国家治理现代化的理论。我们党讲过很多现代化,包括农业现代化、工业现代化、科技现代化、国防现代化等。国家治理体系和治理能力现代化是第一次讲,学术界有人将这一现代化称为"第五现代化"。习近平提出国家治理现代化,既是对社会现代化理论的重大发展,更是对治国理政理论体系的重大创新。完善和发展中国特色社会主义制度、推进国家治理体系和治理能力现代化,是对全面深化改革总目标的经典论述。全面深化改革是完善和发展中国特色社会主义制度、推进国家治理体系和治理能力现代化的必由之路和强大动力。通过全面深化改革,不断推进我国社会主义制度自我完善和发展,为党和国家事业发展、为人民幸福安康、为社会和谐稳定、为国家长治久安提供一整套更完备、更稳定、更成熟、更管用的制度体系。国家治理体系是在党领导下管理国家的制度体系,是一整套紧密相连、相互协调的国家制度;国家治理能力则是运用国家制度管理社会各方面事务的能力。推进国家治理体系和治理能力现代化,就是要通过全面深化改革使各方面制度更加科学、更加完善,实现党、国家、社会各项事务治理制度化、规范化、程序化,善于运用制度和法律治理国家,提高党科学执政、民主执政、依法执政水平。

习近平强调,法治体系是国家治理体系的重要依托,要在法治轨道上推进国家治理体系和治理能力现代化。国家治理现代化的核心标志是科学化、民主化、法治化,这"三化"对应着科学执政、民主执政、依法执政。就国家治理体系而言,法治化首先是国家治理制度的法制化。只有通过法制化,国家治理制度才能定型化、精细化,把国家治理制度的"分子结构"精细化

---

① 习近平:《关于〈中共中央关于全面推进依法治国若干重大问题的决定〉的说明》,见《〈中共中央关于全面推进依法治国若干重大问题的决定〉辅导读本》,第51—52页。

② 习近平:《加快建设社会主义法治国家》,载《求是》2015年第1期。

为"原子结构",从而增强其执行力和运行力。国家治理能力，既指各主体对国家治理体系的执行力，又指国家治理体系的运行力，还包括国家治理的方式方法。治理能力具体包括执政党科学执政、民主执政、依法执政的能力，人大及其常委会科学立法、民主立法的能力以及依法决定重大事项、保证宪法法律实施、对"一府两院"实行法律监督和工作监督的能力，人民政府科学行政、民主行政、依法行政、严格执法的能力，司法机关公正司法、定分止争、救济权利、制约公权、维护法制权威和尊严的能力，广大人民群众、人民团体和社会组织依法管理国家事务、经济社会文化事务、依法自治的能力，党和国家各级领导干部深化改革、推动发展、化解矛盾、维护稳定、改善民生的能力。提高这些能力，最关键的就是提高运用法治思维和法治方式的能力与水平，以解决国家治理现代化法治化进程中治理动力不足和能力不够的问题。

二、习近平关于全面依法治国的重大理论创新

习近平不仅阐述了法治的基本原理和中国特色社会主义法治的一般理论，而且对全面依法治国各个方面、各个领域、各个环节都进行了深刻的理论阐述。

（一）关于完善中国特色社会主义法律体系的观点

习近平关于完善法律体系的理论，阐明了在新形势下立什么样的法、怎样立法这一重大命题，为立法工作和立法体制改革指明了方向。其主要观点包括：法律是治国之重器，良法是善治之前提，立法必须符合宪法精神、反映人民意志、得到人民拥护。赋予科学立法、民主立法以崭新的意蕴。科学立法的核心在于尊重和体现客观规律，民主立法的核心在于为了人民、依靠人民。推进科学立法、民主立法是提高立法质量的根本途径。坚持立法先行，立改废释并举。加强重点领域立法，适应改革、发展、稳定、民生、国家安全等对法律法规的迫切需要。注重将改革决策和立法决策相衔接，发挥

立法对于改革发展重点领域和关键环节的引领和推动作用。完善立法体制，优化立法职权配置，充分发挥人大及其常委会在立法工作中的主导作用，明确立法权力边界，有效防止部门利益和地方保护主义法律化。

（二）关于宪法法律实施的观点

宪法和法律的生命在于实施，宪法法律的权威在于实施，宪法法律的威力也在于实施，中国特色社会主义法律体系形成、基本解决有法可依之后，依法治国的重点是保证宪法法律实施，尤其是要在宪法实施上下功夫。宪法实施的关键是确保宪法所确立的社会主义基本经济制度、政治制度得到巩固和发展，确保宪法确定的中国共产党领导地位不动摇，确保宪法确定的人民民主专政的国体和人民代表大会制度的政体不动摇。宪法法律实施要体现"严"字当头，严格依宪（依法）立法、严格执法、严格司法、严格监督，坚决纠正有法不依、执法不严、违法不究现象，坚决整治以权谋私、以权压法问题，严禁侵犯群众合法权益，维护社会主义法制的统一、尊严、权威。为了保证法律有效实施，必须建立高效的法律实施体系，最重要的是健全宪法实施体系机制。习近平指出："宪法是国家的根本法。法治权威能不能树立起来，首先要看宪法有没有权威。必须把宣传和树立宪法权威作为全面推进依法治国的重大事项抓紧抓好，切实在宪法实施和监督上下功夫。"[①] 为此，党的十八届四中全会《决定》提出了一系列保障宪法实施的措施，包括：完善全国人大及其常委会宪法监督制度，健全宪法解释程序机制；加强备案审查制度和能力建设，依法撤销和纠正违宪违法的规范性文件；将每年12月4日（现行宪法颁布实施的日期）确定为国家宪法日；建立宪法宣誓制度等。

（三）关于法治政府建设的观点

习近平高度重视建设法治政府，以深刻的理论观点科学地阐述了加快建

---

① 习近平：《关于〈中共中央关于全面推进依法治国若干重大问题的决定〉的说明》，见《〈中共中央关于全面推进依法治国若干重大问题的决定〉辅导读本》，第52页。

设法治政府的重大意义,回答了建设一个什么样的法治政府、怎样建设法治政府的重大问题。提出加快建设法治政府,要从依法全面履行政府职能、健全依法决策机制、深化行政执法体制改革、坚持严格规范公正文明执法、强化对行政权力的制约和监督、全面推进政务公开六个方面展开,加快建设职能科学、权责法定、执法严明、公开公正、廉洁高效、守法诚信的法治政府。习近平强调,各级政府必须坚持在党的领导下、在法治轨道上开展工作;要坚持依法全面履行政府职能,法定职责必须为、法无授权不可为,推进各级政府事权规范化、法律化,推行政府权力清单、负面清单和责任清单制度;健全依法决策机制,确保决策制度科学、程序正当、过程公开、责任明确;深化行政执法体制改革,合理配置执法力量,推进综合执法,健全执法和司法衔接机制;坚持严格规范公正文明执法,加强执法信息化建设和信息共享,全面落实行政执法责任制;强化对行政权力的制约和监督,加强多元化监督制度建设,努力形成科学有效的权力运行制约和监督体系;全面推进政务公开,坚持以公开为常态、不公开为例外原则,推进决策公开、执行公开、管理公开、服务公开、结果公开;杜绝违法执法、粗暴执法、选择性执法、消极执法、钓鱼执法,解决行政不作为、乱作为等问题。

(四)关于司法和司法改革的观点

党的十八大以来,以习近平同志为核心的党中央把深化司法体制改革作为全面推进依法治国的突破口,以建设公正高效权威的社会主义司法制度为目标,以提高司法公信力为根本尺度,以让人民群众在每一个司法案件中感受到公平正义为检验标准,深刻阐释司法体制重大理论问题,使我国司法体制改革呈现出前所未有的力度、广度和深度。

在全面依法治国和深入推进司法改革的新形势下,习近平不断创新司法理论,对一些长期困扰法学界的司法理论问题给出了依据客观规律、符合中国实际、具有中国特色的深刻阐述,为司法改革和中国特色社会主义司法事业发展提供了丰富的科学理论。

关于司法的基本理论观点,包括司法、司法机关和司法权的界定;司法的价值和功能；司法公信力；司法规律。习近平在通常的语境下是把司法作为包括侦查、检察、审判、司法执行等国家专门活动在内的一个概念来理解，明确指出：在我国，司法机关是包括公安机关、检察机关、审判机关、司法行政机关等在内的；优化司法职权配置，就是"健全公安机关、检察机关、审判机关、司法行政机关各司其职，侦查权、检察权、审判权、执行权相互配合、相互制约的体制机制"。①

基于对"司法"、"司法机关"的理解，习近平指出："司法活动具有特殊的性质和规律，司法权是对案件事实和法律的判断权和裁决权。"② 据此，他一方面给以司法权一个开放的结构，司法各个环节都行使着对事实和法律的判断权，无论是公安机关行使侦查权，检察机关行使追诉权，审判机关行使审判权，还是执行机构行使裁判执行权，都包含着对事实、法律的判断；另一方面，他又强调了在司法权力当中具有决定意义的审判权。审判权的核心是裁决权、裁判权，所谓裁决、裁判，就是在查明事实真相的基础上，依据法律的内在准则以及道德、情理、政策等外部性规范作出定分止争、惩恶扬善、修复正义的判决，而无论是侦查还是检察，说到底都围绕着定罪量刑展开，都是裁判的前期工作，司法行政机关执行的则是人民法院的裁判。所以，要推进以审判为中心的诉讼制度改革。

关于司法的价值和功能，习近平指出："公正是司法的灵魂和生命"③，促进社会公平正义是司法工作的核心价值追求，司法机关是维护社会公平正义的最后一道防线。围绕公平正义这一核心价值，我国司法担当着"权利救济"、"定分止争"、"制约公权"的功能。

习近平在中共十八届三中全会、四中全会、中央政法工作会议、中央全

---

① 《中共中央关于全面推进依法治国若干重大问题的决定》，见《〈中共中央关于全面推进依法治国若干重大问题的决定〉辅导读本》，第21页。

② 习近平：《在中央政法工作会议上的讲话》，见《习近平关于全面依法治国论述摘编》，第102页。

③ 《以提高司法公信力为根本尺度　坚定不移深化司法体制改革》，载《人民日报》2015年3月26日第1版。

面深化改革领导小组会议上反复强调司法改革要坚持问题导向，遵循司法权运行规律。习近平针对学术界和事务部门对司法规律尚未形成共识的现实情况，提出了既高屋建瓴又求真务实的见解，创新了司法理论，凝聚了改革共识。习近平首先在方法论上把司法规律限定于"司法权运行规律"、"司法活动的客观规律"，指出：完善人民法院司法责任制，"要坚持问题导向，遵循司法权运行规律"①。"完善司法制度，深化司法体制改革，要遵循司法活动的客观规律。"② 在这一语义之下，习近平对司法规律进行了深刻分析。

习近平认为司法权独立运行（行使）是最根本的司法规律，他强调指出："要确保审判机关、检察机关依法独立公正行使审判权、检察权。……司法不能受权力干扰，不能受金钱、人情、关系干扰，防范这些干扰要有制度保障。"③ 司法人员公正办案，"只服从事实、只服从法律"。④ 在揭示司法权独立行使（运行）这一根本规律的基础上，习近平进一步指出遵循司法规律要体现"权责统一、权力制约、公开公正、尊重程序"⑤，体现"裁判终局性"。

关于司法改革的重大理论。习近平着眼于破解影响司法公正、制约司法能力的深层次问题，提出了司法改革的重大理论，并对司法改革作出了系统化的顶层设计。习近平司法改革理论涉及如何正确认识和评价我国现行司法制度，司法改革的政治定性和定位，司法改革的目标与方向定位，司法改革必须坚持的基本原则，强调司法改革必须坚持党的领导、坚持以宪法为根本遵循、坚持遵循司法规律、坚持从中国国情出发、坚持顶层设计和基层探索

① 《增强改革定力保持改革韧劲　扎扎实实把改革举措落到实处》，载《人民日报》2015年8月19日第1版。
② 《以提高司法公信力为根本尺度　坚定不移深化司法体制改革》，载《人民日报》2015年3月26日第1版。
③ 习近平：《在十八届中央政治局第四次集体学习时的讲话》，见《习近平关于全面依法治国论述摘编》，第69页。
④ 《坚持严格执法公正司法深化改革　促进社会公平正义保障人民安居乐业》，载《人民日报》2014年1月9日第1版。
⑤ 《以提高司法公信力为根本尺度　坚定不移深化司法体制改革》，载《人民日报》2015年3月26日第1版。

相结合，确保司法改革沿着中国特色社会主义法治道路推进。习近平还对新一轮司法改革各项重大举措进行了充分论证和阐述，为深化司法管理体制改革、推进司法人员分类管理改革、推进司法责任制改革、加强人权司法保障、推进司法民主、提升司法权威、保证司法廉洁、提高司法效率、促进诉讼便利化、推进刑罚制度人道化、推进司法队伍职业化、深化律师制度改革等提供了坚实而科学的理论基础。特别是提出完善以"让审理者裁判，由裁判者负责"为要义的司法责任制是司法体制改革的"牛鼻子"，指引司法改革在司法本质和司法规律的轨道上全面有序推进。

（五）关于法治文化和法治社会建设的观点

"法治社会"是党的十八大后习近平正式提出的法治理论概念。"法治社会"概念进一步明确了法治建设的目标任务，表明我们不仅要建设法治国家，还要建设法治社会。法治国家与法治社会是互为依存、相辅相成的，法治国家引领法治社会，法治社会为法治国家构筑坚实的社会基础。建设法治社会，必须大力推进法治文化建设，培育和践行社会主义核心价值观，深入开展法治宣传教育，在全社会弘扬法治精神，增强法治观念，厚植法治信仰，使尊法信法守法用法成为全体人民的共同追求和自觉行动。建设完备的法律服务体系，积极推进公共法律服务体系建设，统筹城乡、区域法律服务资源，加强民生领域法律服务，加大对困难群众的法律援助，满足人民群众日益增长的法律服务需求。坚持人民主体地位，依靠和动员社会力量共同参与法治社会建设，推进基层和社会组织依法参与社会治理，深化多层次多领域法治创建活动，引导和保证城乡基层群众依法自治，推动社会组织依法自律。持之以恒地推进平安中国建设，创新社会治理机制，坚持系统治理、依法治理、综合治理、源头治理，为人民群众创造安居乐业的法治环境。

（六）关于法治经济建设的观点

习近平同志在地方工作期间，就高度重视法治经济建设，强调"市场经济必然是法治经济"。党的十八大以来，习近平围绕中国社会主义经济建设提出了一系列新的重大战略思想和重要理论观点，创造性地发展了中国特色社会主义政治经济学原理，为法治经济建设培植了更加深厚、更加科学的理论基础，为"社会主义市场经济本质上是法治经济"、"厉行法治是发展社会主义市场经济的内在要求"、"认识新常态、适应新常态、引领新常态"等科学命题提供了学理支撑。根据"市场经济本质上是法治经济"科学定理，党的十八届五中全会审议通过的《中共中央关于制定国民经济和社会发展第十三个五年规划的建议》和第十二届全国人民代表大会第四次会议审议通过的《中华人民共和国国民经济和社会发展第十三个五年规划纲要》进一步提出要"加快建设法治经济和法治社会，把经济社会发展纳入法治轨道"。①

习近平关于法治经济的论述十分丰富，核心内容包括：第一，坚持和完善社会主义基本经济制度。强调"坚持和完善公有制为主体、多种所有制经济共同发展的基本经济制度，关系巩固和发展中国特色社会主义制度的重要支柱"②。"实行公有制为主体、多种所有制经济共同发展的基本经济制度，是中国共产党确立的一项大政方针，是中国特色社会主义制度的重要组成部分，也是完善社会主义市场经济体制的必然要求。"③"要坚持和完善社会主义基本经济制度，毫不动摇巩固和发展公有制经济，毫不动摇鼓励、支持、引导非公有制经济发展，推动各种所有制取长补短、相互促进、共同发展，同时公有制主体地位不能动摇，国有经济主导作用不能动摇，这是保证我国各族人民共享发展成果的制度性保证，也是巩固党的执政地位、坚持我国社会主义制度的重要保证。"④"公有制经济和非公有制经济都是社会主义市场

---

① 《中共中央关于制定国民经济和社会发展第十三个五年规划的建议》，人民出版社2015年版，第6页。

② 习近平：《关于〈中共中央关于全面深化改革若干重大问题的决定〉的说明》，见《〈中共中央关于全面深化改革若干重大问题的决定〉辅导读本》，第72页。

③ 习近平：《毫不动摇坚持我国基本经济制度 推动各种所有制经济健康发展》，载《人民日报》2016年3月9日第2版。

④ 《立足我国国情和我国发展实践 发展当代中国马克思主义政治经济学》，载《人民日报》2015年11月25日第1版。

经济的重要组成部分,都是我国经济社会发展的重要基础;公有制经济财产权不可侵犯,非公有制经济财产权同样不可侵犯;国家保护各种所有制经济产权和合法利益,坚持权利平等、机会平等、规则平等,废除对非公有制经济各种形式的不合理规定,消除各种隐性壁垒,激发非公有制经济活力和创造力。"①

第二,完善社会主义市场经济法律制度。习近平指出:"法治经济的本质要求就是把握规律、尊重规律。"②法治经济建设的基础性工作是坚持社会主义市场经济改革方向,遵循社会主义基本制度与市场经济有机结合的经济规律,不断完善社会主义经济法律制度,充分发挥市场在资源配置中的决定性作用并更好地发挥政府的作用。为此,"必须以保护产权、维护契约、统一市场、平等交换、公平竞争、有效监管为基本导向,完善社会主义市场经济法律制度"。③特别是要加快"建立现代产权制度"这一基础性、根本性经济法律制度。

第三,营造公平竞争、规范有序的经济法治环境。强调"全面深化改革,关键是要进一步形成公平竞争的发展环境"④,"要积极推进全面依法治国,营造公平有序的经济发展法治环境。"⑤"要深入推进法治建设,着力打造全面振兴好环境"⑥,"在制度上、政策上营造宽松的市场经营和投资环境","营造商品自由流动、平等交换的市场环境,破除市场壁垒和地

---

① 习近平:《毫不动摇坚持我国基本经济制度 推动各种所有制经济健康发展》,载《人民日报》2016年3月9日第2版。

② 习近平:《在中央经济工作会议上的讲话》,见《习近平关于全面依法治国论述摘编》,第115页。

③ 《中共中央关于全面推进依法治国若干重大问题的决定》,见《〈中共中央关于全面推进依法治国若干重大问题的决定〉辅导读本》,第12页。

④ 习近平:《关于〈中共中央关于全面深化改革若干重大问题的决定〉的说明》,见《〈中共中央关于全面深化改革若干重大问题的决定〉辅导读本》,第66页。

⑤ 《习近平李克强张德江俞正声刘云山王岐山张高丽分别参加全国人大会议一些代表团审议》,载《人民日报》2015年3月9日第1版。

⑥ 同上。

方保护"，"降低制度性交易成本"。①"企业家在推动经济发展中发挥着重要作用，要为企业家营造宽松环境，用透明的法治环境稳定预期，给他们吃定心丸。"要坚持改革开放，着力营造法治化、国际化、便利化的营商环境。

第四，认识、适应、引领经济新常态，以法治化方式领导和管理经济。习近平在中央经济工作会议上指出："经济发展进入新常态，党领导经济工作的观念、体制、方式方法也要与时俱进。要加强党领导经济工作制度化建设，提高党领导经济工作法治化水平。"②针对一些地方和部门还习惯于仅靠行政命令等方式来管理经济，习惯于用超越法律法规的手段和政策来抓企业、上项目推动发展，习惯于采取陈旧的计划手段、强制手段完成收入任务的弊端，强调"领导干部尤其要带头依法办事，自觉运用法治思维和法治方式来深化改革、推动发展、化解矛盾、维护稳定"③。

（七）关于权力制约和监督的观点

习近平指出："纵观人类政治文明史，权力是一把双刃剑，在法治轨道上行使可以造福人民，在法律之外行使则必然祸害国家和人民。"④因此，必须加强对权力的制约和监督，"把权力关进制度的笼子"，构建权力制约和监督体系，使之在法律和制度的范围内正确行使，让权力不再任性。把权力关进制度的笼子，一是要依法设定权力、规范权力、制约权力、监督权力。二是必须强化制约、强化监督、强化公开。强化制约，主要是合理分解权力，科学配置权力，形成科学的权力结构，建立既相互制约又相互协调的权力运行机制。强化监督，主要是建立健全科学有效的权力监督体系，整合监督力

---

① 《中央经济工作会议在北京举行》，载《人民日报》2015年12月22日第1版。

② 《中央经济工作会议在北京举行》，载《人民日报》2014年12月12日第1版。

③ 习近平：《在中央经济工作会议上的讲话》，见《习近平关于全面依法治国论述摘编》，第115页。

④ 习近平：《在省部级主要领导干部学习贯彻党的十八届四中全会精神全面推进依法治国专题研讨班上的讲话》，见《习近平关于全面依法治国论述摘编》，第37—38页。

量，增强监督实效。强化公开，主要是大力推进党务公开、政务公开、司法公开，提高权力运行的透明度和公信力。

（八）关于从严治党、依法反腐的理论

习近平指出，"全面从严治党，核心是加强党的领导，基础在全面，关键在严，要害在治"。①

"核心是加强党的领导"，是指只有党来管党，才能管好党；只有党来从严治党，才能治好党；党要管党丝毫不能放松。"基础在全面"，"全面"是指管全党、治全党，覆盖党建各个领域、各个方面、各个部门。"关键在严"，是指教育要严，管理要严，制度要严，执纪要严，惩治要严。"要害在治"，"治"就是从党中央到省市县党委，从中央部委党组（党委）到基层党支部，都要肩负起管党治党的主体责任，各级纪委要担负起监督责任，勇于执纪问责。

习近平强调：从严治党，必须"坚持思想建党和制度治党紧密结合，思想教育要结合落实制度规定来进行，使加强制度治党的过程成为加强思想建党的过程，也要使加强思想建党的过程成为加强制度治党的过程"②。必须坚持依规治党和以德治党相结合。必须注重党内法规法纪同国家法律的衔接和协调、共同发挥在治党治国中的相辅相成作用，必须坚持依法治国与制度治党、依规治党统筹推进、一体建设。

党的十八大以来，以习近平同志为核心的党中央从巩固党的执政地位、保护人民利益、维护社会公平正义、实现中华民族伟大复兴中国梦的战略高度，强力推进反腐败斗争，并作出了一系列深刻论述，形成了全面从严治党、依法反腐的思想体系，丰富、创新和发展了党建理论和法治理论。习近平指出："中外经验告诉我们，只有坚持依法严厉惩治、形成不敢腐的惩戒

---

① 《坚持全面从严治党依规治党　创新体制机制强化党内监督》，载《人民日报》2016年1月13日第1版。

② 《历史使命越光荣奋斗目标越宏伟越要增强忧患意识越要从严治党》，载《人民日报》2014年10月9日第1版。

机制和威慑力，坚持完善法规制度、形成不能腐的防范机制和预防作用，坚持加强思想教育、形成不想腐的自律意识和思想道德防线，才能有效铲除腐败现象的生存空间和滋生土壤。"①强调坚持有腐必反、有贪必肃，反腐败无禁区、全覆盖、零容忍，上不封顶、下不设限，造成"利剑悬在头上的感觉"，进而形成不敢腐的高压态势。习近平还特别重视依法反腐，强调在法治轨道上开展反腐败斗争，把法律手段用足，把刑罚手段用到位，并加强反腐败国际法律合作，不能让腐败分子逍遥法外。

（九）关于依法治军和建设法治军队的观点

党的十八大以来，习近平同志作为党中央总书记、国家主席和军委主席提出了强军目标、强军之要、强军之基，强调依法治军从严治军是强军之基，是建军治军的基本方略，并就军事建设作出了一系列重要论述，深刻阐明了新的历史条件下依法治军、从严治军、建设法治军队的战略地位、根本原则和目标任务，科学回答了中国特色军事法治建设一系列重大理论和现实问题，丰富发展了中国特色社会主义法治理论和军事理论。

习近平指出："一个现代化国家必然是法治国家，一支现代化军队必然是法治军队。深入推进依法治军、从严治军，是全面推进依法治国总体布局的重要组成部分，是实现强军目标的必然要求。整个国家都在建设中国特色社会主义法治体系、建设社会主义法治国家，军队法治建设不抓紧，到时候就跟不上趟了。"②"国家要依法治国，军队要依法治军。"③2014 年，习近平在主持党的十八届四中全会决定起草时，明确要求把依法治军、从严治军问题单列一块写进去，纳入依法治国总体布局。四中全会作出的《中

---

① 习近平：《在十八届中央政治局第二十四次集体学习时的讲话》（2015 年 6 月 26 日），见《习近平关于严明党的纪律和规矩论述摘编》，中央文献出版社、中国方正出版社 2016 年版，第 62 页。

② 习近平：《提高国防和军队建设法治化水平》（2014 年 12 月 26 日），见《习近平关于协调推进"四个全面"战略布局论述摘编》，中央文献出版社 2015 年版，第 109 页。

③《习近平总书记系列重要讲话读本(2016 年版)》，学习出版社、人民出版社 2016 年版，第 258 页。

共中央关于全面推进依法治国若干重大问题的决定》就"深入推进依法治军从严治军"进行了一体部署。四中全会之后，习近平亲自到部队视察，强调要紧紧围绕强军目标，扎实推进依法治军、从严治军，指出："厉行法治、严肃军纪，是治军带兵的铁律，也是建设强大军队的基本规律"。"要强化法治观念，严格部队管理，狠抓条令条例贯彻落实，提高部队正规化水平。"①"要强化法治信仰和法治思维，把法治教育训练纳入部队教育训练体系，把培育法治精神作为强军文化建设的重要内容，将法治内化为政治信念和道德修养，外化为行为准则和自觉行动。依法治军关键是依法治官、依法治权。"②习近平还亲自决策起草、亲自审定、亲自批准印发了《关于新形势下深入推进依法治军从严治军的决定》，明确提出了深入推进依法治军从严治军的指导思想、目标要求、基本原则、主要任务和重大改革举措，深刻阐明依法治军从严治军一系列重大理论和实践问题，为新形势下深入推进依法治军从严治军、提高国防和军队建设法治化水平，提供了科学指南和根本遵循，标志着我军法治建设站上新起点，人民军队法治化建设进入"快车道"。

（十）关于法治队伍建设的观点

习近平指出："全面推进依法治国，建设一支德才兼备的高素质法治队伍至关重要。"③在一系列讲话和重要批示中，习近平深刻阐述了法治队伍建设的极端重要性，十分明确地把法治队伍建设作为全面依法治国的重大战略问题，丰富和完善了中国特色社会主义法治理论。

在全面推进依法治国的背景下，习近平创造性地提出了"法治工作者"、"法治队伍"等概念，用以取代"法律工作者"和"法律工作队伍"等概念，

---

① 习近平:《在视察南京军区机关时的讲话》(2014年12月14日)，见《习近平关于全面依法治国论述摘编》，中央文献出版社2015年版，第116页。

② 《习近平总书记系列重要讲话读本(2016年版)》，学习出版社、人民出版社2016年版，第258页。

③ 习近平:《加快建设社会主义法治国家》，载《求是》2015年第1期。

凸显了法治精神、法治职业。法治工作者队伍，涵盖的范围比较广泛，举凡在党政军机关、司法机关、人民团队、社会各领域专职从事涉法工作和法治工作的人员，都可称为法治工作者，都隶属于法治队伍和法治职业共同体。这就凸显了法治队伍建设的综合性和普遍性。

习近平强调，全面依法治国亟须强有力的组织和人才保障，必须将法治工作队伍建设与实施宪法、科学立法、严格执法、公正司法、全民守法、党的领导同步部署；突出法治人才素质标准，既坚持德才兼备，又凸显职业特点，建设政治过硬、业务过硬、责任过硬、纪律过硬、作风过硬的高素质法治队伍；面向法治实施第一线，坚持从严治警，完善职业保障制度，营造良好生态，建设信念坚定、执法为民、敢于担当、清正廉洁的政法队伍；坚持正确政治方向，深化律师制度改革，发展公证员、基层法律工作者、人民调解员队伍，加强法律服务队伍建设；要深化法学教育改革，创新法治人才培养机制，培养造就熟悉和坚持中国特色社会主义法治体系的法治人才及后备力量，培养一大批高素质的涉外法律人才。

（十一）关于法治思维和法治方式的观点

法治思维和法治方式是对人治思维和人治方式的革命。习近平指出，提倡法治思维和法治方式，实质是把对法治的尊崇、对法律的敬畏转化成思维方式和行为方式，做到在法治之下、而不是法治之外、更不是法治之上想问题、作决策、办事情；其关键是守规则、重程序，做到法定职责必须为、法无授权不可为，尊重和保护人民权益，自觉接受监督。坚持法治思维和法治方式，要抓住领导干部这个关键少数。各级领导干部要做尊法学法守法用法的模范，提高运用法治思维和法治方式的能力，努力以法治凝聚改革共识、规范发展行为、促进矛盾化解、保障社会和谐；牢固树立宪法法律至上、法律面前人人平等、权由法定、权依法使等基本法治观念，彻底摈弃人治思想和长官意志，决不搞以言代法、以权压法；努力营造办事依法、遇事找法、解决问题用法、化解矛盾靠法的法治环境。

（十二）关于全球治理体制和治理规则变革的观点

推进全球治理体制变革，构建以合作共赢为核心的新型国际关系，打造人类命运共同体，是习近平提出的具有深远意义和世界影响的重大战略思想。统筹国内国际两个大局，是我们党治国理政的政治智慧和重要原则。在法治领域，同样要坚持统筹国内法治和国际法治两个大局，正确处理国内法治与国际法治的关系，更好地运用国内规则和国际规则两个规则体系维护我国的合法利益，为中国的繁荣富强、持续稳定发展创造更为有利的条件。推动国际关系民主化、法治化、合理化，是推进全球治理格局、治理体制、治理规则变革的重要抓手和实践路径。世界的命运必须由各国人民共同掌握，世界上的事情应该由各国政府和人民共同商量来办，全球事务应该由各国共同治理；在国际关系中普遍遵守国际法和公认的国际关系基本原则，用各国共同书写且统一适用的规则来明是非、促和平、谋发展；体现各方关切和诉求，适应国际力量对比的新变化，更好维护新型市场国家和广大发展中国家的正当权益。中国应更加主动、更有作为地参与或主导国际规则的制定、实施和适用，提高中国话语权。

三、习近平关于法治建设和政法工作的辩证思维

习近平强调，要学习掌握唯物辩证法的根本方法，不断增强辩证思维能力，提高驾驭复杂局面、复杂问题的本领。我们的事业越是向纵深发展，就越要不断增强辩证思维能力。习近平关于法治建设和政法工作的一系列重要论述生动地体现出精准练达的辩证思维。本文仅举若干实例。

民主与专政。民主与专政的关系是国家政权建设和治国理政中的基本矛盾之一。关于这一基本矛盾，习近平指出：要正确认识和处理民主与专政的辩证关系，只讲专政，不讲民主是不对的；只讲民主，不讲专政也是不对的。人民民主专政是我国宪法规定的国家性质，人民民主专政的国家政权机关必须以坚定的政治立场、高度的政治清醒、强烈的政治自觉，把维护人民

群众合法权益作为出发点和落脚点。面对各种敌对势力变本加厉的渗透破坏颠覆活动，面对民族分裂势力和宗教极端势力穷凶极恶的暴力恐怖活动，我们要毫不迟疑、毫不动摇地拿起人民民主专政的武器，坚决打击。同时，我们在具体工作中要正确认识和处理两类不同性质的矛盾，依法打击孤立极少数、团结教育挽救绝大多数，最大限度地扩大教育面、缩小打击面、减少对立面。对人民内部矛盾，要善于运用法治、民主、协商的办法进行处理。对敌我矛盾，既要旗帜鲜明、敢于斗争，稳准狠打击敌人、震慑犯罪，防止养痈遗患，又要讲究谋略、巧于斗争，有效争取舆论、赢得人心，防止授人以柄。

法治与改革。法治与改革有着内在的、相辅相成的必然联系。习近平围绕法治与改革关系发表了一系列重要讲话，深刻揭示出在全面深化改革和全面依法治国形势下改革与法治的内在关系，为保证改革的合法性与法治的现代性提供了重要理论支撑。习近平指出，全面深化改革和全面依法治国如车之双轮、鸟之两翼。改革与法治的关系，集中体现为在法治下推进改革、在改革中完善法治。一方面，要运用法治思维和法治方式深化改革，发挥法治对改革的引领和推动作用，确保重大改革于法有据，做到在法治的轨道上推进改革，以法治凝聚改革共识、以法治引领改革方向、以法治规范改革进程、以法治化解改革风险、以法治巩固改革成果。另一方面，要把法治改革纳入全面深化改革的总体部署，立法要主动适应改革的要求，加强重点领域立法，修改和废止不适应改革要求的法律，完善中国特色社会主义法治体系，同步推进立法体制、执法体制和司法体制改革。科学立法是处理改革和法治关系的关键环节，要坚持立法决策和改革决策相统一，实现立法和改革相衔接。

维稳与维权。习近平指出：从人民内部和社会一般意义上讲，维权是维稳的基础，维稳的实质就是维权。对涉及维权的维稳问题，首先要把群众合理合法的利益诉求解决好。单纯维稳，不解决利益问题，那是本末倒置，最后也难以稳定下来。要完善对维护群众切身利益具有重大作用的制度，强化法律在化解矛盾中的权威地位，建立健全畅通有序的诉求表达、矛盾调处、权益保障、心理干预机制，解决好人民最关心最直接最现实的利益问题，使群众由衷感到权益受到了公平对待、利益得到了有效维护。要改革信访制度，按照诉求合理的解决问题到位、诉求无理的思想教育到位、生活困难的帮扶救助到位、行为违法的依法处理的要求，及时解决群众合理合法诉求，维护正常信访秩序。总之，维权问题得不到应有的重视和妥善处理，维稳问题就不可能得到有效解决。习近平关于维权与维稳的辩证关系的理论创新，揭示了社会矛盾的复杂性，明确了法律在化解矛盾、维护稳定中的权威地位，突出了法治在处理维权与维稳关系中的价值导向和基本功能，为运用法治思维和法治方式驾驭复杂局面、实现维稳维权辩证统一，提供了理论武器。

活力与秩序。在治国理政中，正确处理活力与秩序（自由与秩序）的关系，是辩证思维和政治智慧的集中表现。习近平指出：国家和社会治理是一门科学，管得太死，一潭死水不行，管得太松，波涛汹涌也不行。要讲究辩证法，处理好活力与秩序的关系。处理好活力与秩序的关系，就要坚持法治思维和法治方式，在法治轨道上统筹社会力量、平衡社会利益、调节社会关系、规范社会行为，依靠法治解决各种社会矛盾和问题，确保我国社会在深刻变革中既生机勃勃又井然有序；建立健全依法维权和化解纠纷机制、利益表达机制、救济救助机制；畅通群众利益协调、权益保障法律渠道；完善立体化社会治安防控体系，保障人民生命财产安全。还要坚持党政依法治理和社会依法自治相结合，鼓励和支持公民、社会组织等各类社会主体通过自我协商、平等对话、依法解决社会问题，以形成既安定有序又充满活力的良性局面。

法律与政策。政策与法律的关系是法学理论和法治实践的基本问题。然而，在这个问题上却存在着这样或那样的认识误区以致思想混乱。针对这种情况，习近平强调要正确认识和处理党的政策与国家法律的关系，指出："我们党的政策和国家法律都是人民根本意志的反映，在本质上是一致的。党的政策是国家法律的先导和指引，是立法的依据和执法司法的重要指导。要善于通过法定程序使党的主张成为国家意志、形成法律，通过法律保障党的政策有效实施，确保党发挥总揽全局、协调各方的领导核心作用。党的政策成为国家法律后，实施法律就是贯彻党的意志，依法办事就是执行党的政策"。① 应当发挥政策和法律的各自优势，促进党的政策和国家法律互联互动，不能把两者对立起来、割裂开来。当政策和法律出现矛盾时，要及时调整政策或修改法律，使之协调一致，同时要努力做到统一正确实施。

法律与党内法规。提出党内法规与国家法律的关系并强调注重党内法规同国家法律的衔接和协调、共同发挥在治国理政中的互补性作用，是党的十八大之后我国政治生活和法治建设的重大理论和实践创新，是党法关系的新发展。习近平指出："加强党内法规制度建设是全面从严治党的长远之策、根本之策。我们党要履行好执政兴国的重大历史使命、赢得具有许多新的历史特点的伟大斗争胜利、实现党和国家的长治久安，必须坚持依法治国与制度治党、依规治党统筹推进、一体建设。"②"在我们国家，法律是对全体公民的要求，党内法规制度是对全体党员的要求，而且很多地方比法律的要求更严格。我们党是先锋队，对党员的要求应该更严。全面推进依法治国，必须努力形成国家法律法规和党内法规制度相辅相成、相互促进、相互保障的格局。"③"新形势下，我们党要履行好执政兴国的重大职责，必须依据党章从严治党、依据宪法治国理政。"④ 建设中国特色社会主义法治体系，既要形成完备的法律规范体系，也要形成完善的党内法规制度体系。拥有一套完备的党内法规体系是我们党的一大政治优势。要以党章和宪法为基石，加快党内法规制度建设，力争到建党 100 周年时形成内容科学、程序严密、配套完备、运行有效的党内法规制度体系，为提高党的执政能力和领导水平、推进国家治理体系和治理能力现代化、实现中华民族伟大复兴的中国梦提供有力的制度保障。

法律与道德。法律与道德、法治与德治的关系是中外法学史上的恒久话

---

① 习近平：《在中央政法工作会议上的讲话》，见《习近平关于全面依法治国论述摘编》，第 20 页。

② 《坚持依法治国与制度治党、依规治党统筹推进、一体建设》，载《人民日报》2016年 12 月 26 日第 1 版。

③ 习近平：《关于〈中共中央关于全面推进依法治国若干重大问题的决定〉的说明》，见《〈中共中央关于全面推进依法治国若干重大问题的决定〉辅导读本》，第 55 页。

④ 同上书，第 43—44 页。

题。习近平从历史与现实相结合的维度精辟地阐述了二者之间的辩证关系，夯实了坚持依法治国与以德治国相结合的理论基础。习近平指出："法律是成文的道德，道德是内心的法律，法律和道德都具有规范社会行为、维护社会秩序的作用。治理国家、治理社会必须一手抓法治、一手抓德治，既重视发挥法律的规范作用，又重视发挥道德的教化作用，实现法律和道德相辅相成、法治和德治相得益彰。"①"发挥好法律的规范作用，必须以法治体现道德理念、强化法律对道德建设的促进作用。一方面，道德是法律的基础，只有那些合乎道德、具有深厚道德基础的法律才能为更多人所自觉遵行。另一方面，法律是道德的保障，可以通过强制性规范人们行为、惩罚违法行为来引领道德风尚。要注意把一些基本道德规范转化为法律规范，使法律法规更多体现道德理念和人文关怀，通过法律的强制力来强化道德作用、确保道德底线，推动全社会道德素质提升。"②"发挥好道德的教化作用，必须以道德滋养法治精神、强化道德对法治文化的支撑作用。再多再好的法律，必须转化为人们内心自觉才能真正为人们所遵行。'不知耻者，无所不为。'没有道德滋养，法治文化就缺乏源头活水，法律实施就缺乏坚实社会基础。在推进依法治国过程中，必须大力弘扬社会主义核心价值观，弘扬中华传统美德，培育社会公德、职业道德、家庭美德、个人品德，提高全民族思想道德水平，为依法治国创造良好人文环境。"③这些深刻论述突破了法治、德治水火不容的传统思维定势，阐明了一种现代法治和新型德治相结合的治国新思路。按照这种新思路，法治和德治相结合就是治国的必然之道。习近平关于法治的论述中法德兼治、法德共治理论既是对中国古代治国理政智慧的传承，又是对国家治理现代化理论的丰富和发展。

信念与能力（职业道德与职业能力）。信念与能力问题实质就是德与才的关系问题。政法工作的性质决定了在理想信念问题上广大干警必须有更高的标准、更严的要求。"坚定的理想信念是政法队伍的政治灵魂。……必

---

① 习近平：《加快建设社会主义法治国家》，载《求是》2015 年第 1 期。
② 同上。
③ 同上。

须把理想信念教育摆在政法队伍建设第一位，不断打牢高举旗帜、听党指挥、忠诚使命的思想基础。"① 对于政法工作者来说，理想信念中很重要的是法治精神和职业良知。习近平指出："做到严格执法、公正司法，就要信仰法治、坚守法治。'法不阿贵，绳不挠曲。' 这就是法治精神的真谛。如果不信仰法治，没有坚守法治的定力，面对权势、金钱、人情、关系，是抵不住诱惑、抗不住干扰的。"② 政法干警"要把法治精神当作主心骨，做知法、懂法、守法、护法的执法者，站稳脚跟、挺直脊梁，只服从事实，只服从法律，一是一、二是二，不偏不倚，不枉不纵，铁面无私，秉公执法"③。"各行各业都要有自己的职业良知……政法机关的职业良知，最重要的就是执法为民。"④"职业良知来源于职业道德。要把强化公正廉洁的职业道德作为必修课，教育引导广大干警自觉用职业道德约束自己。"⑤

在树立法治精神、培养职业良知的同时，要大力加强能力建设。习近平指出：同面临的形势和任务相比，法治队伍能力水平还很不适应，"追不上、打不赢、说不过、判不明"的问题还没有完全解决，面临着"本领恐慌"问题，必须大力提高业务能力。"有才无德会败坏党和人民的事业，但有德无才也同样会贻误党和人民的事业。我们常讲要亮剑，这不仅需要有亮剑的勇气，更需要有亮剑的本事和克敌制胜的能力。各级政法机关要把能力建设作为一项重要任务，确保更好履行政法工作各项任务。"⑥

习近平关于法治建设的其他许多论述也都体现了精准练达的辩证法思维。例如，法治建设既不能罔顾国情、超越阶段，也不能因循守旧、墨守

---

① 习近平：《在中央政法工作会议上的讲话》，见《习近平关于全面依法治国论述摘编》，第99—100页。

② 习近平：《严格执法，公正司法》，见中共中央文献研究室编：《十八大以来重要文献选编》（上），中央文献出版社2014年版，第719页。

③ 同上。

④ 同上书，第718页。

⑤ 同上书，第718—719页。

⑥ 习近平：《在中央政法工作会议上的讲话》，见《习近平关于全面依法治国论述摘编》，第101页。

成规。法治建设要坚持文明互鉴、对外开放，但不能机械临摹、全面移植、全盘西化。全面深化改革、全面依法治国，要坚持加强顶层设计与摸着石头过河相结合。我们既要坚持党对政法工作的领导不动摇，又要改善党对政法工作的领导，不断提高党领导政法工作的能力和水平。新闻媒体要加强对执法司法工作的监督，但要处理好监督与干预的关系，防止形成"舆论审判"。

中国特色社会主义法治理论的科学定位 *

中国特色社会主义法治理论具有深厚的实践基础、丰富的思想渊源、鲜明的时代特征、重大的现实意义和深远的历史意义。如何科学定位和准确把握中国特色社会主义法治理论，既直接决定着我们对它的理论认同和理论自觉，又直接关乎它能否在实践中有效地发挥行动指南作用。可以说，这是中国特色社会主义法治理论研究与实践的前置性问题。

一、中国特色社会主义法治理论是中国特色社会主义法治道路的核心要义

习近平总书记指出：坚持党的领导，坚持中国特色社会主义制度，贯彻中国特色社会主义法治理论，"这三个方面实质上是中国特色社会主义法治道路的核心要义，规定和确保了中国特色社会主义法治体系的制度属性和前进方向"①。这是对中国特色社会主义法治理论最根本最鲜明的科学定位。

所谓"要义"，就是实质性、本质性意义，就是精髓、决定性要素。在"要义"前面加上"核心"二字，更凸显出坚持党的领导、坚持中国特色社会主义制度、贯彻中国特色社会主义法治理论这三个方面对于中国特色社会

　＊　本文发表于《法学》2015 年第 11 期。

　①　《习近平关于全面依法治国论述摘编》，中央文献出版社 2015 年版，第 23 页。

主义法治道路的重大而深刻的意义。正是这三个"核心要义",明示了中国特色社会主义法治道路的基本内涵和基本内容,确定了中国特色社会主义法治道路的根本性质和根本要求,描绘出了这条道路的鲜明特征和鲜明标识。深入理解、全面把握这三个核心要义,对于坚持中国特色社会主义法治道路、全面依法治国、建设法治中国具有方向性、战略性、全局性意义。

在这三个核心要义中,党的领导是根本,中国特色社会主义制度是基础,中国特色社会主义法治理论是指导思想和学理支撑。中国特色社会主义法治理论全面阐述了法治的本质、法治的普遍规律、现代法治的一般原理及社会主义法治的本质特征、内在要求、价值功能、基本原则、发展方向、遵循道路等重大问题,深刻回答了什么是法治,什么是社会主义法治,如何依法治国、建设社会主义法治国家和社会主义法治体系,如何推进法治中国建设,即如何实现依法治国、依法执政、依法行政共同推进,法治国家、法治政府、法治社会一体建设,国家法治、地方法治、社会法治协调发展,如何在法治轨道上推进国家治理体系和治理能力现代化,如何形成全面依法治国与全面小康社会、全面深化改革、全面从严治党相辅相成、相互促进、相得益彰的局面等一系列重大问题和前沿问题。总之,中国特色社会主义法治理论是关于法治、特别是关于中国特色社会主义法治的科学认知的集成,是党和国家法治建设的根本指导思想,是"我们党处理法治问题的基本立场"①。因而,坚持中国特色社会主义法治道路,建设中国特色社会主义法治体系和法治国家,推进中国法治事业科学发展,必须始终如一地贯彻中国特色社会主义法治理论。

二、中国特色社会主义法治理论是中国特色社会主义 理论体系的重要组成部分

胡锦涛同志曾经指出:"改革开放以来我们取得一切成绩和进步的根本

---

① 《习近平关于全面依法治国论述摘编》,中央文献出版社 2015 年版,第 123 页。

原因，归结起来就是：开辟了中国特色社会主义道路，形成了中国特色社会主义理论体系。高举中国特色社会主义伟大旗帜，最根本的就是要坚持这条道路和这个理论体系。"① 中国特色社会主义理论体系是包括邓小平理论、"三个代表"重要思想、科学发展观、"四个全面"战略思想等在内的科学理论体系。这个理论体系博大精深，涵盖改革发展稳定、内政外交军事、治党治国治军、经济政治社会文化生态建设等有关中国特色社会主义事业的理论与实践问题，有关依法治国、厉行法治，建设社会主义法治国家和中国特色社会主义法治体系，全面推进法治中国建设等重大理论是其重要的具有综合性的组成部分。正如习近平总书记所指出的："中国特色社会主义法治理论，本质上是中国特色社会主义理论体系在法治问题上的理论成果。"②

中国特色社会主义法治理论虽然从时段上主要指 20 世纪 70 年代末我国实行改革开放和依法治国以来逐渐形成和发展的法治理论，但是它并没有与马克思主义法学理论和作为马克思主义法学理论中国化伟大成果的毛泽东法律思想脱节，而是继承和发展了马克思主义法律思想和法学原理，继承和发展了毛泽东法律思想。毛泽东法律思想是毛泽东思想的组成部分。毛泽东、周恩来、朱德、刘少奇、董必武、彭真等老一辈无产阶级革命家是新民主主义革命法制和社会主义民主法制建设的领导者和实践者，在新民主主义革命和社会主义革命与法制建设的长期探索与实践中，创造性地提出了与这两个时期的革命和建设实际相适应、具有鲜明中国风格的马克思主义法学理论观点，内容相当丰富。例如，历史唯物主义的、革命的法律观，民主、国体、政体和宪法思想，新民主主义宪政理论，法制是人类文明的基本标志的观点，"两类矛盾"的学说，民主和社会主义相结合、纲领性和灵活性相结合、领导与群众相结合的立法思想，有法可依、有法必依的法制原则，宽严相济的刑法思想，以事实为依据、以法律为准绳的诉讼原则，等等。这些重要思想在中国特色社会主义法治理论体系形成过程中都得到了继承和发展。

---

① 胡锦涛：《高举中国特色社会主义伟大旗帜，为夺取全面建设小康社会新胜利而奋斗——在中国共产党第十七次全国代表大会的报告》，人民出版社 2007 年版，第 10—11 页。

② 《习近平关于全面依法治国论述摘编》，中央文献出版社 2015 年版，第 35 页。

同时，中国特色社会主义法治理论也没有割断历史、封闭自我，而是坚持古为今用、洋为中用、中西合璧、与时俱进。

中国特色社会主义法治理论传承了中华传统法律文化的精华。中国是世界上文明发达最早的国家之一，法制文明是中国古代文明的重要构成和明显标志，而且从历史进程上看从来没有中断过。战国中期，李悝的《法经》创中国封建法典之体制，开成文法典之先河。随后建立的秦朝扩大了成文法的规模，奠定了中国长达两千多年封建法制的基本轮廓。汉唐诸代君臣与巨儒主张"德主刑辅"，熔礼义刑德于一炉，使中国封建法制成为"天理、国法、人情"的融合体，形成了法治与德治相结合的鲜明特点。《唐律疏议》更以其完备的体例、严谨而丰富的内容成为封建法典的范例。经过宋、元、明、清等朝代一千多年的法律文明维系、传承和发展，形成了世界公认为五大法系之一的中华法系，广泛地影响和传播到周边国家，并在相当长的时间里居于世界法制文明的顶峰。中国古代法制文明中有许多超越时空、具有普遍价值的经验和理论。例如，主张"国无常强，无常弱。奉法者强则国强，奉法者弱则国弱"①；注重法律的良善品质，强调"立善法于天下，则天下治；立善法于一国，则一国治"②，"为国也，观俗立法则治，察国事本则宜"③，要以人为本，以民为本，社会和合；善于通过法律的人文精神对社会成员心理和观念世界进行整合与引领，规范、引导和维系整个社会，注重礼法互补，主张德治与法治并存，强调明德慎刑；注重法律的教育功能，主张以法为教，强调法律的任务不仅是"禁暴惩奸"，而且要"弘风阐化"；注重治国者、执法者的道德品质以及对国家的责任感和使命感，主张"徒法不足以自行"④为官者、执法者要"天下为公"，清正廉洁，光明正大，执法如山，"法不阿贵，绳不挠曲"⑤"公生明，廉生

---

① 《韩非子·有度》。
② （宋）王安石：《临川先生文集》，中华书局 1959 年版，第 678 页。
③ 《商君书·算地》。
④ 《孟子 离娄上》。
⑤ 《韩非子·有度》。

威"①；注重法律的综合意义，法律的实施不能就事论事，主张对法律条文和典籍从天理、国法、人情的有机结合上予以解释和注释，以便更好地定分止争、惩恶扬善；注重立法与执法并重，"天下之事，不难于立法，而难于法之必行"②；注重变法促进，强调通过变法革新来解决社会深层次矛盾，保持社会稳定，推动社会发展。中国特色社会主义法治理论在对中华传统法律文化的丰富资源进行梳理和甄别的基础上，联系当代实际进行了科学的改造和扬弃，把那些能够与以科学、理性、民主、自由、公平、人权、法治、和平、秩序、效率为内容的时代精神融为一体的文化传统，融入到了社会主义法治理论、法治体系和法治实践之中，使中国特色社会主义法治理论的民族精神和时代精神浑然一体。

中国特色社会主义法治理论也包含着对西方法治经验和理论成果的兼容并蓄。西方法治文明源自古希腊、古罗马，积淀深厚，尤其是近代法治萌生于西方资本主义社会，有许多理念、原则和方法，反映了人类法治文明发展的一般规律。诸如依法而治、法治国家、法治政府、权力制约、人权神圣、财产神圣、税收法定、法律面前人人平等、契约自由、言论自由、罪刑法定、正当程序、权利推定、"法无禁止即自由"等法治理论，以及司法（职权）独立、法官中立、律师自由执业、疑罪从无、非法证据排除等司法学说。中国特色社会主义法治理论体系形成过程中，坚持从中国国情和中国需要出发，认真鉴别、合理吸收了西方法治经验和法治理论，使之与中国本土化理论贯通，彰显了中国特色社会主义法治理论体系的开放性、包容性和科学性。

三、中国特色社会主义法治理论是对中国社会主义法治实践的经验总结和理论表达

中国特色社会主义法治理论最鲜明的特点就是它的实践性，它立足于当

---

① （明）年富：《官箴》刻石。

② （明）张居正：《张太岳集》，上海古籍出版社1984年版，第482页。

代中国法治建设的实践，是对中国特色社会主义法治实践过程、实践经验的理论概括，它指导法治实践，回答法治实践提出的问题，并在法治实践中丰富、创新和发展。中国特色社会主义法治是前无先例、外无范式的事业，没有现成的道路可以遵循，没有现成的模式可以照搬，主要靠我们自己探索、实践和创造。长期坚持不懈的艰辛探索，特别是改革开放以来党领导人民厉行法治、依法治国、建设法治国家的伟大实践，为内涵丰富、逻辑自洽、思想深刻的中国特色社会主义法治理论的形成奠定了坚实的实践基础，提供了丰富的实践经验，当然也有偏离法治轨道的深刻教训。

"新中国成立初期，我们党在废除旧法统的同时，积极运用新民主主义革命时期根据地法制建设的成功经验，抓紧建设社会主义法治，初步奠定了社会主义法治的基础。后来，党在指导思想上发生'左'的错误，逐渐对法制不那么重视了，特别是'文化大革命'十年内乱使法制遭到严重破坏，付出了沉重代价，教训十分惨痛！"[①]"文化大革命"结束之后，我们党召开了具有历史意义的十一届三中全会。这次全会作出两项最为重要的决定，一是把党和国家工作的重心由以"阶级斗争为纲"转向以经济建设为中心；二是确定"健全社会主义民主、加强社会主义法制"、"有法可依、有法必依、执法必严、违法必究"的法制工作方针。由此，法制得以恢复和重建，法治建设步入快车道。"文化大革命"结束的时候，中国仍处于无法无天的状态。所以，法治建设的当务之急是制定一批恢复法律秩序和社会秩序迫切需要的法律。1979 年 7 月 1 日，五届全国人大四次会议一天通过了七部法律（中国法治史上著名的"一日七法"），包括刑法、刑事诉讼法、地方各级人民代表大会和地方各级人民政府组织法、全国人民代表大会和地方各级人民代表大会选举法、人民法院组织法、人民检察院组织法、中外合资经营企业法等。同年 9 月 9 日，中共中央发出了《关于坚决保证刑法、刑事诉讼法切实实施的指示》，首次提出要实行社会主义法治。1982 年，在党中央的坚强领导下，全国人大完成了对宪法的修改，颁布了新宪法，即现行宪法。1992

---

① 《习近平关于全面依法治国论述摘编》，中央文献出版社 2015 年版，第 8 页。

年，党的十四大提出实行社会主义市场经济，同时提出要建立社会主义市场经济法律体系。1997 年，党的十五大史无前例地提出"依法治国、建设社会主义法治国家"，把依法治国确定为党领导人民治理国家的基本方略，把建设社会主义法治国家作为建国大业的重要目标之一。1999 年，现行宪法第三次修改，以宪法修正案的方式规定"国家实行依法治国，建设社会主义法治国家"。2007 年，中共十七大提出全面落实依法治国基本方略，加快建设社会主义法治国家。2011 年，十一届全国人大第四次会议宣布中国特色社会主义法律体系已经形成。2012 年，中共十八大作出了"法治是治国理政的基本方式"的科学判断和政治宣言，并作出了"依法治国基本方略全面落实，法治政府基本建成，司法公信力不断提高，人权得到切实尊重和保障"的"法治小康"目标，作出了全面推进依法治国的战略决策，强调要科学立法、严格执法、公正司法、全民守法。十八大之后，习近平总书记发出"建设法治中国"的伟大号召。2013 年，党的十八届三中全会在《中共中央关于全面深化改革若干重大问题的决定》（以下简称《改革决定》）中明确提出"推进法治中国建设"，强调依法治国、依法执政、依法行政共同推进，法治国家、法治政府、法治社会一体建设；全面推进依法治国、加快建设法治中国，成为新时期中国法治建设的战略目标。2014 年，党的十八届四中全会作出《中共中央关于全面推进依法治国若干重大问题的决定》（以下简称《法治决定》），对全面推进依法治国的总目标、总路线、重大任务等作出全方位的部署。党中央每一次重大法治决策和全国人大相应的决定都是对我国法治建设实践的正确引领和强大推动，也都是法治理论发展进步的标志和进一步推进法治理论创新发展的强大动力。

在中国特色社会主义法治理论的形成与发展过程中，作为我国新时期社会主义法治建设的领导者、推动者、实践者，历届中央领导集体和邓小平、江泽民、胡锦涛、习近平等主要领导同志发挥了不可替代的重大作用。他们立足于改革开放、建立社会主义市场经济、发展社会主义民主政治、全面建成小康社会、实现国家长治久安的战略立场，从我国国情和社会主义法治建设的实践提出问题、反思教训、总结经验，在丰富实践经验的基础上形成法治理论，并不断推进法治理论创新发展。例如，邓小平同志提出"社会主义民主法制化"、"人治危险得很、搞法制才靠得住"、"一手抓改革和建设、一手抓法制"等重大理论。江泽民同志提出"法治是社会进步、社会文明的重要标志"、"依法治国、建设社会主义法治国家"、"党的领导、人民当家作主、依法治国有机统一"、"坚持依法治国与以德治国相结合"等重大理论。胡锦涛同志提出"党的事业至上、人民利益至上、宪法法律至上"、"依法治国、执法为民、公平正义、服务大局、党的领导为主要内容的社会主义法治理念"、"民主法治与和谐社会建设的理论"、"法治是以和平理性的方式解决社会矛盾的最佳选择"、"法治是治国理政的基本方式"、"依法执政"、"依宪执政"、"科学立法、严格执法、公正司法、全民守法"等重大理论。习近平同志提出"建设法治中国"，厉行"良法善治"、"依法治国、依法执政、依法行政共同推进"、"法治国家、法治政府、法治社会一体建设"、"以提升司法公信力为根本尺度深化司法体制改革"、"推进国家治理体系和治理能力现代化"、"建设中国特色社会主义法治体系"、"从严治党、依法反腐"、"改革要于法有据"、"推进国际关系民主化、法治化"等重大理论。正是这些重大的原创性科学概念和理论观点构成了中国特色社会主义法治理论的基本体系。与此同时，法学界不断深入地开展法治研究。20世纪70年代末至80年代，围绕法治建设实践和法学研究领域的拨乱反正、正本清源，法学界先后开展了关于法治与人治、法的阶级性与继承性、法的本质、法律面前人人平等、法学基本范畴、法学研究范式转换等重大理论问题讨论，有力地推进了法学领域的思想解放和理论创新。在20世纪90年代相继开展了市场经济与现代法的精神、市场经济与法治经济、中国特色社会主义法律体系（法制体系）、依法治国、法制国家、法治国家等对我国社会主义法治具有重大建构意义的研究和论证，极大地拓展了中国法学的研究领域、推进了法学理论创新和中国特色社会主义法学理论体系和法治理论体系建设。进入本世纪后，随着法治国家和法治中国建设的提速和提质，法治研究更加深入而广泛地推进，其中关于依法执政、依宪执政、法治政府、法治社会、立法体制改革、司法体制改革、法治文化建设、中国特色社会主义法治体系、中国特色社会主义法治道路等法治建设的核心问题的研究，在深化和创新法治理论的同时，也使中国特色社会主义法治理论涵盖了法治的所有实践领域和实践问题。总之，在党的领导下，在邓小平理论、"三个代表"重要思想、科学发展观、"四个全面"战略思想的指导下，中国法学界总结了改革开放以来我国社会主义法治建设的实践经验，在此基础上进行理论概括、理论诠释、理论创新，从而形成了反映社会主义法治建设内在规律的科学体系。以我们党的原创性法治理论为主体、法学界的研究成果为丰富的理论资源而构成的内涵丰富、逻辑自洽、思想深刻的中国特色社会主义法治理论体系凝聚着法治的中国经验，饱含着法治的中国元素，彰显了法治的中国精神，描绘了法治的中国道路，注入了法治现代化的强大能量，为社会主义法治建设提供了理论指导和学理支撑，在世界法治理论宝库中日益彰显其中国话语、中国风格、中国气派、中国价值。

四、中国特色社会主义法治理论是与时俱进、不断创新的理论

与时俱进、创新发展，是中国特色社会主义法治理论的重要品格和鲜明特征。中国特色社会主义法治理论形成和发展的进程充分表明，改革开放以来我国社会主义法治理论始终处于创新发展之中，从未停止过与时俱进，邓小平、江泽民、胡锦涛、习近平同志是推进中国特色社会主义法治理论创新发展的舵手和楷模。以党与法的关系、坚持党的领导与厉行法治的关系为例，20世纪80年代初（1982年），邓小平提出并力主在党章中宣告"党必须在宪法和法律的范围内活动"，体现了我们党尊重宪法法律、树立和维护宪法法律权威的意志；进入21世纪之后的2002年，江泽民同志在党的十六大报告中提出"依法执政"的命题，十六届四中全会《关于加强党的执政能力建设的决定》把依法执政确立为党执政的基本方式。2004年，胡锦涛同志在庆祝全国人民代表大会成立50周年大会上的讲话中进一步明确指出："依法治国首先要依宪治国，依法执政首先要依宪执政"，提出"党的事业至

上、人民利益至上、宪法法律至上"。十八大以来习近平同志对党和法治的关系问题进行了更加深入的探索,强调指出:党的领导和社会主义法治是一致的,社会主义法治必须坚持党的领导,党的领导必须依靠社会主义法治;在新形势下,党要履行好执政兴国的重大职责,必须依据党章从严治党,依据宪法治国理政,真正做到党领导立法、保证执法、支持司法、带头守法;依法治国,首先是依宪治国,依法执政,关键是依宪执政;在十八届四中全会上将"三个至上"精准表述为"党的事业、人民利益、宪法法律至上"。在其他很多法治理论的发展方面也有很好的与时俱进、接续创新样本。

尽管中国特色社会主义法治理论体系已经形成,但是,必须清醒地看到,以建设中国特色社会主义法治体系、建设社会主义法治国家的全面依法治国总目标为对照,同全面落实依法治国基本方略、加快建设法治中国的现实需要相比,我国的法治理论还存在对依法执政、依法治国、依法行政、依法治军、公正司法、依法自治等方面的客观规律把握不透、对新中国成立以来法治领域的经验总结不够、教训反思不深,对古今中外法治文明优秀成果研究和吸收不够、对各种有害的法治理念和法学思潮分析、批判不力,在法治理论体系的建构方面还存在概念化、体系化水平不高,法治理论对法治建设实践、法治改革实践、法学教育研究指导不足,法治理论人才队伍建设严重滞后等问题。因此,必须从党和国家事业发展全局的战略高度,从依法治国、建设社会主义法治体系和法治国家的实际急需出发,把坚持和发展中国特色社会主义法治理论作为一项重大而紧迫的任务,采取有力措施,切实抓紧抓好。

党的十八届四中全会《法治决定》对如何坚持和发展中国特色社会主义法治理论提出了明确的意见和要求,指出:"必须从我国基本国情出发,同改革开放不断深化相适应,总结和运用党领导人民实行法治的成功经验,围绕社会主义法治建设重大理论和实践问题,推进法治理论创新,发展符合中国实际、具有中国特色、体现社会发展规律的社会主义法治理论,为依法治国提供理论指导和学理支撑。"这不仅明确地表明中国特色社会主义法治理论需要不断创新发展,创新发展只有进行时,没有完成时,只有不断创新,才能适应法治建设和法治现代化的需求，才能保持法治理论之树长青；而且提出了创新发展的基本原则和主要路径。

其基本原则是：一要"符合中国实际"，符合实际，才能根深叶茂，科学管用。二要"具有中国特色"，就是要有坚守社会主义内核，体现中华法治文明，体现当代中国法治道路和法治精神，形成鲜明的中国法治话语体系，以此打破西方法治话语的支配地位，消解西方法治中心主义的影响，提升中国在国际社会的法治话语权和在全球法治治理中的作用。三要"体现社会发展规律"，主要是体现全面建成小康社会的规律、全面深化改革的规律、全面依法治国的规律、全面从严治党的规律、社会主义经济建设和发展规律（特别是市场经济规律）、政治建设和发展规律（特别是社会主义民主政治规律和法治中国发展规律）、社会建设和社会发展规律、文化建设和文化发展规律、生态文明建设和修复规律，体现司法文明、法治文明、政治文明、社会文明的一般规律，等等。只有揭示出、认知到、阐述清上述各种规律，只有对客观规律保持敬畏和尊重，我们的法治理论才是科学的、令人信服、受人尊重的理论。

其主要路径包括：（1）"从我国基本国情出发"，包括政治国情、经济国情、法治国情、党情社情，处于全球化时代中国国情也包括世界情势等。（2）"同改革开放不断深化相适应"，适应全面深化改革、即各领域各方面各层次改革，适应新形势、新情况、新要求，适应全球化的发展趋势，适应全球治理和国际关系法治化。当然，"适应"不意味着消极地跟在后面、总是落后实践，而是要有远见和预见，做到理论先行。（3）着力总结和运用党领导人民实行法治的成功经验，实践是理论的本源，只有植根于中国法治实践大地，才能发现和摄取法治理论发展的营养品，才能在法治经验理论化的基础上不断凝练精辟的法治理论要素，丰富中国特色社会主义法治理论体系。（4）围绕社会主义法治建设重大理论和实践问题推进法治理论创新。全面推进依法治国的时代是新法治理论生成和广泛传播的时代，是理论创新的时代。法治时代是需要理论创新的时代，也是理论能够创新的时代，理论创新是法治理论研究的第一要务，是中国特色社会主义法治理论发展进步的不竭动力。

要始终坚持问题导向，不断发现问题、解答和解决问题，在发现和解决问题中深化和拓展理论研究，实现理论观点突破，促成新概念、新范畴、新命题、新理论的生成。（5）要注意吸收中华法律文化的精华，借鉴西方法治文明成果，既立足当代又继承传统，既立足本国又学习外国，大力推进学术观点创新、学科体系创新和科研方法创新。但是，吸收不是"简单复古"，借鉴外来不能"全盘西化"。

书本的法理学与实践的法理学[*]

一、法理学与法哲学

在我看来，法理学和法哲学在语义上是没有太大差别的。对于法哲学（philosophy of law，legal philosophy）或称法理学（jurisprudence），我有一个这样的界定，它既指一种思想体系，又指称一个学术领域。首先，在思想体系的意义上，法哲学是关于法律制度和法律实践的认知、信仰和评价等观念系统，属于整个社会意识形态的组成部分。在法律渗透于社会生活的现代国家，法哲学是社会意识形态极其重要的组成部分，具有社会意识形态的全部属性，并发挥着意识形态的巨大功能。其次，在学术领域或学术概念的意义上，法哲学是法学体系中最具涵盖性、抽象性、普适性的理论。在这两种意义上，法哲学与法理学是两个交互使用并可以互相代替的概念，其内容是一元的，而不是二元的。《不列颠百科全书》在解释法理学时指出："此词在英语中较通常的意义以及本文所指的意义，大体上相当于法律哲学。"① 该书在论述"西方法律哲学"时更明确地指出："在英语国家里，'法理学'一

---

* 本文是 2010 年 4 月 11 日张文显在中山大学法学院"方圆大视野"系列高端公益论坛（第一期）上所作演讲"书本的法理学与实践的法理学"的录音整理稿，后发表于《中山大学法律评论》2010 年第 8 卷。

① 参见《不列颠百科全书》第 13 卷，1973 年第 14 版，第 150 页。

词常被用作法哲学的同义词，并且总是用以概括法学领域的分支学科的。"① 《牛津法律指南》亦明确指出，法理学和法哲学往往是作为同义词使用的。②

二、法理学与法律学

在我看来，在法学体系内部，有两种学术的划分，一个是法哲学或称法理学，另一个就是法律学，二者存在诸多区别。

第一，法哲学是作为哲学的法学，是法律的一般理论、法学的基础理论、法学的方法论、法学的意识形态，而法律学则是作为科学的法学，即法律科学。科学与哲学对应，就一般意义来说，科学是以世界的某一领域、某一方面、某一层次、某一问题为对象，哲学则是以整个世界为对象；科学提供关于世界的某一领域或方面的"特殊规律"，哲学则提供关于整个世界的"普遍规律"；科学研究的方法带有"工具性"、"技术性"，哲学的研究方法则带有"本原性"、"终极性"、"方法论"性质。科学与哲学的这些区别也是法哲学与由宪法学、行政法学、民商法学、经济法学、刑法学、诉讼法学、国际法学等法学部门构成的法律学的区别所在。

第二，法哲学是"反思法学"，而法律学则是"注释法学"。中国的注释法学来源于中国古代的"律学"。这里借用了中国古代的"律学"概念。"律学"亦被称为"刑名律学"、"注释律学"等，是根据儒家学说对以律为主的成文法进行讲习、注释的法学。尽管它也涉及立法原理和法律适用问题，但其焦点和功能是根据儒家学说从文字上、逻辑上对律文进行阐释，就像我们今天看到的《唐律疏义》等等。传承成文法传统的当今中国的部门法学就其功能和基本特征来说，仍可被归结于"律学"或"注释律学"的范畴。

第三，法哲学是"论理法学"，这里的"理"包括真理、公理、伦理、道理等，而法律学属于"实证法学"。西方近代法学分化为理论法学和应用

---

① 参见《不列颠百科全书》第 10 卷，1977 年第 15 版，第 714 页。
② ［英］戴维·M.沃克主编：《牛津法律指南》，克拉伦登出版社 1980 年英文版；参见［英］戴维·M.沃克：《牛津法律大辞典》，光明日报出版社 1980 年版，第 746、678 页。

法学（部门法学）以来，法学中的宪法学、行政法学、民商法学、经济法学、刑法学、诉讼法学、国际法学等部门法学通常都把法律看作一套规范体系，并采用经验实证或逻辑实证的方法去注解、分析、解释法律规范的含义及其适用范围，一般被称为"实证法学"。实证法学是关于法实际上是什么的知识，实证法学最基本的观念是：法律科学是一种依赖于经验的认识形式，其对象是实在之物，即由立法机关制定或由司法机关认可的实在法；法律规范的效力并不依赖于它的内容是否符合某种正义标准、道德标准或其他任何先验标准，而且它从根本上反对关于法律正确性的种种形而上学。①

法哲学与法律学的上述差别决定了法哲学并不关注部门法中的具体规则及其适用，而是关注这些规则存在的根据及其正当性、合理性、合法性问题，即深藏于这些规则背后的社会价值问题，经济和社会发展目标问题，公共政策问题，正义或道德公理等；研究使这些规则构成法律体系的那些操作系统（类似 DOS，Disk Operation System），即连接或架构法律规则的那些体制和机制问题；研究这些规则得以制定和适用的方法，诸如利益筛选、价值衡平、法律解释、法律推理、法律论证、法律批评、法律选择等。

尽管法哲学与法律学相对，部门法哲学与部门法律学相对，但必须明确的是，法哲学与法律学水乳交融，将法学划分为法哲学与法律学只有分类学上的意义，实际上，在部门法哲学领域，它们之间的界限已经相当模糊。法哲学的论题一展开，就马上辐射到法律的制度层面和实践领域，而法律学研究深入一步就会触及法哲学的神经。我们深知，法哲学的学术功能在于概括各种类型的法律制度、各个部门法及其运行的共同规律、基本范畴、共同理论，从而为法律学的教学和研究提供理论依据和指导；我们也深知，离开了法律实践和法律学，法哲学将会变成无源之水、无本之木，失却安身立命之地。为此，法哲学必须一方面以法律实践和法律学为基础，总结法律实践的经验和法律学的研究成果并用来深化对法哲学基本问题的思考；另一方面必

---

① N.MacCormick，O.Weinberger，*An Institutional Theory of Law — New Approaches to Legal Positivism*，Dordrecht P. D. Reidel Publishing Company，1986，pp.116-117.

须高于实践、超越法律学，从特殊上升到一般、从感性上升到知性，再从知性上升到理性。同样，法律学如果不关注法律与社会的重大理论问题，忽视法哲学研究及其学术资源，其理论研究和发展将事倍功半（理论的作用就在于让人们少走弯路），其应用价值亦将大打折扣。

就是为了消解法哲学与法律学之间的人为障碍，消除法哲学与法律学互相脱节的现象，最近几年，我大力倡导开展部门法哲学(或者说应用法哲学)研究，推动法哲学与法律学的密切结合和共同发展。①

三、关于法律、哲学与法哲学（法理学）

在这里，我就谈谈我对法哲学（法理学）的理解。最近，我出版了一本学术专著《法哲学通论》。②为了简明扼要地表达笔者对法哲学的总体理解，同时为不甚了解法哲学的读者解惑释疑，我在书的折口处为《法哲学通论》加了一个题注。经过反复琢磨、推敲，并征求多位学者的意见，题注确定为：法律是定分止争的实践理性，哲学是求真尚善的思想艺术，法哲学则是以哲学的眼光和智慧对法律的观照和反思。

这三句话体现了我对法律、哲学和法哲学的概括性理解，与本书有关问题的论述内容一致，也体现了中西法律文化和法律哲学的结合。现对这一题注做如下解读：

第一句话：法律是定分止争的实践理性。

"定分止争"，是先秦思想家特别是法家代表人物提出来的一个概念，思想内涵极其深刻。大意是：法律是明确权利、义务及其界限的，以此达到合理地调整利益关系、防范和减少利益冲突，化解矛盾纠纷，实现国泰民安之目的。与我们现在主张的法律的核心是权利和义务、法律是通过规定及约定权利和义务而调整社会关系和主体行为的观点一致。"定分止争"又延伸出"定

---

① 张文显：《部门法哲学引论：属性和方法》，载《吉林大学社会科学学报》2006年第5期，第5—12页。

② 张文显：《法哲学通论》，辽宁人民出版社2009年版。

纷止争", 即通过司法或准司法程序, 查明纠纷、辨明是非、公正高效处置, 进而化解矛盾、案结事了。而"实践理性"则体现了近代以来的法律精神和法律方法, 用实践理性作为现代法律的表征, 也是对传统意义的定分止争的理性引导、科学规范和价值重塑。"实践理性", 是一种根植于实践的经验和智慧, 法律作为实践理性则反映了人类致力于定分止争、定纷止争的实践经验和智慧。法律作为实践理性, 表明法律规则和法律活动实际上都是以实践性信息为依据进行价值判断与行为选择的结果, 实践理性奠定了法律产生和发展的基础; 也表明法律的目的性、价值性, 因为人类的实践本身都是有目的的; 表明法律构成了人们行为的正当理由, 实践理性促使大多数人把法律作为自己行为正当性论证的首选, 法律因而也成为了一种实践性权威。

第二句话: 哲学是求真尚善的思想艺术。

2007 年吉林大学承办联合国哲学节, 我为哲学节题词: "哲学是永不落幕的思想艺术"。对哲学的这种理解得到了多位著名哲学家的认可。本想原封不动地使用, 但是考虑到与前一句的对称, 故选择"求真尚善"。"求真"体现了西方哲学的特点, 尚善体现了中国哲学的特点, 求真与尚善的连接, 体现了科学主义与人文主义两种哲学思潮的结合。哲学不仅是思想方法, 更是思想艺术, 不仅是哲学家们的概念体系和逻辑构成, 更是历史传承下来的社会智慧。作为求真尚善的"思想艺术", 寓意深远, 与当今中国的法治理念、法治精神以及政法工作中倡导的法律智慧、政治智慧、哲学智慧和社会经验的结合、法律效果与社会效果相统一, 比较吻合; 与我对胡锦涛哲学的概括("和谐哲学", 对应毛泽东的斗争哲学) 以及我提出的建设"和谐法治"、推进"良法善治"也是契合的。①

第三句话: 法哲学则是以哲学的眼光和智慧对法律的观照和反思。

哲学与法律的对接, 产生了法哲学。法哲学对于法律来说, 一是观照, 二是反思。"观照"一词来源于东方佛教, "反思"一词来源西方哲学; "观照"

① 参见张文显:《加强法治, 促进和谐——论法治在构建社会主义和谐社会中的地位和作用》, 载《法制与社会发展》2007 年第 1 期, 第 3—19 页; 张文显:《走向和谐法治》, 载《法学研究》2007 年第 4 期, 第 144—145 页。

的真意是解读和明了，反思的实质是追问和批判。观照着力于法律本体（规范、制度、运行等），反思着力于法律理性（思想、学说、价值等）。观照需要有眼光，反思需要有智慧，以哲学的眼光和智慧对法律进行观照和反思，体现了法哲学实证性和批判性的双重特征，也是将法哲学的实证主义范式与人文主义范式统合起来的尝试，也体现了法哲学作为法学认识论、本体论和价值论的统一性。

四、书本上的法理学与实践的法理学

在阐述了法理学与法哲学、法理学与法律学，并表明了我对法理学和法哲学到底怎么理解以后，我们可以更好地来谈书本上的法理学与实践中的法理学。我有这样一种看法，我觉得这二者有点像西方法哲学里边的一对范畴，即书本上的法律（law in books）和实践中的法律（law in action）。

我们都知道，在西方的法律哲学当中，社会法学派，包括现实主义法学派，包括像格雷、詹姆斯等这样的大学者，他们看待法律的时候，都有这样一种二元化：他们把书本上的或者本本上的法律看作只是法律的渊源，只有被人们遵守、被政府执行、被法院适用于具体的案件，才成为真正的法律，而这个时候的法律就是实践中的法律。真正的法律不只是写在纸面上，人们得认可它、遵守它，出于一种正当的理由，不遵守这样一个规则，就是一种耻辱、是一种违约，政府、法院都忠实地去执行、适用它，这样，才是真正的法律。所以当我们这样理解的时候，那么实际上法律在人们心中就不是本本上的说教，而是我们行为的规范。

照此理解，书本上的法理学实际上就是以书本形式或者电子形式出现的法理学。实践的法理学就是法理学在法律实践中的运用，是以立法、用法、执法、司法等载体存在的法理学或者说法理。如果没有实践的基础，不是从实践中来，不能转化为实践，这样的法理学仅仅具有知识的价值，审美的价值，或者学者们自我陶醉的价值；只有那些来自法律实践、是法律实践经验的理性化、理论化的法理学，才具有说明、指导、规范法律实践的意义。

　　当然，对书本的法理学与实践的法理学的理解，也可以说是两种存在形式的法理学，从内容上没有截然区别，实际上法理学它既出现在本本上，又体现在实践中，所以法理学具有形而上和形而下的双重属性。

　　我在吉林大学倡导一个学术论坛："生活中的法理"，每两周举办一次。我为"生活中的法理论坛"的题词，就是"从生活揭示法理，以法理透视生活"。我们将法律中的一些热点命题、司法当中的一些热点问题，都拿到论坛上探讨。比如，论坛中甚至谈论"餐馆吃饭不能自带酒水"这样的规定。有参与讨论者就指出，这非常具有法理学的意义，因为它涉及消费者和经营者的利益平衡问题，如果允许自带酒水到饭店吃饭的话，那么，可否也带肉菜到饭店里吃呢？可不可以带盒饭到饭店里吃呢？如果按这样的逻辑，经营者的利益谁来保障？像这样的一些东西，在法理学上讨论起来非常有意义。这样，我们面对的不单单是书本的法理学，同时也是实践的法理学。所以我说法理学就在我们身边，就看你是不是想到了它是一个法理学问题。这个只要是可以讨论的问题，这些都可以归结为一些本源性的问题，都可以作为法理学问题来判断。又如，在"生活中的法理"，我曾经主持过这么一个讨论，就是关于隐私权的讨论。讨论中有个学经济学的人给我提出一个非常好的观点。他说隐私就是一种高档的消费品，从消费的角度来看隐私会觉得它是另外一种世界：富人特别注重隐私权，有的人和人之间多少年住在同一个门洞里，对门都不知道他是谁，他也不愿意让人知道他是哪个单位的、每个月收入多少钱；然而，穷人通常不把隐私当一回事，谁家几斗米、谁家有几只鸡大家都清清楚楚的。后来，我写文章从经济学视野探讨隐私权，也看到美国一位经济学家就提出，隐私权有时是公共所提倡的，有时恰恰又是公共所反对的。比如说，有一些人没有信用，总是借钱不还，总是违约，那么出现这种情况的时候，他的信息就应当被公布，这样的话对于保障交易安全是有益的。大家都知道这个人是个无赖，节约了交易成本，这些他不守信用涉及商业交易安全，公布其就不能归结为侵犯隐私。相反有一些信息，就不能去披露。比如，武汉市有一个小伙子，大学毕业，本来家庭条件挺好的，后来由于他有婚外情，太太知道了，就一气之下和他离婚了。判决书里明确写上了他和第三者某某有婚外情，支持女方的诉讼请求，写得很详细。后来小伙子再去找对象，找一个不行，再找一个不行，因为再结婚要拿出离婚证，拿出离婚书一看，就吹了。后来他去法院，说能不能把判决书改一改，我的那点隐私都被你写进判决书了，造成再婚困难重重。能不能通过司法的程序，把这种隐私保护起来，这些问题看起来都是很简单的事，但涉及了法律的人性问题，法律的人文关怀，等等。我想，这就是生活中的法理学、实践中的法理学。

接下来，再以我的亲身经历作为案例，一方面是大学教授，另一方面是国家大法官，从学术上进一步阐述一下在我身上所体现的书本的法理学和实践的法理学。

五、以书本形式出现的法理学

20世纪最有影响的法学大师、担任美国哈佛大学法学院院长职务达二十年之久的庞德曾经这样说过："两千四百年来——从公元前5世纪的古希腊思想家提出权利之正当性到底渊源于自然还是仅仅渊源于立法和惯例这样的疑问，到当代的社会哲学家追求社会控制的目标、伦理基础和永恒原理——在所有关于人类制度的研究中，法哲学一直占据着主导地位。"[1] 这正是我选择法哲学（法学理论）作为自己的学习专业和研究领域的缘故。自20世纪80年代中期以来，凭借着对法哲学研究的兴趣与热情，我发表了一百多篇相关学术论文，出版了十多本相关学术专著和教材，翻译了若干部西方法哲学著作，本人专著主要有：《法学基本范畴研究》、《法哲学范畴研究》、《当代西方法哲学》、《二十世纪西方法哲学思潮研究》、《马克思主义法理学——理论、方法和前沿》、《法理学》[2] 等。前不久，我新出版了一本学

---

① ［美］罗斯科·庞德：《法哲学导论》，转引自［澳］彼得·齐格勒：《作为法学研究范式的法的一般理论》，谢鹏程、王凌飞译，巴南校，载《法学译丛》1991年第3期。

② 《法理学》为"九五"、"十五"、"十一五"国家级重点规划教材及教育部"普通高等教育国家精品教材"。

术专著《法哲学通论》。这本书是我以"法哲学通论"这种体系和结构论述法哲学基本问题和法哲学基本原理的第一本著作,也是国内外法哲学研究的一个先例,其体系、结构和内容是否合理有待学术批评和实践检验。在这本书中,我设计了"法学"、"法律"、"法治"三个理论板块并使之依次衔接、融为一体。

其内在的学术逻辑是:首先,法哲学是法学的基础理论、方法论和意识形态基础,所以,应设立"法学"篇,就法学的一般原理,法哲学的研究对象、研究范式和方法,部门法哲学的兴起及其属性、对象和方法,中国特色社会主义法哲学的思想渊源、理论发展和体系建构等问题,进行深入研究。其次,法哲学的基石与核心在于法律的本体论。只有阐明法律本体论,才能建构起法哲学和整个法学的知识体系与理论体系,并为进一步解决法律现象的其他问题提供理论铺垫。关于法律本体问题的理论,也是划分各种不同法学流派的主要依据和标准。法律本体论是由有关法律存在、本质、基本特征、内在联系、法律要素、法律行为、法律关系、法律责任、法律体系等的理论构成的。最后,法学是一门实践科学,法哲学则是这门实践科学的指导思想。在当代中国,作为实践科学指导思想的法哲学,其核心价值和功能应当是推动依法治国,建设法治国家和法治社会,促进法治文明。所以,本书设立了"法治"篇,梳理中西法治思想的脉络,解析法治的一般概念,阐释法治的机制和要素,论述当代法治精神和社会主义法治理念,并在总结我国法治建设经验的基础上分析中国特色社会主义法治建设道路及其发展趋势。"法学"、"法律"、"法治"这三个理论板块,在一定意义上可以被分别理解为法哲学的认识论、本体论和实践论问题:认识论问题体现为反思认识法律现象的主观活动;本体论问题体现为反思法律这一客观现象;实践论问题体现为反思法治这一当代中国最重要的法律实践经验。

本书在写作过程中坚持三个学术原则,并试图以这三个原则推进我国法哲学研究风格和发展方式的转变:

其一,是把法哲学的普遍原理与当代中国的法学研究、法律实践和法治建设实际相结合,从头至尾贯通"中国特色"。依我所见,虽然总体上法哲学是以古往今来的法律现实为其研究对象，是法律的一般理论，然而，在任何一个国家，法学家的法哲学著作实际上都是以本国法律和法治现实为背景，并且以论述和完善本国法律体系及其运行为核心。基于这种认识和目的性原则，本书每一篇的最后一章都以"中国特色……"为归结点。

其二，在总结中外法哲学研究成果的基础上，致力于法学理论创新。本书从体系到内容都力争做到有所创新、有所发展。作为一本法哲学的理论著作，本书尝试性地提出了一些崭新的法哲学理论问题并进行了相应阐述，也试图对法哲学的基本原理进行与时俱进的解读、阐明和推进，对法哲学的某些重大理论观点进行更加深入的反思。

其三，把马克思主义哲学方法论与现代科学方法论有机结合，突出"问题意识"和"范式意识"，注重研究方法与法哲学理论问题的契合。近代以来，科学知识的生产和增长有两种比较流行的、最为有效的方式。一是通过批判，即通过证伪与纠错检验理论假设、纠正理论错误，推进知识增长；二是通过科学范式的引领和转换，即通过提出一套全新的发现问题和解决问题的思维方式和理论框架，推进知识更新和科学革命。卡尔·波普尔和托马斯·库恩分别对两种方式进行了经典论述。英国科学哲学家卡尔·波普尔认为，"科学始于问题"，科学的进步和革命取决于"提出更加深刻的问题"。[1]他提出了一个关于科学知识增长的模式——"P1 → TT → EE → P2……"。在这个模式中，P1（problem 1）表示科学家原来所提出的问题（最初遇到的问题）；TT（tentative theory）表示关于问题的试探性理论或暂时性理论，即"猜测"、"假说"等；EE（error elimination）表示对试探性理论的检验，排除其错误；P2（problem 2）则表示排除旧有错误之后提出的新问题。[2]波普尔的这个模式告诉人们，科学研究要有"问题意识"，并始终处于不断"发问"的状态，善于发现问题、提出问题、解答问题。美国科学哲学家托马

---

[1] ［英］卡尔·波普尔：《猜想与反驳——科学知识的增长》，傅季重、纪树立等译，上海译文出版社 1986 年版，第 318—319 页。

[2] ［英］卡尔·波普尔：《客观知识——一个进化论的研究》，舒炜光等译，上海译文出版社 1987 年版，第 174 页。

斯·库恩认为，科学研究中的"范式"是有关研究对象的一套"理解系统"和"理论背景"，是观察和思考问题的"分析框架"和"参照系"。[①] 科学活动和学术评判倘若是自觉的而不是盲目的，是开放的而不是封闭的，那么就必然遵循一定的研究范式；科学研究应当有自己的基点即范式先定，而不能到处游荡、六神无主、随波逐流；科学革命的标志就是新范式代替旧范式，科学理论重新概念化。由于深受波普尔和库恩科学哲学的影响，本书的写作在坚持辩证唯物主义和历史唯物主义方法论的前提下，以"问题"为动力，以"范式"为指南，力图在研究方法上体现出鲜明的"问题意识"和"研究范式"。

六、在实践中体现的法理学

关于在实践中体现的法理学，我想借助法理学中法律与政策的关系的原理来展开分析。关于法律与政策的关系，法理学教科书从多个角度论述了它们之间的联系和区别，特别是阐述了政策是法律的灵魂的观点。法学专业的学生几乎都能够背诵这些论述，但很少有同学真正了解政策何以构成法律的灵魂，政策又是如何指导法律实践的，法律与政策的关系的原理在实践中是如何体现出来的。这里，我以宽严相济的刑事政策为例来说明这个问题。与前些年相比，最近几年，人民法院判处死刑（特别是立即执行）的案件的数量大幅度减少，这种情况的出现就是政策的灵魂和导向作用的结果。我们知道，一方面，我国刑法中关于适用死刑的罪名数量和构成要件并没有发生实质性的变化；另一方面，严重刑事犯罪案件有增无减，然而人民法院判处死刑的案件数量却大幅度减少。这是因为在构建社会主义和谐社会的过程中，党中央提出了宽严相济的刑事政策，并把它作为司法改革的重要内容。在刑事审判中贯彻宽严相济的刑事政策，一方面要对涉黑涉恶罪犯、严重暴力罪

---

① 参见［美］托马斯·库恩：《科学革命的结构》，金吾伦、胡新和译，北京大学出版社2003年版。

犯、累犯和犯罪集团的首犯、主犯等依法从严惩处，以维护社会稳定、增强人民群众的安全感；另一方面要少杀、慎杀，不能一味地顶格判刑。另外，我到法院工作不久就发现，在不少基层法院，非监禁刑（监外执行）适用的比例达到 40% 左右。对此，我感到意外，也很不理解。经过深入调查研究后我得知，这种现象是最近几年才出现的，也是贯彻宽严相济的刑事政策的结果，是为了最大限度地减少对抗因素，最大限度地增加和谐因素。对于犯罪情节轻微、主观恶性不深、社会危害不大的初犯、偶犯、未成年犯、老年犯、妇女犯，对于因民间纠纷引起的轻微刑事案件，在坚持严格执法、有罪必究的前提下，依法从宽裁量、从宽处理的方式之一就是适用非监禁刑。减刑和假释的适用中同样体现了宽严相济的刑事政策。最近几年，全国各地人民法院为了充分发挥法律和司法在维护稳定、促进和谐方面的积极作用，在法律规定的范围内适当放宽了减刑、假释的适用标准，使更多的在押犯尽早回归社会。上述司法实践充分说明，政策是法律的灵魂，政策对于法律的实施具有指导意义。所以，我提出，在审判工作中，不仅要以事实为根据，以法律为准绳，还要以政策为导向；法官不仅要掌握法律知识和证据科学知识，还应当掌握政策科学知识，这样才能取得法律效果、政治效果和社会效果的高度统一。

当代中国法哲学研究范式的转换[*]

——从阶级斗争范式到权利本位范式

导　语

　　20 世纪 80 年代末一位颇有眼力的历史学家用"法学幼稚"一语评论法学研究的状况。的确,那时的法学很幼稚,表现在:法学讨论的几乎都是法学和法律实践的 ABC 问题,相对于法学和法治发达国家来说,我国法学尚处于补课阶段;法学还没有形成自己独立的概念、范畴体系,因而也就不可能建构起自己的理论大厦;法学与其他学科的对话能力很差,以致许多涉及中国改革开放和现代化建设重大问题的讨论很少有法学界的声音。十多年过去了,法学幼稚的状况有了显著改变,法学正在成长起来。但是,实事求是地说,法学还不成熟,还不发达,法学之不成熟和不发达的主要表现在于它还没有形成或建构起具有共识性的研究范式。不过,令人振奋的是,关于法学研究范式的意识已经在法学界形成并不断强化,有关法学研究范式的探索正在进行,法学研究、特别是法哲学研究领域学术范式的转换已初见端倪。权利本位范式就是其中一种较有影响的学术范式。本文试就当代中国法哲学

---

　　*　本文是张文显与于宁的合作作品,发表于《中国法学》2001 年第 1 期。

研究中从"阶级斗争范式"到"权利本位范式"的转换，发表若干浅见，与学术界同行交流。

一、"范式"的诠释

（一）"范式"的语义与要义

"范式"（paradigm）概念是美国科学哲学家托马斯·库恩最早提出来的，是库恩历史主义科学哲学的核心。库恩认为科学界是由一个流行的范式所控制的，那个范式代表科学界的世界观、它指导和决定问题、数据和理论的选择——直到另一个范式将其取代。库恩的科学哲学是在反对归纳主义和证伪主义的过程中产生的，他试图将"范式"与科学共同体结合起来，把科学史、科学社会学、科学心理学结合起来，把科学的内史和外史结合起来，对科学发展规律做综合考察，这无疑是有意义的探索。库恩的范式理论是现代科学中整体性观点和整体性方法在哲学上的反映。20 世纪 50 年代以来，由于边缘学科、横断学科和综合性学科的出现和发展，学科之间的冲突与交融日渐增多，越来越呈现出一体化和整体化趋势，"范式"概念的提出体现了这种趋势。正因为如此，库恩的"范式"概念和理论不仅在自然科学家中间引起热烈的讨论和认同，而且也受到社会科学家的高度重视和广泛采纳。

库恩的"范式"概念提出来以后，追新的人们像得到及时雨一样，纷纷把它套用到任何一个自己想用的地方，如"产业范式"、"管理范式"、"社会范式"、"学术范式"，致使颇有新意的"范式"面目全非。这促使我们不得不"回到库恩"，回到库恩"范式"的原意和要义上。但由于库恩从未对其"范式"概念做过明确、清晰的表述，以至于人们只好在他的半文半白的字里行间归纳和领悟其"范式"概念及其理论内涵。

英国语言哲学家玛格丽特·玛斯特曼做过一个统计，库恩在其《科学革命的结构》一书中在 21 种意义上使用"范式"，诸如把范式说成是在一段时间里为科学共同体提供典型问题和解答的"普遍承认的科学成就"，被迷信的科学"神话","一幅可以从两种角度观看的'格式塔'图形",科学上的"完整的传统",启迪智慧的"哲学","一本教科书或经典著作","形而上学思辨","可以指引知觉本身的有条理的原理","一个普遍的认识论观点","一种新的观察方式",等等。

除此之外,库恩还在《必要的张力》中指出:"'范式'一词无论实际上还是逻辑上,都很接近于'科学共同体'这个词。一个范式是、也仅仅是一个科学共同体成员所共有的东西。反过来说,也正由于他们掌握了共有的范式才组成了这个科学共同体,尽管这些成员在其他方面并无任何共同之处。"①

概括库恩的以上用法和论述,可以看出:"范式"是包括规律、理论、标准、方法等在内的一整套信念,是某一学科领域的世界观,它决定着某一时期的科学家观察世界、研究世界的方式。范式为一个时期的科学家集团所共有,持同一范式的科学家因其有着共同的信念、价值标准、理论背景和研究方法技术而组成了一个"科学共同体"。② 具体而言,库恩的"范式"的要义大概包括:

第一,范式是一种全新的理解系统,即有关对象的本体论、本质与规律的解释系统。

第二,范式是一种全新的理论框架,即构成该学术群体的研究基础及范围、概念系统、基石范畴和核心理论。

第三,范式提供的是一种全新的理论背景,即范式是一个学术共同体学术活动的大平台、论坛、舞台。

第四,范式是一种方法论和一套新颖的基本方法。

第五,范式表征一种学术传统和学术品格(学术形象)标志着一门学科成为独立学科的"必要条件"或"成熟标志"。

上述这五个方面均体现为对科学研究中各种信念、认知成果、研究方法

---

① [美]托马斯·库恩:《必要的张力》,福建人民出版社1981年版,第291页。

② "科学共同体"是指一门学科的从业者形成的一个封闭的专家集团,产生科学知识的单位,它类似于一个学派。

的整合与升华。所以，亦可以在一定意义上说范式的实质是科学活动中的整合与升华，范式的转变实质就是提出一套全新的发现问题和解决问题的方法。

今天，这一概念早已超出了库恩赋予范式的原义，被广泛地用来表征或描述一种理论模型、一种框架、一种思维方式、一种理解现实的体系、科学共同体的共识。

"范式"概念及其理论应用越来越呈现出以下特点：（1）范式的多域性，即范式理论既被用于理论研究领域，也被用于实践领域；（2）范式的多层次性，即范式广泛运用于宏观领域、中观领域、微观领域，例如在法学研究领域，就有以一般法现象为对象的法哲学的研究范式（阶级斗争论范式、权利本位范式），在各个部门法制度研究中存在的学术范式（如行政法研究中的"管理论范式"、"控权论范式"、"公共利益论范式"、"平衡论范式"），在法学或法律实践中某一问题研究上的范式（如法制现代化研究中的国际化与本土化范式、建构论与进化论范式）；（3）范式的多元性，在科学研究中、尤其是社会科学研究中，范式不是单一的、唯一的，有多少流派（学术群体）就会有多少种研究范式。例如，在当代西方法哲学中，就出现了以新自由主义经济学为理论和方法论依据的经济分析范式，以"制度性事实"为基石范畴和分析单元的制度分析范式，以批判西方正统法理念和法理论为宗旨的后现代主义范式，等等。

（二）范式的学术功能

由于范式的上述性质和结构，在科学研究和科学发展中，范式具有科学常规化、革命化、群体化的功能。

科学的常规化，标志着科学活动是自觉的，而不是盲目的；科学研究和学术评判遵循着一定的学术规范，而不是杂乱无章、混乱无序；科学研究有自己的基点，即范式先定，而不是到处游荡、六神无主。正如库恩所言，前科学和常规科学的区别是该学科是否形成了从事该门学科研究的科学家共同接受的"范式"。"范式"在常规科学中的巨大作用就在于：它规定常规科学的本质，是形成科学共同体的内聚力，同时，它能在科学活动中判定重大事实，使理论同事实相配，说明理论；最后，它还是发现问题、解决问题、指出问题的手段。所谓"常规科学"就是"常规研究"的科学，而常规研究就是根据范式而研究，这个时期的特征是知识的积累和继承。

科学革命化，科学革命化的实质是新范式代替旧范式的过程，或者说是科学共同体重新概念化的过程，科学理论的变革通过范式的替换最终实现。之所以把旧范式的消失、新范式的形成看作科学的革命，乃是因为范式的更替意味着基石范畴、理论体系、理论背景、研究方法的全方位更新或跨越时空的创新。

科学的群体化，即科学共同体的形成，范式把一批研究者吸引过来，这使得科学研究不再是孤立的、私人性质的、单干的。对于整个科学共同体来说，在一个明确规定的根深蒂固的学术传统范围内进行研究，比那种没有这种收敛标准的研究更能产生打破传统的新事物。科学的群体化和科学共同体的形成构筑了学术合力，消解了科学研究中的私人化色彩，增强了对话交流的共同语境，从而使科学研究的人力资源得以最有效的组合和配置。

（三）范式的确立

库恩建立了一个科学发展的动态模式，他认为，整个科学史就是遵循着从前科学时期→常规科学时期→反常和危机时期→科学革命时期→新的常规科学时期的周期运动规律而向前推进和发展的。按照库恩的理论，在新的研究范式产生并最终确立其主导地位之前一般都有一个专业显著不稳定时期，若干方法或学派相互竞争，现实的重大变化往往需要概念上的创新与之相适应。一门学科当其出现同一的或相对统一的"范式"之后，就进入了常规科学时期。在常规科学时期，科学共同体对共同范式坚信不疑，犹如宗教信徒对其教义坚信不疑一样。拥有共同信念的共同体成员基于这种信念走到一起，同时，这种共同信念也规定了他们拥有共同的基本理论、基本观点、基本方法，为他们提供了共同的理论研究模型和解决问题的框架，从而形成了一种共同的学术传统、共同的学术品格，规定了共同的发展方向，也限制了共同的研究范围，即该领域的学术研究是在一定的"范式"制约下进行的认识活动，是在过去承继下来的知识背景和学术传统的限制下进行的创造。

如同在自然科学和社会科学的其他领域一样，在法学研究领域，法学家们越来越意识到范式的意义，呼唤法学、首先是法哲学研究范式的转换。法哲学新范式的确立必将引发中国法学研究的革命，推进新的法学思维方式、新的理论体系和新的法理念的确立，进而指导和促进中国法制现代化的进程，有利于我国实行依法治国和建立社会主义法治国家。

二、阶级斗争范式

（一）阶级斗争论作为法学研究范式的形成

列宁指出："马克思主义给我们指出了一条指导性的线索，使我们能在这种看来迷离混沌的状态中发现规律性。这条线索就是阶级斗争的理论。"[①]把阶级斗争理论运用于社会现象研究，就是阶级分析方法。阶级分析方法是辩证唯物主义和历史唯物主义方法论在阶级社会条件下的具体运用，是马克思主义法学的基本方法。在一定意义上说，马克思主义创始人正是运用阶级分析方法，实现了法学领域的革命性变革。在今天也只有继续运用阶级分析方法，才能坚持和发展马克思主义法学。然而，如果歪曲马克思主义的阶级斗争理论，把阶级斗争理论和阶级分析方法绝对化，把它们不适当地运用于非阶级性的问题上，或者把适用于一般阶级社会的阶级斗争理论和阶级分析方法运用于阶级作为整体已经消灭的社会主义社会，那就会犯致命的错误。这种错误是从苏联法学家开始的，20世纪30年代维辛斯基这一斯大林时代的官方法学家适应政治斗争的需要，在全苏第一次法学工作者大会上提出一个"标准的"、"官方的"法的定义："法是以立法形式规定的表现统治阶级意志的行为规则和为国家政权认可的风俗习惯和公共生活规则的总和，国家

[①]《列宁选集》第2卷，人民出版社1993年版，第587页。

为保护、巩固和发展对于统治阶级有利的和惬意的社会关系和社会秩序，以强制力量保证它的实施。"这个后来以维辛斯基命名的定义构成了苏联法学关于法的本体论的核心观点，整个苏联法学理论就建立在这个定义之上。新中国建立之初，我们全盘照搬苏联法学，维辛斯基的法学理论自然成为占主导地位的法学意识形态。20世纪50年代中期以后，由于我们党背离"八大"确立的正确的政治路线，过分强调阶级矛盾和阶级斗争，甚至提出以阶级斗争为纲、无产阶级专政下继续革命，这为维辛斯基法学意识形态提供了进一步的政治支持和理论支持，维辛斯基的阶级斗争法学进一步垄断、支配着中国法学界思维方法和理论建构，成为法学研究的基本范式与唯一范式。我们可以把它描述和概括为"阶级斗争范式"。

（二）阶级斗争范式的基本特征

以阶级斗争为纲的法哲学范式具有这样一些特征：

1. 阶级——阶级矛盾——阶级斗争的公式成为法学的思维定势

马克思主义关于阶级、阶级矛盾、阶级斗争的科学观点被严重歪曲，被曲解的阶级斗争理论又被极不适当地贯彻到法的一切方面和全部过程，贯彻到法学的各个领域，阶级斗争范式不仅不加具体分析地把法说成是"阶级矛盾不可调和的产物"，"法的本质是统治阶级意志的表现"，而且把法界定为"阶级斗争的工具"，或"阶级斗争的刀把子"。于是，"阶级性"成为法的唯一属性，"阶级斗争"、"阶级统治"成为法的首要功能甚至唯一功能。"阶级性"成为法学的核心范畴，几乎成为人们观察、认识、评价法律现象的唯一视角和超稳定的思维定势。法学的立论、推论、结论，法学理论的结构、体系，对法律资料和法学文献的收集、分析、使用，以至行文方式和语言，无不围绕着"阶级性"这个基调展开。例如，那时候对法制史资料的取舍完全决定于是否有助于说明和证明法的阶级性，凡是能够证实法有阶级性的资料被法学家视为珍宝而大海捞针，而有可能对阶级性证伪的资料则被掩盖起来。

2. 国家理论主导和代替法学理论

与阶级——阶级矛盾——阶级斗争的公式相适应，法的理论与国家理论合而为一，称作"国家和法的理论"。"国家和法的理论"有两个根本性缺陷或错误：一是片面强调法离不开国家，没有国家就没有法，而不讲国家离不开法，没有法国家就不成其为国家的另一面，所以在这种理论结构中根本不可能存在"法治"、"法治国家"、"依法治国"等概念；二是国家理论对法的理论的统率、主导实际上成了代替或取消，国家学说代替了法学理论，使法学失去了作为独立学科的资格、地位和价值。

3.把历史唯物主义原理（阶级斗争、社会革命、社会历史类型更替的理论）简单作为研究法律产生和发展规律的主线，法律自己的历史被完全抹煞

"国家与法的理论"的逻辑体系是按照"原始社会的氏族与习惯"、"国家和法的起源"、"奴隶社会的国家与法"、"封建社会的国家与法"、"资本主义社会的国家与法"、"社会主义社会的国家与法"、"共产主义社会与国家和法的消亡"的顺序来安排的。这种按照国家和法的历史类型作为国家和法的理论的逻辑体系的做法，实际上是用庸俗的历史唯物主义理论代替了对法产生和发展的客观必然性的研究。这种不把历史唯物主义理论和方法与法律现象矛盾特殊性结合的研究范式，不利于对法律现象进行专门的、深入的研究，因而不可能解决法学自身的特殊问题。

4.泛政治化

阶级斗争范式过分注重法律的政治性，忽视法律的公理性。政治问题特别是政治与法治、政党与法治、政策与法律的关系问题，是法学的基本问题。世界上任何一个国家的法学都关涉政治。但是，在阶级斗争范式之下，法学不是把政治作为一个法理问题来研究，而是把法理问题作为政治问题来研究；不是用审视、反思、批判的态度研究政治（对正确的政治作出法学论证，对不甚正确的政治作出实事求是的评析，对错误的政治大胆提出异议和否定），而是把法学的任务简单等同于对政治路线、政策、政令的解说、宣传与辩护，致使法学成为政治的"婢女"。除此之外，在阶级斗争范式之下，法学研究过分注重法律的政治性（法律的政治要素、政治基础、政治功能等），而忽视法律的公理性（法律中的正义、平等、自由、道德价值等）。由

此导致法学泛政治化。

5. 陷入规则模式论

在阶级斗争范式之下，规则模式论是一种很流行的法学分析结构和观念模式。它以"规则"或"规范"为核心范畴，把法归结于统治阶级的国家制定的一套规则，好像法就是"当A（假定的条件）存在时，B（某一行为模式）就应当存在，否则，C（制裁）就会出现"的戒律或禁规。用规则模式去观察和思考法律现象，法是凌驾于社会之上，凭借统治阶级的国家暴力支配社会成员的力量，是限制人的框框，控制人的绳索，制裁人的武器，人成了纯粹的法的客体，而不是主体，法成为地地道道的异在，人们对法敬而远之、畏而避之。显然，规则模式论既忽视了人的生存和发展是和应当是法的目的这一法的价值因素，也忽视了法的运行依赖于立法者、执法者、司法者、法人和公民等法律主体的法律意识、法律素质和法律实践这一法的主体因素，因而是对法的主体与客体关系的颠倒。这种把活生生的法律现象描述为没有活性的、封闭的规则体系的研究范式，是对法律现象的极不适当的解释，尤其是扭曲了现代法律的精神和作用。

6. 陷入义务本位的价值观

法是以权利和义务双重机制来指引人们的行为，调处社会关系的，并且是在权利和义务的互动中运行的。权利和义务各有其独特的而总体上又是互相补充的功能。权利直接体现法律的价值目标，义务保障价值目标和权利的实现。法律总是以确认和维护某种利益为其价值目标，并且以权利的宣告直接体现其价值目标。义务以其强制某些积极行为发生、防范某些消极行为出现的特有的约束机制而着眼于建立和维护秩序，权利以其特有的利益导向和激励机制而着眼于实现自由，促进发展。由于秩序和自由都是社会的基本价值目标，因而义务和权利对一个社会来说都是必需的，缺一不可的。但是，二者在不同时代、不同社会制度和生活环境中所起的作用的深度和广度有所不同的。在前资本主义社会，法律的首要或根本价值在于维护奴隶主阶级、地主阶级的统治地位和特权以及作为这种统治地位和特权制度化、习惯化的秩序，而在现代社会，法律的首要的或根本的价值在于保障人权和自由，促进社会进步和发展。阶级斗争论的研究范式却与这种法律发展相悖。由于把法的价值定位在阶级统治和秩序上，所以在关于权利与义务的关系上，阶级斗争范式强调义务，主张的是义务本位。

总之，阶级斗争范式在理论上使法学失却自己的话语，留下了无数的盲点，使我们对法律和法学中的许多重大问题（如法治、人权、法律价值等）视而不见或避而不谈。在实践上法学蜕化为阶级斗争学，为"左"的思潮和政治运动推波助澜，以至沦为侵犯人权的理论工具，造成极坏的影响和危害。

三、权利本位范式

（一）权利本位范式的形成

1978 年中共十一届三中全会果断地否定了持续二十多年的"以阶级斗争为纲"的错误路线，作出了把工作着重点转移到社会主义现代化建设上来的战略决策。同时，全会着重提出要加强社会主义法制。这给法学界提出了一个"二律背反"的问题：如果说法是阶级斗争的工具，那么，在阶级矛盾不再是我国社会的主要矛盾、阶级斗争不再是中心任务的历史条件下，我们却要大力加强法制建设，要依法治国，岂不自相矛盾？我们要么坚持以阶级斗争为纲的法学理论，那就与实践背道而驰；要么彻底否定以阶级斗争为纲的法学理论，重新建构一个与社会主义法制建设和现代化建设实践和社会发展方向相适应的法学理论体系。法学界果断地作出了破旧立新的明智选择，并为此作出了种种努力。

要重构法学理论体系必须进行法学基本范畴研究。任何一门科学理论体系的形成总是以该学科的基本概念、范畴的形成为前提的。科学成熟的标志，也总是表现为将已经取得的理性知识的成果——概念、范畴、定律和原理系统化，构成一个科学的理论体系。所以，从 20 世纪 80 年代中期开始法学界开展了法学基本范畴研究，1988 年在长春市召开了全国首次法学基本范畴研讨会。这次会议，总结了国内外学者在法学基本范畴研究方面的成果，开展了热烈、认真、充实的对话和争鸣，形成了一个共识：权利和义务是法的核心和实质，是法学的基本范畴；与会者主张以权利和义务为基本范畴重构我国新时期的法学理论。会后不久，张光博、张文显二位学者在《求是》杂志发表了《以权利和义务为基本范畴重构我国法学理论体系》的长篇文章，从法学科学化、实践化、现代化三个角度对这一思想做了系统阐述。

此后，权利和义务研究成为法学研究的热点和法学创新的理论切口。在深入研究权利和义务的过程中，人们进一步提出在权利和义务这对基本范畴（核心范畴）中何者是更根本的范畴，即何者为基石范畴的问题。这一问题的提出意义重大。因为任何一种理论要想自成体系，要获得成熟的标志，都必须有自己的理论基石，而理论基石的主要表现形态就是基石范畴。例如，剩余价值学说是马克思政治经济学的理论基石，它的存在形态、它的理论结晶是"剩余价值"这个基石范畴。再如，实践论是实践唯物主义的理论基石，其存在形态、理论结晶是"实践"这个基石范畴。基石范畴是某一学术领域或学科中根本观点和基本方法的集中体现，因而它是一种理论体系区别于其他理论体系的标记。法学要建构独立的理论体系，必须提炼出自己的基石范畴。对此，一些学者认为，在权利和义务这对范畴之中，权利是更根本的概念，是法学的基石范畴，并对此进行了充分论证。法学界把这种观点和理论概括为"权利本位论"。

理论研究深入到了这一步，权利本位就不仅仅是一个涉及权利和义务关系的观点，也是一个有关法的本体论和价值论的理论体系；不仅仅是一个理论体系，也是法学研究的新方法、新概念和新视野；不仅仅是法学研究的理论和方法，也是呼唤和推动中国法制现代化的动力。对于这样一个有多重属性和意义的权利本位论如何表征，曾引起法学界的苦苦思索。在大家仍处于模糊和朦胧状态的时候，库恩的"范式"给大家提供了现成的概念，一些学者对这个概念的引进使大家"眼睛顿时一亮"。于是，有了把权利本位概括为法哲学研究范式的论证，有了"权利本位范式"的明确说法。

（二）权利本位论作为法哲学研究范式的论证

1.权利本位论提供了法的本体论的理解系统

法学中的任何一个重要概念或命题都可以说是一个理解系统。但是，能够成为或可以被人们称之为研究范式的，只能是在本体论层面的理解系统。权利本位论为人们提供了这样的理解系统。在权利本位论中，权利和义务是表征法的本体属性的核心范畴。

（1）权利和义务表征法，是法区别于规律并区别于习惯、道德、宗教等其他社会调控方式的决定性因素

法律与规律的区别在于法律属于"应然"范畴，规律属于"实然"范畴。应然与实然的区别就在于前者是关于权利和义务的规定，后者则是关于客观事实的描述。法律告诉人们当某一预设的条件存在时，某种行为就可以作出、必须作出或者不得作出。规律则告诉人们当一定的客观条件存在时，某种结果就会出现。

法律与习惯、道德、宗教有着机制上的区别。习惯是相依为命的人们在长期共同劳动和生活过程中自发形成、世代沿袭并变成人们内在需要的行为模式，表现为人们行为的经常性和常规性。依习惯行事，是无所谓权利和义务的。而法律不仅表现为人们经常地按照一定的方式行为，而且对按照法律规则活动的人们来说，法律规则为他们提供了权利和义务模式，并给予他们批评违反者的理由和标准。道德调整社会关系的机制是义务，它主要通过为人们指出在社会生活中的义务，在人们中间建立起以义务为纽带的道德关系而调整人们之间的关系。宗教泛指信奉超自然的神灵的社会意识形态，以及与这种意识形态相适应的规范。作为规范，宗教是以规定人对神明（上帝或各种鬼神）的义务、以神明为中介的人对人的义务来调整社会关系的。法与道德、宗教的重大区别在于，法是以权利和义务为双重机制调整人的行为和社会关系的。这一区别随着法律与习惯、道德、宗教的分化程度的增加而越加明显。

（2）权利和义务是法的基本粒子

法在本体上是以权利和义务为基本粒子构成的。所有法的部门都表现为

权利和义务或其实现方式的规定，权利和义务贯穿于法的一切部门。例如，作为国家根本大法和总章程的宪法，它规定国家的政治制度、经济制度、文化教育制度和法律制度，实际上就是确认和规定社会上各个阶级、阶层、集团、民族等社会基本力量在国家生活中的权利和义务，并以此为基础，规定了公民的基本权利和义务，国家机关及其公务人员的职权和职责。行政法规定国家行政机关在组织实施国家职能的日常活动中所拥有的权利（职权）和义务（职责），以及在政府与公民、法人等行政相对人的关系中双方各自的权利和义务。民法调整着平等主体之间有关财产关系或人身关系的权利和义务，规定着解决因侵权或违约而发生的权利和义务纠纷的准则。经济法调整着国家在管理经济活动中所发生的国家与经济组织之间、经济组织与经济组织之间的权利和义务。刑法规定何种行为是极端的、超过社会容忍极限的侵害个人、集体和国家权益的行为以及对这种行为所应采取的取缔和惩罚措施，以此敦促或强制罪犯履行法定义务，保护人们的法定权利。诉讼法则规定着诉讼过程中诉讼当事人及其代理人、国家审判机关、检察机关等诉讼主体的权利和义务。国际法也是权利和义务的定型化，不过它是通过条约、协定、惯例等形式确定下来的国家之间的权利和义务。其他法律部门也都是有关某种社会生活领域和社会关系中人们的权利和义务。

权利和义务不仅从法的部门的视角看是法的基本粒子，而且从法的要素的视角看也是法的基本粒子。法的要素包括规则、原则和概念，它们之所以构成法的要素皆因为它们是与权利和义务相连的。

(3) 权利和义务通贯法律运行和操作的全部过程

权利和义务通贯法律运行和操作的整个过程。法的运作以立法为起点，以执法、守法、司法、法制监督为主要环节。任何国家的立法，都是国家确定人们的权利和义务，并使之规范化和制度化的过程。执法就是国家行政机关在管理社会的活动中，依靠国家权力和科学管理，落实法定权利和义务的过程。守法就是公民、法人及其他社会组织正确行使法定权利，忠实而又积极地履行法定义务。与守法相对的违法则是侵害权利或超越法定权利界限的任意行为，或者规避、疏于履行法定义务。司法就是通过国家的审判活动和各种诉讼程序，确认被模糊的当事人的权利和义务，恢复被搁置、被破坏的权利和义务关系。法制监督就是国家法律监督机关对国家机关工作人员、政党、社会团体、法人和公民个人行使权利和履行义务的情况实行监督，追究违法者的法律责任。

2. 权利本位论为法学提供了基石范畴

任何一种理论范式作为理解系统，都是一个具有独立性的理论体系。而任何一种理论体系都必须有自己的基石范畴。权利本位范式为法学提炼了一个基石范畴，即"权利"。

权利之所以是法学的基石范畴，乃是因为：

第一，在权利和义务之间权利更准确地反映了法的主体性。法是人们在社会实践过程中基于一定的需要而创造出来的社会调节机制。人与法的关系实质上是主体与客体的关系。人既是法的实践主体，也是法的价值主体。作为法的实践主体和价值主体，人在法律生活中具有自主性、自觉性、自为性和自律性，具有某种主导的、主动的地位。自主性意味着主体具有独立的地位和人格。他不是按照别人的旨意或指定的方式或在某种外在的压力下活动，而是按照自己的意愿，通过自己的选择来活动，即是说他是自己主宰自己、自己创造自己、自己做自己的主人。自觉性指主体能够在充分或比较清楚地意识到自己活动的对象及其性质和状态、自己活动的内容及其后果的情况下自行其是的能力。自觉性是主体认知能力的表现。自为性意味着主体有根据自己的利益、需要、目的进行价值判断和选择、以实现自我的能力。自律性指主体以对社会规范的自我意识和自我认同为基础实行自我约束、以使自己的利益与他人的平等的合法利益相协调的意志和品行。主导性指主体创造、支配、变更社会关系，以及作为利益主体参与权利和义务分配的资格和地位。主动性意味着主体不是消极地适应社会结构和社会环境，受动于他人的影响和制约，而是积极地参与社会结构和社会环境，以其意志和行为反作用于他人和社会。这"四自二主性"在法律实践中突出地体现为权利主体性。衡量一个人或一个组织是不是法律的主体，首先是看他（它）们是不是权利的主体。如果一个人不能以自己的名义独立地享有权利和承担义务，没有意志自由和选择自由，不能明确地判断自己活动的价值和法律意义，而是盲目地、自发地依附于别人；或者是只有义务，没有权利；或者只有接受权，而没有行动权，就不能算是完整的主体，充其量不过是"半主体"或"限制资格主体"。人对法的这种主体性是法的本质的外化，却长期被法学模糊、掩盖或倒置了。而从权利的角度观察和思考法律现象，则可以直接把法与其实践主体和价值主体联系起来，反映出人对法的主体性。因为人们一说到权利，总是指主体的权利；特别是当人们把权利与自己挂钩时，即可体验到自己的主体地位以及主体的自主性、自觉性、自为性、自律性，就会把法的价值目标认同为自己的价值选择，并通过行使权利和履行义务实现法的价值。此外，透过权利的分配状况和实现程度——谁享有权利（利益），各个群体、个人享有的权利是否平等，各类主体的权利实现的程度怎样，亦可清楚地知晓法的真正价值主体，即从法律制度的运行和法律实施中获得满足、实现其需要的，是哪个群体，哪部分人，是大多数人，还是少数人。

第二，权利更真实地反映了法的价值属性。法不仅具有本体属性，而且有价值属性。法的价值属性也主要是通过权利范畴才能全面地准确地反映出来。首先，权利以及相应的义务是法的价值得以实现的方式，正是通过权利和义务的宣告与落实，国家把某种价值取向和价值选择奉为国家和法的价值取向和选择，并借助于国家权力和法律程序而实现。在这中间，权利较之义务更直接地体现着法的价值，因为权利更直接地体现了社会利益关系。其次，权利与义务的关系（结构），反映着法的价值的变化。通过分析不同历史类型的法律制度中权利和义务的关系（结构），可以透视不同法律制度的价值取向和价值序列。在前资本主义社会，总的说，法重义务，轻权利，以义务为本位配置义务和权利。显然，它的首要的、甚至唯一的价值在于建立奴隶主阶级、封建地主阶级在经济上、政治上和思想文化上的统治秩序。现代社会的法是充满活力的调整机制。它以权利为本位配置权利和义务，赋予人们各种政治权利、经济权利、文化权利和社会权利，给予人们以充分的、越来越扩大的选择机会和行动自由，同时为了保障权利的实现，也规定了一系列相应的义务。现代法（特别是社会主义法）的价值显然不限于秩序，而扩大到了促进经济增长、政治发展、文化进步、个人自由、社会福利、国际和平与发展。这些新增的法律价值既是通过权利体现的，也是通过权利实现的。

权利本位论不仅把权利作为法学的基石范畴加以阐述和使用，把权利本位论作为法学理论的底座和基调构建一个新的理论体系，而且更着重强调把权利作为基石范畴的创新价值，以权利本位论来实现法哲学的创新。创新是一个民族的灵魂，更是科学研究的目标和评价标准。理论创新很大程度上表现为新概念、新范畴的提出。在科学历程中，学术思想的革命总是同概念、范畴的革命相连的。与变革理论体系的革命一样，概念、范畴的革命是极其重要的。概念的革命标志着学术思想的革命或新的学术思想的出现。如相对论中的物质、运动、时间、空间，量子力学中的量子态、波函数、并协，生物学中的遗传、变异、基因、生态系统，还有经济学中的"交易费用"、"边际生产力"，政治学中的"利益集团"、"政治博弈"，社会学中的"可持续发展"等。这些概念的出现既是有关领域学术进步和创新的标志，也引发了更大范围和更深程度的革命。权利本位范式就是中国法学理论创新的产物，同时又促进着法学理论的进一步创新。权利本位论之创新意义的最明显表现就是实现了法的本质论的彻底更新。法的本质问题是法学的基本问题之一，也是中国法学界长期争论不休的热点问题。在阶级斗争为纲的理论范式中，法的本质被单纯归结为一个命题："法是由一定社会物质条件决定的统治阶级的意志的体现。"这是对法本质的片面理解。法的本质除了这种本体层面外，还有功能和价值层面。从功能和价值层面，法的本质归根结底在于保护、解放和发展社会生产力。任何类型的法就其历史性的本质来说莫不如此。就社会主义法而言，这一层面和意义尤为鲜明和重要。以往法哲学在阐述社会主义法的本质时，不是根本没有提到保护、解放和发展社会生产力，而是没有把它放到社会主义法的本质的高度。究其原因，一是在一个相当长的时期我们党和国家奉行的是以阶级斗争为纲，而不是以经济建设为中心，这种"左"的路线致使法学在理论上严重失误；二是在计划经济体制下，经济是政治的附庸——不是政治为经济服务，用经济作标准检验政治和政策，而是相反经济为政治服务，用政治和政策作标准检验和限制经济。邓小平 1992 年南巡时指出："社会主义的本质在于解放生产力，发展生产力，消灭剥削，消除两极分化，最终达到共同富裕。"① 这一见解为正确认识社会主义法的本质提供了新的思维：保护、解放和发展生产力是社会主义法的本质的固有内容，社会主义法存在的根本依据和理由就在于此。这样来理解法的本质是与权利本位范式对法的理解相照应的。因为解放和发展生产力实质是解放人，发展和发挥人的潜能；或者说社会生产力的发展只能通过人的解放，通过对人的潜能、智慧、积极性的保护和调动，即通过赋予主体各种权利和自由、并保证这些权利和自由及其背后的利益的实现来达到。生产力的基本要素有两个，一是劳动者（人），二是生产工具和劳动对象（物）。只有这两个要素得到保护，并且能够自由结合起来，生产力才能得到发展。这两个要素分别通过"人权"和"物权"而得到保障。

3. 权利本位范式提供了全景式的法哲学视窗

这里我们借用微软公司的视窗（windows）概念。任何一种理论范式都表现为一个视窗，即观察和思考问题的参照系。参照系以某种稳定的或固定的方式影响、支配着人们选择观察事物的窗口，综合和分析资料的方法，限定着人们进行思维和推理的格局。它总是指引人们从一定的视角和格局去观察和思考问题。在科学研究中，由于人们主动选择或被动接受的参照系不同，人们的视角和视野大不相同，关于对象的结论因而会有很大区别，甚至截然对立。相对于其他法学研究范式，权利本位论为法学研究提供了一个具有全景性、透明性和兼容性等优点的视窗。

从历史的视角，我们清楚看到，权利和义务包含了法律产生和发展的一切矛盾的萌芽。法律产生于原始社会末期，那时，出现了剩余产品，出现了交换，因而出现了"我的"、"你的"、"他的"之类意念和观念。这是最初的权利意识。它的出现预示着法律的产生，也包含着法律以后进化和发展的矛盾。一部法律制度史就是关于权利与义务的矛盾及其演变的历史——权利与

① 《邓小平文选》第三卷，人民出版社 1993 年版，第 373 页。

义务在不同历史时期是如何建构的，权利与义务之间的关系怎样，权利和义务的界限如何，权利和义务与经济、政治是怎样联系起来的，等等。

从历史视角，我们还清楚看到，法律文化沿着义务本位模式向权利本位模式变迁。法律文化模式是对法律文化进行分类的基本单位。每种法律文化模式都有突出的"文化焦点"或"文化主题"。文化焦点的存在及其作用使每种文化在它所涉及的某些方面（要素）比其他方面（要素）表现出结构上的更大的复杂性和变动性的倾向。这种倾向非常突出，以致它所涉及的方面（要素）往往可以用来标志整个文化的特征，显示文化的大貌。文化主题是与文化焦点非常接近的概念，它指的是一个或显露或蕴含的公设或主张，代表并预示法律文化的发展方向，弥漫于法律文化体系的各个方面，总是以相对固定的方式控制行为或刺激行为。在文化领域，文化焦点和文化主题都表示某种选择或倾斜，文化焦点表示对权利或义务的选择与倾斜，文化主题则表示对法律价值的选择与倾斜。这两种选择和倾斜是互相联系的。对权利与义务的倾斜取决于法律价值观念，对法律价值的选择则要通过权利与义务模式表现出来。法律文化焦点和法律文化主题是我们识别法律文化模式的根本标准。根据法律文化焦点，可以把法律文化划分为两种模式，即义务本位模式和权利本位模式。古代社会的法律文化是义务本位，现代社会的法律文化是权利本位。义务本位的法律文化以义务为法的逻辑起点、轴心、重心去安排权利义务关系，权利本位的法律文化以权利为法的逻辑起点、轴心、重心，主张义务来源于、从属于、服务于权利，即应当以对权利的确认、保护和实现为宗旨平等地设定、分配、强制义务。义务本位的法律文化主题是以制裁为机制的社会控制，它迫使社会成员以消极的臣民意识被动地接受既定的成规、社会政策和法律。权利本位法律文化主题是以激励为机制的社会调整，它鼓励人们以积极的公民意识热情而理智地参与法律生活和社会公共事务。从义务本位模式到权利本位模式是法律文化的历史进步和必然。从历时视角，还使我们看到了法律发展和法制现代化的规律和前景。法律发展是一个整体性概念。它指的是与社会经济、政治和文化发展相适应、相协调，包括制度变迁、精神转换、体系重构等在内的法律进步或变革。法律发展在基本内涵上与法制现代化是等值的。在当代中国，法律发展和法制现代化的重要内容和基本标志是法律体系的重构和法律精神的转换。而这种"重构"和"转换"一方面靠权利来推动，另一方面又以权利来检验。

从逻辑和结构的视角，我们发现，权利和义务上承法律规范，下连法律行为、法律关系、法律责任。法律规范就是以规则形式作出的权利义务规定。权利和义务是法律规范的核心和实质。一项规定或一个条文之所以被称为规范，就在于它授予人们一定权利，告知怎样的主张和行为是正当的、合法的，会受到国家的肯定、支持和保护；或者给人们设定某种义务，指示人们怎样的行为是应该的、必须的或不该的，在一定条件下会由国家权力强制履行或予以取缔。是否授予权利、设定义务是检验一个法条是不是法律规范的标准。在法律、法规中，有些规定是为了帮助人们准确理解或正确实施法律规范，它们本身没有权利和义务的内容，因而不是法律规范，而是一个非规范性的规定或解释。法律关系是法律规范在指引人的行为、调整社会关系的过程中所形成的人们之间的权利义务联系。权利义务构成了法律关系的核心要素，赋予它特殊的质的规定性。某一社会关系之所以是法律关系，就在于它是依法形成或得到承认的、以权利和义务的相互联系和相互制约为内容的社会关系。法律行为是依照法律规定行使权利（职权）、履行义务（职责）的活动以及故意规避、疏于履行法定义务或僭越权利（超越法定权利界限）、滥用权利的活动。某一行为之所以被称为法律行为就在于它具有法律性质（意义），而法律性质（意义）则意味着与权利、义务有关，即与可以做什么、必须做什么、不得做什么有关。法律责任是由于违反法定义务而引起的、由专门国家机关认定并归结于有责主体的、带有强制性的义务，即由于违反第一性法定义务而招致的第二性义务。法律责任的实质不在于制裁，而是国家对违反法定义务的行为所作出的否定性评价，是国家强制违法者履行应为而未为的义务。

除此之外，权利本位范式以特有的"概念艺术"使我们看到过去没有注意过或绕过去而没有研究的许多事物或其他方面，使马克思主义的法律观以更清晰、更鲜明、更独特、更亲切、更丰富的形式再现出来，并在新的理论范围内得到更有意义的解释。

由于提供了一幅法律的全景图式，所以，当人们借助于权利本位范式来观察法律现象时，笼罩在法律世界的虚无缥缈的"宇宙精神"、"自然命令"、"绝对理念"等等神秘面纱被统统揭掉，"物质生活条件"、"统治阶级意志"、"国家意志"等词汇的模糊性和不确定性也得以澄清。一切都是透彻而明晰的：法律现象就是权利和义务。

4.权利本位范式提供了审视、批判和重构的思想武器

任何一种新的理论模式作为理论和方法论革命的产物，都具有审视、批判和重构的功能。权利本位范式为我们提供了用现代法精神审视和批判现存法学理论和法律制度的武器，并在审视和批判的过程中收到了正本清源、推陈出新、破旧立新的效果。仅以权利与义务、权利与权力、公法与私法、法律推理四个问题为例，说明之。用权利本位范式重新审视权利与义务的关系，可以合乎逻辑地得出与现代法精神一致的结论：承担和履行义务必须以享有权利为前提和条件。第一，拥有权利是承担和履行义务的必要条件。其逻辑在于：要我承担和履行义务就必须使我有承担和履行义务所必需的资格和可能，即使我有生存与活动的权利，有作出一定行为而不被干涉或阻止的自由。第二，当法律分配义务时，这些义务必须是从权利中合理地被引申出来的。例如，纳税的义务应来源于收入的权利，不得泄露机密的义务应来源于公民有知情权和表达自由。凡不以权利为前提的义务都是不公正、不合理的。第三，义务应是为适应权利的需要而被设定出来的。为了且仅仅为了保障和实现人们平等享有的普遍权利，普通的义务约束才成为必要；当立法者为人们设定新的义务时，其能够加以援引的唯一正当理由是这将有益于人们原本享有或新近享有的平等权利。例如，公民在行使自由和权利的时候不得损害国家的、社会的、集体的利益和其他公民的合法的自由和权利这种一般义务，就是为了保障各个权利主体的平等权利的共同实现而设定的。它的合理性根源于保障平等权利的需要。第四，对权利的限制必须建立在对该项权利的保障的基础上，既限制又保障，保障是前提，保障是基础。第五，权利最大化原则，即能给百分之一百，就不要只给百分之九十九。不能使主体应

当享有的权利丧失,使主体可以扩大的权利被人为地缩小。权利本位范式也科学地解释了义务的性质。从本质上说,义务的必为性来自它的当为性。因而依据权利本位范式,以权利为本位是一种最公正、最合理的高级法律生活。

用权利本位范式审视权力①与权利的关系,无情地批判和否定了权力本位,把权力与权利的关系建构在民主、科学、理性的基础上,进而有助于正确地解决公民与官员、社会与国家的关系。在权利本位范式中,权力来源于权利,权力服务于权利,权力应以权利为界限,权力必须由权利制约。

权力来源于权利。以往权力来源问题几乎被人们忽略。权利本位范式提醒人们注意:在民主和法治社会,国家的一切权力属于人民,源于社会经济和政治关系的公民权利是国家权力的源泉,国家(国家机构)的权力是由人民赋予的,是人民委托出去的;国家权力的配置,行使国家权力的机构的设置及其运作方式和程序,国家核心官员的产生,都是公民行使权利的结果。不是权力"创造"或"批准"权利,而是权利"创造"和"批准"了权力。权力来源于权利的背后是人民的利益高于一切,人民的利益是国家一切活动的目的和源泉。

权力服务于权利。设立国家权力的目的,国家权力自身的价值,均在于为权利服务,即服务于人民的利益,维护正义,保障自由,防止侵权,惩恶扬善。权力服务权利,不仅是要防止对权利的侵害,而且更重要的是为权利的行使和实现创造条件,并随着经济、政治和文化的发展,不断承认更多的权利。权力服务于权利也意味着服从于权利,不服从权利,也就不可能服务于权利。总之,国家权力的配置和运作,只有为了保障主体权利的实现,协调权利之间的冲突,制止权利之间的相互侵犯,维护和促进权利平衡,才是合法的和正当的。

权力应以权利为界限。任何法律确认的权利都意味着主体自由行事的活动空间。这个空间就是一个"独立王国",就是防止对个人自由和财产进行

---

① 这里的"权力"指的是国家权力,即通过国家行使的公共权力。

干预的屏障。在这个空间内，主体可以尽其所能地行使自己的意志自由，充分地享用法律认可和保护的利益，创造性地发挥自己的才能和潜力。如果有人干预主体享有、行使权利，就构成侵权。这个空间不仅是为其他人设定的，也是为国家设定的。国家权力的运行应当以此为界，到此休止。鉴于国家权力有一种天然膨胀和无限漫游的惯性，所以强调权力以权利为界对于防止和及时纠正权力越位和权力滥用是十分必要的。

权力必须由权利制约。权利观念包含着对国家权力实施制约，制约的根据在于权力自身的本性。"一切有权力的人都容易滥用权力，这是万古不易的一条经验。有权力的人们使用权力一直到遇有界线的地方才休止。"① 现代法哲学的研究同样表明："权力在社会关系中代表着能动而易变的原则。在权力未受到控制时，可以把它比作自由流动、高涨的能量，而其结果往往具有破坏性。权力的行使，常常以无情的和不可忍受的压制为标志；在权力统治不受制约的地方，它极易造成紧张、摩擦和突变。再者，在权力可以通行无阻的社会制度中，发展趋势往往是社会上的权势者压迫或剥夺弱者。"② 出于对权力本性的这种深刻的历史考察和理性分析，近代以来的思想家始终不渝地告诫人们要对权力保持着高度的戒备心理，牢固树立防范意识，采取坚强有效的制约措施。对权力的制约机制是各种各样的。比较流行的做法有：法律上规定权力的界限，把权力的行使控制在安全范围内；实行权力之间的制约——立法权、行政权、司法权等各种权力之间的分立或分离，中央与地方逐级分权，防止权力过分集中和垄断——过分集中和垄断的权力必然导致专制和压迫；以舆论为主导的社会监督，把权力置于阳光之下。除了上述这些机制外，还应当重视用权利制约和监督权力。

权利本位范式主张权利本位，反对权力本位，意在把权利从权力中解放出来，即人们常说的"松绑"，以实现政治与经济、政府与企业、国家与市民社会的相对分离，克服权力过分集中和权力垄断现象，彻底抛弃官本位、

---

① [法] 孟德斯鸠：《论法的精神》上册，张雁深译，商务印书馆 1961 年版，第 154 页。

② [美] 博登海默：《法哲学——法律哲学与法律方法》，邓正来译，中国政法大学出版社 1999 年版，第 360 页。

国家本位的封建遗迹，促进经济市场化、政治民主化和社会现代化。

用权利本位范式审视公法与私法，恢复了它们应有的关系：公法与私法不仅各有自己的独立地位和价值，而且私法相对于公法是优先的（私法优位）。在一个相当长的时期内，苏联和我国的法学家把公法、私法的划分看作是资产阶级法学方法和法律观点。受这种观点的影响，也由于固守列宁在公、私法问题上的个别见解，特别是由于我国商品（市场）经济严重落后，以及相应的民商法和私法精神的不发达，我国法学一直拒绝接受公法与私法的划分方法，更谈不上承认私法优先。近年来，随着市场经济的发展，政治与经济高度一体化格局开始分解，政治与经济趋向合理分离，民事和商事立法日渐增多，使得法学家们不得不从权利本位的视角重新审视和修正原有的观点，接受公法与私法相对独立的事实：公法调整的是国家与社会和公民之间的纵向关系以及政治权力与权利之间的各种关系，而私法调整的是私人、民间的横向的权利与义务关系；也不得不承认强调公法与私法的分离，有着重大的意义：首先，公法与私法的调整对象和范围不同，通行的原则不同，不能把公法领域的强制性原则和方法适用于平等互利的私法领域。换言之，要收缩行政权力在私人或民间领域不适当的延伸和干预，把本质上属于私人自治的事务还给公民个人。其次，有利于明确私权的独立地位、私人权利和义务的协商性，以及私权的不可侵犯性，以有效地保护法人和公民在经济生活和社会生活方面的权利。私权是公民最基本的人权，私权能否得到肯定、尊重和保护，既是检验公民是否享有基本人权的标志，又是衡量公民能否享有政治权利和自由的标准，因为如果公民连私权都不能独立享有，连私事都不能自我做主，那还会有什么真正的政治权利和自由，还有什么真正的人权可言？复次，有利于树立私法是公法以及整个法治的法律基础的观念。根据历史的经验和规律，私法领域的基本原则（如权利和义务对等、权利本位、规则非人格化等）是现代法治的基础，私法中的人权、财产权、平等权和自由更是公法权利的原型和现代权利体系的核心和基础。要实行法治就必须重视私法建设，弘扬私法精神即民法文化，着力保障公民的私法权利。

用权利本位范式审视法律推理，确立了权利推理的原则和方法。法律推理是人们从一个或几个已知的前提（法律事实、法律规则、法律原则、法律概念、判例等法律资料）得出某种法律结论的思维过程。无论是立法，还是执法、司法，甚至守法，都离不开法律推理。特别是在法律适用阶段，法律推理几乎成为法官审判活动的全部内容。法律推理是一种创造性的法律实践活动。这种创造性法律实践活动应以某种价值为基础。权利本位范式在审视法律推理的过程中确立了权利推理的原则和方法，即法律推理应以保护公民权利为目的。

权利推理首先表现为权利发现或权利体系扩充。任何法律或者专门的权利立法都不可能像流水账那样把人们应当享有的权利一一列举出来，所以人们的权利不限于法律明文宣告的那些，而是有很多没有"入账"的、没有列入"清单"的权利，或者被"遗漏"的权利。这些权利要靠法律推理来发现、拾取和确认。权利推定就是根据社会经济、政治和文化发展水平，依照法律的精神、法律逻辑和法律经验来发现、拾取和确认权利。法律上明示的权利只是权利的一个不完全的清单，除了既有的权利之外，权利是发展的。权利没有确定的量，不能因为法律没有明确宣告而否定某些应有权利的存在。以保护公民权利为目的的法律推理的一个重要功能，就是去发现法律精神和法律原则肯定会包容的权利。

权利推理其次表现为自由推定——法不禁止即自由。凡是法律没有禁止的，都是允许的；凡是法律没有禁止的，都是合法或准许的；每个人只要其行为不侵犯别人的自由和公认的公共利益，就有权利（自由）按照自己的意志活动。这些都是权利推定的典型。在市场经济条件下，在社会生活空前丰富的时代，什么事情都由法律明确规定下来，特别是人们可以做什么的自由都由法律规定，那是不可能，也没有必要的。在这种情况下，如何进行法律推理，是"法授权才自由"，还是"法不禁止即自由"？权利本位范式呼请法律机关作出自由推定，或者像法国《人权和公民权利宣言》宣告的那样去推理，"法律只有权禁止有害于社会的行为。凡未经法律禁止的一切行动，都不受阻碍。"当然，这里所说的不受阻碍，是不受法律的阻碍，至于行为是否符合社会道德和公认的价值标准，那是另外一个问题。

权利和自由推定合乎逻辑地包含责任法定的精神。"法无明文规定不处罚","法无明文规定不为罪",这些格言被法学家们称之为"责任法定原则"。责任法定,即只有当行为违反法律规范预先规定的行为模式,才可以而且只能按照预先规定的性质、范围、程度、期限、方式追究违法者的责任,是一项萌芽于古代、确立于近代、普及于现代,受到一切文明民族普遍尊重的法治原则。责任法定就其精髓而言,是一个排除性、否定性原则,它要排除和否定的首先是责任擅断,其次是有害追溯。国家不能用今天的法律规范要求人们先前应当如何行为,也不能根据人们先前的行为现在看来是违法的而制裁他们。如果法院把一个今天新颁布的法律规范溯及既往地适用于以前发生的行为和事件,那么,败诉者将不是因为他违反了自己应尽的法定义务,而是因为他违反了一个事后才强加给他的义务而受到处罚,这显然是极不合理、极不公正的,是对公民权利和自由的公然侵犯。这种脱离法律规定的处罚是非法的,国家机关无权向公民实施这种非法的处罚(不管以什么名义或什么借口),公民有权拒绝接受这种处罚,并有权在被非法处罚的情况下要求国家赔偿。

权利推理也表现为无罪推定。无罪推定——被控犯罪的人未被依法确定有罪之前,应当被视为是无罪的人。"在极权主义国家,为了确保一个罪犯受到惩罚,可以处死 5 个人;而在民主国家,为了确保 4 个无辜者免受不公正的惩罚,就要让 5 个人都得到自由。"① 这一无罪推定的原则和方法的价值基础在于最大限度地保护人权。

5. 权利本位范式为正在形成的"权利学派"提供了理论背景和理论框架

范式的意义、范式的存在的标志之一在于形成科学共同体(也可以说是学派)。不同学术流派的生成、存在和发展,是法学繁荣兴盛的标志,又是法学进一步发展的动力。由于我国历史上缺乏法治传统和法哲学研究传统,

---

① 〔美〕R.T. 诺兰等:《伦理学与现实生活》,姚新中等译,华夏出版社 1988 年版,第308 页。

建国后相当长时期又极不重视法治和法学，我国法学特别是其中的法哲学起步较晚，起点较低，至今还没有明显的学派分化。权利本位范式的出现和逐渐成熟，预示或标志着一种法哲学流派的形成或诞生。

权利本位范式为"权利学派"的出现提供了共同的理论背景和理论框架。这个理论背景就是把一大批法学研究人员吸引到一起的权利论域。学术范式的根本特点之一是它足以空前地把一批拥护者吸引过来，使他们瞄准一个方向、围绕一个论域开展大兵团研究。从80年代后期权利本位范式开始形成到现在，权利问题一直是我国法哲学的时代主题和研究热点。一大批学者、特别是中青年学者致力于权利研究和对话，围绕权利、权利本位、权利发展、人权等问题发表了上千篇学术论文，出版了数十本学术专著。十多年来有关权利问题的论著数量之多、水平之高，是前所未有的，而且将有更多的优秀论著陆续出版。

权利本位范式提供的理论框架是包括权利和义务基本范畴（核心范畴）、凝结为权利本位的理论基石、建立在这一理论基石之上的理论模型和理论体系以及权利研究和法哲学研究不断深化的重大论题在内的宏大结构。这一结构内既有已经取得的、可以作为法哲学发展的支点的理论成果，又有留待重新组合起来的法学研究人员去解决的疑难问题，诸如权利义务的发生、权利义务的社会价值、权利义务的渊源、权利义务的主体与客体、权利义务的存在形态、权利与义务的关系、权利义务与民主法治、权利与权力、权利与自由、权利推定、权利保障与救济、权利立法、权利发展、人权等。由于有这样一个结构，法学家们有了自己共同的话语，不再是画地为牢、自说自话；法哲学摆脱了依靠感性认识和直觉体验的经验论，理论内涵有质的飞跃和升华；法学研究的资源得到了合理配置，减少了不少学术精力的浪费。

以权利本位作为法哲学研究范式的法学家有着共同的理论兴趣。具体表现为：他们对中国法学的变革和更新，对依法治国、建设社会主义法治国家负有高度的历史使命感，始终把这些问题作为理论研究的主题和焦点；他们把热情和学术精力用在探索法哲学自身的理论问题上，不再干那些肥了他人的田、荒了自己的地之类的事情；他们普遍重视法学范畴在凝聚知识、深化思想、规范实践、引导学术进步等方面的作用，善于在科学认识论的指导下总结、比较、分析、评判、改造、创造法学范畴；他们注重与哲学、经济学、政治学、社会学、逻辑学、行为科学等学科之间的沟通、对话、交流、合作，在跨学科研究中一方面加深对法学问题的理解，另一方面解决法学与其他学科的双边问题或多边问题。

以权利本位作为法哲学研究范式的法学家有着共同的理论风格或学风。他们坚持学术的本质是批判的观点，因而以批判的精神对待一切不以确认、保护、保障权利为目的和宗旨的法律制度，对一切无视正义、自由、效率、秩序、人权、人文精神等法律价值的立法、执法、司法活动和程序无情地予以批判和否定；他们坚持法学的学术规范和学术传统，把法学研究的科学性及其成果的真理性作为评判法学理论的最高标准；他们认为百花齐放、百家争鸣是学术进步的必由之路，因而他们敢于打破禁区开展研究，以学术宽容的精神积极参与学术争鸣，在争鸣中坚持真理、修正错误、完善自己的理论和方法论，但是他们从不介入那些浪费学术精力的无谓争论，一贯反对意气用事、情绪化、人身攻击，更反对用政治上的大批判代替学术争鸣的那一套"左"的遗风；他们以开放的心态对待外来的法律思想和法律文化，凡是与科学、理性、民主、法治相连的思想文化都在他们的摄取范围之内，并兼收并蓄，他们也十分重视法哲学的国际交流与合作，经常活跃在国际法哲学论坛。

总之，基于上述共同的理论背景、理论框架、理论兴趣和理论风格的法学家形成了一个颇有影响的学术群体（境外学者称之为"权利学派"），学界认为这一群体的存在表明中国法学无学派的历史即将结束。

坚定不移走中国特色社会主义法治道路[*]

　　党的十八届四中全会《法治决定》指出："全面推进依法治国，总目标是建设中国特色社会主义法治体系，建设社会主义法治国家。"实现这一总目标，必须坚持正确的路线，选择正确的道路，道路问题是最根本的问题，道路决定命运，道路决定前途。中国特色社会主义法治道路就是全面推进依法治国的唯一正确路线，是全面推进依法治国、加快建设法治中国的总路线，也可以说是社会主义法治建设的基本路线。正如习近平总书记所强调的："中国特色社会主义法治道路，是社会主义法治建设成就和经验的集中体现，是建设社会主义法治国家的唯一正确道路。"①"全面推进依法治国，必须走对路。如果路走错了，南辕北辙了，那再提什么要求和举措也都没有意义了。全会决定有一条贯穿全篇的红线，这就是坚持和拓展中国特色社会主义法治道路。中国特色社会主义法治道路是一个管总的东西。具体讲我国法治建设的成就，大大小小可以列举出十几条、几十条，但归结起来就是开辟了中国特色社会主义法治道路这一条。"②"在坚持和拓展中国特色社会主义法治道路这个根本问题上，我们要树立自信、保持定力。走中国特色社会主义法治道路是一个重大课题，有许多东西需要深入探索，但基本的东西必

　　＊　本文是作者为 2015 年"双百报告会"撰写的演讲稿。
　　①　《习近平关于全面依法治国论述摘编》，中央文献出版社 2015 年版，第 24 页。
　　②　同上书，第 26 页。

须长期坚持。"① 对这一点，要理直气壮讲、大张旗鼓讲。要向干部群众讲清楚我国社会主义法治的本质特征，做到正本清源、以正视听。四中全会《决定》和习近平总书记关于社会主义法治道路的重要讲话向全党全国人民释放出了正确而明确的信号，指明了全面推进依法治国的正确方向，这对于进一步统一全党全国人民的认识和行动具有十分重要的意义。

一、中国特色社会主义法治道路的核心要义

党的十八届四中全会《法治决定》高屋建瓴，将中国特色社会主义法治道路进一步凝练为"三个要义"。习近平总书记指出：坚持党的领导，坚持中国特色社会主义制度，贯彻中国特色社会主义法治理论，"这三个方面实质上是中国特色社会主义法治道路的核心要义，规定和确保了中国特色社会主义法治体系的制度属性和前进方向。"② 所谓"要义"，就是实质性、本质性意义，就是精髓、决定性要素。在"要义"前面再加上"核心"二字，更凸显出坚持党的领导、坚持中国特色社会主义制度、贯彻中国特色社会主义法治理论这三个方面对于中国特色社会主义法治道路所具有的重大而深刻的意义。正是这三个"核心要义"，明示了中国特色社会主义法治道路的基本内涵和基本内容，确定了中国特色社会主义法治道路的根本性质和根本要求，描绘出了这条道路的鲜明特征和鲜明标识。深入理解、全面把握这三个核心要义，对于坚持中国特色社会主义法治道路、全面依法治国、建设法治中国具有方向性、战略性、全局性意义。

在中国特色社会主义法治道路的三个核心要义中，党的领导是根本，中国特色社会主义制度是基础，中国特色社会主义法治理论是指导思想和学理支撑。

坚持中国共产党的领导。党的领导是中国特色社会主义最本质的特征，

① 《习近平关于全面依法治国论述摘编》，中央文献出版社 2015 年版，第 27 页。
② 同上书，第 23 页。

是社会主义法治最根本的保证。把党的领导贯彻到依法治国全过程和各方面，是我国社会主义法治建设的一条基本经验。我国宪法确立了中国共产党的领导地位，坚持党的领导，是宪法的根本要求，是依宪治国、依宪执政的根本体现，是党和国家的根本所在、命脉所在，是全国各族人民的利益所系、幸福所系，是全面推进依法治国的题中应有之义。"坚持中国特色社会主义法治道路，最根本的是坚持中国共产党的领导。依法治国是我们党提出来的，把依法治国上升为党领导人民治理国家的基本方略也是我们党提出来的，而且党一直带领人民在实践中推进依法治国。全面推进依法治国，要有利于加强和改善党的领导，有利于巩固党的执政地位、完成党的执政使命，决不是要削弱党的领导。"①党的领导和社会主义法治是一致的，社会主义法治必须坚持党的领导，党的领导必须依靠社会主义法治。只有在党的领导下依法治国、厉行法治，人民当家作主才能充分实现，国家和社会生活法治化才能有序推进。坚持党的领导是法治的根本保证。

坚持中国特色社会主义制度。"我国社会主义制度保证了人民当家作主的主体地位，也保证了人民在依法治国的主体地位。这是我们的制度优势，也是中国特色社会主义法治区别于资本主义法治的根本所在。"②

坚持中国特色社会主义制度，一要坚持中国特色社会主义政治制度，即坚持工人阶级领导的、以工农联盟为基础的人民民主专政；坚持中国共产党的领导；坚持人民代表大会制度、中国共产党领导的多党合作和政治协商制度、民族区域自治制度、基层群众自治制度；坚持并不断发展多层面、多样化的具体民主制度。这里主要谈谈坚持人民代表大会制度和中国共产党领导的多党合作和政治协商制度。

人民代表大会制度是我国的根本政治制度，是人民当家作主的根本途径和最高实现形式，是中国特色社会主义政治制度的主要内容，是坚持党的领导、人民当家作主、依法治国有机统一的重要制度载体。实行人民代表大会

---

① 《习近平关于全面依法治国论述摘编》，中央文献出版社 2015 年版，第 27 页。

② 同上书，第 28 页。

制度是由我国的国家性质所决定的。一个国家的政治制度，核心是国体和政体问题。国体与政体密不可分，国体决定政体，政体体现国体。一个国家采取什么样的政体，是由这个国家的国体决定的，也就是说，是由掌握国家权力的阶级根据这个国家的政治、经济、文化、民族和历史传统来决定的。

我国是人民民主专政的社会主义国家，国家的一切权力属于人民。这是我国国家制度的核心内容和根本要求。人民代表大会制度是体现我国国家性质的最好形式。人民当家作主，最根本的是掌握国家权力。但是，人民掌握国家权力，需要有相应的政权组织形式和制度来实现。由我国的国体所决定，人民代表大会制度体现了国家一切权力属于人民的原则，体现了人民与国家权力之间的关系。这就是，人民通过民主选举代表，组成国家权力机关，行使国家权力。我国《宪法》明确规定："人民行使国家权力的机关是全国人民代表大会和地方各级人民代表大会。""全国人民代表大会和地方各级人民代表大会是国家权力机关，由民主选举产生，对人民负责，受人民监督。""国家行政机关、审判机关、检察机关都由人民代表大会产生，对它负责，受它监督。"人民代表大会制度保证了国家权力始终掌握在人民手中，保证了国家权力真正体现人民的意志、代表人民的利益，保证了人民当家作主的地位。

中国共产党领导的多党合作和政治协商制度，既不同于西方国家的两党或多党竞争制，也有别于有的国家实行的一党制。这一制度是在中国长期的革命、建设、改革实践中形成和发展起来的，是适合中国国情的一项基本政治制度，是具有中国特色的社会主义政党制度，是中国社会主义民主政治的重要组成部分。

中国共产党领导的多党合作和政治协商制度是中国社会历史发展的必然选择。现代民主政治是政党政治。政党制度是现代民主政治的重要组成部分。一个国家实行什么样的政党制度，是由该国国情、国家性质和社会发展状况所决定的。我国的政党制度是近代中国政治发展的必然结果。辛亥革命后，中国曾经一度模仿西方国家，实行议会政治和多党制，但很快就以失败告终。后来，国民党蒋介石集团实行一党专制独裁，遭到全国人民的坚决反对，最终彻底失败。中国共产党领导的多党合作和政治协商制度，正是在多党制和国民党一党独裁统治这两种政党制度模式失败之后确立和发展起来的，是中国人民在争取民主、反对独裁斗争中作出的正确选择。1978 年以来，中国共产党明确了多党合作和政治协商是中国民主政治制度的重要组成部分，确立了中国共产党与各民主党派"长期共存、互相监督、肝胆相照、荣辱与共"的十六字方针。1993 年，第八届全国人民代表大会第一次会议将"中国共产党领导的多党合作和政治协商制度将长期存在和发展"载入宪法，中国多党合作制度有了明确的宪法依据。

中国共产党领导的多党合作和政治协商制度是具有强大生命力的政治制度。共产党领导、多党派合作，共产党执政、多党派参政，是我国的基本政治格局。我国的政党制度既不同于西方国家的多党制，也有别于有的国家实行的一党制。中国共产党领导的多党合作和政治协商制度为正确处理我国政党关系提供了制度保证。

多党合作和政治协商的生命力在于协商民主。习近平总书记在庆祝中国人民政治协商会议成立 65 周年大会上所强调："社会主义协商民主，是中国社会主义民主政治的特有形式和独特优势，是中国共产党的群众路线在政治领域的重要体现"，"在中国共产党统一领导下，通过多种形式的协商，广泛听取意见和建议，广泛接受批评和监督，可以广泛达成决策和工作的最大共识，有效克服党派和利益集团为自己的利益相互竞争甚至相互倾轧的弊端；可以广泛畅通各种利益要求和诉求进入决策程序的渠道，有效克服不同政治力量为了维护和争取自己的利益固执己见、排斥异己的弊端；可以广泛形成发现和改正失误和错误的机制，有效克服决策中情况不明、自以为是的弊端；可以广泛形成人民群众参与各层次管理和治理的机制，有效克服人民群众在国家政治生活和社会治理中无法表达、难以参与的弊端；可以广泛凝聚全社会推进改革发展的智慧和力量，有效克服各项政策和工作共识不高、无以落实的弊端。这就是中国社会主义协商民主的独特优势所在"。

坚持中国特色社会主义制度，二要坚持中国特色社会主义基本经济制度。当今世界有两种生产资料所有制形式，我们坚持和不断完善公有制为主体、多种所有制经济共同发展的基本经济制度。坚持以公有制为主体，发展壮大国有经济，国有经济控制国民经济命脉，对于发挥社会主义制度的优越性，增强我国的经济实力、国防实力和民族凝聚力，具有关键性作用；对于全体社会成员享有基本的生活需要和最低限度的社会平等，最终走向共同富裕的道路，也是极其重要的制度保障。而个体经济、私营经济、合资或外资独资经济等非公有制经济是社会主义市场经济的重要组成部分，它们的发展对于充分调动社会各方面的积极性、加快生产力发展、增加社会就业具有重要作用。

当今世界有两种资源配置的基本方式，一是计划经济，二是市场经济，我们告别了僵化的计划经济，选择了自由的市场经济。事实证明，市场经济是当今世界最有效率的经济运行机制。党的十四大把建立社会主义市场经济体制作为我国经济体制改革的总体目标，具有伟大的现实意义和极其深远的历史意义。党的十四大以来，我们在建立社会主义市场经济体制方面的理论研究和实践探索，更加明确了社会主义市场经济体制的建设目标。十八届三中全会进一步作出"加快完善现代市场经济体系"的决定，提出"建立统一开放、竞争有序的市场体系，是使市场在资源配置中起决定性作用的基础。必须加快形成企业自主经营、公平竞争、消费者自由选择、自主消费、商品和要素自由流动、平等交换的现代市场体系。"

坚持中国特色社会主义基本经济制度，完善社会主义市场经济体制和现代市场体系，内在地需要法治的引领和保障，并为社会主义法治的发展形成坚实的经济基础和强大动力。

总之，坚持中国特色社会主义制度，核心是坚持人民代表大会制度，坚持人民代表大会制度，就是不搞"三权分立"和西方的"议会民主"；关键是坚持中国共产党领导的多党合作与政治协商，坚持中国共产党领导的多党合作与政治协商，就是不多党竞选、轮流执政，就是要不断拓展民主制度。基础是坚持社会主义基本经济制度，坚持社会主义基本经济制度，就是要把社会主义法治建立在牢固的社会主义经济基础之上，为社会主义经济建设、进而为政治建设、文化建设、社会建设、生态文明建设和全面建成小康社会保驾护航。

贯彻中国特色社会主义法治理论。中国特色社会主义法治理论是对中国社会主义法治实践的经验总结和理论表达，是中国特色社会主义理论体系的重要组成部分。中国特色社会主义法治理论全面阐述了法治的本质、法治的普遍规律、现代法治的一般原理及社会主义法治的本质特征、内在要求、价值功能、基本原则、发展方向、遵循道路等重大问题，深刻回答了什么是社会主义法治，如何依法治国、建设社会主义法治国家和社会主义法治体系，如何推进法治中国建设，即如何实现依法治国、依法执政、依法行政共同推进，法治国家、法治政府、法治社会一体建设，国家法治、地方法治、社会法治协调发展，如何在法治轨道上推进国家治理体系和治理能力现代化，如何形成全面依法治国与全面建成小康社会、全面深化改革、全面从严治党相辅相成、相互促进、相得益彰的局面等一系列重大问题和前沿问题。总之，中国特色社会主义法治理论是关于法治，特别是中国特色社会主义法治的科学认知的集成，是党和国家法治建设的根本指导思想，是"我们党处理法治问题的基本立场"①。因而，坚持中国特色社会主义法治道路，建设中国特色社会主义法治体系和法治国家，推进中国法治事业科学发展，必须始终如一地贯彻中国特色社会主义法治理论。

二、走中国特色社会主义法治道路必须坚持的基本原则

中国特色社会主义法治道路的"三个核心要义"，可以具体化为"五个坚持"，亦即"五个基本原则"，即坚持中国共产党的领导，坚持人民主体地位，坚持法律面前人人平等，坚持依法治国和以德治国相结合，坚持从中国实际出发。

坚持中国共产党的领导。坚持党的领导，不是一句空话，而是具体体现为党领导立法、保证执法、支持司法、带头守法上。

党领导立法，首先是党研究决定立法工作中的重大问题。党的十八届四

---

① 《习近平关于全面依法治国论述摘编》，中央文献出版社 2015 年版，第 123 页。

中全会《法治决定》指出，凡立法涉及重大体制和重大政策调整的，必须报党中央讨论决定。党中央向全国人大提出宪法修改建议，由全国人大依照宪法规定的程序进行宪法修改。法律制定和修改的重大问题由全国人大常委会党组向党中央报告，由党中央提出解决问题的立法建议。按照《法治决定》精神，地方性法规制定和修改的重大问题也应由相应的地方人大常委会党组向同级党委报告，由同级党委提出解决问题的立法建议。立法实践证明，只有充分发挥党委凝聚各方智慧、协调各方力量的作用，立法工作中的重大问题才能得到有效解决。

领导立法，其次体现为善于使党的主张通过立法程序上升为国家法律。党是人民利益的忠实代表者，党的事业就是维护好、发展好、实现好人民利益。因此，党的主张和人民意志、党的利益和人民利益是统一的。在领导人民治理国家的过程中，党要善于通过立法渠道使党的主张通过法定程序成为国家意志，成为全社会一体遵循的法律规范和准则，从制度上、法律上保证党的路线方针政策的贯彻实施。

保证执法，是确保体现党的意志和人民利益的法律正确实施的根本。各级党委要积极支持和推动各级政府创新执法体制，完善执法程序，推进综合执法，严格执法责任，建立权责统一、权威高效的依法行政体制，加快建设职能科学、权责法定、执法严明、公开公正、廉洁高效、守法诚信的法治政府，督促和保证行政机关严格规范公正文明执法。

支持司法，关键是发挥党依法执政和依法治国的政治优势、组织优势、纪律优势，排除对司法活动的各种干预和干扰，为独立公正司法创造良好的制度环境和社会环境，支持司法机关依法独立公正行使司法权。党的十八届四中全会《法治决定》明确提出，各级党政机关和领导干部要支持法院、检察院依法独立公正行使职权。根据四中全会的《法治决定》，中央有关部门出台了制止和处分领导干部干预司法的专门文件，是对司法机关正确适用法律的强大支持。

带头守法，首先要求党组织要维护宪法法律尊严和权威，自觉在宪法法律的范围内活动，带头遵守宪法和法律，引导和带动全社会形成办事依法、遇事找法、解决问题用法、化解矛盾靠法的良好法治环境。特别是各级人大、政府、政协、审判机关、检察机关的党组织要领导和监督本单位模范遵守宪法法律，坚决查处执法犯法、违法用权等行为。

带头守法也要求党员领导干部这个"关键少数"做好表率。党员领导干部要牢记法律红线不可逾越、法律底线不可触碰，做尊法的模范，带头尊崇法治、敬畏法律；做学法的模范，带头了解法律、掌握法律；做守法的模范，带头遵纪守法、捍卫法治；做用法的模范，带头厉行法治、依法办事。不容忽视的是，目前仍有一些党员领导干部还存在着长官思想和特权观念，习惯于认为法律是管老百姓的，自己可以不受法律约束。这类思想观念是封建专制、人治思想的残余，与现代民主、法治思想格格不入，必须坚决破除。

坚持党的领导，就要把依法治国基本方略同依法执政基本方式统一起来，把党总揽全局、协调各方同人大、政府、政协、审判机关、检察机关依法依章程履行职能、开展工作统一起来，把党领导人民制定和实施宪法法律同党坚持在宪法法律范围内活动统一起来，善于使党的主张通过法定程序成为国家意志，善于使党组织推荐的人选通过法定程序成为国家政权机关的领导人员，善于通过国家政权机关实施党对国家和社会的领导，善于运用民主集中制原则维护中央权威、维护全党全国团结统一。

坚持人民主体地位。中国特色社会主义法治与西方资本主义法治最根本的区别就在于：西方法治本质上是由资本所控制、所运用，体现资产阶级意志，首先为资产阶级根本利益服务；而我们始终坚持法治建设为了人民、依靠人民、造福人民、保护人民，以保障人民根本权益为出发点和落脚点，保证人民依法享有广泛的权利和自由、承担应尽的义务，维护社会公平正义，促进共同富裕；始终坚持保证人民在党的领导下，依照法律规定，通过各种途径和形式管理国家事务，管理经济文化事业，管理社会事务。

坚持人民主体地位，还意味着法律为人民所掌握、所遵守、所运用，法律是全体公民必须遵守的行为规范，法律更是保障自身权利的有力武器。

坚持法律面前人人平等。平等是社会主义法律的基本属性之一，在法治的范畴内，平等主要包括权利平等、机会平等、规则平等。社会主义法律的基本属性还包括国家强制性、权威性、连续性、稳定性等，把平等性从各种属性当中抽取出来作为中国特色社会主义法治的基本原则，有其鲜明的针对性，即针对特权思想、特权人物、特权阶层，针对权大于法、钱大于法、关系大于法，它们构成厉行法治的障碍与阻力。党的十八届四中全会《法治决定》强调指出：坚持法律面前人人平等，就是要求任何组织和个人都必须尊重宪法法律权威，都必须在宪法法律范围内活动，都必须依照宪法法律行使权力或权利、履行职责或义务，都不得有超越宪法法律的特权。必须维护国家法制统一、尊严、权威，切实保证宪法法律有效实施，绝不允许任何人以任何借口任何形式以言代法、以权压法、徇私枉法。尤其是要以规范和约束公权力为重点，加大监督力度，做到有权必有责、用权受监督、违法必追究，坚决纠正有法不依、执法不严、违法不究行为。坚持法律面前人人平等，还要反对形形色色的歧视。

坚持依法治国和以德治国相结合。依法治国是政治文明的标志，以德治国是精神文明的标志。法治与德治的关系问题，历来是政治学、法学的基本问题。党的十五大以来，党中央总结古今中外治国的成功经验，明确提出了依法治国与以德治国相结合的治国思想。在 2001 年全国宣传部长会议上，江泽民同志深刻指出："我们在建设有中国特色社会主义、发展社会主义市场经济的过程中，要坚持不懈地加强社会主义法制建设，依法治国；同时也要坚持不懈地加强社会主义道德建设，以德治国。……我们要把法制建设与道德建设紧密结合起来，把依法治国与以德治国紧密结合起来。"[①] 党的十六大报告将依法治国与以德治国相结合确定为党领导人民建设中国特色社会主义必须坚持的基本经验，并把依法治国纳入政治文明的范畴，在政治建设部分加以论述，把以德治国纳入精神文明的范畴，在文化建设部分加以论述。这表明依法治国属于政治建设和政治文明的范畴；以德治国属于思想建设和精神文明的范畴。十六大报告关于依法治国与以德治国的深刻论述，突破了法治、德治水火不容的传统思维定势，阐明了一种现代法治和新型德治相结

---

① 《江泽民文选》第三卷，人民出版社 2006 年版，第 200 页。

合的治国新思路。按照这种治国新思路，依法治国与以德治国并不是彼此对立、矛盾的，而是相互补充、促进的。依法治国属于政治文明范畴，是治理国家的主要方式。以德治国属于精神文明范畴，是思想建设的主要方式，主要是以德教民、以德化民、以德育人。这样，在立法、执法、司法、法律监督、法律解释等政治法律活动中，必须严格遵循法治的精神、原则和方法，不得以德治取代或冲击法治。而在相当广泛的社会生活领域和精神文明建设中，必须强调德治的精神、原则和方法，不能一味地用法律的强制手段解决思想道德问题，要注重弘扬和培育民族精神，提高全民族的思想道德素质。

党的十八届四中全会《法治决定》和习近平总书记在四中全会上的讲话进一步强调"必须坚持一手抓法治、一手抓德治"，同时深入地阐述了依法治国与以德治国的关系，指出：国家和社会治理需要法律和道德共同发挥作用，既重视发挥法律的规范作用，又重视发挥道德的教化作用，实现法律和道德相辅相成、法治和德治相得益彰。

习近平总书记深刻指出："发挥好法律的规范作用，必须以法治体现道德理念、强化法律对道德建设的促进作用。一方面，道德是法律的基础，只有那些合乎道德、具有深厚道德基础的法律才能为更多人所自觉遵行。另一方面，法律是道德的保障，可以通过强制性规范人们行为、惩罚违法行为来引领道德风尚。要注意把一些基本道德规范转化为法律规范，使法律法规更多体现道德理念和人文关怀，通过法律的强制力来强化道德作用、确保道德底线，推动全社会道德素质提升。""发挥好道德的教化作用，必须以道德滋养法治精神、强化道德对法治文化的支撑作用。再多再好的法律，必须转化为人们内心自觉才能真正为人们所遵行。不知耻者，无所不为。没有道德滋养，法治文化就缺乏源头活水，法律实施就缺乏坚实社会基础。在推进依法治国过程中，必须大力弘扬社会主义核心价值观，弘扬中华传统美德，培育社会公德、职业道德、家庭美德、个人品德，提高全民族思想道德水平，为依法治国创造良好人文环境。"①

---

① 《习近平关于全面依法治国论述摘编》，中央文献出版社 2015 年版，第 30、31 页。

　　坚持从中国实际出发。坚持从中国实际出发，就是从坚持中国法治国情出发，突出中国特色、实践特色、时代特色。国情是一门大学问，每个学科讲国情都有自己的关注点，从而形成了经济国情、政治国情、文化国情、生态国情、历史国情等，法学要关注的是法治国情。我们的法治国情如何？

　　第一，中国是世界上文明发达最早的国家之一，法制文明是中国古代文明的重要构成和明显标志，而且从历史进程上看从来没有中断过。战国中期，李悝的《法经》创中国封建法典之体制，开成文法典之先河。随后建立的秦朝扩大了成文法的规模，奠定了中国长达两千多年封建法制的基本轮廓。汉唐诸代君臣与巨儒主张"德主刑辅"，熔礼义刑德于一炉，使中国封建法制成为"天理、国法、人情"的融合体，形成了法治与德治相结合的鲜明特点。《唐律疏议》更以其完备的体例、严谨而丰富的内容成为封建法典的范例。经过宋、元、明、清等朝代一千多年的法律文明维系、传承和发展，形成了世界公认为五大法系之一的中华法系，广泛地影响和传播到周边国家，并在相当长的时间里居于世界法制文明的顶峰。中国古代法制文明中有许多超越时空、具有普遍价值的经验和理论。例如，主张"国无常强，无常弱。奉法者强则国强，奉法者弱则国弱"①；注重法律的良善品质，强调"立善法于天下，则天下治；立善法于一国，则一国治"②，"为国也，观俗立法则治，察国事本则宜"③，要以人为本，以民为本，社会和合；善于通过法律的人文精神对社会成员心理和观念世界进行整合与引领，来维系和范导整个社会，注重礼法互补，主张德治与法治并存，强调明德慎刑；注重法律的教育功能，主张以法为教，强调法律的任务不仅是"禁暴惩奸"，而且要"弘风阐化"；注重治国者、执法者的道德品质以及对国家的责任感和使命感，主张"徒法不足以自行"④，为官者、执法者要"天下为公"，清正廉洁，光

---

①　《韩非子·有度》。

②　（宋）王安石：《临川先生文集》，中华书局 1959 年版，第 678 页。

③　《商君书·算地》。

④　《孟子·离娄上》。

明正大，执法如山，"法不阿贵，绳不挠曲"①，"公生明，廉生威"②；注重法律的综合意义，主张对法律条文和典籍从天理、国法、人情的有机结合上予以解释和注释，以更好地定分止争、惩恶扬善，法律的实施不能就事论事；注重立法与执法并重，"天下之事，不难于立法，而难于法之必行"③；注重变法促进，强调通过变法革新来解决社会深层次矛盾，保持社会稳定，推动社会发展。中国特色社会主义法治理论在对中华传统法律文化的丰富资源进行梳理和甄别的基础上择善而用，使中国特色社会主义法治具有厚重的民族精神和鲜明的时代精神。

第二，我们是在不同文明共存互鉴的历史条件下推进依法治国。所以，不能自我封闭。正如习近平总书记所指出的："坚持从我国实际出发，不等于关起门来搞法治。法治是人类文明的重要成果之一，法治的精髓和要旨对于各国国家治理和社会治理具有普遍意义，我们要学习借鉴世界上优秀的法治文明成果。但是，学习借鉴不等于是简单的拿来主义，必须坚持以我为主、为我所用，认真鉴别、合理吸收，不能搞全盘西化，不能搞全面移植，不能照抄照搬。"西方法治文明源自古希腊、古罗马，积淀深厚，尤其是近代法治萌生于西方资本主义社会，有许多理念、原则和方法，反映了人类法治文明发展的一般规律。诸如依法而治、法治国家、法治政府、权力制约、人权神圣、财产神圣、税收法定、法律面前人人平等、契约自由、言论自由、罪刑法定、正当程序、权利推定、"法无禁止即自由"等法治理论，以及司法（职权）独立、法官中立、律师自由执业、疑罪从无、非法证据排除等司法学说。发展中国特色社会主义法治，应当坚持在中国国情和中国需要的前提下，认真鉴别、合理吸收西方法治经验和法治理论，使之与中国本土化理论贯通，彰显中国特色社会主义法治理论体系的开放性、包容性和科学性。

第三，我们是在全球化时代建设社会主义法治国家。我们生存的这个世

---

① 《韩非子·有度》。

② （明）年富：《官箴》刻石。

③ （明）张居正：《张太岳集》，上海古籍出版社 1984 年版，第 482 页。

界正在发生着历史性变迁，全球化正在有力地改变着人类的生产方式、生活样式和生存状态，也在深刻地影响着人类社会的经济、政治、法律制度及其变迁。在这样一个全球化时代，无论是观察和处理经济问题、文化教育科技问题，还是观察和处理政治问题、军事问题、外交问题，我们都必须有全球意识、全球视野、全球眼光、全球思维，要有全球化的问题意识，应对全球化的战略意识。同样，全面推进依法治国、建设法治国家、推进法治中国建设的一些根本性问题也必须在全球化的背景中和全球治理结构中加以研究和解决。我们必须以开放的眼界统筹国内法治与国际法治两个大局，而不能封闭僵化，关起门来搞法治建设，要主动参与全球法治，构建全球化时代的涉外法治体系、推进国际关系法治化、构建国际法治新秩序，为中华民族伟大复兴创造更加良好的外部法治环境。正如习近平总书记所强调的：中国坚持走和平发展道路，同时也将推动各国共同坚持和平发展，构建民主法治、公正合理、合作共赢的国际经济政治新秩序。中国将大力推进国际关系民主化法治化，与各国共同维护人类良知和国际公理，在世界和地区事务中主持公道、伸张正义，更加积极有为地参与热点问题的解决，既通过维护世界和平来发展自己，又以自身发展促进世界和平。

第四，我们是发展中的社会主义大国，仍处于社会主义法治建设的初级阶段，现阶段的经济社会发展、治国理政的法治需求，社会法治文化发展水平，法治专门人才队伍的总体素质，执法司法的经济成本和社会成本，决定了法治建设的指标体系不能脱离实际，不能盲目拔高；更不能照抄照搬他国的法治模式和法治体系，尤其是不能盲目地照搬照抄西方国家的法治模式，否则，就会水土不服，会"画虎不成反类犬"。

在坚持中国特色社会主义法治道路的同时，还要与时俱进、改革创新，不断丰富三个核心要义、五项基本原则的具体内容，不断拓展中国特色社会主义法治道路。

改革开放新时期的中国法治建设 *

改革开放三十年，是中国法治建设重新起步和快速发展的三十年。1978年，我们党召开了具有重大历史意义的十一届三中全会，开启了中国社会主义现代化建设的新时期。新时期最鲜明的特点是改革开放。这场历史上从未有过的大改革、大开放，使我国成功实现了从高度集中的计划经济体制向充满活力的社会主义市场经济体制、从封闭半封闭社会向全方位开放社会的伟大历史转变，也使我国成功实现了从人治到法治、从无法无天到规范有序的伟大历史转折。

改革开放与法治建设息息相关、相辅相成：一方面，改革开放的伟大实践产生了对法律和法制的迫切需求，推动了法治的建设和发展；另一方面，法治建设回应和适应了改革开放的需要，立法、执法、司法、普法等法治工作为改革开放创造了良好的法治环境。本文旨在对改革开放以来中国法治建设的发展历程及其所取得的成就作一回顾和总结，并就十七大提出的"全面落实依法治国基本方略、加快建设社会主义法治国家"这一重大任务所包含的深刻内涵进行分析。

一、改革开放与依法治国基本方略的形成和发展

改革开放以来，我国社会主义法治建设最具有重大现实意义和深远历史

---

 *　本文发表于《社会科学战线》2008年第9期。

意义的标志性成果有两项：一是依法治国基本方略的形成和发展，二是依法执政基本方式的形成和发展。依法治国基本方略和依法执政基本方式的确立，丰富了党在社会主义初级阶段的基本路线和中国特色社会主义理论体系，为中国特色社会主义伟大事业和全面建设小康社会伟大目标的实现奠定了坚实的制度基础。

改革开放前，特别是1949年到1956年，我们党曾经高度重视法制建设。新中国成立前夕，即1949年9月29日，中国人民政治协商会议第一届全体会议通过了《中国人民政治协商会议共同纲领》（简称《共同纲领》），《共同纲领》发挥了临时宪法的作用。新中国成立后，1950年召开的第一届全国司法工作会议就提出要确立"新民主主义的法治观念和道德观念"。1953年9月，中央人民政府委员会第二十七次会议通过的彭真同志的《关于政治法律工作的报告》提出逐步实行比较完备的人民民主的法制。1954年9月20日，第一届全国人大第一次会议通过了《中华人民共和国宪法》。毛泽东同志担任宪法起草委员会主席，并亲自主持了宪法起草。这部《宪法》以人民民主和社会主义两大原则为统领，规定了我国的国体、政体、国家机构、公民基本权利和义务等。此后，根据《宪法》制定了《全国人民代表大会组织法》、《国务院组织法》、《人民法院组织法》、《人民检察院组织法》和《地方各级人民代表大会和地方各级人民委员会组织法》等一批基本法律和重要法规，基本实现了人民民主和社会主义民主的法律化、制度化，确立了社会主义中国的基本政治制度、立法体制、司法制度以及社会主义法制的基本原则。1956年，党的八大强调，随着革命暴风雨时期的结束和社会主义建设时期的到来，应着手系统地制定比较完备的法律，健全国家的法制。但令人痛心的是，1957年以后，由于受"左"的思想影响和"匈牙利事件"等国际国内复杂形势的严重干扰，我国法制建设停滞不前甚至倒退，到了"文化大革命"期间，更是遭到了惨重的破坏。

1978年12月，具有伟大历史意义的党的十一届三中全会在北京召开。这次会议是在关于"实践是检验真理的唯一标准"的大讨论之后召开的。关于"实践是检验真理的唯一标准"的大讨论打破了思想僵化、教条主义、个人崇拜的沉重枷锁，为这次会议创造了解放思想、实事求是的良好环境。十一届三中全会在作出把党和国家工作的重心由以阶级斗争为纲转向以经济建设为中心的同时，向全党全国人民发出了"健全社会主义民主，加强社会主义法制"的号召。全会公报响亮地提出：为了保障人民民主，必须加强社会主义法制，使民主制度化、法律化，使这种制度和法律具有稳定性、连续性和权威性，使之不因领导人的改变而改变，不因领导人的看法和注意力的改变而改变。全会公报确立了我国新时期社会主义民主法制建设的指导方针。党的十一届三中全会开辟了中国特色社会主义道路，也开启了依法治国基本方略的进程。

在依法治国基本方略的形成和发展过程中，邓小平同志发挥了历史性作用。邓小平同志在创立建设中国特色社会主义理论和领导中国特色社会主义事业的过程中，深刻地总结了我国和其他社会主义国家在民主和法制建设方面的经验教训，并根据我国改革开放和社会主义民主法制建设的实践经验，创立了中国特色社会主义民主和法制理论。邓小平民主法制理论有一个十分鲜明的特征，那就是：这一理论总是从建设中国特色社会主义的战略高度来思考民主和法制问题，把民主法制建设放在什么是社会主义、怎样建设社会主义的总体框架之内思考，强调"我们要在大幅度提高社会生产力的同时，改革和完善社会主义的经济制度和政治制度，发展高度的社会主义民主和完备的社会主义法制"。① 邓小平同志注重从总结历史经验和教训、防止出现大失误和严重错误，特别是避免像"文化大革命"那样的悲剧重演的历史深度论述民主和法制问题，强调国家的稳定和长治久安不能寄托在一两个人身上。他指出，搞人治危险得很，而搞法制才靠得住。由于问题提得如此敏锐和鲜明，所以邓小平同志把加强民主法制建设作为我们党和国家坚定不移的基本方针。②1992 年，邓小平同志从领导岗位上退下来以后，仍然关切地强调中国的事情"还是要靠法律制度"。

---

① 《邓小平文选》第二卷，人民出版社 1983 年版，第 208 页。
② 同上书，第 256—257 页。

在依法治国基本方略的形成和发展过程中，江泽民同志起到了决定性作用。20世纪90年代以后，以江泽民同志为核心的中国共产党第三代领导集体在大力推进改革开放和社会主义民主法制建设的伟大实践中，以新的理论观点和工作经验丰富和深化了中国特色社会主义法治理论和马克思主义法学理论。1989年9月，江泽民同志在出席就任总书记后的第一次记者招待会上就公开表态："我们绝不能以党代政，也绝不能以党代法。这也是新闻界讲的究竟是人治还是法治的问题。我想我们一定要遵循法治的方针。"① 把党与法的关系问题提到人治与法治的范畴，并把这个问题作为执政纲领的切入点，意义非常重大。之后，江泽民同志就法治问题发表了一系列重要讲话和论述。具有伟大历史意义的是，1996年2月8日下午，中央第三次法制讲座在中南海举行。这是一次非同寻常的法制讲座。在听取了中国社会科学院法学研究所所长王家福研究员关于"依法治国，建设社会主义法制国家的理论与实践"的讲解之后，江泽民同志在总结讲话中旗帜鲜明地提出要依法治国，并对依法治国的重大意义进行了全面深刻的阐述。一个月后，江泽民同志亲自提议八届全国人大四次会议把"依法治国，建设社会主义法制国家"作为一条基本方针，写入《国民经济和社会发展"九五"计划和2010年远景目标纲要》。八届全国人大四次会议的其他文件也都将"依法治国"作为一项基本方针和奋斗目标确立下来。

1997年9月，具有历史意义的党的十五大召开。江泽民同志在报告中明确提出：要"进一步扩大社会主义民主，健全社会主义法制，依法治国，建设社会主义法治国家"。② 十五大报告同时强调："依法治国，是党领导人民治理国家的基本方略，是发展社会主义市场经济的客观要求，是社会文明进步的重要标志，是国家长治久安的重要保证。"

与之前法制讲座和八届人大四次会议不同的是，党的十五大报告把"社

---

① 《就我国内政外交问题江泽民等答中外记者问》，载《人民日报》1989年9月27日第1版。

② 江泽民：《高举邓小平理论伟大旗帜，把建设有中国特色社会主义事业全面推向二十一世纪》，人民出版社1997年版。

会主义法制国家"改为"社会主义法治国家"。用"法治国家"代替"法制国家"。这不仅仅是提法上的变化，而且是一次新的思想解放，标志着中央领导集体和全党认识上的飞跃。虽然"法治国家"与"法制国家"这两个概念表面上只有一字之差，其内涵和意义却大不相同："法治国家"突出了实行法治、摒弃人治的坚强意志和决心，针对性、目标性更强；"法治"、"法治国家"意味着法律至上，依法而治；法制，顾名思义，指法律和制度，而法治则意味着不仅要有完备的法律体系和制度，而且要树立法律的权威，保证认真实施法律，切实依照法律治理国家，管理社会；法制是静态的，法治则是动态的，法治包容了法制，涵盖面更广泛、更丰富。

1999年3月，在九届全国人大二次会议上，"依法治国，建设社会主义法治国家"被正式写入了宪法修正案。至此，依法治国成为党领导人民治理国家的基本方略，建设社会主义法治国家成为建设中国特色社会主义的目标。此后，党的十六大进一步把依法治国、建设社会主义法治国家上升到政治文明的范畴。中华民族彻底告别了数千年人治和专制的历史！

在依法治国基本方略的形成和发展过程中，胡锦涛同志发挥了承前启后、继往开来的重大作用。作为党的十六大报告起草工作小组组长，十六大报告有关依法治国基本方略的系统论述凝结着他的智慧和思想。党的十六大以后，以胡锦涛同志为总书记的党中央高举邓小平理论和"三个代表"重要思想的伟大旗帜，领导全国人民全面建设小康社会，构建社会主义和谐社会，实施党的建设新的伟大工程，致力于世界的和平、合作与和谐。在这些新的伟大实践中，胡锦涛同志以科学发展观丰富、发展和创新了马克思主义理论。科学发展观理论体系包含"以人为本"、"政治文明"、"和谐社会"、"公平正义"、"社会全面进步"、"宪法法律至上"、"依宪治国"、"依法执政"、"依宪执政"、"尊重和保障人权"、"社会主义法治理念"、"弘扬法治精神"等等科学命题，包含着"法治是人类文明进步的重要标志"、"法治是以和平理性的方式解决社会矛盾的最佳途径"、"社会主义政治文明的本质特征是党的领导、人民当家作主、依法治国的有机统一"、"人与人的和睦相处，人与自然的和谐相处，国家与国家的和平共处，都需要法治加以规范和维护"等等精辟论断。这些命题和论断极大地丰富和深化了依法治国基本方略的科学内涵，使依法治国基本方略成为一个包括依法执政、民主执政、科学立法和民主立法、依法行政、公正司法、全民学法守法用法等在内的系统工程。

回顾依法治国基本方略的形成和发展过程，我们深深地认识到，依法治国基本方略是邓小平、江泽民、胡锦涛和党中央领导集体的政治智慧和先进理念的结晶，是全党和全国人民建设社会主义民主法制的伟大实践的结晶，更是改革开放的伟大成就。如果没有经济体制改革、政治体制改革和社会领域的各项改革，没有社会主义市场经济体制和机制的确立和发展，没有社会主义民主政治的发展和复兴，没有对外开放、融入经济全球化、环境全球化、公共事务全球化的实践，就不可能产生对依法治国的强大需求，不可能形成对依法治国的强大推力，依法治国基本方略也就无从形成并不断地丰富和深化其内涵。

二、改革开放与依法执政基本方式的形成和发展

如同依法治国基本方略的形成和发展一样，依法执政基本方式的确立也经历了不断解放思想、不断总结经验、不断超越现状的过程，经历了一系列标志性事件。

（一）中共中央发出《关于坚决保证刑法、刑事诉讼法切实实施的指示》

党的十一届三中全会之后不久，我国法治建设进入恢复重建阶段。1979年7月1日，五届人大二次会议通过了七部重要法律，即《刑法》、《刑事诉讼法》、《地方各级人民代表大会和地方各级人民政府组织法》、《全国人民代表大会和地方各级人民代表大会选举法》、《人民法院组织法》、《人民检察院组织法》、《中外合资经营企业法》，即著名的"一日七法"。同年9月9日，中共中央发出了《关于坚决保证刑法、刑事诉讼法切实实施的指示》（中发〔1979〕64号文件，以下简称《指示》）。《指示》指出：刑法和刑事诉讼法的

颁布，对加强社会主义法制具有特别重要的意义。它们能否严格执行，是衡量中国是否实行社会主义法治的重要标志。《指示》严肃地分析和批评了党内严重存在着的忽视社会主义法制建设的错误倾向，指出："在我们党内，由于建国以来对建立和健全社会主义法制长期没有重视，否定法律、轻视法律；以党代政、以言代法、有法不依，在很多同志身上已经成为习惯；认为法律可有可无，法律束手束脚，政策就是法律，有了政策可以不要法律等思想，在党员干部中相当流行。""各级党委要坚决改变过去那种以党代政、以言代法、不按法律规定办事，包揽司法行政事务的习惯的做法。"《指示》要求各级党委要保证法律的切实实施，充分发挥司法机关的作用，切实保证人民检察院独立行使检察权，人民法院独立行使审判权，使之不受其他行政机关、团体和个人的干涉。这是改革开放初期我们党着手纠正以党代政、以言代法、有法不依错误习惯的重要文献，其意义就是在今天也是十分鲜明的。

（二）"党必须在宪法和法律的范围内活动"写入党章和宪法

1982 年 9 月，党的十二大通过的新《党章》规定："党必须在宪法和法律的范围内活动"。之后，1982 年 12 月制定的《宪法》序言明确指出："全国各族人民、一切国家机关和武装力量、各政党和各社会团体、各企业事业组织，都必须以宪法为根本的活动准则，并且负有维护宪法尊严、保证宪法实施的职责。"《宪法》总纲第 5 条明确规定："一切国家机关和武装力量、各政党和各社会团体、各企业事业组织都必须遵守宪法和法律。一切违反宪法和法律的行为，必须予以追究。任何组织或者个人都不得有超越宪法和法律的特权。"

（三）中共中央发出《关于全党坚决维护社会主义法制的通知》

1986 年 7 月 10 日，中共中央针对党内依然存在的严重蔑视社会主义法制的严重倾向，发出《关于全党坚决维护社会主义法制的通知》（以下简称《通知》）。《通知》十分鲜明地指出：目前有的党组织和党员、干部，特别是有的党政军领导机关和领导干部，仍然自恃特殊，以言代法，以权压法，甚至徇私枉法，把自己置于法律之上或法律之外。他们当中有的习惯于个人说了算，损害法律的尊严，不尊重国家权力机关的决定和决议；有的对司法机关的正常工作横加干涉，强制司法机关按照他们的意图办事，强行更改或者拒不执行法院的裁判，任意调离秉公办事的司法干部；有的无视宪法和刑事诉讼法，任意决定拘留和搜查公民，或者强令公安、司法机关去干一些非法侵害公民人身权利和民主权利的事，甚至把政法干警作为他们搞强迫命令和以权谋私的工具，等等。这些现象虽然发生在个别单位和少数人身上，但是影响很坏，严重损害了党的威信和社会主义法制的严肃性，必须引起全党的充分重视。

《通知》还分析了党内有些人缺乏法制观念的复杂原因，指出：长期封建社会的影响，历来只有"人治"的习惯，而缺乏"法治"的观念；我们党在长期的革命战争中，又主要是依靠政策办事；建国以后，本来应该充分发挥法制的作用来治理国家，但由于长期受"左"的思想和习惯势力的影响，轻视法律的思想没有得到克服，以致在"文化大革命"时期，发展到了"无法无天"的地步，把宪法、法律的尊严破坏殆尽。同时，我们党在群众中享有崇高的威望，群众有事习惯于找党委、党委书记解决问题，但是，由于我们有的党员和干部不学法、不懂法，不重视法制，这就很容易产生"以言代法"的现象。因此，提高全党的法制观念，提高全党维护法制的自觉性，是摆在我们面前的一项长期而艰巨的任务。

《通知》在要求各级党委正确认识和处理与国家权力机关、行政机关、司法机关的关系、支持国家机关依法行使职权的同时，强调坚持党的领导和依法办事的一致性。指出：从中央到基层，所有党组织和党员的活动都不能同国家的宪法、法律相抵触，都只有模范地遵守宪法和法律的义务，而没有任何超越宪法和法律的特权。越是领导机关，越是领导干部，越要带头学法、懂法，严格依法办事，不做违宪、违法的事。贯彻党的路线、方针、政策与执行宪法、法律是统一的。各级党政军机关所发出的文件和领导人的讲话，都要既体现党的路线和方针、政策，又符合宪法和法律的规定，不符合的要坚决改正。

这个通知对于提高各级党委和全体党员的法治观念、依法规范领导机关和领导干部的行为、推进社会主义法制建设发挥了极其重要的作用。这个通知为以后形成依法治国基本方略和依法执政基本方式奠定了良好的理论基础、政治基础和工作基础。

（四）党的十六大提出"依法执政"概念

"依法执政"最早见之于党的十六大报告。报告指出："改革和完善党的领导方式和执政方式。这对于推进社会主义民主政治建设，具有全局性作用。党的领导主要是政治、思想和组织领导，通过制定大政方针，提出立法建议，推荐重要干部，进行思想宣传，发挥党组织和党员的作用，坚持依法执政，实施党对国家和社会的领导"，并指出："必须增强法制观念，善于把坚持党的领导、人民当家作主和依法治国统一起来，不断提高依法执政的能力。"至此，我们党正式提出依法执政的概念。

（五）中共中央作出《关于加强党的执政能力建设的决定》

2004 年 9 月 19 日，党的十六届四中全会通过了《中共中央关于加强党的执政能力建设的决定》（以下简称《决定》）。《决定》把加强依法执政的能力作为加强党的执政能力建设的总体目标之一，并就依法执政的内涵作出了科学规定。2006 年 6 月 29 日，中央政治局举行了以科学执政、民主执政、依法执政为内容的集体学习会。在会上，胡锦涛总书记强调，依法执政是新的历史条件下马克思主义政党执政的基本方式。依法执政，就是坚持依法治国、建设社会主义法治国家，领导立法，带头守法，保证执法，不断推进国家经济、政治、文化、社会生活的法制化、规范化，以法治的理念、法治的体制、法治的程序保证党领导人民有效治理国家。要加强党对立法工作的领导，推进科学立法、民主立法，从制度上、法律上保证党的路线方针政策的贯彻实施。各级党组织都要在宪法和法律范围内活动，全体党员都要模范遵守宪法和法律。要督促和支持国家机关依法行使职权，依法推动各项工作的开展，切实维护公民的合法权益。至此，依法执政的科学内涵和基本要求非常清晰地展现出来，标志着依法执政基本方式的确立。

"依法执政"基本方式的确立，反映了中国共产党人对国家与政权建设规律的深刻认识，对现代政党制度、政党政治和执政党执政规律的深刻认识，对自己从领导人民为夺取国家政权而奋斗的党到成为领导人民掌握全国政权并长期执政的党这一历史地位的根本性转变的深刻认识，对自己半个多世纪执政经验和教训的深刻反思和科学总结，对自己如何担当起执政党的使命、如何巩固执政地位、如何提高执政能力、如何执政兴国等根本性问题的深刻认识和理性自觉，是中国共产党执政意识的升华。依法执政基本方式的确立体现了当代中国共产党人及其领导集体立党为公、执政为民的宗旨和总揽全局、协调各方的政治智慧和执政能力。

确立和实施依法执政是中国共产党执政方式的历史性变革。这一变革的意义在于，我们党彻底摒弃了"法律只能作为办事的参考"、"要人治不要法治"的传统习惯，也超越了"在法律范围内活动"的简单要求，实现了党既严格守法又领导立法、保证执法和司法的有机统一，实现了党的领导、人民当家作主、依法治国的有机统一。依法执政基本方式的确立坚实了依法治国、建设社会主义法治国家的政治基础。无论是人大立法，还是政府执法、法院检察院司法、全民学法用法守法，都需要以党的依法执政为前提和核心。依法执政基本方式与依法治国基本方略的对接，一方面使我们党的执政活动由此提高到更加科学、理性、民主、规范的水平，党的执政能力显著提高；另一方面将从根本上保证依法治国基本方略的实施和实现，推动了中国社会主义政治文明的持续进步。

三、改革开放以来我国法治建设的主要成就

在中国特色社会主义理论体系的指导下，在依法治国基本方略和依法执政基本方式的统领下，我国社会主义法治建设的方方面面都取得了巨大成就，这主要体现在：

（一）社会主义宪政事业健康发展

宪法是国家的根本法，是治国安邦的总章程，是保证国家统一、民族团结、经济发展、社会进步和长治久安的法律基础，是党执政兴国、带领全国各族人民建设中国特色社会主义的法制保证。"依法治国首先要依宪治国，依法执政首先要依宪执政。"[①] 依宪治国、依宪执政，坚持党的领导、人民民主、依法治国的有机统一，实现民主法制化、法制民主化，就是社会主义宪政。

我们党在推翻"三座大山"的革命过程中，就有过新民主主义的宪政实践。中华人民共和国成立之后，就立即着手立宪和宪政建设。新中国成立至今，共颁布过四部宪法文本，即 1954 年《宪法》、1975 年《宪法》、1978 年《宪法》和 1982 年《宪法》。1954 年《宪法》是我国第一部社会主义类型的宪法，它所确定的中国社会主义宪政制度和宪法基本结构，奠定了宪政的"中国模式"、"中国经验"，在世界宪政历史上具有深远的影响。由于种种历史原因，这部《宪法》从 20 世纪 50 年代中后期开始，其作用逐渐削弱，在"文化大革命"中被束之高阁、弃之不用。1975 年《宪法》是在国家处于极不正常的状态下制定的，在指导思想和基本规定等方面存在许多严重错误和缺点。1978 年《宪法》是在初步拨乱反正、经济建设开始恢复、社会秩序趋于稳定、但"左"的影响依然严重存在的历史条件下制定的，因此被打上了特殊时期的印记。从 1980 年开始，以党的十一届三中全会确立的正确路线为指导，党中央领导全国人大开始对 1978 年《宪法》进行全面修改，并在 1982 年 12 月 4 日五届人大五次会议上通过了新宪法。1982 年《宪法》（即现行《宪法》）继承和发展了 1954 年《宪法》和 1978 年《宪法》某些好的方面，确认和巩固了十一届三中全会以后拨乱反正和民主法制建设的成果，并且具有前瞻性地为此后的经济体制改革和政治体制改革指明了原则方向，为改革开

---

① 胡锦涛：《在首都各界纪念全国人民代表大会成立 50 周年大会上的讲话》，载《人民日报》2004 年 9 月 16 日。

放提供了法律空间。

1982 年《宪法》的制定标志着我国社会主义宪政事业进入了新的发展阶段。从 1982 年《宪法》制定至今，我国社会主义宪政建设取得了诸多方面宝贵的成绩和经验：

第一，与时俱进地修改《宪法》。从 1988 年第一次修宪到 2004 年修宪，我国现行《宪法》共进行了四次修改。这四次修宪使我国《宪法》及时反映时代的要求，确认改革开放的成果，适应改革开放的需要，规范和推进改革开放的进一步发展。现行《宪法》的四个修正案的发展历程和内容递进记录了中国改革开放的历程，是改革开放与宪政法治相辅相成的最佳例证。1988 年的《宪法》修正案中规定：国家允许私营经济在法律规定的范围内存在和发展；土地的使用权可以依照法律的规定转让。1993 年的《宪法》修正案规定：国家实行社会主义市场经济；中国共产党领导的多党合作和政治协商制度将长期存在和发展。1999 年的《宪法》修正案规定：国家实行依法治国，建设社会主义法治国家；在社会主义初级阶段，坚持公有制为主体、多种所有制经济共同发展的基本经济制度，坚持按劳分配为主体、多种分配方式并存的分配制度。2004 年《宪法》修正案把"推动物质文明、政治文明和精神文明协调发展"和"国家尊重和保障人权"等内容写入《宪法》，更全面、更准确地表达了我国社会主义制度的本质；同时规定了国家鼓励、支持和引导非公有制经济的发展；公民的合法的私有财产不受侵犯，国家依法保护公民的私有财产权和继承权等。

第二，不断完善宪法性法律体系。由于《宪法》仅仅是原则性地规定了我国的社会制度和国家制度、公民的基本权利义务，以及国家机构的组织、职责和活动原则，为保障宪法原则的有效实施，必须制定一系列与宪法原则相配套的宪法性法律。1982 年以来，全国人大制定和修改了数十部宪法性法律，诸如《全国人民代表大会组织法》、《地方各级人民代表大会和地方各级人民政府组织法》、《国务院组织法》、《人民法院组织法》、《人民检察院组织法》、《选举法》、《立法法》、《监督法》、《集会游行示威法》、《民族区域自治法》、《香港特别行政区基本法》、《澳门特别行政区基本法》、《戒严法》、《国家安全法》、《国防法》、《反分裂国家法》等，使我国宪法性法律体系不断协调和完善。

在宪政建设方面，我国高度重视人权立法，制定和完善了一系列保障人权的法律制度，诸如保护人民群众生命权、人格权、政治权利和自由，经济、社会、文化和其他权利的法律。中国还参加了 22 项国际人权公约，其中包括《消除一切形式种族歧视国际公约》、《消除对妇女一切形式歧视公约》、《禁止酷刑和其他残忍、不人道或有辱人格的待遇或处罚公约》、《儿童权利公约》、《经济、社会、文化权利国际公约》等核心国际人权公约。

第三，健全宪法实施的保障机制。在修改《宪法》、制定宪法性法律的基础上，党中央、全国人大非常重视健全《宪法》实施的保障机制，保证《宪法》的贯彻实施。胡锦涛总书记在《在首都各界纪念宪法公布施行二十周年大会上的讲话》中强调指出："全面贯彻实施宪法，必须健全宪法保障制度，确保宪法的实施。""要抓紧研究和健全宪法监督机制，进一步明确宪法监督程序，使一切违反宪法的行为都能及时得到纠正。全国人大及其常委会，要从国家和人民的根本利益出发，在立法过程中充分保障宪法规定的公民的自由和权利；要切实担负起监督宪法实施的职责，坚决纠正违宪行为；要切实履行解释宪法的职能，对宪法实施中的问题作出必要的解释和说明，使宪法的规定更好地得到落实。地方各级人大及其常委会要切实保证宪法在本行政区域内得到遵守和执行。各级国家行政机关、审判机关和检察机关都要坚决贯彻宪法，依法行政，公正司法，不断提高执法人员的素质和执法水平。任何组织或者个人都不得有超越宪法和法律的特权。"① 之后，2002 年 12 月 26日，胡锦涛总书记在新一届中央政治局集体学习《宪法》时，再次强调指出：要在全社会进一步树立宪法意识和宪法权威，切实保证宪法的贯彻实施，要在全社会形成崇尚宪法、遵守宪法、维护宪法的良好氛围。以胡锦涛同志为总书记的党中央带头学习《宪法》、遵守《宪法》、维护《宪法》的权威，为

---

① 胡锦涛：《在首都各界纪念中华人民共和国宪法公布施行二十周年大会上的讲话》，载《人民日报》2002 年 12 月 5 日。

全党和全国人民树立了光辉榜样，推动了社会主义宪政事业的发展。在党中央的领导下，全国人大制定的《立法法》、《监督法》等法律均对《宪法》的实施保障作出了明确规定。

（二）科学立法、民主立法，中国特色社会主义法律体系基本形成

法制完备、有法可依是建设社会主义法治国家的前提，是保障和推进改革开放的制度基础，因此，立法工作具有十分重要的意义。经过30年的不懈努力，我国立法工作取得了令人瞩目的成就。

第一，中国特色社会主义立法体制基本形成。为维护国家法制统一，体现全体人民的共同意志和整体利益，同时又兼顾我国幅员辽阔、各地情况复杂的现实国情，我国确立了统一而又分层次的立法体制。立法体制的统一性表现为，国家立法权由全国人大及其常务委员会行使。根据《立法法》的规定，涉及国家主权的事项、国家机构的产生、组织和职权等十类事项属于全国人大及其常委会的专属立法权。立法体制的层次性体现为，除全国人大及其常委会制定法律外，国务院根据宪法和法律可以制定行政法规，省、自治区、直辖市及较大的市的人大及其常委会在不同宪法和法律、行政法规相抵触的前提下，可以制定地方性法规；民族自治地方的人大有权依照当地民族的政治、经济和文化的特点，制定自治条例和单行条例。此外，国务院各部门和具有行政管理职能的直属机构根据法律和行政法规，可以在其职权范围内制定部门规章；省、自治区、直辖市和较大的市的人民政府，根据法律、行政法规和本省、自治区、直辖市的地方性法规，可以依法制定规章。

第二，中国特色社会主义立法制度基本形成。为保障立法的科学化、民主化、法治化，我国逐步探索和建立起了一系列切实可行的立法制度，包括立法程序制度、立法参与制度、立法裁决制度、备案审查制度等。以立法参与制度为例，为保证立法过程发扬民主，集中民智，反映民意，我国立法不断增加立法的透明度和公众参与度。在提出法律草案和行政法规草案、地方性法规草案时，通过召开座谈会、论证会、听证会等多种形式，广泛听取各方面意见。关系公众切身利益或者涉及需要设立普遍的公民义务的法律、法

规草案，还要在新闻媒体上全文公布，征求全体人民的意见。

第三，中国特色社会主义法律体系基本形成。当代中国的法律体系，主要由七个法律部门和三个不同层级的法律规范构成。七个法律部门是：宪法及宪法相关法，民法商法，行政法，经济法，社会法，刑法，诉讼与非诉讼程序法。三个不同层级的法律规范是：法律，行政法规，地方性法规、自治条例和单行条例。截至 2007 年 12 月，全国人民代表大会及其常务委员会已经制定了 229 件现行有效的法律，涵盖了全部七个法律部门；各法律部门中，对形成中国特色社会主义法律体系起支架作用的基本法律，以及改革、发展、稳定急需的法律，大多已经制定出来。中国人民用 30 年时间走完了西方发达国家几百年时间才走完的路。与法律相配套，国务院制定了近六百件现行有效的行政法规，地方人民代表大会及其常务委员会制定了七千多件现行有效的地方性法规，民族自治地方的人民代表大会制定了六百多件现行有效的自治条例和单行条例。全国人大常委会还通过了 82 件法律解释和有关法律问题的决定。通过这些法律、行政法规、地方性法规、自治条例等规范性法律文件，我国建立起适应市场经济、民主政治、人权保障、社会发展、环境保护要求和需要的法律制度。

（三）依法行政，严格执法，法治政府建设取得显著成效

法治的本真意义主要不是依法治民，而是依法治权。依法治国的"国"首先是国家机器意义上的"国"，其次才是国度意义上的"国"。马克思主义经典作家认为，国家是政治机器，是代表统治阶级管理社会的公共权力。因此，依法治国首先是依法治权、依法治官。在古往今来的一切国家中，对法治的威胁和危害主要不是来自公民个人，而是来自公共权力和官员。有法不依、执法不严、司法不公、枉法裁判、以权压法、以言代法，都是来自官员；至于权钱交易，矛盾的主导方面也是掌握国家权力的官吏，而不是腰缠万贯的老板。在国家权力体系中，政府的行政权力始终处于第一线，并且几乎覆盖社会关系和社会生活的各个领域。依法治权的重点必然是依法规范和制约国家行政权力。所以，依法行政是依法治国的基本要求，建设法治政府

是建设法治国家的核心目标。改革开放以来，尤其是党的十四大确定建立社会主义市场经济和十五大确定依法治国基本方略以来，我国采取一系列措施切实推进依法行政，建设法治政府。1999 年，国务院颁布了《关于全面推进依法行政的决定》，2004 年，又发布了《全面推进依法行政实施纲要》，明确了建设法治政府的目标，提出了此后 10 年全面推进依法行政的指导思想和具体目标、基本原则和要求、主要任务和措施。

依法行政、建设法治政府，最让人们看得见、感受得到的成果有四个方面：①

第一方面，行政行为得到明确规范，行政权力受到法律制约。这具体体现在三方面：一是建立了行政许可制度。《行政许可法》对行政许可设定的事项和程序等作了严格限制和规定：凡是公民、法人或者其他组织能够自主决定的，市场竞争机制能够有效调节的，行业组织或者中介机构能够自律管理的，行政机关采用事后监督等其他行政管理方式能够解决的事项，一般不设定行政许可。《行政许可法》还规定，行政机关实施行政许可必须合法、公开、公正、便民，遵循不得擅自改变已经生效的行政许可的信赖保护原则。《行政许可法》实施以来，政府行政审批项目中央一级共取消和调整了 1806 项，省级政府取消和调整了 2.2 万多项，均超过原项目的一半以上。这表明政府的职能进一步转变，管理方式正在从注重依靠行政手段向注重依靠法律手段转变。二是建立了行政征收、征用制度。按照《宪法》、《物权法》等法律的规定，国家为了公共利益的需要，依照法律规定的权限和程序，可以征收集体所有的土地和单位、个人的房屋及其他不动产。征收集体所有的土地，应当依法足额支付土地补偿费、安置补助费、地上附着物和青苗的补偿费等费用，安排被征地农民的社会保障费用，保障被征地农民的生活，维护被征地农民的合法权益。征收单位、个人的房屋及其他不动产，应当依法给予拆迁补偿，维护被征收人的合法权益；征收个人住宅的，还应当保障被

---

① 参见中华人民共和国国务院新闻办公室：《中国的法治建设》（白皮书），见新华网，2008 年 2 月 28 日。

征收人的居住条件。三是改革了行政处罚制度。《行政处罚法》规定，对违反行政管理秩序的行为，应当给予行政处罚的，只能由法律、法规或者规章设定，并由行政机关依照该法规定的程序实施。没有法定依据或者不遵守法定程序的行政处罚一律无效。行政机关发现公民、法人或者其他组织有依法应当给予行政处罚的行为的，必须全面、客观、公正地调查，收集有关证据。行政处罚决定作出后，当事人有权申请行政复议、提起行政诉讼或者依法提出赔偿要求。

第二方面，推进行政执法体制改革，提高行政执法的效能。据统计，除经国务院批准的 82 个相对集中行政处罚权试点城市外，还有 190 个市级政府和 804 个县级政府开展了相对集中行政处罚权工作。183 个市级政府和 830 个县级政府开展了综合执法试点工作。相对集中行政处罚权和综合执法的领域已从最初的城市管理逐步扩展到文化、旅游、矿山安全、农业、林业、水利、交通等领域，有效整合了分散的执法力量，减少了执法人员，提高了执法效能，较好地解决了多头执法、相互扯皮、执法扰民、执法谋私的问题。

第三方面，推行行政执法责任制，确保法律法规的正确实施。国务院办公厅为此印发的《关于推行行政执法责任制的若干意见》要求，各地区、各部门依法界定执法职责，科学设定执法岗位，规范执法程序，建立健全执法主体资格制度和行政执法案卷评查制度，建立评议考核制和责任追究制。这个意见实施以来，全国共追究违法责任数十万人次，有效遏制了行政执法的不作为和乱作为。

第四方面，建立行政救济法律制度，保障行政相对人的合法权益。以《行政复议法》、《行政诉讼法》、《国家赔偿法》为基础，我国已经建立起了由行政复议、行政诉讼、行政赔偿为核心内容的行政救济法律制度，为行政相对人提供了多种法律救济渠道。自 1999 年《行政复议法》颁布实施至 2006 年底，国务院共收到行政复议申请 2997 件，办结 2950 件；各地方和国务院各有关部门共受理行政复议申请五十一万多件，其中平均维持率为 57%，改变率为 19%，申请撤回率为 18%。全国 80% 的行政复议案件能够做到"案结事了"。

依法行政，建设法治政府，取得了显著成就。正如国务院法制办公室主任曹康泰同志所说："一个日趋公开阳光的政府、一个积极公正解决官民争议的政府、一个权责一致受监督的政府、一个乐于服务社会服务百姓的政府、一个纳入法治轨道的政府，正在加速锤炼之中。"①

（四）公正司法，和谐司法，不断满足人民群众日益增长的司法需求

"文化大革命"中，造反派"踢开党委闹革命"，"砸烂公检法"，司法机关更是重灾户。司法机关被打砸抢，档案被抢走或撕毁，很多司法干警被揪斗，司法队伍被解散，检察机关不复存在，法院成为各地公安机关军管会下属的"审判组"，大批法院干部被下放或调离审判岗位。1975年《宪法》甚至以法律的形式规定由公安机关行使检察机关职权（实际上取消了国家检察机关），取消人民法院独立审判及陪审制度、公开审判和辩护制度。在"群众专政"的名义下，大搞"群众立案"、"群众办案"、"群众审判"，私设公堂，进行非法审判和非法惩办。社会主义司法受到严重破坏，人民的权利和自由受到肆意践踏。1978年《宪法》恢复了人民检察院职权。"文化大革命"结束之后，伴随着1982年新《宪法》颁布实施、三大诉讼法的陆续出台与不断完善、《人民法院组织法》和《人民检察院组织法》的修改完善，我国的社会主义司法制度得以恢复和重建。但是，随着改革的深化、开放的扩大、社会的发展，人民群众越来越习惯于从法律和权利的角度提出利益主张，当事人越来越要求通过法律程序解决矛盾和纠纷，把公平正义的最后诉求寄托在司法机关。面对人民群众日益增长的司法需求与司法机关的司法能力相对不足的矛盾，党中央及时提出进行司法改革，用改革来解决这一矛盾。1997年，党的十五大提出要"推进司法改革，从制度上保证司法机关独立公正地行使审判权和检察权。"根据十五大精神，人民法院和人民检察院，以维护司法公正、提高司法效率为目标，从人民最不满意的突出问题和关键环节入

---

① 李立：《曹康泰：依法治国引领法治政府加速前行》，载《法制日报》2007年9月15日。

手，以加强权力制约和监督为重点，积极稳妥地进行了司法改革。1999年10月，最高人民法院推出了《人民法院五年改革纲要》（1999—2003）；2000年1月，最高人民检察院推出了《检察改革三年实施意见》（2000—2002）；各地方法院、检察院也纷纷进行了改革试验。2002年，党的十六大进一步提出要"加强对执法活动的监督，推进依法行政，维护司法公正，防止和克服地方和部门保护主义。推进司法体制改革，按照公正司法和严格执法的要求，完善司法机关的机构设置、职权划分和管理制度"。与以前的司法改革要求不同，十六大更加注重司法体制改革，而体制问题不是司法机关可以自行解决的，于是成立了中央司法体制改革领导小组。中央司法体制改革领导小组经过广泛调研、论证、试点，全面总结各级法院、检察院改革的经验，于2004年底出台了《中央司法体制改革领导小组关于司法体制和工作机制改革的初步意见》，对司法体制改革作出了全面部署。根据总体部署，最高人民法院、最高人民检察院分别成立了司法改革领导小组，分别推出了《人民法院第二个五年改革纲要》（2004—2008）和《关于进一步深化检察改革的三年实施意见》（2005—2008）。2006年5月，中央作出了《关于进一步加强人民法院、人民检察院工作的决定》，对司法改革、司法建设、司法工作、司法理念所涉及的一系列重大问题和突出问题作出了明确的决定。

过去十年，我国司法改革及其成就主要体现在以下五个方面：[1]

第一，以保证公正司法、实现社会公平正义为终极目标，加强对司法权的监督制约，一些影响司法公正的突出问题得到有效解决。不断完善审判公开、检务公开、警务公开、狱（所）务公开等司法公开制度，公众的参与权、知情权、诉讼权有了更好的保障；对诉讼活动的检察监督机制，特别是对司法工作人员渎职行为的监督机制进一步健全。

第二，完善刑事司法制度，在尊重和保障人权方面取得新进展。死刑案件办理程序进一步完善。未成年人司法制度进一步完善，适合未成年人特点

---

[1] 参见熊秋红：《优化司法职权配置是司法改革的关键》，载《人民法院报》2008年3月20日；中华人民共和国国务院新闻办公室：《中国的法治建设》（白皮书），见新华网，2008年2月28日。

的侦查、批捕、起诉和审判方式逐步建立。超期羁押人数明显下降，刑罚执行的法律监督更加规范。监狱体制改革试点稳步推进，教育改造质量进一步提高，依法维护了在押罪犯的合法权益，罪犯脱逃率和狱内发案率大幅度下降。社区矫正试点和人民监督员制度试点取得良好效果，全国25个省、自治区、直辖市积极推进社区矫正试点工作，社区服刑人员重新犯罪率低于1%。

第三，完善民事诉讼制度，改革和完善民事审判与执行机制，当事人告状难、申诉难、执行难的问题得以缓解，司法效率进一步提高。目前，运用简易程序审理的民商事案件达到案件总数的71.26%。全国绝大多数人民法庭实现了直接立案。多元化矛盾调解机制进一步健全。通过开辟网上立案、远程立案，建设"数字法庭"、"科技法庭"，司法工作效率进一步提高，当事人的"讼累"有所消解。

第四，加大司法救助和法律援助力度，困难群体的诉讼权利得到更好保障。新颁布的《诉讼费用交纳办法》平均降低诉讼费用60%。近年来，国家对法律援助经费的投入逐年加大，中央财政和部分省级财政对贫困地区法律援助的转移支付制度已经建立。2006年，全国各地共办理各类法律援助案件318514件，为3193801人（次）提供了法律咨询服务，同比分别增长25.6%、19.9%，全国设立法律援助机构3171个，参与法律援助人员12155人。

第五，实施《法官法》、《检察官法》，建立统一司法考试制度，改革法官、检察官准入和晋升制度，司法队伍综合素质显著提高。司法行政工作与审判、检察业务相分离的管理制度进一步完善，制定完善了公开招考、竞争上岗、干部交流等制度，法官、检察官职业化建设全面推进。与此同时，司法经费保障机制进一步完善，国家和地方财政对司法的投入有所增加，为司法部门公正、高效、权威地履行职能提供了更多的物质保障。

通过改革，司法机关更加有效地发挥其职能。仅以人民法院为例，党的十六大以来，全国各级人民法院紧紧围绕"公正司法、一心为民"这一指导方针，努力践行"公正与效率"的法院工作主题，共审结各类诉讼案件

4865 万件，执结各类案件 2166 万件，依法惩罚犯罪，化解矛盾纠纷，维护社会稳定，维护人民合法权益，维护社会公平正义，为社会和谐发展创造了良好的司法环境，人民法院的公信力也显著提高。

（五）持续普法，依法治理，学法守法用法的法治社会风尚基本形成

改革开放以来，我国持续开展法制宣传教育活动和社会主义法治理念教育，积极推动在全体公民中树立法治观念，弘扬法治精神，自觉学法守法用法，构建与法治国家融为一体的法治社会。我国的法制宣传教育活动具有以下鲜明特点：

第一，时间的持续性。从 1985 年起，全国人大常委会先后通过了五个在全民中普及法律知识的决定，并已连续实施了四个"五年普法规划"。"一五"（1986—1990）普法期间，全国有七亿多公民学习了相关的初级法律知识；"二五"（1991—1995）普法期间，有 96 个行业制定了普法规划，组织学习专业法律法规 200 多部；"三五"（1996—2000）普法期间，30 个省、自治区、直辖市结合普法活动开展了依法治理工作，95% 的地级市、87% 的县（区、市）、75% 的基层单位开展依法治理工作。"四五"（2001—2005）普法期间，有 8.5 亿公民接受了各种形式的法治教育。目前，"五五"普法正在蓬勃开展。

第二，对象的广泛性。普及法律知识的对象是全体公民，重点是国家公务人员。对普通公民，普及法律知识的目的不仅是要让每个公民知法守法，更重要的是让广大公民学会运用法律的武器维护自己的合法权益；对国家公务人员，则是要求他们牢固树立法治观念，更加自觉地依法办事，依照法定职权和法定程序行使国家权力，并自觉接受党的监督、法律监督、舆论监督和人民群众的直接监督。

第三，形式的多样性。当今中国，普及法律知识已经成为全社会共同参与的形式多样的活动。中国共产党第十四次全国代表大会召开以来，中共中央政治局先后组织了二十多次有关法治的集体学习，对推动全社会特别是各

级领导干部和国家公务员学习法律知识、树立法治观念，起到了良好的示范作用。全国人民代表大会常务委员会、国务院常务会议、全国政协常务委员会组成人员举行了一系列法治学习，各级党组织和国家机关集体学习法律知识已形成制度。国家组织开展各种形式的法治宣传教育活动。每年的 12 月 4 日即现行宪法颁布日被确定为中国的法制宣传日。3 月 15 日国际消费者权益保护日、6 月 5 日世界环境日、6 月 26 日国际禁毒日以及重要法律颁布实施纪念日等，都把法治作为宣传教育的重要内容。各级各类学校把法治教育纳入必修课程，广播、电视、报刊、网络等新闻媒体加强了法治宣传，目前已有三百多家省级、市级电视台开设了法治栏目，一些地方还开办了法治宣传教育网站。

第四，影响的深远性。这场普法运动既是我国历史上也是人类历史上一场规模空前和影响深远的法律启蒙运动。其意义不仅仅是一场法律知识普及和法治观念启蒙的法律教育运动，也是一场先进的思想观念和文明的生活方式的宣传教育运动。在法律的宣传教育过程中，法律所包含的权利义务观念、自由平等观念、民主法治观念、公平正义观念、诚实信用观念等先进的思想观念逐渐深入人心，法律所追求的那种理性地行使权利、履行义务、平等地协商谈判、和平地解决纠纷等文明的生活方式蔚然成风。

四、以十七大精神为指导，全面落实依法治国基本方略，加快建设社会主义法治国家

党的十七大既旗帜鲜明地指出了我国社会主义法治建设的指导思想和政治方向，又全面部署了我国社会主义法治建设的推进思路和工作任务。我们必须以十七大精神为指导，总结改革开放三十年来法治建设的成功经验，全面落实依法治国基本方略，加快建设社会主义法治国家。

全面落实依法治国基本方略，加快建设社会主义法治国家，这是我们党从夺取全面建设小康社会新胜利、开创中国特色社会主义事业新局面的战略高度提出的重大任务，是保证人民当家作主的必然要求，是发展中国特色社

会主义的必然要求，是促进社会和谐稳定、实现党和国家长治久安的必然要求。

对"全面实施"和"加快建设"，应当作出这样的理解：第一，只有"全面实施"和"加快建设"才能使法治适应经济和社会发展需要，使人民的权益得到切实的尊重和保障；第二，我们尚未做到"全面实施"，还存在一些薄弱环节，社会主义法治国家建设步伐要加快、要提速；第三，党的十五大提出依法治国、建设社会主义法治国家以来，特别是党的十六大以来，社会主义民主政治不断发展、依法治国基本方略扎实贯彻，为加快建设社会主义法治国家奠定了坚实的基础，我们现在有条件提出全面实施依法治国基本方略，加快建设社会主义法治国家。从"全面实施"和"加快建设"出发，十七大报告提出了一系列新目标、新任务。

第一，坚持科学立法、民主立法，不断完善中国特色社会主义法律体系，从立法上解决"民主法制建设与扩大人民民主和经济社会发展的要求还不完全适应"的问题。中国社会主义法律体系虽然已经基本形成，但要在2010年建成中国特色社会主义法律体系，任务还非常重，还有一大批法律需要制定。即使到2010年以后，我们的法律体系也只能说是基本完善，仍然要根据经济和社会发展需要进行制定和修改。当前，应启动现行宪法的第五次修改，通过宪法修正案把十七大确定的党的政治主张、执政理念和方针政策写入宪法。十七大报告特别强调科学立法和民主立法，制定与群众利益密切相关的法律法规和公共政策原则上要公开听取意见。要适应社会主义市场经济发展、社会全面进步的需要和中国加入世贸组织后的新形势，大力加强立法工作，提高立法质量，特别是要加速制定发展社会主义民主政治的法律，进一步建立健全关于市场主体和中介组织的法律制度、产权法律制度、市场交易法律制度、信用法律制度，以及有关劳动、就业和社会保障等的法律制度，加快形成中国特色社会主义法律体系。

在立法中要坚持以人为本、全面、协调、可持续的发展观，体现统筹城乡发展、统筹区域发展、统筹经济社会发展、统筹人与自然和谐发展、统筹国内发展和对外开放的要求，努力做到经济立法、社会立法、政治立法、刑事立法、民事立法、涉外立法、程序立法相互衔接；中央立法与地方立法、国内法与国际法的协调一致。要扩大民主立法、公开立法的力度，诸如要尽可能向社会公布立法草案，广泛听取各方面的意见；扩大立法听证会，通过听证会形式让更多的社会成员直接参与立法过程，直接表达意见以维护自身权益。通过民主立法、公开立法，使法律更加科学、更加公正、更加得到社会大众的理解、监督和支持。

第二，高度重视和真正加强宪法和法律实施。当前，我国法律对社会经济、政治、文化等生活的覆盖面已经很大，在社会生活基本方面已经做到有法可依。然而，宪法和法律的实施情况不容乐观。所以，十七大报告特别指出要加强宪法和法律实施，尤其是国家机关要认真执行和适用法律。

第三，深入推进依法行政，加快建设法治政府。虽然我国在推进依法行政、建设法治政府方面取得了明显进展，但是也必须看到，行政垄断、行政越位、行政缺位、行政违法、行政侵权等现象仍然大量存在，与法治政府的目标相距甚远。所以，十七大提出要经过十年左右坚持不懈的努力，基本实现建设法治政府的目标。

建设法治政府，一要进一步加强行政立法，提高行政立法水平；二要改善行政执法，促进严格执法、公正执法和文明执法；三要严格按照法定权限和程序行使职权、履行职责，切实保障人民依法享有各项权利和自由；四要加快行政管理改革，依法行政，推进政企分开、政资分开、政事分开、政府与中介组织分开，进一步规范政府权力，建立服务型政府、节约型政府；五要推进行政执法体制改革，把相对集中行政处罚权和综合执法改革试点的领域从最初的城市管理逐步扩展到其他领域，减少执法人员，提高执法效能，彻底解决多头执法、相互扯皮、执法扰民的问题。

第四，深化司法体制改革，建设公正高效权威的社会主义司法制度。十七大报告提出，要深化司法体制改革，优化司法职权配置，规范司法行为，建设公正高效权威的社会主义司法制度，保证审判机关、检察机关依法独立公正地行使审判权、检察权。人们注意到，十七大报告在十六大确定的公正与效率的基础上增加了"权威"，这是很有针对性和现实性的设计。提高司法权威，一方面要求司法机关切实做到公正司法、高效司法，以此赢得人民群众的信任，树立司法的权威；另一方面，各级党政机关和社会团体要带头依法办事，支持和保障审判机关、检察机关依法独立公正地行使审判权和检察权，支持和帮助司法机关抵御、克服影响公正司法的各种干扰，有效推动执行难、申诉难等问题的解决，为司法机关依法履行维护党的执政地位、维护人民民主的国家政权、维护社会公平正义、维护人民群众利益、维护社会大局稳定的神圣职责创造良好的环境。

第五，大力加强社会主义法治文化建设。当前和今后一个时期，我国法治文化建设包括三个着力点：一是加强公民意识教育。十七大报告在论述社会主义民主政治建设中，提出要"加强公民意识教育，树立社会主义民主法治、自由平等、公平正义理念。"这是我们党首次对公民意识的内涵作出科学概括。这个概括体现了当代中国社会主义核心价值，将对新时期公民教育和法制宣传教育起到正确的指导作用。二是树立社会主义法治理念。"社会主义法治理念"是胡锦涛总书记于2005年11月提出来的一个重要命题。在党的十七大报告中，胡锦涛总书记在论述社会主义民主政治建设的方向时再次强调树立社会主义法治理念。社会主义法治理念有三个针对性：针对封建主义的人治和专制理念；针对党和国家政治生活中要人治不要法治的"左"的政治理念；针对西方资本主义法治理念。只有划清社会主义法治理念与封建主义人治和专制理念的界限、与"左"的政治理念的界限、与资本主义法治理念的界限，才能牢固树立社会主义法治理念，保持社会主义法治理念的先进性，坚持法治建设的社会主义方向，才能做到用正确的法治理念统一立法、执法、司法和普法思想，保证社会主义法治事业沿着正确方向健康发展。三是弘扬法治精神。弘扬法治精神，实质上就是弘扬社会主义法治所内在包容的善治精神、民主精神、人权精神、公正精神、理性精神、和谐精神等。我们要按照十七大的要求，认真研究、传播和普及社会主义法治精神，使之成为全体人民的共同精神和社会理想，转化为亿万人民的自觉行动，并大力促进法治精神从理论和文化形态转化为具体的法律原则、规则、概念和技术，开拓社会主义法律制度建设和法治文化建设的新局面。

  第六，尊重和保障人权，全面推进中国人权事业发展。十七大报告比以往任何时候都更加聚焦民主民生问题，关注民权人权保障。报告坚持以人为本、共建共享、和谐发展的执政理念，从着力解决人民最关心、最直接、最现实的利益问题出发，提出了一系列最贴近人民群众的权利保障和权利发展问题。宣告和优先实现这些权利，对中国人权事业的发展具有重大的进步意义。

法治中国的文化建构*

一、引　言

　　完整意义的法治包括三个方面，即法律制度、法治体制、法治文化。

　　法律制度是法治的前提，由法律规范、法律体系、法制体系构成。法治体制，即法治的物质载体，包括立法机构、执法机构、司法机构、法治职业共同体等。法治文化是指历史进程中积累下来并不断创新的有关法治的群体性认知、评价、心态和行为模式的总汇，① 包括法治概念、法治观念、法治思维、法治价值、法治理论、法治习惯等。全面推进依法治国、加快建设法治中国，要在制度完备、体制创新、文化建构三个方面共同推进、协调发展。

　　在人类历史上，法治有各种不同的文化内涵。

　　中国古代法家最早提出了"以法治国"的理念。自春秋战国时代，一些政治家和思想家就提出了"以法治国"的主张，并将这种政治主张阐述为系统理论，并在一定程度上付诸实践。著名法学家刘海年先生把这一时期的法治主张和理论概括为四个方面的内容：（1）治理国家必须实行法治，反对人

---

　　* 本文发表于《吉林大学社会科学学报》2015 年第 4 期。作者曾于 2015 年 4 月 17 日在浙江大学第十四届法文化月开幕式上以"法治的文化内涵"为题作主题演讲。

　　① 张文显：《法律文化的结构及功能分析》，载《法律科学》1992 年第 5 期，第 3 页。

治，即"威不两错，政不二门，以法治国，则举措而已"（《管子·明法》）。"明王之治天下也，缘法而治"（《商君书·君臣》）。"国无常强，无常弱。奉法者强，则国强；奉法者弱，则国弱"（《韩非子·有度》）。（2）法制要适应历史发展，符合当时实际，反对因循守旧。如商鞅认为："是以圣人苟可以强国，不法其故；苟可以利民，不循其礼。""各当时而立法，因事而制礼。礼法以时而定，制令各顺其宜……治世不一道，便国不必法古"（《商君书·更法》）。韩非更为明确而深刻地指出："治民无常，唯治为法。法与时转则治，法与世宜则有功。……时移而治不易者乱"（《韩非子·心度》）。（3）法令是人们言行的标准，君上臣下均不得曲法任私。为此，法令必须"布之于百姓"（《韩非子·难三》），使"万民皆知所避就"，"吏不敢以非法遇民，民不敢犯法以干法官"（《商君书·定分》）。他们还从历史的经验中得出"法之不行，自上犯之"（《史记·商君列传》）的精辟结论，提出要"壹刑"，而"所谓壹刑者，刑无等级，自卿相将军以至大夫庶人，有不从王令，犯国禁，乱上制者，罪死不赦"（《商君书·赏刑》）。"法不阿贵，绳不挠曲，法之所加，智者弗能辞，勇者弗敢争。刑过不避大臣，赏善不遗匹夫"（《韩非子·有度》）。（4）以法为本，法、势、术结合。管仲最早提出这种主张。韩非继承了这一思想并把它系统化，明确指出：治国要"以法为本"（《韩非了·饰邪》）。在此前提下也要"擅势"和"用术"。"势"即权力或权威，"术"即监督、考核、驾驭群臣的手段。①

与法家同时代的儒家主张法治与德治互补并用。汉代以后，德主刑辅成为封建社会的主流法治文化。其核心是：强调以人为本，以民为本，社会和合；善于通过人文精神对社会成员心理和观念世界的整合与引领，来维系和范导整个社会；注重礼法互补，主张德治与法治并存，强调明德慎刑；注重法律的教育功能，主张以法为教，强调法律的任务不仅是"禁暴惩奸"，而且要"弘风阐化"，仁义礼乐者，皆出于法；注重治国者、执法者的道德品质以及对国家的责任感和使命感，主张为官者、执法者要清正廉洁，光明正

---

① 参见刘海年：《中国古代的法治与社会经济发展》，载《法学研究》1992 年第 1 期。

大，发挥以吏为师的榜样作用；注重法律的综合意义，主张对法律条文和典籍从天理、国法、人情的有机结合上予以解释和注释，法律的实施不能就事论事；注重变法促进，强调通过变法革新来解决社会深层次矛盾，保持社会稳定，推动社会发展。

当然，中国封建社会是诸法合一、以刑为主，故那时的思想家和政治家所说的"法"总体上是刑法，且"有生法，有守法，有法于法。夫生法者君也，守法者臣也，法于法者民也"（《管子·任法》）。皇帝和国家统治者奉行以君权神授、君临天下、专制独裁、权大于法为核心，强调国家至上、君本位、官本位、义务本位，漠视个人权利及其保护；依靠刑讯逼供，屈打成招，甚至迷信神明裁判。这种法治文化决定了中国封建社会的法治本质上属于主权者实施专制独裁的工具。正如邓小平同志所深刻指出的："旧社会留给我们的专制的传统比较多，民主法制的传统比较少。"①

西方社会的法治文化经历了漫长的演进过程。早在古希腊古罗马时期就形成了西方法治文化传统。古希腊思想家亚里士多德提出了著名的法治定理，他说："法治应包含两重意义：已成立的法律获得普遍的服从，而大家所服从的法律又应该本身是制定得良好的法律。"② 其第一重意义是法治的形式方面的规定性，第二重意义是法治的内容方面的规定性，具有实质性。从亚里士多德的法治定理到文艺复兴时期的人权和物权理念，从资产阶级以法治国的启蒙思想到数百年来的治国理政理论，演绎出以自然正义和自然权利原则为核心的法治精神，以自由主义、理性主义、民主主义等为其主要形态的法治理论体系。西方法治精神和法治理论铸就了近代法治文明，具有普遍而深远的意义。

把涵盖于法治观念、法治思维、法治理论、法治价值中的法治的核心概念、核心理念、核心方法、核心价值凝练出来，揭示的就是法治的文化内涵。我以为，当代中国社会主义法治的文化内涵可概括为十个方面（亦即十

---

① 《邓小平文选》第二卷，人民出版社 1994 年版，第 332 页。

② ［古希腊］亚里士多德：《政治学》，吴寿彭译，商务印书馆 1965 年版，第 199 页。

个核心要素），即规则文化、程序文化、民主文化、共和文化、人权文化、自由文化、正义文化、和谐文化、理性文化、普适文化。正是这些文化要素，决定了当代中国法治的现代性及其社会主义性质，决定了中国法治的发展方向。

以下，逐一分析这些要素。

二、规则文化

人们常说"法治就是规则之治"。然而，很多人并不知道规则为何物，且缺乏自觉遵守规则的素养。所以，法治的文化建构要从培育规则文化作为切入点和突破口。

规则文化依次包括四个层次，即规则知识、规则意识、规则需要、规则习惯。

规则知识是关于什么是规则的认知。诸如，规则就是要求人们做什么、禁止人们做什么的规定；规则就是规范人们的行为、调整社会关系、维护社会秩序的准则；规则是关于人们的权利、义务和责任的宣告。法律规则则是由国家制定或认可的、由国家强制力保证实施的规范。我国古代著名思想家和政治活动家管仲说："法律政令者，吏民规矩绳墨也"（《管子·七臣七主》）。清末著名法学家沈家本说："法者，天下之程式，万事之仪表。"① 法律规则是法律体系的核心要素，从内容上法律规则分为义务性规则、授权性规则和权义复合性规则；从形式特征上可分为规范性规则和标准性规则；从功能上可分为调整性规则和构成性规则。作为指导人们行为的规范，规则必须明确、肯定、清晰、适度、公开、非溯及既往、具有可操作性和可预测性，规则之间协调一致，有明确的效力范围和制裁方式，等等。

规则意识，亦可称为规则观念，指的是发自内心的、以规则作为自己行动准绳的意识。如果说规则知识是关于规则存在的客观认知、对规则是什么

---

① 转引自张国华主编：《中国法律思想史》，法律出版社1982年版，第265页。

的"外在陈述",那么,规则意识(规则观念)则是关于规则的主观认可和"内在观念"。对于具有规则意识的公民来说,法律规则不仅规定了以权利义务为主要内容的行为模式,而且提供了依照规则而行为的动机,以及批评违反规则的行为的理由和标准;法律是国家制定的,但其实质是社会共识,是全体公民的公约,违背规则就是对公约的破坏,应当给予惩罚。

规则需要。对于任何一个社会和国家而言,法治的首要任务是构建法律秩序和社会秩序。秩序的存在是人们生存、生活、生产活动的必要前提和基础,是人民安居乐业、国家长治久安最基础最根本的条件。当然,现代法治要建立的秩序是"包容性秩序"。不是任何一种秩序都能够称得上是"包容性秩序"。历史上,封建统治阶级及其代言人把封建等级制看作不可侵犯的秩序。韩非宣称:"臣事君,子事父,妻事夫,三者顺则天下治,三者逆则天下乱,此天下之常道也"(《韩非子·忠孝》)。董仲舒更是把"君为臣纲,父为子纲,夫为妻纲"(《礼纬·含文嘉》)宣布为封建社会秩序的核心内容。这样的秩序是蔑视人性、维护特权、禁止社会流动的秩序,与现代法治所主张的安定有序南辕北辙。社会主义核心价值体系引领下的秩序是百花齐放、百家争鸣、尊重差异、包容多样、和而不同的秩序,是一种使自由而平等的竞争和人道主义的生活成为可能的秩序,是摆脱了单纯偶然性、任意性、不可预测性的秩序,是各种社会分歧、矛盾和冲突能够在道德精神和法律理性的基础上得以和平解决或缓和的秩序,是社会组织健全、社会治理完善、社会安定团结、人民群众安居乐业的秩序,是尊重人权、保障权利的秩序。没有这样的秩序,不仅人们的公共性活动不可能正常进行,连个人的人身权利、财产权利、政治权利、社会权利都得不到保护。秩序的建立和维护离不开法律规则。当人们真正认识到法律规则和法律秩序是自己生存、生活、工作生产的必需,于人于己都有利的时候,尊重法律权威、遵守法律规则,就会成为一种需要。

规则习惯。建立在规则知识、规则意识、规则需要基础上的规则习惯是这样一种状态:人们遵守规则成为一种习惯,习以为常,在一般情况下是无所谓是权利还是义务。在当今世界,德国民众和日本民众是最具规则习惯的民众。在德国，民众非常注重规则，凡是有明文规定的，都会自觉遵守；凡是明确禁止的，绝不碰触。日本民众也是近乎顽固地恪守规则。德国和日本的产品工艺精湛、质量一流，与民众的规则习惯是分不开的。相比之下，我国民众对待规则的态度却令人深感惭愧和羞辱。中国式过马路可以说是规则意识和习惯缺失的典型写照。

培育规则文化是我国法治建设的当务之急。虽然法律体系已经形成，但由于普遍缺乏规则文化，法律规则经常成为摆设，法律实施状况堪忧。无论在直观上，还是参照评估数据，我国法律被遵守的情况都低于世界的平均水平。不把宪法和法律当回事、不给宪法和法律"留面子"的实例比比皆是。党的十八大以来，习近平总书记多次就法律实施作出深刻论述和明确要求，指出："法律的生命力在于实施，法律的权威也在于实施。'天下之事，不难于立法，而难于法之必行。'如果有了法律而不实施、束之高阁，或者实施不力、做表面文章，那制定再多法律也无济于事。全面推进依法治国的重点应该是保证法律严格实施，做到'法立，有犯而必施；令出，唯行而不返'。"[1]"要加强宪法和法律实施，维护社会主义法制的统一、尊严、权威，形成人们不愿违法、不能违法、不敢违法的法治环境，做到有法必依、执法必严、违法必究。"[2]

培育规则文化，要在全体人民之间深入持续地开展学法、懂法、尊法、守法、用法的教育和实践，推动全社会树立法治意识、权利义务观念；要加强社会诚信建设，健全公民和组织守法信用记录，完善守法诚信激励机制和违法失信行为惩戒机制，使尊法守法成为全体人民的共同追求和自觉行动。十八届四中全会通过的《中共中央关于全面推进依法治国若干重大问题的决定》要求："坚持把全民普法和守法作为依法治国的长期基础性工作，深入开展法治宣传教育，引导全民自觉守法、遇事找法、解决问题靠法。""加强

---

① 习近平：《关于〈中共中央关于全面推进依法治国若干重大问题的决定〉的说明》，载《人民日报》2014年10月29日第2版。

② 《依法治国依法执政依法行政共同推进 法治国家法治政府法治社会一体建设》，载《人民日报》2013年2月25日第1版。

公民道德建设，弘扬中华优秀传统文化，增强法治的道德底蕴，强化规则意识，倡导契约精神，弘扬公序良俗。"①

在全体人民中间树立规则文化，领导干部是关键。党的十八届四中全会《法治决定》强调指出："坚持把领导干部带头学法、模范守法作为树立法治意识的关键。"② 在我国一个相当长的时期内，规则虚无主义和规则机会主义盛行，权大于法、以权压法、以权废法，甚至法自言出、以言代法、以言废法习以为常；特权文化、潜规则文化大行其道，统治者和掌权者对规则毫无敬畏之心、毫无恪守之意，习惯了"刑不上大夫"的官僚阶层对制度采取傲慢态度。所以，要求领导干部要率先养成遵守规则、执行规则、维护规则的习惯，是很有针对性的。

规则文化的形成是一件任重道远的事情。制定规则、建构规则体系，并不困难。改革开放以来，我国用三十多年的时间制定了二百四十多部法律、七百多部行政法规、近万件地方性法规，还有数以万计的政府规章。但要让全体人民树立法治观念、养成规则意识、形成遵守规则的习惯，可能需要更长的时间。只有规则文化在全社会形成，法治才会焕发出勃勃生机。

三、程序文化

在某种意义上，法治就是程序之治，依法办事就是依照程序办事。美国著名大法官威廉姆斯·道格拉斯有一句堪称经典的名言："正是程序决定了法治与恣意的人治之间的基本区别。"③ 基于程序之治的观念，奥地利法学家凯尔森试图把一切法律现象都还原为程序法。美国哲学家罗尔斯倾向于把法治归结于程序正义，指出：法治取决于一定形式的正当过程，正当过程又主

---

① 《中共中央关于全面推进依法治国若干重大问题的决定》，载《人民日报》2014年10月29日第1版。
② 同上。
③ Justice Willian O. Douglas.s Comment in Joint Anti-Fascist Refugee Comm. V. Mcgrath, See United States Supreme Court Reports. Vol. 341, 1951, p.179.

要通过程序来体现。美国程序法学派提出"程序法治"概念。在他们看来，法治的精髓在于程序，由于司法是基于自然正义而客观地形成的一套民主、公正、理智的程序，同非理智的、专断的政治和行政决策形成鲜明的对照，是故司法更能代表法治。

程序法治实质上就是正当程序或程序正义。在法治国家，正当程序（程序正义）至关重要。

程序是制约权力、防止权力任性的伟大发明。把权力关进制度的笼子里，首先是把权力关进程序的笼子里，包括决策程序、执行程序、监督程序等，一方面使其具有职能上的法定性、正当性、有效性，避免权力过度膨胀和滥用；另一方面使其按照既定的权限和程序启动和运行，并且以民众看得见的方式行使，提高权力运行的公信力。

程序是人权保障的武器，尤其是刑事诉讼程序的发明，通过规定罪行法定、无罪推定、疑罪从无、罪责均衡、严禁刑讯逼供、排除非法证据、充分辩护、法律援助、司法救助等严格而又公正的程序，建立起了有效保障人权的司法制度。

程序最能确保效率。从理论和实践两个方面看，程序化决策要比人治化决策更富有效率，更能够保证可持续的发展。在人治化的治理中，在重大决策事项上，领导人个人说了算，看起来决策效率很高，但由于个人的见识、智慧和能力毕竟有限，这种决策方式很容易出错，甚至在根本性、全局性问题上出现颠覆性错误，而且往往难以自我纠正。十年"文化大革命"就是沉痛的教训。现在一些地方少数领导人自以为是、独断专行、瞎指挥、瞎折腾，干了很多劳民伤财、得不偿失的蠢事，盲目决策、错误拍板上马的项目、工程，给土壤、水流、大气造成严重污染，并致使社会矛盾激化，群体性事件频发。而在法治化的治理中，决策者依照程序科学决策、民主决策，看起来比较费事费时，但决策失误的可能性大大减少，而决策失误是最严重的负效率。法治思维法治方法的一个重要方面，就是程序思维和程序方法，确立法治思维和方法，就要遵循正当程序。

程序促进公民行为理性化，引导公民有序参与，确保政治参与的民主化、法治化。

鉴于我国传统社会长期缺乏程序观念和正当程序制度，现在尤其要重视程序问题，努力培育程序文化。

程序文化的核心，一是力求程序公正合理，二是遵循正当程序。公正合理的程序包括时间、空间、过程等要素。无论是从时间、空间上看，还是从过程来看，程序的设计都要符合科学、理性、民主、公正的原理和原则。换句话说，就是要设计出科学的程序、理性的程序、民主的程序、公正的程序。尤其是涉及人民群众根本利益的事项、群众意见分歧的事项，涉及当事人利害关系的事务，必须做到程序公正、程序公开、程序合理、程序民主。

有了正当合理的程序，就要严格遵循。这是衡量一个国家法治文明、司法公正、诉讼民主、人权保障程度的重要标志。在程序问题上，必须破除很多思想误区。一是认为程序费事费时，影响效率。其实，正是由于科学决策、民主决策、依法决策的严密程序，才从根本上保证了效率的实现。走程序虽然需要时间，有时候也很麻烦，有时候还会遇到来自上级、社会、舆论的压力，但是严格按照法定程序办案，可以较好地避免发生严重的决策错误，避免乱指挥、瞎折腾，避免发生错案、冤案。二是认为程序仅仅是工具和手段，程序正义附属于实体正义。其实，程序不仅是实现实体公正的手段，程序本身也有其独立价值。正是正当程序的设计和运作，使民众之间的平等对话、意见交流、互相协商、凝聚共识成为可能，确立了民众对政治的信任和依赖。由于我国存在着"重实体、轻程序"的社会惯性以及"程序虚无主义"的历史传统，我们不仅要坚持实体正义与程序正义并重，还有必要强调程序的前提性、优先性和严肃性，加强对违反程序规定的行为的监督、纠正、责任追究力度。

相较于规则文化的缺失，程序文化更加缺失。中国长久以来是一个人治社会，统治者习惯于个人说了算，即习惯于"独裁"。独裁是不需要程序的，更不容忍程序的束缚。独裁传统影响至今。在一些地方和部门，党政"一把手"往往注重"决策结果"、"结果公正"，忽略"决策程序"、"程序公正"；重权力轻程序，视程序为累赘，把程序当摆设；擅长暗箱操作，不愿信息公开。一些群众也缺乏程序意识和程序思维，局限于简单化的对与错、是与非、理与法的两极思维方式，甚至缺乏程序知识。例如，不明白法律为什么要规定时效制度、证据制度，也不知道法律关于时效制度、证据制度的具体规定，当自己的合法权益得不到司法支持时，往往片面指责司法不公，而不能从权利救济超过时效或者无法用确凿证据证明自己主张等角度正确对待诉讼与裁判，而是走上无理上访、缠访、闹访的歧途。

四、民主文化

现代法治与民主存在内在连接，民主是法治的基础，法治是民主的保障，世界上"没有无民主的法治，也没有无法治的民主"，民主法治化和法治民主化属于同一历史进程。党的十八届四中全会《法治决定》精辟地阐述了法治的民主精神，指出："坚持人民主体地位。人民是依法治国的主体和力量源泉，人民代表大会制度是保证人民当家作主的根本政治制度。必须坚持法治建设为了人民、依靠人民、造福人民、保护人民，以保障人民根本权益为出发点和落脚点，保证人民依法享有广泛的权利和自由、承担应尽的义务，维护社会公平正义，促进共同富裕。必须保证人民在党的领导下，依照法律规定，通过各种途径和形式管理国家事务，管理经济文化事业，管理社会事务。必须使人民认识到法律既是保障自身权利的有力武器，也是必须遵守的行为规范，增强全社会学法尊法守法用法意识，使法律为人民所掌握、所遵守、所运用。""人民权益要靠法律保障，法律权威要靠人民维护。"①

中国特色社会主义法治的最鲜明的本质特征，也是最基本的经验和最根本的遵循，是党的领导、人民民主、依法治国的有机统一。依法治国，建设法治国家，坚持党的领导是最根本的保证。只有在党的领导下依法治国、厉行法治，人民当家作主才能充分实现，国家和社会生活法治化才能有序推

---

① 《中共中央关于全面推进依法治国若干重大问题的决定》（2014 年 10 月 23 日中国共产党第十八届中央委员会第四次全体会议通过），载《人民日报》2014 年 10 月 29 日第 1 版。

进。保证人民当家作主，既是法治的本质和动力，也是全面推进依法治国、建设法治中国的根本目标。依法治国是实现党的领导和人民当家作主的基本途径。"三统一"统一于人民代表大会制度，人民代表大会制度是实现党的领导、人民当家作主、依法治国有机统一的根本制度载体。

法治的人民主体性和人民代表大会制度作为"三统一"的根本制度载体，不仅深刻揭示了当代中国法治的民主精神，而且也指出了法治中国的民主文化建设路径。

首先，要强化人民是法治主体的意识，即法治为了人民、依靠人民、造福人民、保护人民。坚决破除那种"法治的主体是国家机关，人民群众是法治的对象，依法治国就是依法治民"的错误观点。与法治的主体是人民相对应，法治的客体是国家机器和国家权力。依法治国的"国"首先是国家机器意义上的"国"，其次才是国度意义上的"国"。根据马克思主义的观点，国家是代表统治阶级管理社会的公共权力。所以，依法治国首先是依法治权、治吏，这是不言而喻的。在古往今来的一切国家中，对法治的威胁和危害主要不是来自公民个人，而是来自公共权力和国家官员。有法不依、执法不严、司法不公、以权压法、以言代法，都是官员所为；至于权钱交易，矛盾的主导方面也是掌握国家权力的官吏，而不是腰缠万贯的老板。依法治权的重点是依法制约和治理国家行政权力，因为行政权力无孔不入。公民从摇篮到坟墓的一生时时处处都有行政权力的存在和影响；行政机构几乎垄断了公共资源，从税收、国库到财政预算、拨款，从城乡规划到项目审批、土地征用、房屋拆迁等；行政权力腐败是最严重的腐败；掌握规划建设、基础设施建设、资源开发、资金管理等行政审批权力的部门属于腐败高发区。

其次，要强化人民代表大会观念，不断完善和创新人民代表制度，深入拓展人民民主的实现途径和形式，实行民主立法、科学立法，在听取民意、汇聚民智、达成共识的基础上，制定出反映人民意志、体现人民利益、维护人民权益的法律，为善治提供良法之前提。

再次，要善于把法治方式与群众路线结合起来，要支持人民群众依法实行自我管理、自我服务、自治自律。要引导人民群众规范、有序地参与国家和社会治理，理性地表达自己的社会主张，恰当地运用法律赋予的民主权利，创造并维护社会主义民主的基本秩序。

最后，要充分尊重和保障人民群众的知情权、参与权和监督权，特别是要推进权力运行公开化，完善党务公开、立法公开、政务公开、司法公开和各领域办事公开制度，增强治国理政活动的透明度。要尊重和保障人民群众对治国理政活动的参与权，凡是涉及人民群众切身利益的决策都要充分听取人民群众意见，拓展人民群众有序参与立法、行政、司法的途径。要尊重和保障人民群众对治国理政活动的监督权，拓宽人民群众对权力运行的监督渠道，推进监督的法制化、规范化、程序化，防止权力失控、决策失误、行为失范。

五、共和文化

法治与共和密切关联。"共和"（republic）有两种含义："共和"一是指政体，即与君主制相对应的政体。凡是政府及其首脑是定期选举产生的、政府职能是法定的、政府权力是有限的政体，就是共和政体。"共和"二是指强调政治平等、民主参与和公共精神的政治模式。这种政治模式的精髓是政治对话与协商，它是保证不同群体、阶层、集团平等表达利益诉求和政策法律主张，并妥善协调各种利益关系的机制。

晚清以来，无数进步思想家和革命志士为了实现共和理想、建设共和体制、反对帝制复辟而抛头颅、洒热血。辛亥革命以后，以中国共产党为主要代表的先进力量，致力于组建由人民当家作主的共和国，并在新民主主义革命取得胜利之时，与其他爱国党派和进步力量进行政治协商，宣布成立"中华人民共和国"。从此，我们的国号就是"中华人民共和国"，人民共和是我们国家的表征，共和精神成为我们的国魂。

新中国成立之初，中国人民政治协商会议比较充分地体现了共和精神。1954年，在全国范围内建立人民代表大会制度之后，共和理念被融入人民代表大会制度之中。但是，人民代表大会制度就其起源和实际运行来看，更多的是体现民主理念，特别是代议民主理念。这种间接的代议民主制度符合中国国情。受地域辽阔、人口众多、利益复杂、国家治理需要专门知识和专门人才等因素所决定，我国 13 亿人民不可能每个人都直接地、日常地行使那些属于自己的权力，直接管理国家和社会公共事务，而只能实行间接代议民主制，即人民代表大会制度。所以，我国《宪法》第 2 条规定："中华人民共和国的一切权力属于人民。人民行使国家权力的机关是全国人民代表大会和地方各级人民代表大会"。但是，如同任何形式的代议民主一样，人民代表大会制度在实际运行中也可能存在机制上的缺陷。例如，将民主政治局限于少数代表的事务，在某些地方，人民代表大会实际上成了"代表"的会议，而不是代表"人民"的会议。时常可以看到，人代会期间，一些代表表达的纯粹是个人意见和偏好，而不是选民的意见和主张，甚至利用人大代表的身份以权谋私、以权压法。再如，当代表们在重大事项的决定上无法取得一致意见时，可能采取简单多数的方式表决，客观上造成多数人无视少数人意见，甚至损害少数人利益的情形。克服间接代议民主局限的方式各种各样，最主要的是弘扬共和精神，发展协商民主，通过协商取得共识、达到和谐。

在一段相当长的时间内我们似乎淡忘了共和，当我们高唱中华人民共和国国歌的时候似乎也没有产生出共和的共鸣。今天，在我们致力于全面建成小康社会、全面深化改革、全面依法治国、全面从严治党，建设富强、民主、文明、和谐的社会主义现代化国家的时候，很自然地意识到共和的回归，因为只有人民共和，才能实现富强、民主、文明、和谐的建国和强国目标，实现中华民族伟大复兴的中国梦。党的十八届三中全会和四中全会两个决定有关推进社会主义协商民主的战略部署充分体现了共和精神的发扬光大。

发扬共和精神，塑造共和文化，对于建设法治国家和法治体系、推进国家治理现代化至关重要。在社会急剧转型的历史时期，在利益结构深刻变动、利益群体分化严重、价值观念和价值标准日渐多元的历史条件下，人们之间出现不同的甚至对立的价值标准、利益诉求、政策主张、立法要求，是正常的，并不可怕，可怕的是由于缺乏共和机制而使人们无法在平等自由地表达诉求和主张的基础上协商对话，达成共识，减少对立。

发扬共和精神，塑造共和文化，要大力推进以共和为公共精神的协商民主。协商民主是当代世界民主发展的主导方向。运用协商机制，建立正确、及时反映各方利益的法律机制，使不同社会利益群体、阶层都能有平等的机会和渠道充分表达自己的利益诉求。在利益表达方面，社会弱势群体的利益表达已经成为一个无法回避的问题。当前，社会弱势群体尽管人数很多，但没有多少发言权，没有固定的代言人，自身利益受到强势阶层侵害时，他们往往束手无策。长此下去，在他们心中就会沉淀"仇富"、"厌世"、"恨世"等消极思想，进而对执政党和政府产生离心倾向，少数激进分子可能会采取极端手段来寻求利益表达，以致形成社会动乱。目前，"三农"、农民工、流动人口、城市拆迁户等社会问题迟迟得不到解决，很大程度上和这些群体没有一个真正能为自己说话、争取自身利益的"代言人"，进而造成在公共政策决策中缺失话语权有关。弱势群体由于资源有限，合法渠道不通，不得不采取施压型群体行动（例如静坐、集体上访、非法集会游行、围堵和冲击党政机关）来宣泄利益诉求。这样的利益诉求方式必然导致社会不稳定、不和谐。所以，党和政府应当以共和精神、共和态度、共和方式为各个利益阶层群体提供以理性、合法的形式表达利益诉求的制度性平台，使多元社会的各种利益诉求能够通过公正、规范、有效的渠道输入公共决策和立法过程。要坚持和完善共产党领导的多党合作和政治协商制度，巩固并扩大最广泛的爱国统一战线，保障并改进人民政协政治协商、民主监督、参政议政的功能，重视和发挥工会、妇联、共青团、科协、法学会、消费者协会等非政府组织的协商作用。

发扬共和精神，塑造共和文化，要使政治和社会对话成为新常态。共和机制的常规形式是对话。"对话"的实质不仅仅是在意义层面上进行交流，而且是对话各方通过互动进行意义的重新建构。在这里，"意义"不是一个存在于单一个体身上的客观实在，而是在人与人之间的互动过程中产生和发展出来的社会性交往产物。一个意识无法自给自足，两个声音才是精神存在的最低条件。意义具有动态的特点，是行动者在互动过程中通过相互协商而达到的共识，具有不断形成的特质。在对话过程中，双方既不是简单地陈述自己的观点，希望对方理解自己；也不是一方试图理解另一方的观点，然后决定接受或者不接受，而是将交往各方个人的知识转换成为主体间性知识。对话还需要理解，没有理解便没有对话，理解是人类交往之主体间性特征的核心要素。根据言语轮换原则，对话不是一方的独白，也不是双方各说各的，而是通过相互之间的交流达到理解。理解的目标是导向知识共享、相互信任、相互依存。① 理解并不等于同意对方、接受对方的观点，而是在于学会容纳对方，与不同意见和平相处。对话的本质就是交往双方可以相互补足，从不同的视角建构意义。对话不仅具有工具性功能，更重要的是具有交往性功能。对话不仅能建构信息，而且能培养情感和态度。这样一些观点深刻地表达了对话、协商、共和的本质和意义，足以构成现代法治的共和文化的要素。

发扬共和精神，塑造共和文化，要大力推进公共治理。公共治理的优势包括：第一，它更加充分地将民主理念和民主机理融入国家治理当中，最大限度地吸收公众参与，扩大公民及其组织的话语权和决策权，体现了人民当家作主。第二，它以对话、沟通、协商等方式，保证不同党派、不同阶层、不同群体、不同利益集团、不同社会界别在中国共产党的领导和支持下，平等自由地表达利益诉求和政策主张，在此基础上最大限度地凝聚共识，消解或缩小分歧，促进各个阶层、各个群体的人们相互之间的政治认同、思想认同、感情认同和彼此尊重；妥善协调利益关系，使不同阶层、不同群体在利益分化的格局中仍能各得其所又和谐相处。第三，它体现多元主体合作共治，公共治理与政府治理相辅相成。在国家治理中，国家权力机关、行政机关、司法机关、军事机关等体现着"政府"治理的职能，人民政协、人民团体、经济社会组织和人民群众发挥着"社会"治理的作用。两类治理在党的

① 参见陈向明：《从范式的角度看社会科学研究的质量评价》，载《中国社会科学季刊》1997 年 11 月总第 21 期。

领导下有效衔接、协同配合，创新了国家治理和社会治理模式，增添了国家治理和社会治理的正能量。第四，它为社会自治开辟了广阔空间，把不应或不宜由执政党和国家机构管理的事务交由社会自我治理。良好的国家治理总是与社会自治紧密结合的，国家治理体系越完善、越文明，社会组织在国家治理中的地位就越受重视，作用就发挥得越好。社会自治的内容十分丰富、形式无限多样。十八届三中全会《决定》和四中全会《决定》都强调要激发社会组织活力，要求正确处理政府和社会关系，加快实施政社分开，推进社会组织明确权责、依法自治、发挥作用；适合由社会组织提供的公共服务和解决的事项，交由社会组织承担；支持和发展志愿服务组织；限期实现行业协会、商会与行政机关真正脱钩。这些改革举措必将为社会自治和公共治理建构更加宽阔的平台。

六、人权文化

尊重和保障人权是法治的精髓与真谛所在，也是法治现代性的根本体现。纵观法治的历史不难发现，近现代法治是适应人权和权利的需要而产生出来的，并随着人权和权利需要的扩展而演进。世界上第一个宪法文本就是法国的《人权与公民权利宣言》。其后，世界各国的宪法文本或独立宣言大多数也是以保护人权和公民权利为基点与核心的。如美国《独立宣言》宣布："人人生而平等，造物者赋予他们若干不可剥夺的权利，其中包括生命权、自由权和追求幸福的权利。为了保障这些权利，人类才在他们之间建立政府，而政府之正当权力，是经被治理者的同意而产生的。当任何形式的政府对这些目标具有破坏作用时，人民便有权力改变或废除它，以建立一个新的政府；其赖以奠基的原则，其组织权力的方式，务使人民认为唯有这样才最可能获得他们的安全和幸福。"其后制定的《美国宪法》及其修正案明确宣告公民的基本人权。1918 年颁布的《俄罗斯苏维埃联邦社会主义共和国宪法（根本法）》把列宁起草的《被剥削劳动人民权利宣言》作为文本的第一篇，宣告宪法就是写着人权和权利的文本。我国新中国成立前夕制定的《中国人民政治协商会议共同纲领》和 1954 年制定的新中国《宪法》，均把公民的基本权利和义务作为重要内容。1982 年《宪法》修改时，进一步把关于公民基本权利和义务的内容提升为第二章，置于关于国家机构的内容之前，突出强调了国家的权力属于人民，权力来源于权利、从属于权利、服务于权利。

马克思主义经典作家深刻地阐述了法治与人权的内在关系。马克思说：人权是权利最一般的表现形式，无产阶级的痛苦"不是特殊的不公正，而是一般的不公正，它不能再求助于历史的权利，而只能求助于人的权利"。① 马克思在他起草的第一国际《协会临时章程》中更明确地指出："一个人有责任不仅为自己本人，而且为每一个履行自己义务的人要求人权和公民权。"② 马克思主义还主张运用法律和其他手段来确认和保障人的权利。马克思在他还是革命民主主义者的时候就强烈主张法典应是"人民自由的圣经"。③ 列宁也主张"宪法就是一张写着人民权利的纸。真正承认这些权利的保证在哪里呢？在于人民中那些意识到并且善于争取这些权利的各阶级的力量"。④ 马克思、列宁的这些人权思想和主张被后来的马克思主义者所继承和发扬，并付诸无产阶级人权斗争的实践。

尊重和保障人权是社会主义法治的根本价值和宗旨。我国宪法明确宣布"国家尊重和保障人权"。尊重和保障人权，最首要、最重要的是切实保障公民的基本权利。我国《宪法》第二章"公民的权利和义务"集成式地规定了我国公民享有的基本权利，如选举权和被选举权，言论、出版、集会、结社、游行、示威的自由，宗教信仰自由，人身自由不受侵犯，人格尊严不受侵犯，住宅不受侵犯，通信自由和通信秘密受法律的保护，公民还有受教育权、劳动权、休息权、获得国家和社会物质帮助的权利、财产权等。我国先后加入了 20 多项国际人权公约，充实了我国公民人权和权利体系。党的

---

① 《马克思恩格斯选集》第 1 卷，人民出版社 1995 年版，第 15 页。
② 《马克思恩格斯全集》第 16 卷，人民出版社 1964 年版，第 16 页。
③ 《马克思恩格斯全集》第 1 卷，人民出版社 1956 年版，第 71 页。
④ 《列宁全集》第 12 卷，人民出版社 1987 年版，第 50 页。

十八届四中全会《法治决定》强调指出："依法保障公民权利，加快完善体现权利公平、机会公平、规则公平的法律制度，保障公民人身权、财产权、基本政治权利等各项权利不受侵犯，保障公民经济、文化、社会等各方面权利得到落实，实现公民权利保障法治化。增强全社会尊重和保障我国人权意识，健全公民权利救济渠道和方式。"①

然而，有关人权和公民权利的宪法宣言、国际公约和法律规定的实现情况尚不够理想，我国各地频频发生侵害公民人身自由、人格尊严、通信秘密、合法财产以至生命、健康等基本人权的事件。尤其是在企业改制、土地征用、房屋拆迁、劳动用工、环境保护、网络信息等领域，侵犯人权的情况更加严重。在行政执法中，滥用公权力、野蛮执法、选择性执法的情况还比较突出。在刑事诉讼中，刑讯逼供、超期羁押、冤假错案时有发生。究其根源，在于在我国仍然缺乏坚实的人权法治文化，人权还不够神圣，有些官员和执法者就是不把人权和公民权利当回事。所以，在全面推进依法治国的历史进程中，要高度重视人权文化的培育，使之根深叶茂。

培育人权文化，首先要树立正确的人权观。人权是指人作为人应当享有的、不可剥夺、不可转让的权利。人权是那些直接关系到个人得以维护生存、从事社会活动所不可缺少的最基本权利，如生命安全、人身自由、人格尊严、基本的社会保障等。人权是权利和义务的统一，表现在：(1) 任何权利都是或应当是与义务相互依存的，而且，权利的实现往往是以义务的履行为条件的。(2) 每个主体的人权都是平等的，每个人在享有权利的时候，都必须尊重和维护别人的权利，而不能亵渎、侵犯或剥夺别人的人权。否则，他自己的人权也会被亵渎、遭到侵犯或剥夺。其结果是谁的人权都无法保障，从而也就没有一般人权可言。(3) 人权同时具有法律性质和道德性质，人权既是法律权利，也是道德权利，因而人权不仅包括法定权利，也包括应有权利。

---

① 《中共中央关于全面推进依法治国若干重大问题的决定》(2014 年 10 月 23 日中国共产党第十八届中央委员会第四次全体会议通过)，载《人民日报》2014 年 10 月 29 日第 1 版。

培育人权文化，要牢固树立在各项考量中人权具有优先性、绝对性、普遍性的观念。以对"社会弱势群体"权利的保护为例。在经济改革和社会转型过程中，不可避免地会出现社会弱势群体。社会弱势群体的利益本质上属于人权范畴。当我们把弱势群体的利益上升到人权的高度，就会倍加关注和重视他们的处境，增强改善他们处境的法律意识和宪法责任。在宪法和法律面前，对弱势群体的人权关注和保护，不仅是应有的道德关怀和福利救济，更是各级党委、政府和社会组织肩负的宪法责任，是每一个党政领导干部应尽的法律责任、政治责任和社会责任。

培育人权文化，一定要确立和强化人格尊严、人权神圣的观念和信念。在任何情况下，都不能拿人权做交易，不能以牺牲人权为代价而换取所谓的"经济增长"、"社会稳定"。政府官员一定要懂得，只有政府认真对待人权和公民权利，人民才会认真对待政府、法律和秩序，良性的官民关系与和谐社会才能够建立起来。

七、自由文化

"自由"，无论是作为哲学概念，还是作为政治（政治学）和法律（法学）概念，都源自西方文化。在古希腊、古罗马，一个男子达到一定年龄，便可从父权的束缚下解放出来，具有独立的人格，享有公民的权利，承担公民的义务，拥有妻室、财产和奴隶，成为自由民。儿子如被父亲出卖三次，亦可成为自由民。少数奴隶一旦从主人的统治下解放出来，也就获得了自由。所以，在拉丁语中，"自由"意味着从束缚中解放出来。"罗马法对自由权下的定义是：'凡得以实现其意志之权力而不为法律所禁止者是为自由。'"① 近代以来，法律时常由自由来界定。罗伯斯庇尔说：法律是什么？"法律是人民意志的自由而庄严的表现。"② 黑格尔也认为："自由就构成法的实体和规定

① 陈云生：《权利相对论：权利和义务价值模式的建构》，人民出版社1994年版，第99页。
② [法]罗伯斯庇尔：《革命法制和审判》，赵涵舆译，商务印书馆1965年版，第138页。

性。至于法的体系则是实现了的自由的王国。""任何定在，只要是自由意志的定在，就叫做法。所以一般说来，法就是作为理念的自由。"① 英国思想家洛克指出："法律按其真正的含义而言，与其说是限制还不如说是指导一个自由而有智慧的人去追求他的正当利益……法律的目的不是废除或限制自由，而是保护和扩大自由。"② 马克思主义经典作家也十分精辟地阐述过法律与自由的关系，认为"文化上的每一个进步，都是迈向自由的一步"。③ 宪法就是自由和人权的"圣经"。人类的历史就是不断呼唤自由和实现自由的过程。

作为法律概念和法治精神的自由，首先意味着意志自由与行动自由的统一。意志自由是自由的内在状态，是借助于对事物的认识来作出决定的那种能力。它主要表现在对规律的认识、偏好、行动目标、路线和方式的选择上。行动自由是自由的外在状态，是根据对客观规律的认识和目标选择而支配自己和外部世界的能力。它主要表现在对规律的控制、驾驭和利用上，表现在不受他人干涉和限制而作为的状态中。意志自由是行动自由的前提，行动自由是意志自由的现实化。因此，真正的自由是不断由意志自由转化为行动自由的一系列过程。

作为法律概念和法治精神的自由，其次意味着个人与社会的对立与统一。自由作为个人与社会的对立与统一，意味着自由的实质是个人利益与社会利益、个人的独立和自决与社会的统一和公决、个人的发展与社会的发展的关系，因而也是个人与社会之间双向的权利义务关系。社会一方面是一个统一的、完整的体系，另一方面是一个特别易变的、活跃的体系。其完整性是由存在于这个体系中的某些普遍的自然规律和生存条件所决定的，这些自然规律和生存条件同时又决定着体现这种普遍性的所有人类个体基本结构上的一致性和相互依赖性。同时社会又是由互不相同的个体所组成的，他们在一致性和相互依赖性以外还具有某种特殊性，而且与整体相对独立，并拥有

---

① [德] 黑格尔：《法哲学原理》，范扬、张企泰译，商务印书馆 1961 年版，第 10、36 页。
② [英] 洛克：《政府论》下篇，叶启芳、瞿菊农译，商务印书馆 1964 年版，第 35—36 页。
③ 《马克思恩格斯选集》第 3 卷，人民出版社 1995 年版，第 456 页。

一定的自由倾向。因此，在最基本的社会生活中，包含着内在矛盾——社会生活的完整性只能通过社会成员的自主和个体的相对独立性才能得到保证。既然如此，那么每个个体就应该享有相对的活动自由，社会就应当也必须为个人提供他所选择的自由。然而，由于个人归根结底只是社会整体的一部分，因此他的自由总是要受到社会规则的制约。不顾社会所固有的规则，个人就不能生活于社会之中，而不能生活于社会之中，也就等于丧失了自由。正如马克思所说："只有在集体中，个人才能获得全面发展其才能的手段，也就是说，只有在集体中才可能有个人自由。"① 于是产生了另一对矛盾——个人自由与社会统制的矛盾，产生了对这一矛盾进行合理调节的必要。法治是公正合理地调节个人自由与社会统制的最佳方式。它以承认和保护个人自由为前提，把自由置于社会的普遍利益之中，使社会成员平等地享有基本自由。英国思想家密尔把自由界定为"社会所能合法施于个人的权利"。我国资产阶级启蒙思想家严复把密尔的名著《自由论》译为《群己权界论》。他们的自由观深刻地揭示了自由的个体性与社会性、个人权利和义务与社会权利和义务的统一。

法治是自由的"保护伞"。实行法治，就是要保证人民享有广泛的自由，从而使社会充满活力。广泛的自由包括：人身自由，不因性别、出身、血缘、籍贯、财产、受教育程度等因素而受到管制和歧视；思想自由，让想象力和兴趣热情奔放，生产出各种各样的精神产品和物质产品；言论自由，每一个人都有权利负责任地以语言、文字、图画、微博、微信、视频及其他方法自由地发表和传播自己的意见，并且拥有听取他人意见的平等权和相对于政府的知情权；创造自由，让聪明才智在理论创新、技术创新、生产创新、文化创新、制度创新等方面"物尽其用"；契约自由，基于血缘、亲情、宗教、伦理、权力等而形成的"人对人的依赖关系"退居到次要地位或者被彻底粉碎，每个人都成为独立的个人和平等的权利主体，每个人都可以依据自己的切身利益和合理预判与他人自由地交往和交易。人民享有广泛的自由，

---

① 《马克思恩格斯全集》第3卷，人民出版社1960年版，第84页。

一切劳动、知识、技术、管理、资本等生产要素的活力才会竞相迸发，社会财富才会泉水般地涌现出来。中共十八届三中全会通过的《中共中央关于全面深化改革若干重大问题的决定》提出设立政府权力清单制度和公民、法人、社会组织、市场主体权利负面清单制度，认定国家机关和公权力部门"法无授权不可为"，公民、法人、社会组织、市场主体"法无禁止则自由"，这是国家治理中对自由的尊重和保障，必将极大地推动法治的自由文化的形成和发展。

培育自由的法治文化，首先要把自由法律化为权利，使之成为主体从事一切对别人没有害处的活动的权利。当主体的自由意志得到国家承认时，它就具有了合法性，从而表现为"普遍的权利"。以自由权利形式表现出来的意志，已经不再仅仅是主体的意志，同时也是国家的意志。因此，任何对它的侵犯，也是对国家利益的侵犯，要受到国家强制力的回击。法律在把自由确认为权利的同时，也就确定了自由权利的范围。如果自由权利意味着为所欲为，那么自由就不复存在了，因为这将是对自由的互相否定，所以，各种自由权利都必须有一个明确的边际。在这个边际所指明的范围之内，权利的主体可以从事他想干的一切事情，别人的干涉是违法的。如果他的行为超出这个范围，他的自由就失去了权利的法定性质，他的行为可能构成违法，因为这时候他可能对其他人的合法利益造成损害。

培育自由的法治文化，其次要使人们自觉地把自由与责任互为联结。社会生活中的自由与责任是对立统一的。一方面，责任是对自由的制约和限定；另一方面，责任又是自由的保护机制。法律责任的设定对于保障每个人的平等自由是绝对必要的，因为"没有责任，自由就会成为无政府状态，而人的权利就会成为无限制的任性"。①

---

① ［苏联］雅维茨：《法的一般理论——哲学与社会问题》，朱景文译，辽宁人民出版社1986年版，第197页。

八、正义文化

公平正义是法治的核心价值追求。无论是在西方还是在东方，从词语上、语境上，法律、法治总是意味着某种公平。西文中的 jus，droit，recht，право 等词语不仅有"法"的语义，而且都兼有权利、公平、正义等内涵。"正义只有通过良好的法律才能实现"，"法是善和正义的艺术"。这些古老的法学格言也表明法和正义是不可分的。我国清末启蒙思想家梁启超说过："法者，天下之公器也。"①

公平正义是法的核心功能与价值，也是中国特色社会主义的内在要求。有鉴于此，中共十八届三中全会《改革决定》把"促进公平正义"、"增进人民福祉"作为全面深化改革的出发点和落脚点，强调"让发展成果更多更公平惠及全体人民"。② 习近平总书记指出："全面深化改革必须着眼创造更加公平正义的社会环境，不断克服各种有违公平正义的现象，使改革发展成果更多更公平惠及全体人民。""不论处在什么发展水平上，制度都是社会公平正义的重要保证。我们要通过创新制度安排，努力克服人为因素造成的有违公平正义的现象，保证人民平等参与、平等发展权利。要把促进社会公平正义、增进人民福祉作为一面镜子，审视我们各方面体制机制和政策规定，哪里有不符合促进社会公平正义的问题，哪里就需要改革；哪个领域哪个环节问题突出，哪个领域哪个环节就是改革的重点。对由于制度安排不健全造成的有违公平正义的问题要抓紧解决，使我们的制度安排更好体现社会主义公平正义原则，更加有利于实现好、维护好、发展好最广大人民根本利益。"③

作为法治的生命线和社会主义的内在要求，公平正义自然构成中国社会主义法治的文化底蕴。公平正义的法治文化内涵主要包括权利公平、机会公

---

① 转引自张国华主编：《中国法律思想史》，法律出版社 1982 年版，第 449 页。

② 《中共中央关于全面深化改革若干重大问题的决定》，人民出版社 2013 年版，第 4 页。

③ 习近平：《切实把思想统一到党的十八届三中全会精神上来》，载《人民日报》2014 年 1 月 1 日第 2 版。

平、规则公平、司法公正等理念。

权利公平。权利公平包括三重意义：一是权利主体平等，排除性别、身份、出身、地位、职业、财产、民族等各种附加条件的限制，公民皆为权利主体，谁都不能被排除在主体之外；国家对每个公民"不偏袒"、"非歧视"。二是享有的权利，特别是基本权利平等。在基本权利方面不允许不平等的存在，更不允许任何组织或者个人有超越宪法和法律的特权。三是权利保护和权利救济平等。"无救济则无权利"。任何人的权利都有可能受到侵害或削弱，当权利受到侵害或者削弱的时候，应当获得平等的法律保护和救济。不能因为当事人保存证据的意识和取证能力不强、交不起诉讼费用、请不起律师等原因而导致打官司难、胜诉难、胜诉之后执行难。

机会公平。机会公平也称作机会平等。机会公平是人类从身份社会进入契约社会的过程中提出来的反对封建等级制度和世袭制度的革命纲领。机会公平纲领要求摒弃先赋性特权、身份等级等不公正因素的影响，保证每个社会成员能够有一个平等竞争的条件，从而拓展个人自由创造的空间，最大限度地发挥每一个人的能力和潜能。在现代社会，机会公平堪称最重要的正义原则，因为机会公平是起点平等，没有起点平等，后续的平等就是画饼充饥。机会公平意味着对发展进步权利的普遍尊重。它要求在公共领域公正地对待和确保每一个人的权利，各种职位对一切符合条件的人开放，允许并鼓励不同阶层、地域互相开放，允许社会成员自由流动。机会公平当中最重要的是教育公平。教育公平就是为人人提供同等的受教育的机会和均等的教育资源，为所有人创造自由而全面发展的均等条件，使人们在公平正义的阳光普照下，从同一起跑线上起跑，向着共同的幸福未来进发。

机会公平还包括代际公平。这不仅要切实保证当代人的机会公平，而且应当关注和保证后代人机会公平。当前，我国有相当多的农民、农民工、普通工人和困难群众子女享受不到公共教育资源，不能接受平等教育，这必将导致他们普遍缺乏在未来社会生存和竞争的能力，形成新的社会不公。习近平总书记高度重视机会公平。他说："生活在我们伟大祖国和伟大时代的中国人民，共同享有人生出彩的机会，共同享有梦想成真的机会，共同享有同祖国和时代一起成长与进步的机会。有梦想，有机会，有奋斗，一切美好的东西都能够创造出来。"①

虽然机会公平并不能确保"结果平等"，但它为每个成员的发展提供了公平参与和实现梦想的可能性。在社会各个领域，人们之间能力有高低，结果会不同，但机会公平了，心态就会平和许多。最近几年频频曝光的"官二代"、"官三代"违规担任公职和领导干部的事件在媒体上被广泛议论，根源就在于它们破坏了机会公平、平等竞争的底线，泯灭了其他竞争者脱颖而出的梦想和预期，触动了广大平民百姓渴望机会公平的神经。

规则公平。规则是一个统合概念，包括了所有的法律规则、政策规则、显规则、潜规则、硬规则、软规则等。这里讲的规则公平主要是指政策和法律规则要公平。规则公平有三重含义：第一，形式上公平，就是人们经常说的法律（政策）面前一律平等，即立法上的平等，全体公民，不分民族、种族、职业、宗教信仰、财产状况、受教育程度、居住年限与社会地位，在法律规则和标准面前人人平等。第二，实体公平，就是权利义务对等，既不允许存在无权利的义务（奴役），也不允许存在无义务的权利（特权），每个人都既享有权利又承担义务，自由地行使权利，忠实地履行义务。第三，在法律实施中"无例外"，对任何公民的合法权益，都应当依法保护；对任何公民的违法犯罪行为，都平等地依法追究。既不容许不受保护的"例外"，也不容许不受处罚的"例外"。总之，任何人，不论职位高低，不论贫富差异，法律上一视同仁。

司法公正。司法是维护社会公平的最后一道防线，司法公正是社会公平的底线。客观地说，我国的司法基本上是公正的，但不公正的案件时有发生，造成了恶劣影响。影响司法公正的首要因素是法官、法庭、法院难以做到依法独立公正办案，遭遇到的干扰和干涉太多。2013 年 2 月 23 日，习近平总书记在中央政治局第四次集体学习会上尖锐地指出："群众反映，现在

_____

① 习近平：《在第十二届全国人民代表大会第一次会议上的讲话》，载《人民日报》2013年 3 月 18 日第 1 版。

一个案件，无论是民事案件还是刑事案件，不托人情、找关系的是少数。尤其是到了法院审判环节，请客送礼、打招呼、批条子的情况很严重"。这说明依法独立公正司法的外部环境很差，司法独立和司法公正受到不应有的干扰。地方保护、部门保护的干扰和干涉，以权压法、权大于法，迫使司法机关滥用职权、违法办案的现象时有发生，导致司法不公、冤假错案，甚至引发大规模群体性事件，特别是在土地征用、房屋拆迁、社会保障、高速公路建设、新农村建设等领域尤为突出。越是往下，司法机关依法独立公正办案的压力越大。

司法公正是司法公信和国家公信的基础，如果这一基础被虚化，人民群众对公平正义的信心、对法律的信任、对法治的期待，就会一落千丈。正如英国哲学家培根所言："一次不公正的司法判决其恶果甚至于十次犯罪，因为犯罪只是弄脏了水流，而不公正的判决却是弄脏了水源。"[①] 所谓"弄脏了水源"，就是破坏了司法和法律的公正，摧毁了司法和法律的公信力。党的十八大之后，习近平总书记多次强调指出：全面推进依法治国，必须坚持公正司法。"要依法公正对待人民群众的诉求，努力让人民群众在每一个司法案件中都能感受到公平正义，决不能让不公正的审判伤害人民群众感情、损害人民群众权益。"[②] 在 2014 年 1 月召开的中央政法工作会议上，习近平总书记明确提出，维护公平正义是司法与法治的核心价值。这表明，党和人民对司法提出了更高的标准和更严格的要求。为了做到司法公正，所有司法机关都要紧紧围绕公正这个主题来改进工作，重点解决影响司法公正和制约司法能力的深层次问题，要优化司法职权配置，规范司法行为。同时，要坚持和改进党对司法的领导，加强和改进人大对司法工作的监督，进一步深化司法改革，确保人民法院、人民检察院依法独立公正地行使审判权和检察权，切实维护司法权威和公正；要大力培养理性的司法文化，尊重司法公正和司法

---

① W. Aldis Wright M.A., *Bacon's Essays and Colours of Good and Evil with Notes and Glossarial Index*, New York：the Macmillan Company，1899, p.222.

② 习近平：《在首都各界纪念现行宪法公布施行 30 周年大会上的讲话》，载《人民日报》2012 年 12 月 5 日第 2 版。

权威，为司法机关创造公正司法的制度环境、文化环境和物质条件。

九、和谐文化

"和谐"是一个非常古老而又经久不衰的概念。人们通常是在美学、哲学和社会科学三个方面理解"和谐"。在美学意义上，东西方思想家早就将和谐视为至美、最美。中国思想家欣赏音乐的和谐之美，把音乐中不同音符之间的合成与流动看作和谐。古希腊思想家认为"美是和谐的比例"，数是比例的表达，事物之间的和谐关系可以表现为某种恰当的数的比例关系。在哲学意义上，古希腊哲学家毕达哥拉斯把"和谐"作为哲学的根本范畴，并且认为和谐是以差别和对立的存在为前提的，是"对立的东西产生和谐，而不是相同的东西产生和谐"。"和谐"（"和"）也是中国哲学的根本范畴。春秋战国时期就有思想家作出了"和实生物，同则不继"（《国语·郑语》）的著名论断。孔子提出"君子和而不同，小人同而不和"（《论语·子路》），并且认为和谐不仅是客观规律，而且是做人、治国的原则，因而把"和"、"同"两个范畴引入社会道德领域和政治领域。在社会科学诸多学科中，和谐也是重要范畴或基本范畴，这一范畴通常与国家理想和国家治理、社会治理相联结。华夏先民主张的"小康社会"，孙中山追求的"天下为公"，柏拉图所设想的"理想国"，空想社会主义者傅立叶、欧文、魏特林等人设想的"乌托邦"，马克思和恩格斯梦想的共产主义社会，毛泽东等新中国缔造者提出建立的"中华人民共和国"，都是以和谐为表征的国家或社会。上述意义是互通的，为我们理解和谐概念和作为国家与社会理念的和谐提供了丰富的思想资源。

党的十六大以来，有关和谐、社会和谐、促进社会和谐、构建社会主义和谐社会等的论述和实践，则为我们深刻把握和谐价值提供了更为直接的思想理论基础。党的十六大报告在阐述全面建设小康社会的宏伟目标时强调，要努力形成全体人民各尽其能、各得其所而又和谐相处的局面，巩固和发展民主团结、生动活泼、安定和谐的政治局面。十六届六中全会通过的《中共

中央关于构建社会主义和谐社会若干重大问题的决定》，进一步明确了构建
社会主义和谐社会的指导思想、目标任务和原则，进一步部署了构建社会主
义和谐社会的工作任务。党的十七大报告十分深刻地作出了"社会和谐是中
国特色社会主义的本质属性"的论断，并指出："构建社会主义和谐社会是
贯穿中国特色社会主义事业全过程的长期历史任务，是在发展的基础上正确
处理各种社会矛盾的历史过程和社会结果"，"要按照民主法治、公平正义、
诚信友爱、充满活力、安定有序、人与自然和谐相处的总要求和共同建设、
共同享有的原则，着力解决人民最关心、最直接、最现实的利益问题，努力
形成全体人民各尽其能、各得其所而又和谐相处的局面，为发展提供良好社
会环境"。[①] 十八大报告也强调："加强社会建设，是社会和谐稳定的重要保
证"，"建设富强、民主、文明、和谐的社会主义现代化国家"。[②] 十八大以
后，党中央进一步将和谐确定为社会主义核心价值要素。

在法治领域，无论是古人所说的"定分止争"，还是今人所说的"良法
善治"，维护和促进社会和谐，实现各主体各尽其能、各得其所又和谐相处，
都是法治的精髓所在。在构建社会主义和谐社会的背景下，和谐文化更是大
放异彩。

树立法治的和谐文化，就是要以和谐作为法治的核心价值，并把和谐价
值融入法律规范体系和国家治理制度体系之中，推进和谐法治，实现和谐治
理，构建社会主义和谐社会。为此，第一，要致力于引导和维护作为社会细
胞的个体与个体的和谐，在诚信友善的基础上，促进人与人之间真诚相待、
坦然相处、友爱互助，建立起良好和谐的人际关系，夯实和谐社会、和谐中
国的根基。第二，要致力于引导和维护人与社会和谐，包括公民与国家的和

---

① 胡锦涛：《高举中国特色社会主义伟大旗帜 为夺取全面建设小康社会新胜利而奋
斗——在中国共产党第十七次全国代表大会上的报告》，载《人民日报》2007 年 10 月 25 日第
1 版。

② 胡锦涛：《坚定不移沿着中国特色社会主义道路前进 为全面建成小康社会而奋
斗——在中国共产党第十八次全国代表大会上的报告》，载《人民日报》2012 年 11 月 18 日第
1 版。

谐，个体与集体的和谐，居民与社区的和谐，群体（阶层）与群体（阶层）的和谐等。第三，要引导和维护人与自然的和谐，人与自然的和谐与人与人、人与社会的和谐是相得益彰的。第四，要致力于引导和维护中国与世界的和谐，推进国际关系民主化、全球治理法治化，尊重文化多样性和发展模式多样化，尊重各国独立自主选择发展道路的权利，尊重各国平等参与国际事务的权利；坚持国与国之间和平、民主、平等的原则，强调以合作共赢为目标，以合作谋和平，以合作促发展。

和谐不仅是法治的基本价值，在某种意义上也是法治的终极价值、元价值。相对于其他价值，其"终极性"、"元地位"表现在：第一，和谐凝练法治的价值，即从社会生活、历史传统、社会未来发展、哲学和法理中凝练出现代法治的价值。第二，和谐规范法治的价值，即从根本上决定着其他价值的本质属性，例如，秩序应当是和谐的秩序，自由应当是和谐的自由，正义应当是和谐的正义，人权应当是和谐的人权，效率应当是和谐的效率，等等。第三，和谐引领和协调国家法治的价值，使它们成为内在统一、互为补充、互相支撑的价值体系。第四，和谐反思和追问法治的价值，推动法治和国家治理的制度创新。进入21世纪以来，和谐越来越成为中国社会普遍关注的价值理念和标准，成为统摄一切价值的元价值。导入和谐精神，建设和谐法治，必将使中国社会主义法治体系和国家治理体系超越中国传统"统治"和西方传统"治理"而走向善治。

培育法治的和谐文化，当以和谐作为当代中国法治的灵魂与核心理念，并根据构建社会主义和谐社会的要求进行法律的制定、修改或清理。应当树立以人为本和尊重人权的立法理念，克服以物为本、权力本位、忽视人权的立法弊端；对立法重点和利益协调方式进行相应的调整，实现立法与社会发展的和谐统一；应高度重视推进社会事业、健全社会保障、规范社会组织、加强社会管理、增强公共服务等方面的法律法规，以及环境保护、资源利用和生态维护方面的立法；高度重视关于人民群众关注的热点、难点问题的立法，特别应加强有关民生问题的立法，诸如保障公民受教育权、农民利益和农民工权利、促进就业、建立和谐稳定劳动关系的立法，规范动迁拆迁、土地征用、商品房建设和买卖的立法，约束权力运行、惩治腐败行为的立法，等等。要在法律规范体系和法律运行过程中实现权利与义务的和谐，权利与权力的和谐，实体法与程序法的和谐，不同法律部门之间、法律规范之间、法律机制之间的协调。

除了立法和谐，执法和司法也要充分体现和谐精神，实现和谐执法、和谐司法。要从有利于社会和谐出发，采取有利于社会和谐的方式进行执法活动，既要严格执法，又要文明执法，促进全社会和谐局面的形成、巩固和发展。要建立民主、科学、公正、高效的执法程序，保证行政机关依照法定程序行使执法权力；要健全行政执法责任追究制度，完善行政复议、行政申诉、行政赔偿制度，使行政机关切实做到有权必有责、用权受监督、违法要追究、侵权要赔偿。司法是化解社会矛盾和纠纷的国家法律活动，更应当把和谐的理念、进而把善治的理念融入到社会主义司法体制和司法活动之中，并使之统领公正和效率，在和谐司法中促进社会和谐。

十、理性文化

理性是法治精神的核心要素，法律就是定分止争的实践理性。诚如我国宋代思想家朱熹所言："法者，天下之理。"[1] 西方法学家，从古代到当代，几乎都把理性作为法律精神，马克斯·韦伯甚至马克思都把理性作为解释法律概念和法律观的关键词。古罗马思想家西塞罗说："运用于指令和禁令的真正且首要的法律就是至高无上的朱庇特的正确理性。"[2] 胡锦涛同志曾指出："法治是以和平理性的方式解决社会矛盾的最佳途径。"[3] 这些都说明了法、法治与理性的内在关联，也充分说明法治文化必然是一种理性文化、理性精神。

---

① （宋）朱熹：《朱子大全·学校贡举私议》，载《朱子大全》（卷69），四部备要本。
② ［古罗马］西塞罗：《国家篇法律篇》，沈叔平、苏力译，商务印书馆1999年版，第180页。
③ 《胡锦涛会见出席第22届世界法律大会代表》，载《光明日报》2005年9月6日第1版。

当然，在现代法哲学的理论体系之中，"理性"并不仅仅意味着法治要合乎认知理性，更重要的是合乎道德理性、价值理性；法治不仅要合乎真理，还要合乎情理；不仅要合乎私理、私人理性，更要合乎公理、公共理性（法律中的正义、平等、自由、人权、道德价值等）。

理性作为人类构建世界的主体认知方式，是人类社会进步的动力和源泉，也是现代法治形成与发展的基础和先导。自古以来，人治依赖愚昧、愚忠、无知、迷信等非理性因素的支持，法治则是由理性精神支撑的。以理性精神审视人性，必然提醒我们正视这样一些基本的事实：人性是脆弱的、有缺陷的，即使伟大的人物，因为他不是"神"，其性格结构也可能是双重的。他的情绪、他的注意力，以致他的好恶都可能不规则地改变或转移，他的认识和理解会出现偏差以致陷于成见，他的行为可能失却理智而被情绪所左右。特别是在领袖职位终身制的体制下，更容易出现各种负面的情况。20世纪六七十年代的中国之所以出现民主全面崩溃、法制荡然无存的局面，是与极少数不怀好意的人发动"造神运动"、鼓动对领袖人物的迷信、盲从和愚忠密不可分的。一旦我们以理性精神审视人性，就会否定至善无瑕的"先知"、"超人"、"圣杰"的存在，人治或贤人政治的主张就没有任何理论根据。邓小平同志以理性精神和科学态度深刻地分析了斯大林、毛泽东晚年破坏社会主义民主和法制的失误和错误，揭示了对个人迷信导致人亡政息、难以为继的规律，深刻指出，如果一个党、一个国家把希望寄托在一两个人的威望上，是很危险的，不出事没问题，一出事就不可收拾。邓小平同志树立了以理性精神支撑法治的范例。以理性精神做指导，必然要选择法治、摒弃人治。

今天，在全面推进依法治国、建设社会主义法治体系和法治国家的历史进程中，必须在全民族培育法治的理性文化，使全体人民牢固树立"法律是定分止争的实践理性"、"法治是以和平理性的方式解决社会矛盾的最佳途径"、"法治是治国理政的基本方式"等先进理念。

各级领导干部尤其要树立理性的法治观，强化法律在维护群众权益、化解社会矛盾中的权威地位，引导和支持人们理性表达诉求、依法维护权益。

要善于与人民群众理性对话，善于与不同意见的当事者协商，做到合法合理，合真理、合情理。只要党政工作人员理性平和、真诚对话、协商执法，人民群众也会理性、合法地维护自己的权利，而不至于采取极端的行为。官民都理性平和，很多矛盾就不会升级，不会激化为恶性事件，不会爆发成大规模群体性事件。

各类执法和司法人员要学会理性平和地运用法律机制处理各种问题和矛盾。理性平和就是要求以平等谦和而不是居高临下的态度对待人民群众，要以公心、诚心和耐心解决人民群众的诉求，疏导和化解社会矛盾，最大限度地增加和谐因素，减少对抗因素；要改进执法方式方法，不要动不动就对群众使用暴力、警力、国家强制力，即使在土地征用、房屋拆迁、重大工程建设等容易出现暴力抗法的场合，也要禁止滥用暴力强迫民众就范，避免"以暴制暴"而引发恶性事件和群体性事件。在当前各类社会矛盾较为突出，同时人民群众对法律的了解和认知尚不充分的背景与条件下，理性地处理涉法问题，不仅关系到执法的实际效果，也关系到法治的权威。法律本身是理性平和的，如果在执法和司法过程中能够进一步做到理性平和，那就更好。

培育理性的法治文化，还要求正确处理好法律与道德、感情、舆论的关系，不能用伦理代替法理、混淆法律与道德的界限；不能以情感对待法治，感情用事，办关系案、人情案；不能实行"舆论审判"，用舆论干预和干扰法律的执行和适用。

十一、普适文化

普适文化，也可以说是共识文化、价值共识。法治的普适文化是指全球范围内在法治领域相对普遍认同的观念、规律和价值，诸如自由、平等、公正、人权、民主、文明、科学、和平、安全、包容、环保、信用等。在这些观念、规律和价值基础上形成了依法而治（法治国）、权力制约、人权至上、财产神圣、法律面前人人平等、契约自由、罪刑法定、正当程序、权利推定等法治原则，以及司法（职权）独立、法官中立、律师自由执业、疑罪从无、非法证据排除等司法原则。它们是现代法治的普遍标准，是超越不同国家、不同地区、不同社会之个别性差异的一般规律和共同价值，尽管人们对这些观念、规律、价值的具体解读存在差异，尽管这些观念、规律、价值在不同社会制度和文化传统的国家具体实现的形式、途径和程度有差异。例如，对权力的监督制约这一法治的普遍规律，美国有美国的具体体制和做法，法国有法国的具体体制和做法，中国有中国的具体体制和做法。

解读与实践的差异并不妨碍法治领域的价值共识。价值共识是各种价值观和价值标准的最大公约数，是不同价值观冲突中趋同的部分。《联合国宪章》、《世界人权宣言》、一系列国际人权公约、环境公约、发展宣言就是价值共识的标志。例如，《世界人权宣言》宣称："人人生而自由，在尊严和权利上一律平等。他们赋有理性和良心，并应以兄弟关系的精神相对待"。主张"人人有权享有生命、自由和人身安全。""不分种族、肤色、性别、语言、宗教、政治或其他见解、国籍或社会出身、财产、出生或其他身份等任何区别。并且不得因一人所属的国家或领土的政治的、行政的或者国际的地位之不同而有所区别。""在法律面前人人平等，并有权享受法律的平等保护，不受任何歧视。""每个人，作为社会的一员，有权享受社会保障，并有权享受他的个人尊严和人格的自由发展所必需的经济、社会和文化方面各种权利的实现。"这些恐怕是任何国家的政府、任何一派学者都不可能公然否定的价值共识。

培育法治的普适文化，增进法治价值共识，首先要消除在普适文化问题上的模糊认识和错误观念。有一种观点认为，普适文化就是西方文化。其实，普适文化是人类在交往中逐渐形成的共同价值取向，各国人民的价值观之间并不存在一条天然的鸿沟。无论如何，不能把普适文化等同于或归结于西方文化、西方价值，要知道东方文化（如儒家文化）对普适文化的形成有着深刻影响和积极贡献。《联合国宪章》、《世界人权宣言》等诸多宣示和规定都凝聚着我们中国人的智慧和价值观。即使是西方的文化和价值也不全是糟粕，马克思主义就是源于西方、在世界范围内发展的价值体系。价值可以普适，作为价值载体的政治制度是不可能普适的。

培育法治的普适文化，增进法治价值共识，必须深刻认识法治的普适意义。2014 年 12 月 23 日，习近平总书记在党的十八届四中全会第二次全体会议上指出："坚持从我国实际出发，不等于关起门来搞法治。法治是人类文明的重要成果之一，法治的精髓和要旨对于各国国家治理和社会治理具有普遍意义，我们要学习借鉴世界上优秀的法治文明成果。但是，学习借鉴不等于是简单的拿来主义，必须坚持以我为主、为我所用，认真鉴别、合理吸收，不能搞'全盘西化'，不能搞'全面移植'，不能照抄照搬。"① 国务院原总理温家宝在回答中外记者提问时指出："科学、民主、法制、自由、人权，并非资本主义所独有，而是人类在漫长的历史进程中共同追求的价值观和共同创造的文明成果。"②

培育法治的普适文化，增进法治价值共识，还要深刻把握时代潮流。人类已经进入全球化时代。包括经济全球化、公共事务全球化、人权全球化、环境全球化、法律全球化等在内的全球化正在有力地改变着人类的生产方式、生活样式、文化形态，影响着人类社会的经济制度、政治制度、法律制度，深刻地影响着国际关系及其处理方式。全球化推动法治普适文化的传播。法治已经成为当今世界人类社会的基本共识和普遍价值，我国确立的社会主义核心价值观也包括法治的要素。与法治成为普适文化相适应，国际社会呈现出法治化的大趋势，人类正在进入法治时代，国家之间、区域之间乃至世界范围内的很多问题越来越多地纳入法治轨道。这些年，联合国积极推动国际法治建设，取得了不少成绩。2005 年《世界首脑会议成果文件》将法治作为一项价值观和基本原则，呼吁在国家和国际两级全面实行法治。联合国大会及其第六委员会和国际法委员会，致力于国际条约的制定和国际法的编纂，为"国际立法"作出了积极贡献。安全理事会积极预防和解决地区冲突，设立特设刑事法庭，把违反国际人道法和人权法的个人绳之以法，通过法治手段，维护国际和平与安全。国际法院通过司法手段解决国际争端，

① 习近平：《加快建设社会主义法治国家》，载《求是》2015 年第 1 期。
② 《胡锦涛会见出席第 22 届世界法律大会代表》，载《光明日报》2005 年 9 月 6 日第 1 版。

其判决和咨询意见阐明了国际法的有关原则和规则，丰富和发展了国际法。从 2006 年开始，联合国大会第六委员会开始讨论国家和国际两级法治的问题，肯定了我国政府代表提出的"法治是人类文明和进步的重要标志"的观点。党的十八大以来，中国国家元首和政府首脑奋力推进国际关系法治化和法治价值普遍化、普及化。在和平共处五项原则发表 60 周年纪念大会上，习近平主席指出："我们应该共同推动国际关系法治化。推动各方在国际关系中遵守国际法和公认的国际关系基本原则，用统一适用的规则来明是非、促和平、谋发展。"① 在亚非法协第五十四届年会开幕式上，李克强总理指出："和平与发展仍然是时代主题，合作共赢更是大势所趋，推进国际法治是人心所向。……新形势下，亚非各国应继续发扬万隆精神，共同促进世界和平发展与公平正义。"② 为此，他提出：一是推动国际政治秩序更加公正合理，二是促进世界经济更加开放有序，三是维护国际和地区和平稳定，四是共同应对全球非传统安全挑战，五是深化国际法治交流合作。中国和亚非国家要积极参与国际立法，切实维护国际法的权威性和有效性。中国坚定奉行和平共处五项原则，坚持依法办事。我们将在加快国内法治建设的同时，为推进国际法治进程作出更大贡献。

---

① 习近平：《弘扬和平共处五项原则　建设合作共赢美好世界——在和平共处五项原则发表 60 周年纪念大会上的讲话》，载《人民日报》2014 年 6 月 29 日第 2 版。

② 李克强：《加强亚非团结合作　促进世界和平公正——在亚非法协第五十四届年会开幕式上的主旨讲话》，载《人民日报》2015 年 4 月 14 日第 2 版。

运用法治思维和法治方式治国理政*

中国共产党第十八次全国代表大会报告对法治问题进行了浓墨重彩的论述，阐述了一系列新思想、新论断、新理念，作出了全面推进依法治国的战略部署，把中国共产党的法治理论和法治纲领提升到了新的高度。中国共产党第十八次全国代表大会以来，中共中央总书记、国家主席、中央军委主席习近平就法治建设发表了一系列重要讲话，更加明确地提出了"法治中国"的科学命题和建设法治中国的重大任务。可以说，这是以习近平为核心的新一届中央领导集体对新形势下中国法治建设指导思想和行动纲领的集中表达，正在成为全体中国人民的高度共识和行动宣言。法治中国与富强中国、民主中国、文明中国、和谐中国、美丽中国、平安中国相辅相成，共同编织出"中国梦"。中国梦是一幅壮丽的画卷，在中国梦中加入法治中国篇章，具有极为重要的现实意义和深远的历史意义。建设法治中国，就是要在依法执政的总纲领和总布局中，全面推进科学立法、严格执法、公正司法、全民守法，坚持依法治国、依法执政、依法行政共同推进，坚持法治国家、法治政府、法治社会一体建设。

---

　　* 本文发表于《社会科学家》2014 年第 1 期，并被《高等学校文科学术文摘》2014 年第 3 期全文转载。作者曾于 2013 年 6 月 29 日在无锡法治论坛上以"如何认识和运用法治思维和法治方式"为题作专题讲座，于 2013 年 10 月 23 日在河南省委党校以"运用法治思维和法治方式治国理政"为题作学术报告，于 2013 年 11 月 6 日在第三届"京津沪渝法治论坛"作题为"运用法治思维与法治方式治国理政"的主题报告，最终形成本文。

在全面推进法治中国建设的同时，党的十八大和习近平同志提出了"法治是治国理政的基本方式"的科学论断，为中国法治理念注入了新的要素。"法治是治国理政的基本方式"是一个崭新的科学判断，这一科学判断在人类法治文明和政治文明史上是首次提出的、具有原创性的理论。

把法治上升到治国理政基本方式的高度，与十年前中央提出依法执政是马克思主义政党执政的基本方式的理念互相契合。法治是党执政的基本方式，也必然是党和政府治国理政的基本方式。两个基本方式的提出和实践，反映出我们党对现代政党制度、政党政治和执政党执政规律的深刻认识，对自己从领导人民为夺取国家政权而奋斗的革命党到成为领导人民掌握全国政权并长期执政的执政党这一历史地位的根本性转变的深刻认识，对自己半个多世纪执政经验和教训的深刻反思和科学总结，对自己如何担当起执政党的使命、如何巩固执政地位、如何提高执政能力、如何执政兴国等根本性问题的深刻认识和理性自觉，反映出我们党对国家与政权建设基本规律和治国理政基本规律的深刻认识，是党执政和治国理政基本方式的根本转变。两个基本方式的确立是中央领导集体和全党政治智慧的结晶，标志着中国政治文明的又一巨大进步。

一、运用法治思维和法治方式治国理政是法治作为治国理政基本方式的内在的、必然的要求

"法治是治国理政的基本方式"这一科学论断是中国共产党在经历了较长时期曲折探索之后形成的。中华人民共和国成立以后相当长一段时间，中国共产党和中国政府治国理政的基本方式是依靠人治、依靠政策、依靠道德、依靠群众运动。在当时的历史条件下，这些基本方式有其合理性，并且发挥了一定的积极作用，但是，实践证明，抛开法治，实行人治、德治、策治、群治，负面影响很大，甚至对党、国家和人民造成极大的危害。"文化大革命"的发生及其对中华民族造成的浩劫，就是人治和群众运动极大危害的典型例证。经过改革开放新时期三十年的曲折探索，中国共产党人深刻地

认识到，只有法治才"靠得住"，并最终把法治确定为党和政府治国理政的基本方式。就治国理政而言，法治的最大优越性在于，它能够保持党的执政理念、执政路线、执政方针的连续性、稳定性、权威性，不因领导人的改变而改变，不因领导人看法和注意力的改变而改变，真正做到"不折腾"，不出现颠覆性错误。法治的第二个优越性在于，随着革命时代的过去，权威主义时代也一同过去，主要依靠革命家的个人权威和魅力治理中国这样一个大国和管理中国社会这么复杂社会的可能性已经不复存在，唯有依靠法治，依靠宪法和法律体系才能凝聚共识和力量，保证中国社会可持续的发展与稳定。法治的第三个优越性在于，宪法和法律是由国家制定的，并依靠国家强制力作为终极力量保证实施的，它能够克服政策、道德等社会规范体系的局限性。

这里，我们通过法治与人治、群治的比较以及法律与道德和政策的比较，来揭示法治作为治国理政基本方式的内在依据和客观必然性。

就人治而言，邓小平同志总结了新中国成立以后特别是"文化大革命"的沉痛教训，总结其他社会主义国家破坏法治、侵犯人权的深刻教训，十分明确地指出人治危险得很，只有搞法治才靠得住。从20世纪80年代到90年代初，一直到退休之前，他多次语重心长地提醒中国共产党中央领导集体和全党同志：一个国家的命运建立在一两个人的声望上面，是很不健康的，是很危险的，不出事没问题，一出事就不可收拾。国家和社会长治久安，只有靠法治。当年，毛泽东逝世的时候，中国人的普遍感受是天要塌下来了，对中国未来的前途命运充满忧虑。邓小平逝世的时候，也曾经出现片片乌云，人们担心"后邓小平时代"能否坚持"一个中心，两个基本点"的基本路线一百年不动摇。江泽民、胡锦涛先后退出党和国家领导岗位的时候，这样的忧虑和担心已不存在，不是说江泽民同志、胡锦涛同志没有毛泽东、邓小平那样重要，而是因为中国已经走上法治的道路，我们不仅有一部充分体现党的领导、人民民主和依法治国有机统一的伟大宪法，而且中国特色社会主义法律体系已经形成，中国的根本政治制度和基本政治制度、经济制度、社会文化制度在宪法和整个法律体系当中得以确认和巩固，中国的发展方向和目标已经成为宪法的根本原则并且成为全民共识，中国社会已经不大可能因为领导人的更替或领导人注意力的改变而发生大政方针的改变，中国也不可能重演"文化大革命"的闹剧和悲剧。这是法治给中国社会带来的伟大变革，是法治给中国人民造就的福祉。

就群众运动（群治）而言，在特定的历史时期和历史条件下，群众运动具有天然合理性。在中国新民主主义革命时期，中国共产党依靠工人罢工、农民起义等群众运动和人民战争，推翻了国民党反动政权；新中国成立以后依靠群众运动进行土地革命、镇压反革命、"三反"、"五反"，也解决了一些社会问题。但是，在中国共产党由革命党成为执政党并长期执政的历史条件下，依然沿用依靠大规模群众运动的方式来治国理政，必然导致社会矛盾越来越大、社会问题越来越严重。群众运动最大的危害就是不讲程序，发动起来难以控制。"文化大革命"是新中国成立以来最大规模的群众运动，毛泽东发动起来以后自己也控制不住，最后导致国家政治分裂、未遂政变、经济萧条、文化衰败、民不聊生，造成了对中华民族的浩劫。如果我们今天仍寄希望于依靠群众运动，特别是大规模群众运动来解决社会矛盾，煽动群众"造反"，那将必然导致江山自毁。当然，不能依靠群众运动治国理政，并不是说不要群众路线。群众路线与群众运动是两个不同的概念。群众路线是历史唯物主义根本原理在党的工作中的体现，强调人民群众是历史的创造者，要坚持以人为本，尊重人民主体地位，充分发挥人民群众的积极性、主动性、创造性。

就道德而言，道德，特别是社会公德，对于弘扬社会风气、保证政治清明，促进社会和谐非常重要。在中国，无论是古代社会，还是现代社会，主政者历来重视道德建设，重视发挥道德的积极作用。但是，就当下中国治国理政而言，道德的作用是有局限的。其次，改革开放以后，中国社会的利益格局发生深刻变动，形成了不同的利益群体和利益集团，与此相应，以利益为实体的道德观念和道德标准急剧分化，各个阶层、各个利益群体、利益集团普遍认同和接受的道德观念、道德标准、道德规范已经缺乏坚实的社会基础，所以，仍然寄希望道德、主要依靠道德来治国理政是行不通了，如果仍有这样的想法那就是把科学社会主义倒退到空想社会主义。而法律则是由国家制定，具有明确性、肯定性、普遍性、国家强制性等特点，是每个公民、法人、社团、政党都必须遵守而不得违反的行为规范，所以，法律不仅能够调整公民个人行为，把公民的个人行为纳入法律秩序范围，而且首先具有调整重大社会关系、组织与协调经济、政治、文化事务的功能，国家体制的建构，国家机构的组成，国家公共权力的运行，政治制度、经济制度、文化制度等的确立和完善，政治秩序、经济秩序、意识形态秩序的巩固与发展，国家主权的宣示与国家安全，公民基本权利的保障和基本义务的强制实现，对国家权力的制约与监督，等等，哪一方面、哪一时段，都离不开宪法和法律。因此，较之道德，法律必然起着主导作用，必然是治国理政的第一选择，必然是治国理政的基本方式。

就政策而言，在中国，共产党的政策和国家的法律是两种最重要的社会调整机制。政策和法律各有自己的优势，各有自己的调整方式和范围。一种社会关系，究竟是由政策来调整，还是由法律来调整，要以其性质和特点来决定。国家主要是以政策来治理，还是由法律来治理，要看国家所处的发展阶段和面临的历史任务。新中国成立之初，中国主要依靠党的政策来治理国家。那时，中国面临着医治战争创伤，巩固新生的人民民主专政国家政权的紧迫任务，当时的形势不可能也不允许通过制定详尽而完备的法律体系来指导社会主义革命和建设。所以，新中国成立之初，中国社会的治理主要依靠党的政策，党的政策实际发挥着法律的作用，并往往具有高于法律的地位。法律的数量不多，已经制定的法律也非常简略，法律在社会生活中的作用远远不能与政策相比。但是，随着人民民主专政国家政权的巩固，随着社会主要矛盾的改变，主要依靠政策治国就不再可取，而应当逐步加强立法，健全法制。1956 年，中国共产党第八次全国代表大会政治报告和关于政治报告的决议均阐述了这种观点。然而，此后不久，人治思想抬头，法制建设中断。20 世纪 50 年代后期到 70 年代末期，中国社会的治理不仅一直主要依靠政策，而且政策经常代替法律，甚至改变和废止法律，致使法律没有任何权威可言，以致宪法被任意弃之不用，造成了难以换回的影响和损失。党的十一届三中全会以后，中国的经济体制逐步从计划经济转向社会主义市场经济，政治体制朝着社会主义民主政治方向改革。由于客观规律和现实需要决定市场经济必然是法治经济，民主政治必然是法治政治，法律在经济关系和政治关系中的调整作用越来越大，相应地，中国社会的治理也从主要依靠政策过渡到了既依靠政策又依靠法律，并进一步过渡到主要依靠法律。1997年，党的第十五大提出依法治国的基本方略和建设社会主义法治国家的战略部署，党的十六大提出依法执政，党的十七大作出全面落实依法治国基本方略、加快建设法治国家的决定，这些标志着中国已经实现了从主要依靠政策治国理政到主要依靠法律治国理政的根本转变。

在当代中国，不能主要依靠政策治国理政的客观原因和内在理由在于政策的局限性。第一，政策，特别是具有规范作用的具体政策，往往因时制宜，根据一时的形势和需要而制定，缺乏连续性、稳定性。第二，政策往往因地制宜，一个地方一个样，缺乏普遍性、统一性。第三，政策的规定往往过于原则和笼统，缺乏确定性和可操作性。第四，政策缺乏国家强制力，政策也是不可诉的。违反政策没有合法的依据去制裁，政策侵权也没有规范的救济程序，由此造成很多社会矛盾纠纷难以及时有效地加以解决。现在引起规模性上访的各种类型的历史遗留问题，大部分是由于政策、土政策或者错误执行政策造成的。在当代中国，尽管已经过渡到依法治国，但是，由于历史的和现实的多种原因，无论在观念上，还是在实践中，混淆政策与法律的界限，重政策轻法律，甚至用"土政策"取代法律、冲击法律等现象依然存在，构成了实行依法执政、依法治国、依法行政、依法管理社会的障碍。因此，必须强调正确认识和处理政策与法律的关系，一方面，要注重用党的政策指引法律的制定和实施，必要时，及时通过法定程序将政策上升为法律；另一方面，党的政策不能违反宪法和法律，更不能冲击宪法和法律秩序，要切实维护宪法和法律的尊严和权威。

中国将法治作为治国理政的基本方式，并不排除政策、道德以及领导人智慧的作用。法律不是万能的，法律只是许多社会调整方法的一种，法律的作用范围不是无限的，也并非在任何问题上都是适当的。法对千姿百态、不断变化的社会关系和社会生活的涵概性和适应性不可避免地存在一定的限度。法律实施需要人财物等支撑条件，有些法律的实施成本很高。法律的这些局限性需要由道德、政策、乡规民约及其他社会调整机制给予辅助和补充。

二、法治思维和法治方式的基本要求

"法治是治国理政的基本方式"必然要求各级领导干部树立法治思维，掌握法治方法，形成办事依法、遇事找法、解决问题用法、化解矛盾靠法的良好法治习惯。现阶段尤其强调提高运用法治思维和方式去深化改革、推动发展、化解矛盾、维护稳定的能力。领导干部运用法治思维和法治方式的能力，直接决定着依法治国的进程，法治国家的建立，决定着我们党能否依法执政、政府能否依法行政、司法机关能否依法独立公正地行使职权。

我认为，法治思维和法治方式的基本要求有六项。

（一）坚持人民主权，科学民主决策

世界上没有无民主的法治，也没有无法治的民主。民主是法治的基础，法治是民主的保障。树立法治思维，首先要树立民主思维，确保人民当家作主；其次要发扬人民民主，科学民主决策；最后要尊重和保障人民的参与权。

我国是人民民主、人民主权的国家，所以，法治的主体是人民，法治的力量在民主。坚持法治的民主思维，首先是要坚定不移地坚持和完善人民代表大会制度，为广大人民参与治国理政提供稳定而可靠的途径，并通过推动人民代表大会制度和机制的不断完善与创新，使广大人民的意志在国家大政方针的制定中得到更充分的体现，在国家的政治生活中产生更大的影响；根据中国社会发展的实际情况，不断拓展人民群众依法参与国家事务、社会事务和经济、文化等各项事业管理的渠道，不断丰富民主选举、民主决策、民主管理以及民主监督的内容，不断提升人民群众民主权利的质量，不断改进人民群众行使民主权利的方式，为人民群众充分享受和行使民主权利提供尽可能的便利；坚决制裁和打击各种危害民主权利、妨碍人民群众行使民主权利的行为与活动，切实保障人民群众的民主权利不受侵害。

坚持法治的民主思维，其次要重建和发展协商民主。协商民主，体现了共和精神。我们的国号是"中华人民共和国"。人民共和是我们国家的表征，共和精神是我们的国魂。今天，在我们致力于发展社会主义政治文明、构建社会主义和谐社会的时候，很自然地期待共和精神的回归。"共和"（republic）有两种意义，一是指政体，即与君主制相对应的政体。凡是政府及其首脑是定期选举产生的、政府职能是法定的、政府权力是有限的，这种政体就是共和政体。二是指强调政治平等、民主参与和公共精神的治理模式，这种治理模式的精髓是民主协商，它是保证不同阶层、不同群体、不同利益集团平等表达利益诉求和政策主张，并妥善协调各种利益关系的机制。在利益多元化的条件下，人们之间出现不同的甚至对立的利益诉求、价值标准、政策主张，这是正常的，并不可怕，可怕的是没有共和机制，即协商民主机制在保证人们平等自由地表达诉求和主张的基础上协商对话，达成共识。

以共和为价值理念的协商民主是当代世界民主发展的潮流，也是我国社会主义民主发展的主导方向。充分发挥代议民主和协商民主两种机制，是运用法治思维和法治方式治国理政的基本途径和模式。坚持和完善共产党领导的多党合作和政治协商，最广泛的爱国统一战线，人民政协的政治协商、民主监督、参政议政，重视和发挥工会、妇联、共青团、法学会、消费者协会等非政府组织的协商作用，等等。这些制度和机制对于公正合理地调整利益，纠正和防止利益格局失衡，是必不可少的。运用协商机制，建立正确、及时反映各方利益的法律机制，让不同社会利益、阶层、群体、利益集团都能有平等的机会和渠道充分表达自己的利益诉求。

坚持法治的民主思维，要善于把法治方式与群众路线结合起来，要支持人民群众依法实行自我管理、自我服务、自治自律。要引导人民群众规范、有序地参与国家和社会的治理，理性地表达自己的社会主张，恰当地运用法律赋予的民主权利，创造并维护社会主义民主的基本秩序。

坚持法治的民主思维，还要求党和政府切实尊重和保障人民群众对治国理政活动的知情权、参与权和监督权。要尊重和保障人民群众的知情权，推进权力运行公开化，完善党务公开、立法公开、政务公开、司法公开和各领域办事公开制度，增强治国理政活动的透明度。要尊重和保障人民群众对治国理政活动的参与权，凡是涉及人民群众切身利益的决策都要充分听取人民群众意见，拓展人民群众有序参与立法、行政、司法的途径。要尊重和保障人民群众治国理政活动的监督权，拓宽人民群众对权力运行的监督渠道，推进监督的法制化、规范化、程序化，防止权力失控、决策失误、行为失范。

（二）认真对待权利，切实保障人权

法律的真谛在于对人权和公民权利的确认和保障，法治的根本宗旨在于尊重和保障人权和公民权利。尊重和保障人权和公民权利是法治的精髓。纵观法治的历史，我们发现法治是为适应人权和权利的需要而产生出来的，并随着人权和权利需要的扩展而演进。世界上第一个成文宪法文本就是法国的《人权与公民权利宣言》，其后各国的宪法文本大多数也是以人权和公民权利为核心的。尊重和保障人权和公民权利是法治国家和法治社会的基本特征，也是建设法治中国的强大动力。2004 年我国现行宪法第四次修改时将尊重和保障人权写进宪法。除了这一宣告，《宪法》第二章"公民的权利和义务"集成式地规定了我国公民享有的基本权利，如选举权和被选举权，言论、出版、集会、结社、游行、示威的自由，宗教信仰自由，人身自由不受侵犯，人格尊严不受侵犯，住宅不受侵犯，通信自由和通信秘密受法律的保护，公民还有受教育权、劳动权、休息权、获得国家和社会物质帮助的权利等。这些权利得到宪法法律的确认，而且我国还加入了二十多项国际人权公约，为权利实现提供了有力保障。

各级领导干部的法治思维首先应体现为人权和权利思维。要深刻认识到人权是指人作为人应当享有的、不可剥夺、不可转让的权利，不仅包括法定的权利，也包括应有的权利；认识到公民权利在各项考量当中，具有优先性。以对"社会弱势群体"权利保护为例。在经济改革和社会转型过程中不可避免地出现社会弱势群体。社会弱势群体的利益本质上属于权利与人权范

畴。当我们把弱势群体的利益上升到权利和人权的高度，就会倍加关注和重视他们的处境，增强改善他们处境的法律意识和宪法责任。在宪法面前，对弱势群体的人权关注和保护，不仅是我们应有的道德关怀和福利救济，更是我们各级党委、政府和社会组织肩负的宪法责任，是每一个领导干部应尽的法律责任、政治责任和社会责任。

确立人权和权利思维，一定要确立和强化人权和权利神圣的观念和信念，任何情况下，人权和权利具有优先性。在我国为什么频频发生公民的人身自由、人格尊严、通信秘密、生命、财产等人权和权利受到侵害的事件，究其原因就是人权和权利不够神圣，有些领导干部就是不把人权和公民权利当回事，这是很危险的。要懂得只有政府认真对待人权和公民权利，人民才会认真对待政府、法律和秩序，良性的官民关系与和谐社会才能够建立起来，建设法治中国的梦想才能实现。

（三）强化公正观念，保障社会公平

公平正义是法律的核心意蕴，无论是在西方还是在东方，从词语上、语境上，法律总是意味着某种公平。公平正义是法的内在要求，反映、保障和维护公平正义是法的核心功能，是法治的价值追求，有的法学家甚至认为法律是公平正义的艺术，法律家是公平正义的艺术家。因而，公平正义是法治思维和法治方法的轴心。讲法治，就要讲公平正义。

公平正义，是我们这个社会的全民诉求和党与国家的关怀。"公平中国"是习近平总书记编织的中国梦的核心要素。党的十八大以解决人民最关心最直接最现实的利益问题为着力点，提出逐步建立以权利公平、机会公平、规则公平为主要内容的社会公平保障体系。通过构建以权利公平、机会公平、规则公平为主要内容的社会公平保障体系，切实保障人民在经济、政治、文化、社会等方面的权益。既提出了社会公平的基本问题，也提出了解决这一问题的方向和思路。构建以权利公平、机会公平、规则公平为主要内容的社会公平保障体系，是法治建设的当务之急。作为领导干部，学会运用法治思维和法治方式处理改革、发展、稳定问题，非常关键的一条就是牢固树立公

平正义的法治理念，始终把公平正义作为协调各方面利益关系、处理各种矛盾和问题的根本尺度，就是在处理各种社会矛盾、利益关系、调整利益格局的时候，必须出于公心、坚守社会公平，有利于利益各方各得其所、利益均衡又能和谐相处。

这里，重点围绕党的十八大提出的权利公平、机会公平、规则公平以及司法公正，略作阐述。

1. **权利平等**。包括三个基本方面：一是权利主体平等，不分性别、身份、出身、地位、职业、财产、民族等各种附加条件的限制，公民皆为权利主体，而不能被排除在主体之外；对每个公民"不偏袒"、"非歧视"。在一个相当长的时间内，我国公民的权利主体地位是很不平等的，例如虽说都是国家主人，都有当家作主的权利，可是在 2011 年修改选举法之前，城乡按不同的人口比例分配人大代表名额，农民的权利主体地位受到限制。2011年之后，城乡按相同人口比例选举人大代表，在法律上宣告了农民与市民主体公平。再如，户籍制度加剧了城市与农村的二元化结构，农民得不到与市民一样的教育和就业机会以及均等的公共服务，农民事实上仍然是不充分的权利主体；换言之，在很多权利面前，农民还不算是真正的或充分的主体。因此，在权利问题上，占全国人口二分之一以上的农民的权利问题仍然是中国社会的根本问题和突出问题，需要在推进工业化、城镇化、农业现代化的过程中切实加以解决的社会公平问题。

二是享有的权利，特别是基本权利平等。在基本权利方面不允许不平等的存在，更不能允许任何组织或者个人有超越宪法和法律的特权。基本权利主要是指人权和公民基本权利。通常划分为三类，第一类是公民政治权利和自由，诸如知情权、参与权、选举权与被选举权、监督权，以及言论、出版、集会、结社、游行、示威自由、宗教信仰自由，人身自由，人格尊严，通信自由，住宅不受侵犯，秘密通信受法律保护，等等。第二类是经济、社会、文化权利，主要包括受教育权、劳动权、休息权、在年老、疾病或者丧失劳动能力的情况下有从国家和社会获得物质帮助的权利，退休养老的权利，医疗服务和保障的权利以及环境权等等。第三类是特殊人群、社会相对弱势群体的权利,主要是少数民族、妇女、儿童、老年人、残疾人等的权利。在这些权利当中,生存权是首要人权,发展权是根本权利。随着经济社会的发展,人们对"权利"的认知与诉求将从生存层面上升到发展层面,从直接的经济层面上升到政治、文化层面,权利关注将升温,新型权利将不断涌现。我国现行宪法详细规定了公民的基本权利,2004 年更是将国家尊重和保障人权写进宪法,加上其他法律的权利规定,基本上确立了符合中国国情和人民意愿的人权和公民权利体系。目前的问题是如何使全体人民共享这些权利。

三是权利保护和权利救济平等。无救济则无权利。任何人的权利都有可能受到侵害或削弱,当权利受到侵害或者削弱的时候,应当获得平等的法律保护和救济。不能因为保存证据的意识和取证能力不强、交不起诉讼费用、请不起律师等原因而导致打官司难、胜诉难、胜诉之后执行难。这些年尽管各级司法机关做了大量努力,但要实现权利救济公平特别是受到政府侵害的权利的救济公平,还是很艰难的。

2. 机会公平,也称作机会平等。机会公平是人类从身份社会进入契约社会的过程中提出来的反对封建等级制度和世袭制度的革命纲领。机会公平纲领要求摒弃先赋性特权、身份等级等不公正因素的影响,保证每个社会成员能够有一个平等竞争的条件,从而拓展个人自由创造的空间,最大限度地发挥每一个人的能力和潜能。在现代社会,机会公平堪称是最重要的正义原则,因为机会公平是起点平等,如果没有起点平等,后续的平等就是画饼充饥。机会公平意味着对发展进步权利的普遍尊重。它要求在公共领域公正地对待和确保每一个人的权利,各种职位对一切符合条件的人开放,允许并鼓励不同阶层、地域互相开放,允许社会成员互相流动。

机会公平不仅要求在进入上平等,也要求在退出上平等。如果没有退出机制和流动机制,在职位有限的情况下优秀人才便无法脱颖而出,那也是一种机会不公平。所以,要坚决废除国家领导职务的终身制,反对领导职务的世袭制、接班制,实行领导职务任期制、退休制,为优秀人才施展才华创造良好的制度环境,让每个人都有出彩的机会,都有一个"升官发财富学"的梦，都有梦想成真的合理预期。

机会公平当中最重要的是教育公平，教育公平是最大的公平，教育公平就是为人人提供同等的受教育的机会和均等的教育资源，为所有人创造自由而全面发展的均等条件，使人们在公平正义的阳光普照下，从同一起跑线上起跑，向着共同的幸福未来进发。

机会平等还应当包括代际平等，不仅要切实保证当代人平等机会，而且应当关注和保证后代人机会平等。当前，我国有相当多的农民、农民工、普通工人和困难群众子女享受不到社会公认的公共教育资源，不能接受平等教育，这必将导致他们普遍缺乏在未来社会的生存能力和竞争能力，形成新的代际不公。

机会公平是近年来的社会热点话题。无论是原国家主席胡锦涛，还是原国务院总理温家宝都反复强调社会公平。在他们的话语当中，在党和国家的诸多文献中，机会公平往往和以下表述相关联：促进人人平等获得发展机会，推动包容性增长；营造平等竞争、共谋发展的法治环境、政策环境和市场环境，营造公平的社会环境，保证人民平等参与、平等发展权利；优先开发人力资源，加快完善社会保障体系，推进基本公共服务均等化，保证社会成员都能够接受教育，都能够进行劳动创造，都能够平等地参与市场竞争，参与社会生活，都能够依靠法律和制度来维护自己的正当权益；要使所有的人都能通过自己的努力获得应有的利益……说的都是机会公平。

习近平主席在十二届全国人大第一次会议闭幕式上的讲话，也可以说是他的就职演说，多次讲到机会公平。他说：生活在我们伟大祖国和伟大时代的中国人民，共同享有人生出彩的机会，共同享有梦想成真的机会，共同享有同祖国和时代一起成长与进步的机会。有梦想，有机会，有奋斗，一切美好的东西都能够创造出来。

机会公平也是国际性、世界性话语。联合国大会的《发展权利宣言》也申明：各国应采取一切必要措施确保"所有人在获得基本资源、教育、保健服务、粮食、住房、就业、收入公平分配等方面机会均等"。

机会公平并不保证"结果平等"，但它为每个成员的发展提供了公平参与和实现梦想的可能性。在社会各个领域，人们之间能力有高低，结果会不同，但机会公平了，心态也就平和许多。近期频频曝光的"官二代"、"官三代"违规担任公职和领导干部的事件在媒体上广泛议论，根源就在于它们破坏了机会公平、平等竞争的基本原则，泯灭了其他竞争者脱颖而出的梦想和预期，触动了广大平民百姓渴望机会公平的神经。

一百年前，恩格斯在谈到建立社会主义制度时说过："这种制度将给所有的人提供健康而有益的工作，给所有的人提供充裕的物质生活和闲暇时间，给所有的人提供真正的充分的自由。"恩格斯设想的机会公平的未来远景，成为全世界工人阶级领导的人民大众为之奋斗的强大动力，如今我们已经获得一定程度的机会公平，但是距离真正的充分的机会公平，仍然有很长的路。实事求是地说，在我国现阶段，机会不公平主要是制度性、体制性的不公，是由各种落后的政治法律制度造成的，要有效地推进和实现机会公平，必须深化制度创新和体制改革。各级领导干部都要懂得，没有机会公平，就不会有公平竞争，就不可能有效地实现与时俱进和持续创新，因而必将导致社会缺乏活力、停滞不前，必将导致社会分化和分裂，甚至导致亡党亡国。

3. 规则公平。规则是一个统合概念，包括了所有的法律规则、政策规则，显规则、潜规则，硬规则、软规则等。这里讲的规则公平主要是政策和法律规则要公平，因为它们是当今中国最普遍的规则、最影响人的思想和行为、最具有权威性质的规则。

规则公平有三重含义：第一，形式上公平，就是人们经常说的法律（政策）面前一律平等，即立法上的平等，全体公民，不分民族、种族、职业、宗教信仰、财产状况、受教育程度、居住年限与社会地位，在法律规则和标准面前人人平等。第二，实体公平，就是权利义务对等，既不允许存在无权利的义务（奴役），也不允许存在无义务的权利（特权），每个人都既享有权利又承担义务，自由地行使权利，忠实地履行义务。第三，在法律（政策）实施中"无例外"，对任何公民的合法权益，都应当依法保护；对任何公民的违法犯罪行为，都平等地依法追究。既不容许不受保护的"例外"，也不容许不受处罚的"例外"。总之，不论职位高低，不论贫富差异，法律上一视同仁。

"规则公平"是"权利公平"和"机会公平"的制度设置和保障，也是实现权利平等和机会平等的有效途径，所以带有根本性和前提性。在我国社会发展的现阶段，法律和政策规则总体上是公平的。但是，不公平的规则仍然大量存在，且由于利益集团的牵制和其他社会原因而难以修改或废止。例如，同样是社会主义市场经济体系的组成部分，但由于行业垄断规则的存在，民营企业在行业准入、金融贷款、产品销售等方面却受到重重限制和阻碍，致使我国经济缺乏活力；由于数十年不变的户籍制度把公民人为地分成市民和农民，分成三六九等，致使城乡征地价格存在"剪刀差"，城乡居民"同命不同价"、"同命不同判"；因为身份的"双轨制"，有的是临时工，有的是正式工，结果是同一个单位、干同样的活，工资收入却相差好几倍，福利待遇更是悬殊。我们可以把这些规则叫作"坏法"、"恶法"。

要做到规则公平，最主要的是扩大民主，让人民群众平等地参与民主对话、民主协商、民主立法。让各个阶层、各个群体，特别是社会弱势群体在制定规则方面有发言权，有话语权。当前，面对利益格局深刻变动和利益主体多元分化，面对人民群众对规则平等的强烈要求，必须加快建立正确、及时反映各方利益的法律机制，让不同社会利益群体和社会阶层都能有平等的机会和渠道充分表达自己的利益诉求。就规则公平而言，弱势群体的利益表达已经成为一个无法回避的问题。现在弱势群体尽管人数很多，但没有发言权，没有属于自己的代言人，其自身利益受到强势阶层侵害时，往往束手无策。长此下去，在他们心中就会积淀"仇富"、"厌世"、"恨世"等消极思想，进而对执政党和政府产生离心倾向，少数激进分子可能会采取极端手段来寻求利益表达，形成社会动乱源。目前，"三农"、农民工、流动人口、城市拆迁户、大学生就业等社会问题之所以迟迟得不到有效解决，很大程度上与这些群体没有一个真正能为自己说话、争取自身利益的"代言人"，进而造成他们在公共政策和法律制定中缺失话语权有关。由于弱势群体的资源有限，合法渠道不通，不得不采取施压型群体行动（例如静坐、集体上访、非法举行集会游行、围堵和冲击党政机关）来宣泄利益诉求。这样的利益诉求方式必然导致社会的不稳定、不和谐。为此，我们主张以共产党领导的多党合作与政治协商制度为基本制度，建立健全各利益群体和社会阶层的利益表达和协商机制，诸如民意调查制度、信息公开制度、听证会制度、对话协商谈判制度、公民投票表决制度、工青妇、法学会、律师协会、消费者协会等非政府组织参与机制等，为所有人提供以理性、合法的形式表达利益诉求和政策博弈的制度性平台，使各种利益诉求能够通过公正、规范、有效的渠道输入公共决策过程中，供决策机关和立法机关整合和选择，从而制定出得到社会普遍认可的公共政策和法律。在利益表达和民主协商过程中，决策和立法机关要尽可能保持"程序中立"。

4. **司法公正**。司法公正问题成为全社会关注的热点和焦点。这是因为：中国特色社会主义法律体系形成之后，我国法治建设的重心从立法转向了司法；随着我国依法治国进程加速，人民群众的维权意识和诉讼观念显著提升，越来越寄希望于通过司法程序解决矛盾纠纷，致使社会矛盾纠纷以司法案件的形式大量地涌入法院，持续呈现诉讼"井喷"、诉讼"爆炸"的态势，我国超乎预料地提前进入"诉讼社会"。司法公正问题成为中国全社会关注的热点和焦点。

公正是司法的本质，司法公正是社会公平的底线。客观公正地说，我国的司法基本上是公正的，但不公正的案件时有发生，造成了恶劣影响。影响司法公正的首要因素是法官、法庭、法院难以做到依法独立公正办案，遭遇的干扰和干涉太多。习近平总书记今年2月23日在中央政治局第四次集体学习尖锐地指出：群众反映，现在一个案件，无论是民事案件还是刑事案件，不托人情、找关系的是少数。尤其到了法院审判环节，请客送礼、打招呼、批条子的情况很严重。这说明依法独立公正司法的外部环境很差，司法独立和司法公正时常受到不应有的干扰。地方保护、部门保护的干扰和干涉，以权压法、权大于法、迫使司法机关滥用职权、违法办案的现象时有发生，导致司法不公、冤假错案，甚至引发大规模群体性事件，特别是在土地征用、房屋拆迁、社会保障、高速公路建设、新农村建设等领域尤为突出。

越是往下，司法机关依法独立公正办案的压力越大。影响司法公正的另一个重要因素是法官、检察官的职业伦理、专业素养、办案能力、工作作风参差不齐，司法保障水平还比较低。

司法公正是社会公平的最后防线，如果这一防线被突破，人民群众对公平正义的信心、对法律的信任、对法治的期待，就会一落千丈。正如英国哲学家培根说过："一次不公正的司法判决其恶果甚至于十次犯罪，因为犯罪只是弄脏了水流，而不公正的判决却是弄脏了水源。""弄脏了水源"本质是破坏了司法和法律的公正，也摧毁了司法和法律的公信力。党的十八大之后，习近平总书记多次强调指出：全面推进依法治国，必须坚持公正司法。要依法公正对待人民群众的诉求，努力让人民群众在每一个司法案件中都能感受到公平正义，绝不能让不公正的审判伤害人民群众感情、损害人民群众权益。这表明党和人民对司法提出了更高的标准和更严格的要求。为了做到司法公正，所有司法机关都要紧紧围绕公正这个问题来改进工作，重点解决影响司法公正和制约司法能力的深层次问题。同时，要坚持和改进党的司法的领导，加强和改进人大对司法工作的监督，进一步深化司法改革，确保人民法院、人民检察院依法独立公正地行使审判权和检察权，特别是确保人民法院依法独立公正地行使审判权；要进一步优化司法职权配置，严格规范司法行为，提升司法公信力；要大力培养理性的司法文化，尊重司法公正和司法权威，切实维护司法公正和司法权威，为司法机关创造公正司法的制度环境、文化环境和物质条件。司法公正是关乎依法治国、建设社会主义法治国家的突出问题，更是关乎公平正义、社会和谐的全局问题，而不仅仅是司法机关自身的问题。所以，在全面推进依法治国、加快建设社会主义法治国家、全面建成小康社会的新的历史起点上，要倍加重视司法。

（四）增强程序意识，严格遵循正当程序

法治思维和法治方法的一个重要方面，就是程序思维和程序方法，在某种意义上，法治就是程序之治，依法办事就是依照程序办事。领导干部确立法治思维和方法，就要遵循正当程序。鉴于我国传统社会长期缺乏程序观念

和正当程序制度，现在尤其要重视程序问题，力求程序公正，遵循正当程序。在法治领域和公共管理领域，程序问题至关重要。程序给人一种信心，程序保证效率，程序减少失误。

程序包括时间和空间两种要素。无论是从时间上看，还是从空间上看，程序的设计都要符合科学、理性、民主、公正的原理和原则，换句话说，就是要设计出科学的程序、理性的程序、民主的程序、公正的程序。通过这样的程序来决策和管理。

在治国理政各项工作中，必须强调正当程序（程序公正）。尤其是涉及人民群众根本利益的事项、群众意见分歧的事项，涉及当事人利害关系的事务必须做到程序公正、程序公开、程序合理。

在现代社会，程序法（包括立法程序、行政程序、司法程序、选举程序等）是否完备并得到严格的遵守执行，是衡量一个国家法治文明、司法公正、诉讼民主、人权保障程度的重要标志。在程序问题上，必须破除很多误区，坚持实体正义与程序正义并重。我们不赞成"程序优先"和"程序正义优先"的提法，但是由于"重实体、轻程序"的惯性以及"程序虚无主义"的影响非常严重，有必要强调程序的重要性和前提性。程序不仅是实现实体公正的手段，更是防止、限制行政权和司法权被滥用，保障人民群众合法权利并提供救济途径的重要机制。重视程序的价值，维护程序正义是法治进步和社会文明的重要标志。要切实维护正当程序的严肃性，必须加强对违反程序规定的行为的监督、纠正、责任追究力度。走程序虽然需要时间，有时候也很麻烦，有时候还会遇到来自上级、社会、舆论的压力，但是严格按照法定程序办案，可以较好地避免发生严重的决策错误，避免乱指挥、瞎折腾，避免发生错案、冤案。

（五）弘扬理性精神，平和文明执法

理性精神是法治精神的核心要素，法律是定分止争的实践理性。从古希腊、古罗马到当代，法学家们几乎都把理性作为法律精神，马克斯·韦伯甚至马克思都把理性作为解释法律概念和法律观的关键词。法治更是一个内

含民主、自由、平等、人权、文明、秩序、正义、效益等理性要素的综合观念。胡锦涛同志指出："法治是以和平理性的方式解决社会矛盾的最佳途径。"这些都说明法、法治与理性的内在关联，也充分说明法治思维必然是一种理性思维。理性是与非理性和超理性相对的，理性精神也就是实事求是、求真务实的科学精神。自古以来，人治依赖愚昧、愚忠、无知、迷信等非理性因素来支持，法治则需要理性精神的支持。以理性精神审视人性，必然提醒我们正视这样一些基本的事实：人性是脆弱的、有缺陷的，即使伟大的人物，因为他不是"神"，其性格结构也是两重的。他的情绪、他的注意力，以致他的好恶都可能不规则地改变或转移，他的认识和理解会出现偏差以致陷于成见，他的行为可能失却理智，而被情绪所左右。20 世纪六七十年代的中国之所以出现民主全面崩溃、法制荡然无存的局面，是与极少数不怀好意的人发动"造神运动"、鼓动对领袖人物的迷信、盲从和愚忠密不可分的。一旦我们以理性精神审视人性，就会否定至善无瑕的"先知"、"超人"、"圣杰"的存在，人治或贤人政治的主张就没有任何理论根据。邓小平以理性精神和科学态度深刻地分析了斯大林、毛泽东晚年破坏社会主义民主和法制的失误和错误，揭示了对个人迷信导致人亡政息、难以为继的规律，作出了如果一个党、一个国家把希望寄托在一两个人的威望上，是很危险的，不出事没问题，一出事就不可收拾。邓小平创造了理性精神支撑法治的范例。

理性的法治思维要求我们正确处理好法律与道德、情感、舆论的关系，不能用伦理代替法理、用舆论干扰以致冲击法律的执行和适用。

作为领导干部除了树立理性精神，坚定法治的信念之外，还要学会理性平和地运用法律机制处各种问题和矛盾。理性文明执法不仅是法治所应有的重要品质，更是人民群众对于执法活动的强烈要求。在当前各类社会矛盾较为突出，同时人民群众对法律的了解和认知尚不充分的背景与条件下，理性文明执法既关系到执法的实际效果，也关系到法治的权威，还关系到中国共产党和中国政府的形象。

"理性"行使权力和执法，首先要从本质上注重法律的公理性，即法律当中所体现的正义、平等、自由、人权、尚善等基本价值属性，注重政府理性、公共理性和制度理性。从形式上，要合乎理性、合乎情理、客观适度地行使权力和执行法律。"平和"就是要求以平等谦和而不是居高临下的态度对待人民群众，要以公心、诚心和耐心解决人民群众的诉求，疏导和化解社会矛盾，最大限度地增加和谐因素，减少对抗因素；要改进方式方法，坚决纠正简单执法甚至粗暴执法的问题，不要动不动就用国家暴力、警力、国家强制力去来推行自己的决策或意志，即使是正确的决策、好的愿望也不行。特别是在土地征用、房屋拆迁、重大工程建设当中，滥用国家强制力和暴力强迫民众就范的现象仍然比较严重，引发了一系列恶性事件和群体性事件，教训极为深刻。行政执法机关和司法机关的领导干部尤其要学会用群众信服的方式执法办案，使人民群众不仅感受到法律的尊严和权威，而且能感受到执法、司法队伍的精良素质、感受到法律的温暖。法律本身是理性平和的，如果在执法和司法过程中能够进一步做到理性平和，那就更好。

领导干部用法治思维和法治方式来应对改革发展稳定等问题时，要善于与人民群众理性对话，善于与不同意见的当事者协商，做到合法合理，合真理、合情。只要政府理性平和、真诚对话、协商执法，人民群众也会理性、合法地维护自己的权利，而不至于采取极端的行为。官民都理性平和，很多矛盾就不会升级，不会激化为恶性事件，不会爆发成大规模群体性事件。

（六）坚持宪法至上，维护法制尊严和权威

宪法至上是由宪法的性质和地位决定的。宪法是国家的政治宣言、根本大法，是治国理政、安邦福民的总章程，是保证国家统一、民族团结、经济发展、社会进步和长治久安的法律基础，是带领各族人民建设中国特色社会主义的法治保证。2012年12月4日，在首都各界纪念现行宪法公布施行30周年大会上的讲话中，习近平总书记指出："全面贯彻实施宪法，是建设社会主义法治国家的首要任务和基础性工作。宪法是国家的根本法，是治国安邦的总章程，具有最高的法律地位、法律权威、法律效力，具有根本性、全局性、稳定性、长期性。全国各族人民、一切国家机关和武装力量、各政党和各社会团体、各企业事业组织，都必须以宪法为根本的活动准则，并且负

有维护宪法尊严、保证宪法实施的职责。任何组织或者个人，都不得有超越宪法和法律的特权。一切违反宪法和法律的行为，都必须予以追究。宪法的生命在于实施，宪法的权威也在于实施。我们要坚持不懈抓好宪法实施工作，把全面贯彻实施宪法提高到一个新水平①。"他还强调指出："依法治国，首先是依宪治国；依法执政，关键是依宪执政。""宪法的生命在于实施，宪法的权威也在于实施②"。这些深刻而鲜明的语言，深刻阐述了宪法的性质和实施宪法的重大意义，揭示了依宪治国、依宪执政的客观必然性和极端重要性，具有深刻的思想性、指导性和针对性。可是，有许多同志却不把宪法当回事，在他们那里宪法成了"闲法"。

宪法至上是建立在宪法神圣的理念之上的。什么是宪法，宪法就是写着人民权利的纸。人的权利与生俱来，人民权利神圣不可侵犯，人权和公民权利的神圣性决定了宪法的神圣性。宪法是绝对的红线。

主张宪法至上与坚持党的领导和人民当家作主是一致的。有时候，我们听到这样一种荒谬的言论：如果宪法法律至上，那么，党的领导放在哪里？这种把党的领导与宪法法律对立起来的观点是典型的形而上学。还有另外一种更为荒谬的言论：党的领导（党治）与依法治国（法治）是相悖的，言外之意，不放弃党的领导就谈不上宪法法律至上。其实，宪法是党的主张和人民意志相统一的体现，我国宪法是党领导制定的，宪法的历次修改，无论是大修、中修，还是小修，都是由党中央提出修宪建议、通过人大常委会成为修宪草案。同时，宪法原则、宪法规范和宪法的其他内容又是建立在人民利益、人民愿望、人民意志的基础上，所以说宪法是通过法定程序上升为国家意志、表现为法律原则和规则的党的主张和人民意志，是党的事业与人民利益的制度表达，是贯彻落实党的路线、方针、政策，实现最广大人民根本利益的重要保障。所以，主张宪法至上，实际上也就是主张党的事业至上、人民利益至上；同样，主张党的事业至上和人民利益至上，也必然要求宪法

---

① 习近平：《在首都各界纪念现行宪法公布施行 30 周年大会上的讲话》，载《人民日报》2012 年 12 月 5 日第 1 版。

② 同上。

至上。

树立宪法至上、维护法制尊严的法治思维，必须解决权大于法还是权在法下的问题。这是一个老问题，也是一个新问题，对于领导干部来讲，更是一个随时可遇的问题。现在不讲依法治国、依法执政、依法行政、依法办事的领导干部几乎没有了，但是，当法律规定与领导干部个人意志、偏好、利益发生冲突时，是法律高于个人意志，还是个人意志凌驾于法律之上，是"人依法"还是"法依人"，就很难说了。有些人这个时候就会把法律甚至宪法放在一边，弃之不用。最近几年，一些省市先后出台征收房产税的地方政策、地方法规或规章，这些做法显然违反了《宪法》和《立法法》，在全国两会上人大代表和政协委员呼吁"给宪法留点面子"。有鉴于此，党的十八大报告、十八大之后习近平总书记《在首都各界纪念现行宪法公布施行30周年大会上的讲话》和《在中央政治局第四次集体学习时的讲话》都明确指出："各级领导干部要带头依法办事，带头遵守法律，对宪法和法律保持敬畏之心，牢固确立法律红线不能触碰、法律底线不能逾越的观念，不要去行使依法不该由自己行使的权力，也不要去干预依法自己不能干预的事情，更不能以言代法、以权压法、徇私枉法，做到法律面前不为私心所扰、不为人情所困、不为关系所累、不为利益所惑。不懂得这个规矩，就不是合格的干部。"习近平总书记还强调要努力形成"不愿违法、不能违法、不敢违法的法治环境"。

法治中国建设的前沿问题[*]

　　全面推进依法治国，加快建设法治中国，对于推进国家治理体系和治理能力现代化，全面建成富强民主文明和谐的现代化国家，实现中华民族伟大复兴具有深远的历史意义和重大的现实意义。改革开放以来，中国共产党高度重视法治建设，党的十五大提出要依法治国、建设社会主义法治国家。新一届中央领导集体审时度势、与时俱进，即将召开的十八届四中全会将对全面推进依法治国、加快建设法治中国做出顶层设计和战略部署，法学界多年的愿望和亿万人民的期盼终将成为现实。越是临近这一时刻，越是感到许多重大的理论前沿、制度前沿和实践前沿问题需要认真梳理和研究。对法治前沿问题的梳理与研究，需要站在法治中国建设的制高点，采取新的思维、新的参照、新的方法，以形成新的概念、新的观念、新的理论、新的建议。这正是中国法学面临并应承接的重大而迫切的任务。

　　本文把法治中国建设的前沿问题概括为三个方面，一是法治中国建设的指导思想；二是法治中国建设的战略目标；三是法治中国建设的重大任务。

---

　　* 本文发表于《中共中央党校学报》2014年第5期，作者曾于2014年6月10日在清华大学举办的"第十期中国法学创新讲坛"上以"法治中国建设的前沿问题"为主题作学术报告。

一、法治中国建设的指导思想

法治中国建设的指导思想，集中而言，就是习近平关于法治的思想，包括：一个统领概念、一组理论纲要、一套思想体系。

（一）统领概念："法治中国"

党的十八大作出了全面推进依法治国的战略部署，开创了中国法治建设的新局面。十八大以来，习近平总书记就法治建设发表了一系列重要讲话，提出了许多新的概念、命题、论断和论述。笔者认为，其中统领性概念当属"法治中国"。十八届三中全会通过的《中共中央关于全面深化改革若干重大问题的决定》（以下简称《改革决定》）确认了"法治中国"这一概念，并将法治建设的纲领确定为"推进法治中国建设"。①

"法治中国"概念的提出，是我们党在法治理论上的又一重大创新，也是党执政理念的重大创新。"法治中国"是对我们党历史上，尤其是改革开放以来关于法治建设成功经验的深刻总结，也是对未来中国法治建设的科学定位，具有深厚的历史文化底蕴、丰富的实践经验基础和强大的导向定位功能，构成我国法治建设新时期新阶段的时代主题。"法治中国"，以其无可比拟的包容性、凝聚力、感召力成为中国特色社会主义法治话语体系和法治理论体系的统领性概念，亦可视其为基石性范畴。

（二）法治中国理论纲要

党的十八大以来，习近平总书记发表了一系列有关法治的专题讲话，其中包括：2012 年 12 月 4 日《在首都各界纪念现行宪法公布实施 30 周年大会上的讲话》、2013 年 2 月 23 日《在十八届中央政治局第四次集体学习时的

---

① 《中共中央关于全面深化改革若干重大问题的决定》，载《人民日报》2013 年 11 月 16 日第 1 版。

讲话》、2014 年 1 月 7 日《在中央政法工作会议上的讲话》、2014 年 2 月 17
日《在省部级主要领导干部学习贯彻十八届三中全会精神全面深化改革专题
研讨班上的讲话》、2014 年 9 月 5 日《在庆祝全国人民代表大会成立 60 周
年大会上的讲话》。这几篇专题讲话连同总书记相关的重要批示和谈话，构
成了法治中国理论纲要。其要点如下：

第一，法治中国是中国梦的重要组成部分。法治梦与中国梦一脉相承，
法治中国与富强中国、民主中国、文明中国、和谐中国、美丽中国、公平中
国、平安中国等核心要素相辅相成，共同编织成中国梦的美好愿景。

第二，坚定不移地走中国特色社会主义政治和法治道路，坚持党的领
导、人民当家作主、依法治国的有机统一，人民代表大会制度是三者有机统
一的根本制度安排；注重借鉴丰富多彩的人类法治文明成果，但绝不能囫囵
吞枣、绝不能邯郸学步，不照抄照搬、不削足适履。

第三，坚持和完善中国特色社会主义制度，推进国家治理体系和治理能
力现代化。治理体系就是国家治理的制度体系，治理能力就是治理制度体系
的执行力、运行力，法治是治国理政的基本方式，要善于运用法治思维和法
治方式深化改革、推动发展、化解矛盾、维护稳定，努力以法治凝聚改革共
识、规范发展行为、促进矛盾化解、维护社会和谐。

第四，全面推进科学立法、严格执法、公正司法、全面守法，不断开辟
依法治国新局面，谱写政治文明的新篇章。

第五，党要履行好执政兴国的重大职责，必须依据党章从严治党、依据
宪法治国理政。依法治国，首先是依宪治国；依法执政，关键是依宪执政。
党领导人民制定宪法和法律，党领导人民执行宪法和法律，党自身必须在宪
法和法律范围内活动，真正做到党领导立法、保证执法、带头守法。

第六，宪法和法律的生命在于实施，宪法和法律的权威也在于实施。中
国特色社会主义法律体系形成之后，确保宪法法律的实施至关重要。必须加
强宪法和法律实施，维护社会主义法制的统一、尊严、权威，形成人们不愿
违法、不能违法、不敢违法的法治环境。

第七，加快建设法治政府。坚持依法行政，严格执法。正确处理政府与

市场、政府与社会的关系，依据法治原则建立政府权力清单制度。

第八，深入推进司法体制改革。司法体制改革是政治体制改革的重要组成部分，是全面深化改革的重点之一，对推进国家治理体系和治理能力现代化具有十分重要的意义。深化司法体制改革，提高司法公信力，着力解决影响司法公正、制约司法能力的深层次问题，破解体制性、机制性、保障性障碍；人民法院、人民检察院依法独立公正行使审判权、检察权，司法人员公正办案，只服从事实、只服从法律。

第九，全面加强对权力的监督制约，"把权力关进制度的笼子里"，推进监督制约法律化、制度化、程序化，依法授权、依法管权、依法用权；让权力在阳光下运行。

第十，切实尊重和保障人权，保证人民平等参与、平等发展的权利，维护社会公平正义。

第十一，弘扬社会主义法治精神，努力培育社会主义法治文化。在全社会牢固树立宪法和法律的权威，让广大人民群众充分相信法律、自觉运用法律，使广大人民群众认识到宪法不仅是全体公民必须遵循的行为规范，而且是保障公民权利的法律武器。法律是成文的道德，道德是内心的法律。坚持把依法治国和以德治国结合起来，把法治建设和道德建设紧密结合起来，把他律与自律紧密结合起来，高度重视道德对公民行为的规范作用。引导公民既依法维护合法权益，又自觉履行法定义务，做到享有权利和履行义务相一致；做到严格执法、公正司法，就要信仰法治、坚守法治。

第十二，改革要于法有据。许多改革举措涉及现行法律制度。凡属重大改革要于法有据，需要修改法律的可以先修改法律，先立后破，有序进行；有的重要改革举措，需要得到法律授权的，要按法律程序进行。有序推进改革，该中央统一部署的不要抢跑，该得到法律授权的不要超前推进。在整个改革过程中，都要高度重视运用法治思维和法治方式，发挥法治的引领和推动作用，加强对相关立法工作的协调，确保在法治轨道上推进改革。

第十三，中国坚持走和平发展道路，同时也将推动各国共同坚持和平发展，构建民主法治、公正合理、合作共赢的国际经济政治新秩序。中国将大力推进国际关系民主化法治化，与各国共同维护人类良知和国际公理，在世界和地区事务中主持公道、伸张正义，更加积极有为地参与热点问题的解决，既通过维护世界和平来发展自己，又以自身发展促进世界和平。中国将继续通过平等协商处理矛盾和分歧，以最大诚意和耐心，坚持对话解决问题。

（三）法治中国思想体系

梳理和解读习近平总书记的一系列重要讲话、谈话、论述和批示，我们发现：有关法治中国建设的思想体系已经初步形成。其标志首先在于，有关法律和法治的理论要素几乎都已涉及，例如，法治的本质、法治的价值、法治文化、法治信仰、法治思维、法治方式、法律的权威、法治与国家治理、法治与社会治理、权力监督制约、依法执政、依法行政、依法治军、依法办事、依法反恐。其次在于，习近平关于法治的论述作为对中国法治建设实践的理论表达，有针对性地全面系统而又科学回答了有关法治中国建设的一系列关键的实践问题，诸如，坚持中国特色社会主义民主法治道路，推进民主制度化、规范化、程序化，弘扬传统优秀法律文化，坚持党的领导与坚持人民民主、实行法治的关系，坚持党的领导与确保国家机关依法独立行使职权、履行职责的关系，认真对待人权和公民权利，正确处理权力与权利、管理与服务、维稳与维权的关系，正确认识和处理民主与专政、政策与法律、法律与道德、法治与德治的关系，正确认识和处理改革（改革决策）与法治（立法决策）、活力与秩序、监督与制约、文明（执法）与严格（执法）的关系，统筹国内与国际两个大局，等等。

二、法治中国建设的战略目标

全面推进依法治国，加快法治中国建设，首要的是进行顶层设计。顶层设计当中，最重要的是确定法治中国建设的战略目标。如何确定呢？党的十八大和十八届三中全会已经有原则性表述，即"依法治国基本方略全面落实，法治政府基本建成，司法公信力不断提高，人权得到切实尊重和保障"①，"推进法治中国建设"。② 根据这一思想原则，立足当下、面向未来、放眼世界，可以采取"三重参照、三重定位"。

（一）以"两个一百年"奋斗目标为参照，定位法治中国建设目标

党的十八大报告中指出：只要我们胸怀理想、坚定信念，不动摇、不懈怠、不折腾，顽强奋斗、艰苦奋斗、不懈奋斗，就一定能在中国共产党成立一百年时全面建成小康社会，就一定能在新中国成立一百年时建成富强民主文明和谐的社会主义现代化国家。

以"两个一百年"为参照，可从法治国家和法治中国两个层面考虑"两个一百年"的法治建设战略目标：

到 2021 年中国共产党建党一百周年、我国全面建成小康社会时，基本建成法治国家，实现国家层面的法治，即法律体系更加完善，法治政府基本建成，司法公信基本确立，人权得到切实保障，以权利公平、规则公平、机会公平为主要内容的社会公平保障体系基本形成。

到 2049 年中华人民共和国成立一百周年时，基本建成法治中国，即全面建成法治国家和法治社会，不仅建成法治国家，而且建成法治社会；全面实现执政党依法执政，人民政府依法行政，司法机关公正司法，全体人民自觉守法，宪法法律有效实施，法治的核心价值充分实现。

（二）以法治现代化为参照，定位法治中国建设目标

法治现代化的目标是加快推进我国法治的转型升级。法治转型升级的实践路径包括：从法治国家转型升级为法治中国，从法律之治转型升级为良法

---

① 胡锦涛：《坚定不移沿着中国特色社会主义道路前进 为全面建成小康社会而奋斗——在中国共产党第十八次全国代表大会上的报告（2012 年 11 月 8 日）》，载《人民日报》2012 年 11 月 18 日第 1 版。

② 《中共中央关于全面深化改革若干重大问题的决定》，载《人民日报》2013 年 11 月 16 日第 1 版。

善治，从法律大国转型升级为法治强国。

第一，从法治国家转型升级为法治中国。从建设法治国家到建设法治中国，意味着我国法治建设的转型升级。"法治中国"既是中外法治文明的现代版，又是"法治国家"的升级版。党的十五大提出依法治国、建设社会主义法治国家。法治国家本质上属于政治范畴，建设法治国家的着力点是在政治层面实现国家治理法治化，特别是把国家各项权力（包括立法权力、行政权力、司法权力、监督权力等）纳入法治范围，在法治轨道上运行。党的十八大以后，习近平总书记提出"建设法治中国"，"不断把法治中国建设推向前进"。①"法治中国"的内涵比"法治国家"更加丰富、更加深刻、更具中国特色：建设法治中国，不仅要建设法治国家，还要建设法治社会、法治政府、法治政党；不仅要推进依法治国，还要推进依法执政、依法行政、依法治理、依法自治；不仅要搞好国家法治，还要搞好地方法治（区域法治）、行业法治，促进三者协调发展；不仅注重有形的法律制度硬实力建设，还要加强无形的法治文化软实力建设，弘扬法治精神，培育法治文化；不仅致力于国内法治建设，还要面向世界，推动国际关系和全球治理民主化、法治化，不断提升中国在国际法治和全球治理中的话语权和影响力。

第二，从法律之治转型升级为良法善治。"法治现代化"这一概念，既指从传统人治社会到现代法治社会的历史性变革，又指法治（法制）由传统型到现代型的历史性转换。世界范围内的法治现代化有各种各样的目标定位和发展道路，例如西方国家的自由主义、理性主义、民主社会主义，等等。就当代中国的法治现代化而言，我们走的是一条与改革开放同步的、与"五大建设"相适应、具有鲜明中国特色的社会主义法治发展道路，是与社会主义市场经济、民主政治、先进文化、和谐社会和生态文明协调的法治现代化道路，是与国家治理体系和治理能力现代化相适应的法治现代化。

中国古代的法治是工具主义法治，是君主专制独裁的严刑峻法；西方近

---

① 习近平：《在庆祝全国人民代表大会成立 60 周年大会上的讲话》，载《人民日报》2014 年 9 月 6 日第 2 版。

代的法治基本上是形式主义（形式合法性或形式正义）的法治。它们既可以服务于"善"，也可能服务于"恶"。反思中国古代工具主义的法治文化及其在当代中国的影响和西方近代形式主义法治文化，总结改革开放以来我国法治建设的利弊得失，在社会转型的历史时期，我们应当严肃地思考一个问题：我们需要一个什么样的法治，也就是说，中国法治的核心价值和精神元素是什么，中国法治的目标模式（法治的中国模式）应该是什么。回答只有一个：中国法治作为现代法治，不仅应当是形式上的法律之治、规则之治，而更应当是良法之治。这种形态的法治同现代社会的制度文明和政治文明密不可分，它意味着对国家权力（尤其是对行政权力）的约束、对权力滥用的制约与制衡措施、对公民权利和自由的平等保护等；意味着立法、行政、司法以及其他国家活动必须服从法律的一些基本原则——人民主权原则、人权原则、正义原则、公平合理且迅捷的程序保障原则，等等；意味着法治要求国家维护和保障法律秩序，但国家必须首先服从法律的约束；意味着法治要求人民服从法律，但同时要求人民服从的法律必须建立在尊重和保障人权的基础之上。这种形态的法治就是内涵民主、自由、平等、人权、理性、文明、秩序、正义、效率与合法性等诸社会价值的良法善治。

第三，从法律大国转型升级为法治强国。"截至 2012 年底，中国已制定现行宪法和有效法律 242 部、行政法规 721 部、地方性法规 9200 部，涵盖社会关系各个方面的法律部门已经齐全，各个法律部门中基本的、主要的法律已经制定，相应的行政法规和地方性法规比较完备，法律体系内部总体做到科学和谐统一。"① 由宪法统领，由法律、行政法规、地方性法规以及自治条例构成的法律体系已经相当丰富和庞大。中国人民用三十余年时间走完了西方发达国家几百年的立法行程。通过这些规范性法律文件，我国建立起适应市场经济、民主政治、人权保障、社会发展、环境保护要求和需要的法律制度。就成文法而言，我国已经成为一个"法律大国"，而且很可能是第一

---

① 中华人民共和国国务院新闻办公室：《2012 年中国人权事业的进展》，载《人民日报》2013 年 5 月 15 日第 19 版。

法律大国，但还远不是一个"法治强国"。基于这种判断，法学界、法律界人士提出要加快从"法律大国"转型为"法治强国"。法治强国是强国之梦的组成部分。为实现强国之梦，我们党自新中国成立以来，特别是改革开放以来提出了一系列"强国战略"，诸如，四个现代化、工业强国、科技强国、人才强国、教育强国、文化强国、海洋强国、网络强国……在推进法治中国建设的进程中，应当十分明确地提出"建设法治强国"，实施法治强国战略。只有实现了法治强国，中国才有可能成为名副其实的强国。正如胡建淼教授所言："法治立国、法治稳国、法治救国、法治强国，是人类文明发展的经验总结"[1]，"法治是中国的强国途径，法治强国是中国的战略目标。"[2]

法治强国有多层含义：其一，法治是实现强国的手段，实行法治是强国之路，故，要建立完备的法律体系并保证其有效实施，以推进和保障国家强盛目标的实现。其二，法治是国家强盛的重要标志，正所谓"明法者强，慢法者弱"、[3]"奉法者强则国强，奉法者弱则国弱"。[4] 认定国家强盛，法治是重要一项。在强国中，法治成为国家与社会的核心价值，成为国家治理和社会治理的根本方式，成为支撑国家兴旺发达的强大力量；全社会尊重法治、信仰法治、坚守法治；宪法具有极大权威，法律具有普遍的实效，任何个人和组织都必须在宪法和法律的范围内活动。其三，法治作为国家强盛的软实力。奉行法治，才能使我国在国际关系和全球治理中拥有与我国的历史文明、人口总量、经济实力和安理会常任理事国的地位相当的话语权、决策权和规则制定权。全面推进依法治国、加快建设法治中国，正是朝着实现"法治强国"的方向迈进。

（三）以全面深化改革为参照，定位法治中国建设目标

党的十八届三中全会《改革决定》指出："全面深化改革的总目标是

---

① 胡建淼：《走向法治强国》，载《国家行政学院学报》2012 年第 1 期，第 54 页。
② 同上，第 53 页。
③ 《韩非子·饰邪》。
④ 《韩非子·有度》。

完善和发展中国特色社会主义制度，推进国家治理体系和治理能力现代化。"①"到 2020 年，在重要领域和关键环节改革上取得决定性成果，完成本决定提出的改革任务，形成系统完备、科学规范、运行有效的制度体系，使各方面制度更加成熟更加定型。"②

以此为参照，法治中国建设的目标也可分别确定为总目标和阶段性目标。

总目标：完善和发展中国特色社会主义法治体系，实现国家治理和社会治理的民主化、法治化。

到 2020 年的阶段性目标：在法治建设的重要领域和关键环节取得突破性进展，形成更加成熟更加定型的中国特色社会主义法治体系及其运行机制，更好发挥法治在国家治理和社会治理中的重要作用。宏观样态可以描述为：中国特色社会主义法律体系更加科学完善；宪法法律得到有效实施；依法执政水平明显提高；法治政府基本建成；司法公信力大幅提升；法治文化繁荣发展、法治社会建设卓有成效；权力在法治轨道上运行；改革开放、持续发展的国际法治环境进一步优化。

在这一目标设计中，"法治体系"是个关键词。法治体系是法学研究的新概念，也是法治建设的新思维。在中国特色社会主义法律体系形成后，中国法治建设的中心任务应当升级为形成中国特色社会主义法治体系，这是中国法治建设进入新的历史阶段后必然提出的新任务。

法治体系由多个层面叠加构成。第一个层面是法律体系。法律体系指法律规范体系，是法治体系存在和运行的基础。第二个层面是法律运行体系，通常包括立法、执法、司法、守法、法律监督等环节。在法律体系形成之后，我们感受深刻的是有法不依、执法不严、司法不公等现象依然突出，法治运行各个环节之间的关系不够协调。所以，法治体系建设要注重法律运行各个环节的有序性、有效性以及每一环节彼此衔接、相互促进。第三个层面

---

① 《中共中央关于全面深化改革若干重大问题的决定》，载《人民日报》2013 年 11 月 16 日第 1 版。

② 同上。

是法治国家、法治社会、法治政府、法治政党及其有机统一；国家法治、地方法治（区域法治）、行业法治协调发展；国内法治、国际法治、全球法治有效衔接。

法治体系的形成是一个国家的法治走向成熟强大的重要标志。从这种意义上说，法治中国建设的重要目标就是加快形成中国特色社会主义法治体系。

三、法治中国建设的重大任务

基于对法治中国建设总目标和阶段性目标的研究与定位，可将今后一个时期法治中国建设的重大任务概括为四项基本要务、八个工作重点。

四项基本要务，就是科学立法、严格执法、公正司法、全民守法。这是党的十八大作出全面推进依法治国战略部署的核心内容。

科学立法。之所以强调科学立法，是为了突出提高立法质量。正如习近平总书记在第十八届中央政治局第四次集体学习时的讲话中所指出的：人民群众对立法的期盼，已经不是有没有，而是好不好、管用不管用、能不能解决实际问题；不是什么法都能治国，不是什么法都能治好国；越是强调法治，越是要提高立法质量。提高立法质量，关键在于：一要尊重和体现经济、政治、文化、社会、生态文明建设和发展客观规律，使法律准确适应改革发展稳定需要，积极回应人民期待，更好协调利益关系；二要坚持问题导向，切实提高法律的针对性、及时性、系统性、协调性，发挥立法凝聚共识、统一意志、引领公众、推动发展的作用；三要注重增强法律的可执行性和可操作性，努力使每一项立法都符合宪法精神、反映人民意愿、得到人民拥护，使法律法规立得住、行得通、切实管用；四要坚持立改废释并举，全方位推进立法工作；五要坚持民主立法、科学立法，完善立法体制和程序，提高立法效率。

严格执法。党的十八大报告、十八届三中全会《改革决定》和习近平总书记的一系列讲话都特别强调严格执法。习近平总书记指出："法律的生命力在于实施,法律的权威也在于实施。'法令行则国治,法令弛则国乱。'各级国家行政机关、审判机关、检察机关是法律实施的重要主体,必须担负法律实施的法定职责,坚决纠正有法不依、执法不严、违法不究现象,坚决整治以权谋私、以权压法、徇私枉法问题,严禁侵犯群众合法权益。"① 习近平总书记还指出,现实生活中出现的很多问题,往往同执法失之于宽、失之于松有很大关系。有的政法干警执法随意性大、粗放执法、变通执法、越权执法比较突出,要么有案不立、有罪不究,要么违规立案、越权管辖;有的刑讯逼供、滥用强制措施;有的办关系案、人情案、金钱案,甚至徇私舞弊、贪赃枉法;等等。对违法行为必须严格尺度、依法处理、不能迁就。否则,就会产生"破窗效应"。

公正司法。党的十八大报告首次把司法从执法中分离出来,将公正司法单独作为全面推进依法治国的基本要务,体现出全党对司法的性质和重要性的认识的深化。司法是维护社会公平正义的最后一道防线。所以,司法必须公正。所谓公正司法,就是受到侵害的权利一定会得到保护和救济,违法犯罪活动一定要受到制裁和惩罚,人民群众在每一个司法案件中都能感受到公平正义。如果人民群众通过司法程序不能保障自己的合法权利,司法就没有公信力,人民群众也不会相信司法。司法是定分止争的最后一道防线。所以,司法必须发挥法律本来应该具有的定分止争的功能和终结矛盾纠纷的作用。要做到定分止争,司法必须公正,如果司法不公、人心不服,不仅难以定分止争、化解矛盾,甚至可能激化和聚集矛盾。司法还是维护法律尊严和权威的最后一道防线。要发挥维护法律尊严和权威的作用,司法必须公正、公开、公平,司法机关必须有足够的尊严和权威、有极高的公信力。为此,应当深化司法改革,确保司法机关依法独立公正行使职权,确保司法公正高效廉洁,切实有效地提高司法公信力。

全民守法。全面推进依法治国,建设法治中国,必须坚持全民守法。

---

① 习近平:《在庆祝全国人民代表大会成立 60 周年大会上的讲话》,载《人民日报》2014 年 9 月 6 日第 2 版。

全民守法，就是全国各族人民、一切国家机关和武装力量、各政党和各社会团体、各企业事业组织，都必须以宪法和法律为根本活动原则，并负有维护宪法和法律尊严、保证宪法和法律实施的职责。任何组织或者个人，都不得有超越宪法和法律的特权。一切违反宪法和法律的行为，都必须予以追究。任何公民、社会组织、国家机关、政党（包括执政党），都要依照宪法和法律行使权利或权力、履行义务或职责。在社会转型、矛盾凸显的当前形势下，要引导全体人民通过法律程序来表达诉求、维护权利、解决纷争，绝不能让"大闹大解决、小闹小解决、不闹不解决"的现象蔓延；要努力培育社会主义法治文化，在全社会形成学法尊法守法用法的良好氛围。

遵循这四项基本要务，应当着力于八个工作重点。

（一）推进党的领导方式和执政方式的法治化

在当代中国，中国共产党既是执政党，又是领导党，拥有对国家政权机关和整个社会的领导权。所以，建设法治中国，实现法治中国梦，关键在于党，在于党科学而又有效地依法执政。因此，依法执政是法治中国建设的核心内容，也是法治中国建设的根本保证。法治中国建设的首要任务是完善党依法执政的体制机制和法律法规，确保党在宪法和法律范围内活动，依照宪法、法律和党内法规制度行使执政权和领导权；确保党既严格守法又能科学有效地领导立法、保证执法和司法；提高各级党委及其领导干部运用法治思维和法治方式治国理政的能力和水平。尤其应强调的是，通过长期不懈的依法执政实践，把党建设成为善于运用法治思维和法治方式治国理政的执政党，坚持宪法至上、维护法律尊严和权威、在宪法法律范围内活动的执政党，尊重和保障人权、促进社会公平的执政党，领导、支持和监督国家机关依法行使国家权力的执政党，实现党的执政方式和执政活动法治化；在全社会全世界树立法治政党的伟大形象。

（二）加快完善和发展中国特色社会主义法律体系

完备有效的法律体系是法治中国的重要标志，也是全面推进依法治国的制度前提。虽然中国特色社会主义法律体系已经形成，但是，我们必须看到，实践是法律的基础，法律应随着实践发展而发展。全面深化改革，转变经济发展方式、扩大社会主义民主、推行行政体制改革、深化司法体制改革、保障和改善民生、创新社会治理、保护生态环境，都对立法提出了新的要求。因此，要继续完善法律体系。一方面要适时制定新的法律，另一方面要及时修改和完善法律。

要加快有关全面深化改革、推进发展、保障和改善民生、保护生态环境、创新社会治理、维护公共安全和国家安全等重点领域、重点问题立法，确保国家发展、重大改革于法有据，有效推进五位一体现代化建设。

要积极推进人民代表大会制度创新和立法体制创新，切实提高立法质量和立法效率，让每一部法律都成为精品之作；坚决克服立法过程中的地方保护和部门利益化倾向，防止地方和部门越权立法，避免重复立法、粗糙立法、腐败立法；促进法律体系的部门划分更为合理，法律法规的系统性、协调性、统一性进一步增强。

（三）维护宪法法律权威，保证宪法法律统一有效实施

确保宪法法律实施，是法治中国建设面临的突出问题，其中宪法实施保障问题尤为突出。宪法是国家的根本法，是治国安邦的总章程，具有最高的法律地位、法律权威、法律效力，具有根本性、全局性、稳定性、长期性。所以，要坚持宪法至上，保证宪法全面有效实施。为此，应进一步健全宪法实施监督机制和程序，把全面贯彻实施宪法提高到一个新水平。应加快健全全国人民代表大会及其常务委员会监督宪法实施的体制机制，加强和完善以全国人大常委会为中心的立法监督制度，维护法制统一。

要运用法治建设指标体系和考评标准的引领、保证作用。法治建设指标体系应涵盖依法执政、科学立法、严格执法、公正司法、全民守法、法律监

督等各个领域。

（四）大力推进依法行政和严格执法，加快建设法治政府

大力推进依法行政、严格执法，加快建设法治政府是全面深化改革的关键，是法治中国建设的重要组成部分。党的十八大和十八届三中全会《改革决定》都明确提出，到2020年基本建成法治政府。时间紧迫，法治政府建设必须提速。推进法治政府建设，必须加快转变政府职能，构建职权法定、行为规范、程序正当、公平公开、高效便民、诚实守信的行政权力运行体系，增强政府公信力和执行力；必须优化政府公共服务，加快服务型政府建设；必须严格公正廉洁文明规范执法，保障法律法规统一正确实施。为切实保证严格公正廉洁文明规范执法，必须推进行政执法体制改革，建立健全程序规范、权责统一、公正高效的综合执法体制；加强食品药品、安全生产、环境保护、劳动保障、海域海岛等重点领域综合执法；完善城管执法体制机制；建立健全以裁量权为基准，以程序规范为关键，以制约和监督为保障的行政裁量权运行机制。

（五）深化司法体制改革，加快建设公正高效权威的社会主义司法制度

建设公正高效权威的社会主义司法制度是深化政治体制改革、推进国家治理体系和治理能力现代化的重大举措，是全面推进依法治国、建设法治中国的重要内容。为此，必须进一步深化司法体制改革，确保权利救济、定分止争、制约公权等司法职能得到充分发挥，确保人民群众在每一个司法案件中都感受到公平正义。

从司法改革的目标来看，新一轮司法改革是以问题为导向的改革，聚焦三个突出问题：确保司法公正；增强司法能力；提升司法公信。从上述目标和问题出发，司法改革的重要任务包括：

第一，推进司法权力运行制度机制创新，确保人民法院、人民检察院依法独立公正地行使审判权、检察权，特别是人民法院的审判独立。对司法权

独立行使造成严重干扰的因素主要有两个，一是司法地方化，二是司法行政化。所以，为了确保司法独立，就须推进以去地方化和行政化为重心的司法管理体制改革。

首先是去地方化。党的十八届三中全会《改革决定》把去地方化作为司法改革的首要任务，设计通过改革司法管理体制和司法案件管辖制度来破解司法地方化。具体举措包括"推动省以下地方法院、检察院人财物统一管理"①，"探索建立与行政区划适当分离的司法管辖制度"② 等。

其次是去行政化。目前，法院的行政化倾向日趋严重。法官和法院工作人员按照行政机关"官本位"层级模式定级，法官群体因被划分为不同等级而存在上下级隶属关系，院长对副院长、副院长对庭长、庭长对法官是一种领导与被领导、支配与被支配的关系。这就为法院各级领导影响和干预法官办案留下了制度空间，致使审判庭庭长、分管副院长、甚至院长直接插手合议庭和法官审理案件、干预合议庭和法官裁决的情况时有发生，在一些法院甚至常规化，人情案、关系案由此产生。由于法院领导行政式地干预办案，法官审判的责任心有所下降，审判质量不高。司法行政化不仅表现在一个法院内部，也表现在法院系统内部。上级法院过多地干预下级法院的审判工作，事前干预、审理过程干预、审判之后继续干预，也有扩大的趋势。超越法律规定的各种名堂的"内审"，不仅拖延了审判期限，而且滋生司法腐败。上级法院对下级法院行政化绩效考核中的改判率、发回重审率等指标，也迫使下级法院（法官）不得不经常"请示"上级法院（法官），以避免改判或发回重审。针对司法行政化的弊端和危害，党的十八届三中全会《改革决定》采取了多项司法去行政化措施。其中包括："改革审判委员会制度，完善主审法官、合议庭办案责任制，让审理者裁判、由裁判者负责。明确各级法院职能定位，规范上下级法院审级监督关系。"③ 司法去行政化，是为了确保法

---

① 《中共中央关于全面深化改革若干重大问题的决定》，载《人民日报》2013 年 11 月 16 日第 1 版。

② 同上。

③ 同上。

官独立办案、独立负责地作出裁判，更好地提高法官的司法能力和水平。此外，中央还明确规定建立健全违反法定程序干预司法的登记备案通报制度和责任追究制度。改革涉法涉诉信访机制，建立健全涉法涉诉信访依法终结制度，凡是涉及法律的信访都应回归司法程序，避免行政化方式处理涉法涉诉信访所造成的社会问题。在重视发挥审判委员会、合议庭作为司法民主组织形式积极作用的同时，推进法院内部去行政化改革。在保证人民法院依法独立行使审判权的同时，确保主审法官、合议庭在案件审判中的主体地位和作用。完善主审法官、合议庭依法独立办案责任制。健全审判权运行机制，真正让主审法官、合议庭在法定程序内行使职权，让审理者裁判、由裁判者负责。

第二，推进司法职权配置科学化。自党的十七大提出优化司法职权配置的任务以来，有关司法改革的方案都涉及该问题。十八届三中全会《改革决定》从"健全司法权力运行机制"的新角度再次关注司法职权配置优化问题。《改革决定》指出："优化司法职权配置，健全司法权力分工负责、互相配合、互相制约机制，加强和规范对司法活动的法律监督和社会监督。"① 优化司法职权配置，要求形成在党的领导下，在宪法法律的制度框架内，司法机关（含具有部分司法职能的机关，如公安机关、司法行政机关）之间既互相制约监督又有效协同配合的法治局面。

优化司法职权配置，当以保证人民法院依法独立公正行使审判权为要义。在全部司法案件中，人民法院直接受理的民行诉讼案件约占90%；在刑事诉讼案件中，人民法院担负着最终定罪量刑、惩恶扬善的职责。所以，从司法权运行规律出发，必须确立以审判权为中心的科学理念，必须树立审判权应有的权威。司法改革不能以牺牲或弱化审判权为代价，不能不适当地压缩审判权的运行空间。新一轮司法体制改革强调"健全司法权力分工负责、互相配合、互相制约机制"②，强调"严格实行非法证据排除规

① 《中共中央关于全面深化改革若干重大问题的决定》，载《人民日报》2013年11月16日第1版。
② 同上。

则"①，强调"把涉法涉诉信访纳入法治轨道解决，建立涉法涉诉信访依法终结制度。"②

第三，推进人权司法保障法治化，切实维护人民权益。完善人权司法保障制度、推进司法人权保障法治化是新一轮司法改革的重中之重。党的十八届三中全会《改革决定》从尊重和保障人权的宪法原则和法治理念出发，把"完善人权司法保障制度"作为司法改革的重大任务，这在我国司法改革史上是前所未有的。在司法领域，严重侵犯人权的现象集中表现在对公民人身权利和自由的侵害，以及对公民财产权利的侵害两个方面。《改革决定》有的放矢地宣告"严禁刑讯逼供、体罚虐待"③，强调"健全错案防止、纠正、责任追究机制……严格实行非法证据排除规则"。④ 在一些刑事案件中，存在随意违法违规处置犯罪嫌疑人的财产、赃款赃物并且不随案移送的情形，因此当被告人被宣告无罪时，被查封、扣押的财产却渺无踪影。在一些民事案件中，也有超标的查封和扣押当事人财产，严重影响当事人正常经营和生活的情况。对此，《改革决定》要求"进一步规范查封、扣押、冻结、处理涉案财物的司法程序"。⑤ 因此，必须强化疑罪从无、无罪推定、程序正义的司法理念，强化非法证据排除规则的适用和监督，建立健全严禁刑讯逼供、体罚虐待的约束机制。完善错案防止纠正责任追究制度。针对这些年严重侵害人权的冤假错案接连发生，中央政法委发布了《关于切实防止冤假错案的规定》，就严格遵守法律程序、加强防止和纠正错案机制建设作了明确规定：一是健全防止错案机制，严格遵守证据裁判原则，严禁刑讯逼供、体罚虐待，严格执行非法证据排除规则，准确把握刑事案件证明标准。二是健全发现错案机制，着力保障犯罪嫌疑人、被告人、罪犯的申诉、控告权，充

---

① 《中共中央关于全面深化改革若干重大问题的决定》，载《人民日报》2013 年 11 月 16 日第 1 版。

② 同上。

③ 同上。

④ 同上。

⑤ 同上。

分发挥律师的辩护作用。三是健全纠正错案机制，明确错案的认定标准和纠错启动主体，完善错案纠正程序。四是建立错案责任追究机制。最高人民法院颁布了《关于建立健全防范刑事冤假错案工作机制的意见》，要求尊重被告人的诉讼主体地位，维护被告人的辩护权等诉讼权利，坚持依法独立行使审判权原则、程序公正原则、审判公开原则和证据裁判原则。2013 年，全国法院恪守罪刑法定、证据裁判、疑罪从无等原则，严格排除非法证据，依法宣告 825 名被告人无罪 ①，确保无罪的人不受刑事追究。同时，应完善以国家司法救助制度、诉讼费用担保制度、法律援助制度为基础的司法救济体系。优化刑事辩护权的配置，充分保障可能判处无期徒刑以上刑罚的犯罪嫌疑人、被告人获得诉讼全过程的法律援助。充分发挥律师在依法维护公民和法人合法权益方面的重要作用。

健全人权司法保障制度，还应加快完善诉讼制度，切实保障人民群众诉讼权利。继续推进刑事诉讼制度和民事诉讼制度的完善，加快行政诉讼法的修改，创新行政诉讼制度，依法保障人民群众诉权，确保人民群众高效便捷地通过司法途径、在法律范围内实现权利救济、正义伸张、矛盾化解，引导和保障人民群众以合法理性的方式表达诉愿。完善科学文明高效便民的诉讼机制。以一审明断是非定分止争、二审案结事了、再审依法纠错为龙头，完善司法为民的诉讼机制。建立健全网络、电话、邮件、信函，公民预约、社区巡回、上门服务特殊人群等受案、立案、申诉多渠道便民利民方式，规范司法救助，让老百姓打得起官司，让群众合理诉求及时就地解决。建立健全繁简分流和速裁机制、轻微违法犯罪案件快速处理机制，保障当事人的便利诉讼和权利救济。加快建立宽平台的法律咨询、法律服务、诉讼引导机制，引导群众形成内心信法、遇事找法、解决问题靠法的法治习惯。

第四，推进司法职业化，增强司法人员的能力。由于历史与现实的多

---

① 周强：《最高人民法院工作报告——2014 年 3 月 10 日在第十二届全国人民代表大会第二次会议上》，载《人民日报》2014 年 3 月 18 日第 2 版。

种原因，我国司法职业化程度低于世界平均水平。为了提高司法职业化水平，加强司法职业保障，《改革决定》要求："建立符合职业特点的司法人员管理制度，健全法官、检察官、人民警察统一招录、有序交流、逐级遴选机制，完善司法人员分类管理制度，健全法官、检察官、人民警察职业保障制度。"① 同时，"完善律师执业权利保障机制和违法违规执业惩戒制度，加强职业道德建设"。② 为此，应完善司法人员职业准入、职业培训、考核晋升、交流轮岗、福利待遇、终身职业保障等制度体系。建立与法官法、检察官法、人民警察法规定的法律职务等级挂钩的薪金福利保障、与公务员法衔接的单独的职务序列及工资制度。建立法官、检察官专业考评管理委员会、惩戒委员会等评价体系，承担司法人员职务晋升、职业禁止、违法惩戒等事务。推进法律职业共同体建设。探索建立法官、检察官、警官、律师、法律学者等法律职业良性流动机制。完善律师执业权利保障机制和违法违规执业惩戒制度。完善司法人员分类管理改革。围绕破解制约司法能力难题，加快推进司法职业化，建立以法官、检察官为主体，以司法助理官、书记官、司法警察、专业技术人员为辅助，以综合管理服务事务官为保障的三个序列适度分离的现代司法组织体系。

第五，推进司法保障体制机制常态化。最近几年，司法的物质保障有了较大改善，但仍存在较为突出的问题。部分法院在受理案件剧增、办案支出扩大而同时诉讼费用锐减的情况下办案经费紧张，特别是经济相对落后的省区法院，问题更为突出。为此，建议尽快研究建立人民法院经费保障长效机制，将人民法院人员经费、公用经费、办案经费全额纳入财政预算，与诉讼费收入彻底脱钩；加大中央和省级财政转移支付力度，有效保障高级法院、中级法院和落后地区的城区法院正常运转和法庭建设、信息化建设、基础设施建设、装备建设。

---

① 《中共中央关于全面深化改革若干重大问题的决定》，载《人民日报》2013 年 11 月 16 日第 1 版。

② 同上。

（六）推进依法治理、依法自治、全民守法，建设法治社会

从宏观样态上说，法治社会主要包括三个基本层面：第一，党和政府依法治理社会。各级党委和政府依据法定的职权、程序和规则，运用法治思维和法治方式调节利益关系，解决社会纠纷，维护社会稳定，促进经济社会发展。第二，公民依法自由结社，社会主体依法自治。社会组织、基层群众、行业协会、企事业单位等社会主体依据法律的规定自主处理本组织、本行业、本单位的内部事务。第三，人人自觉守法。公民、社会团体、政党等依据法律的规定自主行使法定权利，自觉履行法定义务，承担法律责任。

建设法治社会，必须推进和保障社会自治。一个平等、自由和协商的社会领域是法治国家的根基所在。社会自治为公民及社会组织通过自我协商、平等对话参与社会治理、依法解决社会问题留出了广阔空间。社会依法自治和国家依法治理相结合，构成了法治社会的多元共治体系。

（七）依法规范权力，实现权力运行制约和监督法治化

坚持用制度管权管事管人、依法规范权力、加强权力监督，是法治中国建设的重要内容。对此，应建立健全边界清晰、运转高效、相互协调、监督有力的权力运行模式，确保党和国家机关及其工作人员按照法定权限和程序行使权力。建立严格的权力清单制度，把权力关进制度的笼子里。着力构建党的监督、人大监督、行政监督、司法监督和民主监督、社会监督有机结合、覆盖全面、运转高效、执行有力的全方位、立体化监督体系。依法保障社会公众的知情权和监督权。

（八）统筹国内法治和国际法治两个大局，加强国际法治交流与合作，为中华民族伟大复兴创造良好的国际法治环境

在当今全球化时代，我国要全面推进法治建设，必须确立统筹国内法治和国际法治两个大局的观念，正确处理国内法治与国际法治的关系。首

先，应积极参加国际公共事务的商讨，参与全球治理对话，善于运用法治的话语表达中国的立场和观点，将中国对国际公共事务的关切明确表达出来，并鲜明地建立和维护国际法治的立场，促进在各个方面和领域形成国际法治的格局。其次，认真研讨并总结中国过去半个多世纪的经验与教训，对于国际法在中国的适用与实施提出总体性规则，并在恰当的时机使其进入宪法修正案。最后，依据国际社会共同认可和接受的法治精神、法治理念和法治原则不断推动中国法治的发展，使世界认识中国、了解中国、认同中国，树立法治中国的良好形象，并在促进国际法治的参与过程中维护我国的合法利益。

法治与国家治理现代化 *

22 年前，中国改革开放的总设计师邓小平同志高瞻远瞩地提出，"恐怕再有三十年的时间，我们才会在各方面形成一整套更加成熟、更加定型的制度。"①2013 年，在邓小平同志这一战略思想的基础上，党的十八届三中全会将"完善和发展中国特色社会主义制度，推进国家治理体系和治理能力现代化"作为全面深化改革的总目标。② 这一总目标的设计为法学研究和法治建设提出了新的时代性重大课题。

法治与国家治理息息相关。在现代国家，法治是国家治理的基本方式，是国家治理现代化的重要标志，国家治理法治化是国家治理现代化的必由之路。通过健全和完善国家治理法律规范、法律制度、法律程序和法律实施机制，形成科学完备、法治为基的国家治理体系，使中国特色社会主义制度更加成熟、更加定型、更加管用，并不断提高运用社会主义法治体系有效治理国家的能力和水平。

---

　　* 本文发表于《中国法学》2014 年第 4 期，并被《中国社会科学文摘》2015 年第 1 期、《高等学校文科学术文摘》2014 年第 5 期转载。

① 《邓小平文选》第三卷，人民出版社 1993 年版，第 372 页。

② 《中共中央关于全面深化改革若干重大问题的决定》，人民出版社 2013 年版，第 3 页。

一、法治是国家治理现代化的基本表征

法治与人治代表着两种不同的国家治理模式。法治是现代国家治理的基本方式，实行法治是国家治理现代化的内在要求。现代法治的核心要义是良法善治。正是现代法治为国家治理注入了良法的基本价值，提供了善治的创新机制。国家治理现代化的实质与重心，是在治理体系和治理能力两方面充分体现良法善治的要求，实现国家治理现代化。

（一）现代法治为国家治理注入了良法的基本价值

就国家治理体系而言，"良法"就是良好的制度。国家治理是不是良法之治，关键看国家治理制度体系贯通什么样的价值观和价值标准。以国家治理现代化的世界元素和中国标准而言，秩序、公平、人权、效率、和谐等当属其基本价值。

1.秩序价值

对于任何国家而言，国家治理第一位的、最直接的目的是建立和维护安定有序的社会秩序。秩序的存在是人类生存、生活、生产活动的必要前提和基础。没有秩序，人类的公共性活动就不可能正常进行。当代中国，内部秩序的基本形态包括公共生活秩序、市场经济秩序、民主政治秩序、意识形态秩序；外部秩序包括国际经济秩序和政治秩序。秩序的存在是人民安居乐业、国家长治久安最基础、最根本的条件，所以，国家治理首先要建立和维护秩序。当然，法治和国家治理要实现的秩序是"包容性秩序"。不是任何一种秩序都能够称得上是"包容性秩序"的。历史上，封建统治阶级及其代言人把封建等级制看作不可侵犯的秩序。韩非宣称："臣事君，子事父，妻事夫，三者顺则天下治，三者逆则天下乱，此天下之常道也。"[①] 董仲舒更是

---

① 《韩非子·忠孝》。

把"君为臣纲，父为子纲，夫为妻纲"① 宣布为封建社会秩序的核心内容。这样的秩序是蔑视人性、维护特权、禁止社会流动的秩序，与现代法治和国家治理所主张的安定有序南辕北辙。在社会主义核心价值体系引领下的秩序是百花齐放、百家争鸣、尊重差异、包容多样、"和而不同"的秩序，是一种使自由而平等的竞争和人道主义的生活成为可能的秩序，是摆脱了单纯偶然性、任意性、不可预测性的秩序，是各种社会分歧、矛盾和冲突能够在道德精神和法律理性的基础上得以和平解决或缓和的秩序，是社会组织健全、社会治理完善、社会安定团结、人民群众安居乐业的秩序。

"包容性秩序"是充满活力的秩序。充满活力，就是能够使一切有利于社会进步的创造愿望得到尊重，创造活动得到支持，创造才能得到发挥，创造成果得到肯定，全社会的创造能量充分释放，创新成果不断涌现，创业活动蓬勃开展。充满活力意味着人们享有广泛的自由，诸如：人身自由，不因性别、出身、血缘、籍贯、财产、受教育程度等因素而受到管制和歧视；思想自由，让想象力和兴趣热情奔放，生产出各种各样的精神产品和物质产品；言论自由，每一个人都有权利负责任地以语言、文字、图画、微博、微信、视频及其他方法自由地发表和传播自己的意见，并且拥有听取他人意见的平等权和相对于政府的知情权；创造自由，让聪明才智在理论创新、技术创新、生产创新、文化创新、制度创新等方面"物尽其用"；契约自由，基于血缘、亲情、宗教、伦理、权力等而形成的"人对人的依赖关系"退居到次要地位或者被彻底粉碎，每个人都成为独立的个人和平等的权利主体，每个人都可以依据自己的切身利益和合理预判与他人自由地交往和交易。充满活力也意味着要尊重劳动、尊重知识、尊重人才、尊重作为劳动结晶的技术和资本，放手让一切劳动、知识、技术、管理、资本等生产要素的活力竞相迸发，让一切创造社会财富的源泉充分涌现。充满活力也意味着全社会的积极因素被充分调动起来，盲动因素得到正确引导，消极因素尽可能被化解。

---

① 《礼纬含文嘉》。

2. 公正价值

公平正义是现代法治的核心价值追求，也是中国特色社会主义的内在要求。因而，国家治理的核心价值必然是体现党和国家执政为民的理念和社会公众的公平诉求，保障和促进社会公平，建设"公平中国"。

从古代到现代，人们不断地探讨个人、社会、国家为什么需要正义以及正义在社会中所扮演的角色；绞尽脑汁去解答什么是正义，怎样的人、怎样的行为、怎样的规则、怎样的制度、怎样的社会、怎样的国家才算是公正的；正义的标准或正义原则应当是什么样子，以及正义与其他社会价值的矛盾与调和。这些问题随着时代的变迁和社会矛盾的复杂化而不断改变形式。中共十八大报告、十八届三中全会《改革决定》和习近平总书记的系列讲话科学地回答了这些问题，并顺应时代潮流和人民意愿，提出了解决当代中国公平问题的基本方向和思路。党的十八大以解决人民最关心、最直接、最现实的利益问题为着力点，提出逐步建立以权利公平、机会公平、规则公平为主要内容的社会公平保障体系，努力营造公平的社会环境，保证人民平等参与、平等发展的权利。十八届三中全会《改革决定》进一步把"促进公平正义"、"增进人民福祉"作为全面深化改革的出发点和落脚点，强调"让发展成果更多更公平惠及全体人民"。① 习近平总书记深刻阐述了国家治理与保证社会公平正义的关系，指出："全面深化改革必须着眼创造更加公平正义的社会环境，不断克服各种有违公平正义的现象，使改革发展成果更多更公平惠及全体人民。""不论处在什么发展水平上，制度都是社会公平正义的重要保证。我们要通过创新制度安排，努力克服人为因素造成的有违公平正义的现象，保证人民平等参与、平等发展权利。要把促进社会公平正义、增进人民福祉作为一面镜子，审视我们各方面体制机制和政策规定，哪里有不符合促进社会公平正义的问题，哪里就需要改革；哪个领域哪个环节问题突出，哪个领域哪个环节就是改革的重点。对由于制度安排不健全造成的有违公平正义的问题要抓紧解决，使我们的制度安排更好体现社会主义公平正义

---

① 《中共中央关于全面深化改革若干重大问题的决定》，人民出版社 2013 年版，第 4 页。

原则，更加有利于实现好、维护好、发展好最广大人民根本利益。"①

在国家治理范畴内，社会公平主要包括权利公平、机会公平、规则公平、司法公正。

第一，权利公平。权利公平包括三重意义：一是权利主体平等，排除性别、身份、出身、地位、职业、财产、民族等各种附加条件的限制，公民皆为权利主体，谁都不能被排除在主体之外；国家对每个公民"不偏袒"、"非歧视"。二是享有的权利，特别是基本权利平等。在基本权利方面不允许不平等的存在，更不能允许任何组织或者个人有超越宪法和法律的特权。三是权利保护和权利救济平等。"无救济则无权利。"任何人的权利都有可能受到侵害或削弱，当权利受到侵害或者削弱的时候，应当获得平等的法律保护和救济。不能因为当事人保存证据的意识和取证能力不强、交不起诉讼费用、请不起律师等原因而导致打官司难、胜诉难、胜诉之后执行难。

第二，机会公平。机会公平也称作机会平等。机会公平是人类从身份社会进入契约社会的过程中提出来的反对封建等级制度和世袭制度的革命纲领。机会公平纲领要求摒弃先赋性特权、身份等级等不公正因素的影响，保证每个社会成员能够有一个平等竞争的条件，从而拓展个人自由创造的空间，最大限度地发挥每一个人的能力和潜能。在现代社会，机会公平堪称是最重要的正义原则，因为机会公平是起点平等，没有起点平等，后续的平等就是画饼充饥。机会公平意味着对发展进步权利的普遍尊重。它要求在公共领域公正地对待和确保每一个人的权利，各种职位对一切符合条件的人开放，允许并鼓励不同阶层、地域互相开放，允许社会成员自由流动。机会公平当中最重要的是教育公平。教育公平就是为人人提供同等的受教育的机会和均等的教育资源，为所有人创造自由而全面发展的均等条件，使人们在公平正义的阳光普照下，从同一起跑线上起跑，向着共同的幸福未来进发。

机会公平还应当包括代际平等。不仅要切实保证当代人的平等机会，而

---

① 习近平：《切实把思想统一到党的十八届三中全会精神上来》，载《人民日报》2014年1月1日第2版。

且应当关注和保证后代人机会平等。当前，我国有相当多的农民、农民工、普通工人和困难群众子女享受不到社会公认的公共教育资源，不能接受平等教育，这必将导致他们普遍缺乏在未来社会的生存能力和竞争能力，形成新的代际不公。

习近平总书记高度重视机会公平。他说："生活在我们伟大祖国和伟大时代的中国人民，共同享有人生出彩的机会，共同享有梦想成真的机会，共同享有同祖国和时代一起成长与进步的机会。有梦想，有机会，有奋斗，一切美好的东西都能够创造出来。"①

在国家治理制度体系中，虽然机会公平并不能确保"结果平等"，但它为每个成员的发展提供了公平参与和实现梦想的可能性。在社会各个领域，人们之间能力有高低，结果会不同，但机会公平了，心态也就会平和许多。最近几年频频曝光的"官二代"、"官三代"违规担任公职和领导干部的事件在媒体上被广泛议论，根源就在于它们破坏了机会公平、平等竞争的底线，泯灭了其他竞争者脱颖而出的梦想和预期，触动了广大平民百姓渴望机会公平的神经。

第三，规则公平。规则是一个统合概念，包括了所有的法律规则、政策规则、显规则、潜规则、硬规则、软规则等。这里讲的规则公平主要是政策和法律规则要公平。规则公平有三重含义：一是形式上公平，就是人们经常说的法律（政策）面前一律平等，即立法上的平等，全体公民，不分民族、种族、职业、宗教信仰、财产状况、受教育程度、居住年限与社会地位，在法律规则和标准面前人人平等。二是实体公平，就是权利义务对等，既不允许存在无权利的义务（奴役），也不允许存在无义务的权利（特权），每个人都既享有权利又承担义务，自由地行使权利，忠实地履行义务。三是在法律实施中"无例外"，对任何公民的合法权益，都应当依法保护；对任何公民的违法犯罪行为，都平等地依法追究。既不容许不受保护的"例外"，也

---

① 习近平：《在第十二届全国人民代表大会第一次会议上的讲话》，载《人民日报》2013年3月18日第1版。

不容许不受处罚的"例外"。总之，任何人，不论职位高低，不论贫富差异，法律上一视同仁。

第四，司法公正。司法是维护社会公平的最后一道防线，司法公正是社会公平的底线。客观地说，我国的司法基本上是公正的，但不公正的案件时有发生，造成了恶劣影响。影响司法公正的首要因素是法官、法庭、法院难以做到依法独立公正办案，遭遇到的干扰和干涉太多。2013 年 2 月 23 日，习近平总书记在中央政治局第四次集体学习会上尖锐地指出：群众反映，现在一个案件，无论是民事案件还是刑事案件，不托人情、找关系的是少数。尤其到了法院审判环节，请客送礼、打招呼、批条子的情况很严重。这说明依法独立公正司法的外部环境很差，司法独立和司法公正受到不应有的干扰。地方保护、部门保护的干扰和干涉，以权压法、权大于法、迫使司法机关滥用职权、违法办案的现象时有发生，导致司法不公、冤假错案，甚至引发大规模群体性事件，特别是在土地征用、房屋拆迁、社会保障、高速公路建设、新农村建设等领域尤为突出。越是往下，司法机关依法独立公正办案的压力越大。

司法公正是司法公信和国家公信的基础，如果这一基础被虚化，人民群众对公平正义的信心、对法律的信任、对法治的期待，就会一落千丈。正如英国哲学家培根所言："一次不公正的司法判决其恶果甚于十次犯罪，因为犯罪只是弄脏了水流，而不公正的判决却是弄脏了水源。"[1] 对于"弄脏了水源"，我的理解就是破坏了司法和法律的公正，也摧毁了司法和法律的公信力。党的十八大之后，习近平总书记多次强调指出：全面推进依法治国，必须坚持公正司法。"要依法公正对待人民群众的诉求，努力让人民群众在每一个司法案件中都能感受到公平正义，绝不能让不公正的审判伤害人民群众感情、损害人民群众权益。"[2] 在 2014 年 1 月召开的中央政法工作会议上，

---

① W. Aldis Wright M.A., *Bacon's Essays and Colours of Good and Evil with Notes and Glossarial Index*, New York: the Macmillan Company，1899, p.222.

② 习近平：《在首都各界纪念现行宪法公布施行 30 周年大会上的讲话》，载《人民日报》2012 年 12 月 5 日第 2 版。

习近平总书记明确提出维护公平正义是司法与法治的核心价值。这表明党和人民对司法提出了更高的标准和更严格的要求。为了做到司法公正，所有司法机关都要紧紧围绕公正这个主题来改进工作，重点解决影响司法公正和制约司法能力的深层次问题，要优化司法职权配置，规范司法行为。同时，要坚持和改进党对司法的领导，加强和改进人大对司法工作的监督，进一步深化司法改革，确保人民法院、人民检察院依法独立公正地行使审判权和检察权，切实维护司法权威和公正；要大力培养理性的司法文化，尊重司法公正和司法权威，为司法机关创造公正司法的制度环境、文化环境和物质条件。

3. 人权价值

确认和保障权利是法治的真谛，尊重和保障人权是国家治理的精髓所在，也是国家现代性的根本体现。将法治精神融入国家治理，就是要确立和强化人权和公民权利神圣的观念和信念，确保在各种考量中，人权和公民权利具有优先性，这是使人活得自由且有尊严的内在要求。我国某些地方频频发生公民的人身自由、人格尊严、通信秘密、生命、财产等人权和公民权利受到侵害的事件，究其原因就是人权和公民权利还不够神圣，有些官员不把人权和公民权利当回事。在国家治理中，一定要懂得只有政府认真对待人权和公民权利，人民才会认真对待政府、法律和秩序，这样才会形成官民和谐型社会。十八届三中全会《改革决定》设立了政府权力清单制度和公民、法人、社会组织、市场主体权利负面清单制度，认定国家机关和公权力部门"法无授权不可为"，公民、法人、社会组织"法无禁止则自由"，这是国家治理中人权理念的升华和文明进步。

尊重和保障人权，最重要的是保障公民的基本权利。基本权利主要是指人权和宪法宣告的公民基本权利。通常划分为三类，第一类是公民政治权利和自由，诸如知情权、参与权、选举权与被选举权、监督权，以及言论、出版、集会、结社、游行、示威自由，宗教信仰自由，人身自由，人格尊严，通信自由，住宅不受侵犯，通信秘密受法律保护，等等。第二类是经济、社会、文化权利，主要包括财产权、受教育权、劳动权、休息权、健康权、契约自由，在年老、疾病或者丧失劳动能力的情况下有从国家和社会获得物质帮助的权利，退休养老的权利，医疗服务和保障的权利以及环境权等等。第三类是特殊人群、社会相对弱势群体的权利，主要是少数民族、妇女、儿童、老年人、残疾人等的权利。在这些权利当中，生存权是首要人权，发展权是根本权利。随着经济社会的发展，人们对"权利"的认知与诉求将从生存层面上升到发展层面，从直接的经济层面上升到政治、文化层面，权利关注将持续升温，新型权利将不断涌现。作为国家治理核心主体的执政党和国家权力机关要积极回应人民群众日益增长的多样化权利诉求，不断丰富宪法法律权利体系，健全人权和权利保障制度。

4. 效率价值

与秩序、公平正义和人权一样，效率也是一个社会的核心价值。一个治理良好的社会必然是有秩序的社会、公正的社会、人权有保障的社会，也应当是高效率的社会。国家治理的效率通过法治可以更好地实现。从理论和实践两个方面看，法治化的治理要比人治化的治理更富有效率，更能够保持可持续的发展。在人治化的治理中，在重大决策事项上，领导人个人说了算，看起来决策效率很高，但由于个人的见识、智慧和能力毕竟有限，这种决策方式很容易出错，甚至在根本性、全局性问题上出现颠覆性错误，而且往往难以自我纠正。十年"文化大革命"就是沉痛的教训。现在一些地方少数领导人自以为是、独断专行，瞎指挥、瞎折腾，干了很多劳民伤财、得不偿失的蠢事，盲目决策、错误拍板上马的项目、工程，给土壤、水流、大气造成严重污染，并致使社会矛盾激发，群体性事件频发。而在法治化的治理中，决策者依照程序科学决策、民主决策，看起来比较费事费时，但决策失误的可能性大大减少，而决策失误是最严重的负效率。同时，由于建立了明晰的人权制度、物权制度、合同制度、侵权制度、诉讼制度等，为经济社会主体确立了制度信心，从而激发了社会活力，保障了自由竞争，实现了政治效率、经济效率和社会效率在法治的框架内持续增量。

5. 和谐价值

我们正处在改革的深水区和发展的关键期，同时也处于社会矛盾的凸显期。面对这一国情背景，构建社会主义和谐社会，努力促进人与人之间、公民与国家之间、群体与群体之间、阶层与阶层之间、区域与区域之间、乃至国家与国家之间和谐，实现各主体各得其所又和谐相处，毫无疑问应当是国家治理的核心价值。

"和谐"是一个非常古老而又经久不衰的概念。人们通常是在美学、哲学和社会科学三个方面理解"和谐"。在美学意义上，东西方思想家早就将和谐视为至美、最美。中国思想家欣赏音乐的和谐之美，把音乐中不同音符之间的合成与流动看作和谐。古希腊思想家认为"美是和谐的比例"，数是比例的表达，事物之间的和谐关系可以表现为某种恰当的数的比例关系。在哲学意义上，古希腊哲学家毕达哥拉斯把"和谐"作为哲学的根本范畴，并且认为和谐是以差别和对立的存在为前提的，是"对立的东西产生和谐，而不是相同的东西产生和谐"。"和谐"（"和"）也是中国哲学的根本范畴。春秋战国时期就有思想家作出了"和实生物，同则不继"的著名论断。孔子提出"君子和而不同，小人同而不和"，并且认为和谐不仅是客观规律，而且是做人、治国的原则，因而把"和"、"同"两个范畴引入社会道德领域和政治领域。在社会科学诸多学科中，和谐也是重要范畴或基本范畴，这一范畴通常与国家理想和国家治理和社会治理相联结。华夏先民主张的"小康社会"，洪秀全主张的"有田同耕，有饭同食，有衣同穿，有钱同使，无处不均匀，无人不饱暖"的"太平天国"，康有为提出"人人相亲、人人平等的大同社会"，孙中山追求的"天下为公"，柏拉图所设想的"理想国"，空想社会主义者傅立叶、欧文、魏特林等人设想的"乌托邦"，马克思和恩格斯梦想的共产主义社会，毛泽东等新中国缔造者提出建立"中华人民共和国"，都是以和谐为表征的国家或社会。上述意义是互通的，为我们理解和谐概念和作为国家和社会理念的和谐提供了丰富的思想资源。

党的十六大以来，有关和谐、社会和谐、促进社会和谐、构建社会主义和谐社会等的论述和实践，则为我们深刻把握和谐价值提供了更为直接的思想理论基础。党的十六大报告在阐述全面建设小康社会的宏伟目标时强调要努力形成全体人民各尽其能、各得其所而又和谐相处的局面，巩固和发展民主团结、生动活泼、安定和谐的政治局面。十六届六中全会通过了《中共中央关于构建社会主义和谐社会若干重大问题的决定》，进一步明确了构建社会主义和谐社会的指导思想、目标任务和原则，进一步部署了构建社会主义和谐社会的工作任务。党的十七大报告十分深刻地作出了"社会和谐是中国特色社会主义的本质属性"的论断，并指出："构建社会主义和谐社会是贯穿中国特色社会主义事业全过程的长期历史任务，是在发展的基础上正确处理各种社会矛盾的历史过程和社会结果"，"要按照民主法治、公平正义、诚信友爱、充满活力、安定有序、人与自然和谐相处的总要求和共同建设、共同享有的原则，着力解决人民最关心、最直接、最现实的利益问题，努力形成全体人民各尽其能、各得其所而又和谐相处的局面，为发展提供良好社会环境。"① 十八大报告也强调："加强社会建设，是社会和谐稳定的重要保证。"②

在推动国家治理现代化中，以和谐作为法治和国家治理的核心价值，就是要把和谐价值融入法律规范体系和国家治理制度体系之中，致力于构建社会主义和谐社会。一要致力于引导和维护作为社会细胞的个体与个体的和谐，在诚信友善的基础上，促进人与人之间真诚相待、坦然相处、友爱互助，建立起良好和谐的人际关系，夯实和谐社会、和谐中国的根基。二要致力于引导和维护人与社会和谐，包括公民与国家的和谐，个体与集体的和谐，居民与社区的和谐，群体（阶层）与群体（阶层）的和谐等。三要引导和维护人与自然的和谐，人与自然的和谐与人与人、人与社会的和谐是相得益彰的。四要致力于引导和维护中国与世界的和谐，推进国际关系民主化、全球治理法治化，尊重文化多样性和发展模式多样化，尊重各国独立自主选择发展道路的权利，尊重各国平等参与国际事务的权利；坚持国与国之间和

---

① 胡锦涛：《高举中国特色社会主义伟大旗帜 为夺取全面建设小康社会新胜利而奋斗——在中国共产党第十七次全国代表大会上的报告》，载《人民日报》2007 年 10 月 25 日第 1 版。

② 胡锦涛：《坚定不移沿着中国特色社会主义道路前进 为全面建成小康社会而奋斗——在中国共产党第十八次全国代表大会上的报告》，载《人民日报》2012 年 11 月 18 日第 1 版。

平、民主、平等的原则，强调以合作共赢为目标，以合作谋和平，以合作促发展。

和谐不仅是法治和国家治理的基本价值，在某种意义上也是法治和国家治理的终极价值、元价值。相对于其他价值，其"终极性"、"元地位"表现为：一是凝练国家和法的价值，即从社会生活、历史传统、社会未来发展、哲学和法理中凝练出现代国家和法的价值。二是规范国家和法的价值，即从根本上决定着其他价值的本质属性，秩序应当是和谐的秩序，自由应当是和谐的自由，正义应当是和谐的正义，人权应当是和谐的人权，效率应当是和谐的效率，等等。三是引领和协调国家和法的价值，使它们成为内在统一、互为补充、互相支撑的价值体系。四是反思和追问国家和法的价值，推动法治和国家治理的制度创新。进入 21 世纪以来，和谐越来越成为中国社会普遍关注的价值理念和标准，成为统摄一切价值的元价值。和谐精神的导入，必将使中国社会主义法治体系和国家治理体系超越中国传统"统治"和西方传统"治理"而走向善治。

（二）现代法治为国家治理提供了善治的创新机制

善治，是就国家治理能力而言的。国家治理是不是"善治"，关键看治理的目的、机制、方式、方法。"善治"（good governance），是个典型的外来语。国外学者对"善治"有多种解读和解释，其中法国学者玛丽-克劳斯·斯莫茨的解读具有一定的代表性，他认为：善治包括四大要素：第一，公民安全得到保障，法律得到尊重，特别是这一切都须通过法治来实现。第二，公共机构正确而公正地管理公共开支，亦即进行有效的行政管理。第三，政治领导人对其行为向人民负责，亦即实行责任制。第四，信息畅通，便于全体公民了解情况，亦即具有政治透明性。①"善治"一词的"'正式'定义主要来自世界银行、国际货币基金组织、联合国（特别是联合国开发

---

① 参见 [法] 玛丽-克劳德·斯莫茨：《治理在国际关系中的正确运用》，肖孝毛译，载《国际社会科学杂志》（中文版）1999 年第 1 期。

计划署）、经合组织以及其他捐赠组织。"① 例如，联合国开发计划署（the United Nations Development Program）认为："善治是政府、公民社会组织和私人部门在形成公共事务中相互作用，以及公民表达利益、协调分歧和行使政治、经济、社会权利的各种制度和过程。"② 在中国语境中，"善治"远远超出了西方学者赋予"善治"的语义，其基本特质一是以人为本，二是依法治理，三是公共治理。

1. 以人为本

"以人为本"，就是一切从人出发、以人为中心；就是要把人作为观念、行为、制度的主体，把人的解放和自由、人的尊严、兴趣和全面发展，作为每个人、每个群体及至每届政府、每届领导人的终极关怀。同时，"以人为本"也意味着在党和政府的全面终极关怀之外，人也应当把自己看作人、提高自己的人性，在社会生活中应当有宽容、诚信、自主、自律的自觉意识和观念，既善待自己和他人，也要求他人善待自己。

以人为本是根植于当代中国特色社会主义实践并超越传统中华文明、符合中华民族和中国人民根本利益的法治和国家治理理论。它凝聚了中国社会的高度共识，体现了法治和国家治理理论的本土化、综合化、政策化和国际化多重元素，荷载了人类社会治理模式从人治到法治再到良法善治的理性诉求。

以人为本之所以是善治，在于其界定了法治和治理的"良善"本性。以人为本的法学（律）表达就是尊重和保障人权，尤其是对弱势群体民生权利的关怀和保护。人权作为宪法基本原则在整个法律体系中的通贯，其对公民自主与福利的尊奉与守护，及其对公权力的训诫与规制，使得"法治"和"治理"不仅仅表征一种"术"和方法，更具有了道德上的正当性与合法性，以人为本的善治必然催生社会、国家、人民臻于至善。

---

① 王正绪：《亚太六国国民对政府绩效的满意度》，苏世军译，载《经济社会体制比较》2011年第1期，第99页。

② [美] G. 沙布尔·吉玛、丹尼斯·A. 荣迪内利编：《分权化治理：新概念与新实践》，唐贤兴、张进军等译，格致出版社、上海人民出版社2013年版，第5页。

以人为本理念在中国政治和法治系统中的贯彻，标识和引导着国家治理的现代化进程。以人为本的提出，就是要纠正经济发展和社会转型中出现的急功近利、拜金主义、纵欲骄奢、恃强凌弱、环境污染、生态破坏等漠视人的主体性、尊严福祉、自由平等的负面现象。而这些负面现象的矫治，必然落实为国家治理机制的创新，必然要求秉持以人为本的基本理念对公民自主、社会自治、国家治理的基本格局和内在逻辑予以重构。在党的十六大、十七大和十八大已取得成果的基础上，十八届三中全会更是在全面深化改革的总体部署中，对尊重人民主体地位、增进人民利益福祉、促进人的全面发展、保障和改善民生、确保改革成果的广泛公平分享等方面作出了顶层设计。经济体制改革、行政体制改革、社会治理体制创新、生态文明制度建设，以及教育医疗社会保障等社会事业创新的具体举措，必然汇聚为法治中国建设的系统工程，必然有力地推动法治和国家治理现代化进程。

2. 依法治理

依法治理之所以是善治，首先在于法治优于人治。人治的典型特征在于统治者个人或者极少数人说了算，这种治理方式除了出错率高之外，往往导致人亡政息，难以为继。有鉴于此，邓小平同志反复告诫全党和人民，人治"危险得很"，人治"靠不住"。他曾在同几位中央负责同志的谈话中指出："一个国家的命运建立在一两个人的声望上面，是很不健康的，是很危险的。不出事没问题，一出事就不可收拾。""还是要靠法制，搞法制靠得住些。"[①]相对于人治，法治具有明显的多重优越性。其最大优越性在于，它能够保持执政党的执政理念、执政路线、执政方针的连续性、稳定性、权威性，不因领导人的改变而改变，不因领导人看法和注意力的改变而改变，真正做到"不动摇"、"不折腾"。第二个优越性在于，随着革命时代的过去，主要依靠革命家的个人权威和魅力治理中国这样一个有十四亿人口的大国和中国社会这样一个利益日益多元化复杂化的社会的可能性已经不复存在，唯有依靠法治，依靠宪法和法律制度体系才能在多样化中凝聚共识和力量，保证中国社

---

① 《邓小平文选》第三卷，人民出版社 1993 年版，第 311 页。

会可持续的发展与稳定。第三个优越性在于，法治是公开透明的规则之治和程序之治，具有可预期性、可操作性、可救济性，因而能够使人民群众对自己的经济、政治、社会、文化规划和生产、生活有合理预期和安全感，确保了国家治理的公信力。第四个优越性在于，宪法和法律是由国家制定的，并依靠国家强制力作为终极力量保证实施的，它能够克服政策等治理制度体系的局限性，确保制度体系运行的效能。法治的这些优势是人治所不具有的。特别是进入新世纪以来，国家治理的社会历史条件和国内国际经纬都发生了重大变化，我国社会的利益格局发生深刻变动，形成了不同的利益阶层和群体。与此相应，以利益为实体的道德观念和道德标准急剧分化，各个阶层、各个群体普遍认同和接受的道德观念、道德标准甚至道德规范已缺乏坚实的经济和社会基础，加上人民群众的法治观念、权利意识、维权动力普遍增强，作为社会共识最大公约数的法律理所当然地在国家治理中扮演着主导角色。同时，由于政策固有的因地制宜、因时制宜、因人制宜等局限性，实行法治合乎规律地成为治国理政的第一选择，成为政治文明发展的时代潮流。这就要求党和政府在国家治理中必须遵循法治的规律和原则，善用法治思维和法治方式处理国家治理当中的深层次问题和矛盾。

3. 公共治理

公共治理，就是让公众以主体身份参与到国家治理当中，既管理国家事务、经济社会文化事务，又对自身事务实行高度自治。公共治理之所以是善治，在于治理优于管理。由于公共治理理念和机制的融入，"国家管理"概念被"国家治理"概念所替换，公众成为国家治理不可或缺的重要组成部分，有了知情权、表达权、参与权、决策权和监督权。治理与管理不是对立的模式，而是初级版与升级版的关系。治理是管理的升级版，它保留了管理的许多要素，同时超越了管理的局限，承载着比管理更多更复杂的职能，更能够有效应对国家治理中面对的新情况新问题，满足人民群众的新要求新期待。

公共治理的优势在于，一是它更加充分地将民主理念和民主机理融入到国家治理当中，最大限度地吸收公众参与，扩大公民及其组织的话语权和决定权，体现了人民当家作主。二是它以对话、沟通、协商等方式，保证不同党派、不同阶层、不同群体、不同利益集团、不同社会界别平等自由地表达利益诉求和政策主张，在此基础上最大限度地凝聚共识，消解或缩小分歧，促进各个阶层、各个群体的人们相互之间的政治认同、思想认同、感情认同和彼此尊重；妥善协调利益关系，使不同阶层、不同群体在利益分化的格局中仍能各得其所又和谐相处。三是多元主体合作共治，公共治理与政府治理相辅相成。在国家治理中，国家权力机关、行政机关、司法机关、军事机关体现着"政府治理"的职能，人民政协、人民团体、经济社会组织和人民群众发挥着"社会治理"的作用。两类治理在党的领导下有效衔接、协同配合，创新了国家治理模式，增添了国家治理的正能量。四是它为社会自治开辟了广阔空间，把不应或不宜由执政党和国家机构管理的事务交由社会自我治理。良好的国家治理总是与社会自治紧密结合的，国家治理体系越完善、越文明，社会组织在国家治理中的地位越受重视，作用发挥得越好。社会自治的内容十分丰富、形式无限多样。十八届三中全会《改革决定》强调，要激发社会组织活力，要求正确处理政府和社会关系，加快实施政社分开，推进社会组织明确权责、依法自治、发挥作用；适合由社会组织提供的公共服务和解决的事项，交由社会组织承担；支持和发展志愿服务组织；限期实现行业协会、商会与行政机关真正脱钩。这些改革举措必将为社会自治建构更加宽阔的平台。

公共治理是国家治理现代化的重要标志。当下中国有多种民主形式，其中，基于公共治理制度平台的协商民主是我国社会主义民主政治的独特优势，是人民民主制度和党的群众路线在国家治理领域的重要体现。协商民主的独特优势在于它把理性引入公共生活，形成一种转化冲突寻求合作的政治机制，即把公共争议和利益冲突置于一个公开协商的行动过程，建构一个政府与公民的合作治理体系。十八届三中全会《改革决定》提出，要推进协商民主广泛多层制度化发展，构建程序合理、环节完整的协商民主体系，拓宽国家政权机关、政协组织、党派团体、基层组织、社会组织的协商渠道。深入开展立法协商、行政协商、民主协商、参政协商、社会协商。贯彻落实三中全会《改革决定》，必将使国家治理中的公共治理获得新发展、呈现新气象、取得新成效。

二、法治化是国家治理现代化的必由之路

（一）推进国家治理法治化的必然性与重要性

推进国家治理法治化，是国家治理现代化题中应有之义。改革开放以来，我国各项治理制度的创新发展始终与法律制度体系完善发展同步，与全面深入推进立法体制、执法体制和司法体制改革相适应。市场经济是法治经济，民主政治是法治政治，法治是治国基本方略，法治是党执政的基本方式，善于运用法治治国理政，更加重视发挥法治在国家治理和社会管理中的重要作用，这些科学论断和实践充分表明，国家治理现代化的过程也就是国家治理法治化的过程，国家治理现代化必然要表现为国家治理法治化，并通过法治化引领和保障现代化。

推进国家治理法治化，是中国共产党执政理念的必然要求。党的十七大、十八大．十八届三中全会相继提出，要全面落实依法治国基本方略、全面推进依法治国和加快法治中国建设，实现国家各项工作的法治化。在实现国家各项工作法治化当中，最重要的当属实现国家治理法治化，使国家治理在法治轨道上运行。党的十八大以来，以习近平为核心的党中央更加强调依法执政、依法治国、依法行政、依法治理社会，更加鲜明地提出法治是治国理政的基本方式，各级领导干部要提高运用法治思维和法治方式深化改革、推动发展、化解矛盾、维护稳定的能力，要将法治国家、法治政府、法治社会一体建设。党的执政理念和法治理论深刻揭示出了法治在国家治理中的决定性作用。法治的作用，已经从十五大提出依法治国基本方略时的"基础性作用"演进为今天治国理政当中的"决定性作用"。

推进国家治理法治化，也是人民群众的共识和关切。无论是党的执政活动、国家机关履职活动，还是人民行使民主权利参与国家治理的活动，都应当遵循法治的规则和程序。据统计，十二届全国人大第二次会议期间，以代

表团名义和 30 人以上代表联名提出的议案有 468 件，其中绝大多数为法律案。"最大特点是落实全面深化改革总目标和任务的要求，围绕完善和发展中国特色社会主义制度、推进国家治理体系和治理能力现代化，从法律的制定、修改、废止、解释的角度，提出意见和建议。"①

推进国家治理法治化也是国际社会的潮流。进入 21 世纪之后，法治成为民主、文明国家的基本共识。当今世界，国家之间、区域之间乃至世界范围内的很多问题越来越多地被纳入法治轨道。最近十多年，包括中国在内的许多国家和联合国等国际组织积极推动国际关系民主化法治化，取得了巨大进步。在和平共处五项原则发表 60 周年纪念大会上的讲话中，习近平总书记再次主张"共同推动国际关系法治化。推动各方在国际关系中遵守国际法和公认的国际关系基本原则，用统一适用的规则来明是非、促和平、谋发展"。②2005 年《世界首脑会议成果文件》将法治作为一项普遍核心价值和原则，呼吁在国家和国际两级全面实行法治。联合国大会及其第六委员会和国际法委员会，致力于国际条约的制定和国际法的编纂，为"国际立法"作出了积极贡献。安全理事会积极预防和解决地区冲突，通过法治手段，维护国际和平与安全。国际法院通过司法手段解决国际争端，其判决和咨询意见进一步阐明了国际法的有关原则和规则，丰富和发展了国际法。从 2006 年开始，联合国大会第六委员会开始讨论国家和国际两级法治的问题。对于这个问题的研讨扩大了国家之间在加强法治方面的共识，体现出世界人民共同努力建设一个法治世界的愿望。在这样的国际时代背景下，加快推进国内法治，尤其是推进国家治理法治化，毫无疑问是顺应历史潮流的正确选择。

（二）国家治理法治化的基本面向

国家治理法治化包括治理体系法制化和治理能力法治化两个基本方面。

---

① 《关于第十二届全国人民代表大会第二次会议代表提出议案处理意见的报告》，载《中华人民共和国全国人民代表大会常务委员会公报》2004 年第 2 期，第 289 页。

② 习近平：《弘扬和平共处五项原则　建设合作共赢美好世界——在和平共处五项原则 60 周年纪念大会上的讲话》，载《人民日报》2014 年 6 月 29 日第 2 版。

1. 国家治理体系法制化

国家治理体系本质上就是国家制度体系。中国特色社会主义国家治理体系由一整套制度构成，包括以中国共产党党章为统领的党内法规制度体系、以党的基本路线为统领的政策制度体系、以宪法为统领的法律制度体系。这套制度体系，从治理主体角度，包括有关执政党中国共产党、人民及其代表大会（代表人民统一行使权力的国家机关）、国家行政机关、国家司法机关、人民政协、社会组织等在国家治理中的主体地位的制度；从治理客体角度，包括经济治理制度、政治治理制度、文化治理制度、社会治理制度、生态治理制度等；[①] 从治理事务角度，包括有关改革发展稳定、内政外交国防、治党治国治军等治理制度；从治理权能角度，包括有关各治理主体的资格和权力（职权）或权利的制度，以及科学界定和划分各种权力、权利的制度；从治理程序角度，包括有关行使治国理政权力和参与治国理政的各种程序制度；从治理评价角度，包括有关国家治理方式、过程和效能的评价制度。国家治理的各项制度总体上最终都要汇总于、表现为法律制度体系，即法制化的制度体系。

国家治理制度只有通过法制化，才能定型化、精细化，把国家治理制度的"分子结构"精细化为"原子结构"，从而增强其执行力和运行力。国家治理制度法制化的路径一般是：党和政府先是以党内法规和政策形式宣示、确认其治国理念、治国道路、治国路线、治国经验等，待这些党内法规和政策在治国理政的实践中进一步成熟后，再通过立法程序将其上升为法律，由宪法或法律加以确认、完善和定型。这里，以现行宪法的修改为例。现行宪法 1982 年颁布实施以来，进行过四次修改，共审议通过 31 条宪法修正案。每一次修宪、每一条修正案都是对宪法本身的重大完善，更是对党和政府治国理政制度的法制化和定型化，都对我国经济建设、政治建设、文化建设、社会建设、生态文明建设和法治建设产生了积极的推动作用。

---

① 我国学者借鉴美国学者杰里米·里夫金提出的当今社会是由市场、政府和公民社会形成的三足鼎立的观点，将国家治理体系划分为政府治理、市场治理、社会治理。参见俞可平：《推进国家治理体系和治理能力现代化》，载《前线》2014 年第 1 期。

1982 年《宪法》是在我国启动改革开放的历史条件下制定的。其基本原则已经为改革开放提供了制度空间。但是，随着形势的发展，已有的空间已不能适应深化改革和扩大开放的需要，而要通过修宪来扩充改革开放的制度空间。当时，党和政府探索和实验推进私营经济开放和土地转让，并形成了党的政策。实践证明，放开私营经济不但不会影响公有制经济，反而会对公有制经济起着重要的补充作用，推动整个国民经济快速发展。土地使用权转让的开放同样重要。如果不允许土地使用权合法转让，中外合资与外国独资企业的开办及在本地生产经营都不可能顺利进行，经济体制改革和对外开放不但不可能进一步发展，甚至会出现倒退。所以，党中央建议修宪，在宪法中给私营经济以恰当的生存地位，并使土地使用权转让合法化。1988 年 4 月 12 日，七届人大一次会议通过《宪法修正案》，在《宪法》第 11 条增加："国家允许私营经济在法律规定的范围内存在和发展。私营经济是社会主义公有制经济的补充。国家保护私营经济的合法权利和利益，对私营经济实行引导、监督和管理。"把《宪法》第 14 条第 4 款修改为："任何组织和个人不得侵占、买卖或者以其他方式非法转让土地。土地的使用权可以依照法律的规定转让。"

1988 年《宪法修正案》公布实施以后，我国的经济体制改革迅速深化，与之相适应，政治体制改革逐渐推开。特别是 1992 年 10 月党的十四大提出建立社会主义市场经济体制，进一步完善人民代表大会制度。党在经济体制改革、政治体制改革和政治建设等方面形成了新的路线、方针、政策和主张，并在党章修正案中得到确认和规定，由此，中共中央再次建议修宪，八届人大一次会议在 1988 年修宪的基础上再次修宪，而且通过 9 条修正案。主要内容包括：明确宣布我国正处于社会主义初级阶段；宣布国家的根本任务是集中力量进行社会主义现代化建设；宣布坚持改革开放，把以"一个中心、两个基本点"为核心内容的党的基本路线完整地体现在根本大法之中，把建设"高度文明、高度民主"的社会主义国家修改为建设"富强、民主、文明"的社会主义国家，突出了经济建设的重要性及其与民主政治发展的关系，把民主和文明前面的定语"高度"删掉，使之与社会主义初级阶段的实际与可能相适应；规定"中国共产党领导的多党合作和政治协商制度将长期存在"，把我国的政治制度体系表达得更为全面完整；将"国营经济"改为"国有经济"，一方面明确了所有制关系，另一方面表明国有经济的实现方式并非一定要由国家经营，体现了所有权与经营权分离的改革精神；肯定了"农村中家庭联产承包为主的责任制和生产、供销、信用、消费等各种形式的合作经济"的社会主义集体所有制的法律地位；确立了市场经济的合法地位，为社会主义市场经济的建立和发展提供了宪法保障；延长了县级人民代表大会的任期，使基层人民代表大会的运行更加规范有效，有利于保证县级政权的相对稳定，有利于县域政治稳定和经济发展。这些修改把党的执政理念和路线方针政策及时转化为国家治理的宪法制度，推进了国家治理制度的法治化。

　　六年之后，即1999年，九届人大二次会议对《宪法》进行了新三次修改。这次修宪的依据是党的十五大关于党和国家指导思想、经济体制改革、政治体制改革、依法治国等重大问题的决定和中共中央关于修宪的建议。这次修宪只有6条修正案，但内容十分重要。主要内容包括：第一，把"我国正处于社会主义初级阶段"修改为"我国将长期处于社会主义初级阶段"。这一修改有利于统一全国人民对社会主义初级阶段长期性的认识，特别是有助于防止和克服各种超越历史阶段的"左"的、空想社会主义的错误认识、错误政策、错误做法。第二，把邓小平理论作为党和国家的指导思想写入《宪法》，从根本大法上明确了邓小平理论的指导地位和作用。这一修正案对于坚持中国特色社会主义道路、深入推进改革开放伟业，具有重大的现实意义和深远的历史意义。第三，明确规定"实行依法治国，建设社会主义法治国家"。把党的十五大提出的依法治国基本方略和建设社会主义法治国家的奋斗目标载入《宪法》，充分表明中国将坚定不移地沿着依法治国的道路前进，逐步把经济、政治和社会生活纳入法治轨道，实现政治民主自由、经济繁荣昌盛、社会稳定发展、人民安居乐业。第四，在原来关于社会主义经济制度的规定之后，增加"国家在社会主义初级阶段，坚持公有制为主体、多种所有制经济共同发展的基本经济制度，坚持按劳分配为主体、多种分配方式并存的分配制度"。这一修改有利于进一步保护、解放和发展生产力。第五,在继续肯定和保护家庭承包经营的同时,把"统分结合的双层经营体制"列入《宪法》的保护范围。它一方面明确了家庭联产承包经营的"基础"地位和作用,另一方面说明随着生产力的发展、农村合作经济、股份合作经济等集体经济的实现形式进一步多样化。第六,宣布并肯定个体经济和私营经济等非公有制经济是社会主义市场经济的重要组成部分。从过去的对计划经济的"补充"升格为现在的市场经济的"重要组成部分",一方面说明了个体经济和私营经济有了快速发展,非公经济的规模和效益不容忽视;另一方面说明个体经济和私营经济具有社会主义市场经济的性质,在社会主义市场经济中占有相当重要的地位。第七,把镇压"反革命的活动"改为镇压"危害国家安全的犯罪活动",使罪名更加规范,为国家机关依法镇压危害国家安全的犯罪活动提供了宪法依据。

2004 年进行了第四次修宪。这次修宪也是把党领导人民在治国理政中形成的新的理论、做法、经验、政策上升为宪法。其中包括:在指导思想系列中增加"'三个代表'重要思想";把"政治文明"与物质文明和精神文明并列,提出"推动物质文明、政治文明和精神文明协调发展";扩大对公民法人财产权的保护,增大了保护的范围和力度,宪法修正案规定:"国家保护个体经济、私营经济等非公有制经济的合法的权利和利益";"公民的合法的私有财产不受侵犯";"国家依照法律规定保护公民的私有财产权和继承权";"国家为了公共利益的需要,可以依照法律规定对公民的私有财产实行征收或者征用并给予补偿";"国家建立健全同经济发展水平相适应的社会保障制度";特别是明确地把"国家尊重和保障人权"写入宪法,增强了人权的神圣性,也明确了政府保障人权的宪法责任。此外,就紧急状态、元首国事活动权、地方人民代表大会任期制、国歌等进行了明确规定。这些规定以根本大法和总章程的形式丰富、创新了国家治理体系。

国家治理体系是一个有机的制度系统,统领这个制度系统并使之协调运转的是宪法。所以,推进国家治理现代化,要倍加重视宪法的作用。宪法是国家治理体系的基石,也是国家治理体系的最高表现形式和制度载体,是国家治理的总章程。正是通过宪法，国家治理中带有根本性、全局性、长期性的制度获得了最高的法律效力、政治效力和社会效力，具有极大的权威性和神圣性。例如，宪法对改革开放伟大成果的确认和规范，对中国特色社会主义基本制度的宪法定型，有效地抑制了封闭僵化老路的回归，防止了改旗易帜邪路的出现，避免党、国家和人民在根本性问题上出现颠覆性错误，从而保证中国特色社会主义道路越走越坚实，越走越宽广。

通过宪法进而通过法律和行政法规而得以法制化定型化精细化的路线方针政策作为国家治理制度具有了普遍性、强制性、长效性、可诉性等特点，既便于民众遵守，也便于国家机关执行。

2. 国家治理能力法治化

国家治理能力，既指各主体对国家治理体系的执行力，又指国家治理体系的运行力，还包括国家治理的方式方法。习近平总书记指出："必须适应国家现代化总进程，提高党科学执政、民主执政、依法执政水平，提高国家机构履职能力，提高人民群众依法管理国家事务、经济社会文化事务、自身事务的能力，实现党、国家、社会各项事务治理制度化、规范化、程序化，不断提高运用中国特色社会主义制度有效治理国家的能力。"[①] 治理能力具体包括执政党科学执政、民主执政、依法执政的能力，人大及其常委会科学立法、民主立法的能力以及依法决定重大事项、保证宪法法律实施、对"一府两院"实行法律监督和工作监督的能力，人民政府科学行政、民主行政、依法行政、严格执法的能力，司法机关公正司法、定分止争、救济权利、制约公权、维护法制的能力，广大人民群众、人民团体和社会组织依法管理国家事务、经济社会文化事务、依法自治的能力，党和国家各级领导干部深化改革、推动发展、化解矛盾、维护稳定的能力。提高这些能力，最重要最关键的就是提高运用法治思维和法治方式的能力，解决法治缺位情况下治理动力不足和能力不够的问题。

---

① 习近平：《完善和发展中国特色社会主义制度　推进国家治理体系和治理能力现代化》，载《人民日报》2014年2月18日第1版。

善用法治思维和法治方式治国理政，就要把法治理念、法治精神、法治原则和法治方法贯穿到政治治理、经济治理、社会治理、文化治理、生态治理、治党治军等国家治理实践之中，逐步形成办事依法、遇事找法、解决问题用法、化解矛盾靠法的良好法治习惯。特别是在化解社会矛盾、维护社会稳定方面，不能简单依靠国家强制力甚至国家暴力去压制，不能用行政手段"摆平"，也不能套用"人民内部矛盾人民币解决"的老办法，而是要通过法治方式、回归法治途径，把社会矛盾的解决建立在法治基础上，把维稳建立在维权的基础之上。否则，就会陷入恶性循环的"维稳陷阱"。

善用法治思维和法治方式治国理政，应当正确处理改革与法治的关系，这也是国家治理法治化要解决的突出问题。要善于以法治凝聚改革共识，以法治引领改革方向，以法治规范改革程序，以法治确认、巩固和扩大改革成果。我们正处在全面深化改革的新纪元，许多改革举措涉及现行法律制度，致使改革与法治的关系十分敏感：是在法治轨道上有序推进改革，还是突破宪法法律制度乱改革，既是对改革的考验，也是对法治的挑战。习近平总书记和党中央明确要求改革不能以牺牲法制的尊严、统一和权威为代价，指出凡属重大改革要于法有据，确保在法治轨道上推进改革，需要修改法律的可以先修改法律，先立后破，有序进行；有的重要改革措施，需要得到法律授权的，要按法定程序进行，不得超前推进，防止违反宪法法律的"改革"对宪法法律秩序造成严重冲击，避免违法改革对法治的"破窗效应"。[①]"改革越深入，越要强调法治，通过立法来引领改革方向、推动改革进程、保障改革成果，让全体人民共享改革红利、法治红利。"[②]

提高依法执政、依法治国、依法行政、依法治理社会的能力是国家治理能力法治化的紧迫任务和时代课题。培养和提升这种能力要比建立一整套制

[①] 参见新华社有关习近平总书记在十八届三中全会第二次全体会议上的讲话、在中央政法工作会议上的讲话、在中央全面深化改革领导小组第二次会议上的讲话、在山东考察时的讲话等系列重要讲话的报道。

[②] 李适时：《充分发挥立法在国家治理现代化中的引领和推动作用》，载《求是》2014 年第 6 期。

度困难得多，因而，推进国家治理能力法治化要比推进国家治理体系法治化艰巨得多。

三、在国家治理现代化的进程中，加快推进法治现代化

完善和发展中国特色社会主义制度，推进国家治理体系和治理能力现代化，一方面需要法治的引领和推动，另一方面也是法治发展和法治现代化的强大动力。法治现代化必将使法治在国家治理中发挥更好更大的作用。

法治是国家治理的基本方式，所以，推进国家治理现代化内在地要求推进法治现代化，唯有现代化的法治才能匹配现代化的国家治理。围绕"完善和发展中国特色社会主义制度、推进国家治理体系和治理能力现代化"的总目标驱动法治现代化，使法治现代化的目标更加明确，路径更加清晰，重点更加突出，措施更加有力，并必将使我国法治建设彻底摆脱"西方法治中心主义"的负面影响，进一步坚定中国特色社会主义法治的道路自信、制度自信和理论自信。

目前，我国的法治水平和能力尚不能满足国家治理的现实需要，也不适应"形成系统完备、科学规范、运行有效的制度体系"和"加快形成科学有效的治理体制"这一国家治理现代化阶段性目标的要求。为此，我们要以时不我待的紧迫感和使命感，以改革创新的姿态和锐气，抓住有利时机，加快法治建设，在积极应对国家治理迫切需要同时，紧紧跟进国家治理现代化的步伐，同步推进法治现代化。

（一）加快推进我国法治的转型升级

就国家治理体系和治理能力现代化而言，法治现代化的目标是加快推进我国法治的转型升级。

法治转型升级的实践路径包括：从法治国家转型升级为法治中国，从法律之治转型升级为良法善治，从法律大国转型升级为法治强国。

1.从法治国家转型升级为法治中国

从建设法治国家到建设法治中国，意味着我国法治建设的转型升级。"法治中国"既是中外法治文明的现代版，又是"法治国家"的升级版。党的十五大提出依法治国、建设社会主义法治国家。法治国家本质上属于政治范畴，建设法治国家的着力点是在政治层面实现国家治理法治化，特别是把国家各项权力（包括立法权力、行政权力、司法权力、监督权力等）纳入法治范围，在法治轨道上运行。党的十八大以后，习近平总书记提出"建设法治中国"。"法治中国"的内涵比"法治国家"更加丰富、更加深刻、更具中国特色；建设法治中国，不仅要建设法治国家，还要建设法治社会、法治政党、法治政府；不仅要推进依法治国，还要推进依法执政、依法行政、依法自治；不仅要搞好国家法治，还要搞好地方法治、行业法治，促进国家法治、地方法治、行业法治协调发展；不仅包括有形的法律制度硬实力建设，还包括无形的法治文化软实力建设，弘扬法治精神，培育法治文化；不仅致力于国内法治建设，还要面向世界，推动国际关系和全球治理法治化，构建民主法治、公正合理、合作共赢的国际经济政治新秩序，提升中国在全球治理中的话语权和影响力。

2.从法律之治转型升级为良法善治

这是法治现代化的实质所在，也是国家治理体系和治理能力现代化的必然要求。"法治现代化"这一概念，既指从传统人治社会到现代法治社会的历史性变革，又指法治（法制）由传统型到现代型的历史性转换。世界范围内的法治现代化肇始于欧洲资本主义的兴起，资本主义市场经济、民主政治和理性文化极大地推动了欧洲法治的现代化进程。中国社会的法治现代化发轫于清末民初，先后经历了清末法制改革、辛亥革命的法制实践、北洋军阀时期的法律发展、中华民国南京国民政府的法制活动、中国共产党领导的新民主主义法制建设和社会主义初期的法制建设等发展阶段。进入20世纪80年代后，在以市场为导向的经济体制改革、以民主为导向的政治体制改革、以先进文化为动力的文化变革、以和谐社会为目标的社会建设，以及全球化浪潮的推动下，中国法治再次发生了伟大的历史性变革。世界范围内的法治现代化有各种各样的目标定位和发展道路，例如西方国家的自由主义、理性主义、个人权利本位主义、民主社会主义等等。就当代中国的法治现代化而言，我们走的是一条与改革开放同步的、与"五大建设"① 相适应、具有鲜明中国特色的社会主义法治发展道路，是与社会主义市场经济、民主政治、先进文化、和谐社会和生态文明协调的法治现代化道路，是与国家治理体系和治理能力现代化相适应的法治现代化。

在人类历史上，法治有各种形态。中国古代法家是最早提出"以法治国"理念的。春秋战国时代，一些政治家和思想家就提出了"以法治国"的主张，并将这种政治主张阐述为系统理论，还在一定程度上付诸实践。但他们所说的"法"无非是严刑峻法，且"夫生法者君也，守法者臣也，法于法者民也"②。皇帝和国家统治者奉行以君权神授、君临天下、专制独裁、权大于法为核心的法权观念，强调国家至上、君本位、官本位、义务本位，漠视个人权利及其保护；主张德主刑辅、法律道德化；信奉重刑主义，实行严刑峻法，诸法合一，以刑为本；依靠刑讯逼供，屈打成招，甚至迷信神明裁判。这种"法治"不过是封建专制独裁的工具而已。

近代西方以理论表述出来的法治形态，基本上是形式主义的法治。形式主义法治又分为两类：一是形式合法性的法治。英国法学家拉兹（Jeseph Raz，1939— ）被公认是形式合法性法治理论的代表人物。拉兹认为，法治应当包括两个方面：人们应当受法律的统治并遵守它；法律也应当能够指引人们。③ 二是形式正义的法治。形式正义的法治理念把法治看作形式正义在法律制度方面的实现。罗尔斯（John B. Rawls，1921—2002）、菲尼斯（John Finnis，1940— ）、金斯伯格（Morris Ginsburg，1933— ）等主张形式正义的法治。例如，罗尔斯说："形式正义的概念，即有规律地、公平

① 五大建设包括经济建设、政治建设、文化建设、社会建设、生态文明建设。
② 《管子·任法》。
③ See J. Raz, *The Authority of Law: Essay's on Law and Morality*（2nd Edition），Oxford University Press，2009，pp.214-218.

地实施公开的规则，在被适用于法律制度时就成为法治。"① 这种形式正义的法治不涉及法律由谁制定（是由暴君制定？还是由民主的多数制定？还是用其他方法制定？）的问题，也不涉及基本权利、平等、正义。它包括下列律令："应当的行为意味着可做的行为"；"类似案件类似处理"；"法无明文规定不为罪"；还有那些阐释自然正义观点的律令，它们是指维护司法活动完整性的方针，包括：必须有合理的审判程序和证据规则；法官必须独立和公正；任何人不应审理与本人有利害关系的案件，审理必须公平和公开，但不受公众舆论所控制，等等。菲尼斯认为，法治是这样一种"良好的状态"：法律规则是面向未来的而非追溯的；可能服从的；公开的；清晰的；与其他规则是一致的；充分稳定的；裁决和命令的制作是由其公布的、清晰的、稳定的和相对一般的规则指导的；制定、执行和适用规则者有责任遵守与其活动相关的规则，并且实际上是前后一致的依法执法的。② 再如，金斯伯格指出："正义观念的中心"是"消除任意性，特别是消除任意性权力。因此，合法性的发展就具有巨大的重要性，人是受法的统治而不是受人的统治的观念因此产生。……正义的历史的大部分由反对法的滞误、反对任意适用法律、反对法本身的不法的诸运动构成。"③ 这两种形态的法治模式本质上都是价值中立的，它既可以服务于"善"，也可能服务于"恶"。20 世纪上半叶，德国、意大利、日本的法西斯政权都曾经制定大量法律，剥夺人民的人权和自由，镇压民主运动，欺凌其他种族和国家，给人类带来了巨大的灾难。臭名昭著的南非白人种族政权、以色列复国主义者都是在法治的名义下放肆地侵犯人权。在我国，以刑为主、重刑主义、严刑峻法的法治文化根深蒂固。在一些人包括政法机关的少数领导干部的心目中，加强法治就是加强政法，加强政法就是加强公安武警，加强公安武警就是加大整治、处罚、严打的力度。一些地方政府或政府部门在法治的名义下无所顾忌地干着违法甚至违宪的行为。

① J. Rawls, *A Theory of Justice*（Revised Edition），Harvard University Press, 1999, p.206.
② See J. Finnis, *Naturaltan and Natural Rights*, Oxford University Press, 1980, p.270.
③ Morris Ginsberg, The Concept of Justice, *Philosophy*, Vol.38, No.144（Apr., 1963）, p.109.

反思中国古代工具主义的法治文化及其在当代中国的影响和西方近代形式主义法治文化，总结改革开放以来我国法治建设的利弊得失，在社会转型的历史时期，我们应当严肃地思考一个问题：我们需要一个什么样的法治，也就是说，中国法治的核心价值和精神元素是什么，中国法治的目标模式（法治的中国模式）应该是什么。回答只有一个：中国法治作为现代法治，不仅应当是形式上的法律之治，而更应当是良法之治。这种形态的法治同现代社会的制度文明和政治文明密不可分，它意味着对国家权力（尤其是立法权力）的限制，对权力滥用的制约与制衡，对公民自由与权利的平等保护等；意味着立法、行政、司法以及其他国家活动必须服从法律的一些基本原则：人民主权原则、人权原则、正义的原则、公平合理且迅捷的程序保障原则等等；意味着法治要求国家维护和保障法律秩序，但国家必须首先服从法律的约束；法治要求人民服从法律，但同时要求人民服从的法律必须是建立在尊重和保障人权的基础之上。这一形态的法治就是内涵民主、自由、平等、人权、理性、文明、秩序、正义、效率与合法性等诸社会价值的良法之治。

3.从法律大国转型升级为法治强国

"截至 2012 年底，中国已制定现行宪法和有效法律 243 部、行政法规 721 部、地方性法规 9200 部，涵盖社会关系各个方面的法律部门已经齐全，各个法律部门中基本的、主要的法律已经制定，相应的行政法规和地方性法规比较完备，法律体系内部总体做到科学和谐统一。"[①] 由宪法统领，由法律、行政法规、地方性法规和自治条例构成的法律体系已经相当丰富和庞大。中国人民用三十余年时间走完了西方发达国家几百年的立法行程。通过这些规范性法律文件，我国建立起适应市场经济、民主政治、人权保障、社会发展、环境保护要求和需要的法律制度。我国已经成为一个"法律大国"，但还远不是一个"法治强国"。基于这种判断，法学界、法律界人士提出要

---

① 中华人民共和国国务院新闻办公室：《2012 年中国人权事业的进展》，载《人民日报》2013 年 5 月 15 日第 19 版。

加快从"法律大国"转型为"法治强国"。这个转型是法治发展战略的历史性转型,是中国法治转向科学发展的过程,需要为此付出艰巨的努力。法治强国是强国之梦的组成部分。为实现强国之梦,我们党自新中国成立以来特别是改革开放以来提出了一系列"强国战略",诸如四个现代化、工业强国、科技强国、人才强国、教育强国、文化强国、海洋强国、网络强国……在推进国家治理体系现代化和法治化的进程中,应当十分明确地提出"建设法治强国",实施法治强国战略。只有实现了法治强国,中国才有可能成为名副其实的强国。正如国家行政学院胡建淼教授所言:"法治立国、法治稳国、法治救国、法治强国,是人类文明发展的经验总结。""法治是中国的强国途径,法治强国是中国的战略目标。"①

法治强国有多层含义:第一,法治是实现强国的手段,实行法治是强国之路,故要建立完备的法律体系并保证其有效实施,推进和保障国家强盛目标的实现。第二,法治是国家强盛的重要标志,正所谓"明法者强,慢法者弱",②"奉法者强则国强,奉法者弱则国弱"。③认定国家强盛,法治要算重要一项。国家强盛,则法治成为国家与社会的核心价值,成为国家治理和社会治理的根本方式,成为支撑国家兴旺发达的强大力量;全社会尊重法治、信仰法治、坚守法治;宪法具有极大权威,法律具有普遍的实效,任何个人和组织都必须在宪法和法律的范围内活动。第三,法治是国家强盛的软实力。在国际关系和全球治理中,我国应力争真正拥有与作为有五千年历史的文明国家、世界第一人口大国、第二大经济体、安理会常任理事国的地位相当的话语权、决策权和规则制定权。全面推进依法治国、加快建设法治中国,正是朝着实现"法治强国"的方向迈进。

(二)加快构建中国特色社会主义法治体系

法治现代化的当务之急是构建中国特色社会主义法治体系。"中国特色

---

① 胡建淼:《走向法治强国》,载《国家行政学院学报》2012年第1期,第51页。
② 《韩非子·饰邪》。
③ 《韩非子·有度》。

社会主义法治体系"是法学的新概念，也是法治中国建设的新思维。在中国特色社会主义法律体系形成后，中国法治建设的中心任务应当升级为构建中国特色社会主义法治体系。构建中国特色社会主义法治体系，是推进国家治理现代化和法治现代化对法治建设必然提出的新任务。

中国特色社会主义法治体系可以从各个层面透视。第一个层面是法律体系，依法治国，前提是有法可"依"。所以，法律体系是法治体系存在和运行的基础。但是，法治体系与法律体系不同，法律体系是法律的规范体系，法治体系则是法律的运行体系，一个是静态，一个是动态。1997年，党的十五大提出，到2010年形成中国特色社会主义法律体系。这一目标已经如期实现，但它只解决了基本上有法可依的问题。第二个层面是法律运行与操作过程，通常包括立法、执法、司法、守法、法律监督等环节。在法律体系形成之后，我们感受最深刻的是有法不依、执法不严、司法不公、监督不力等现象依然突出，法律运行与操作的各个环节之间的关系不够协调，甚至严重失调。所以，法治体系建设要注重法律的实施，强调法律运行各个环节的有序性、有效性以及相互之间彼此衔接、良性互动。第三个层面是实现依法执政、依法治国、依法行政、依法治理社会和社会依法自治共同推进，法治政党、法治国家、法治政府、法治社会一体建设；实现国家法治、地方法治、行业法治协调发展；推进国内法治、国际法治、全球法治有效衔接、相辅相成。第四个层面是党的领导、人民民主、依法治国的有机统一。这是中国特色社会主义法治体系最鲜明的本质特征。坚持中国共产党的领导是人民民主和依法治国的根本保证。人民民主是社会主义法治的本质要求，依法治国是党领导人民治理国家的基本方略，是坚持和完善党的领导、实现人民当家作主的基本途径和法治保证。

法治体系的形成与有效运行既是法治现代化的重要标志，也是国家治理现代化的重要标志。从这种意义上说，推进法治中国建设和国家治理现代化的重要目标就是加快形成中国特色社会主义法治体系。

为了加快构建中国特色社会主义法治体系，应当深入推进依法执政、全面提高执政方式和执政活动法治化水平；坚持科学立法、民主立法，加快立法速度，提高立法质量，完善和发展中国特色社会主义法律制度体系；坚决维护宪法法律权威、保障宪法法律统一有效实施；大力推进依法行政、严格执法，加快建设法治政府；进一步深化司法体制改革，加快建设公正权威文明的社会主义司法制度；党和政府依法治理社会、社会依法自治、全民自觉守法，加快建设法治社会；加强法治文化建设，树立法治理念，弘扬法治精神，增强法治中国的文化软实力；科学划分权力界限，依法规范权力运行，加强对权力的制约监督，实现权力运行制约监督体系化法治化；统筹国内法治和国际法治两个大局，积极参与全球法治建设，提升中国在国际社会的法治话语权，为中华民族伟大复兴创造良好的国际法治环境。

结　语

完善和发展中国特色社会主义制度，推进国家治理体系和治理能力现代化，对于巩固党的执政地位，确保国家长治久安，保证经济持续发展，维护社会和谐稳定，实现中国特色社会主义善治，具有深远的历史意义；全面推进依法治国、加快建设法治中国，对于实现国家治理现代化具有重大的现实意义。推进国家治理现代化是全面深化改革和社会主义制度创新的总目标；推进国家治理法治化，推进依法执政、依法治国、依法行政、依法治理、公正司法，是这一总目标之内的主题、主线和要务。国家治理法治化构成国家治理现代化的核心指标和主要标志，国家治理现代化则引领和驱动法治现代化。在法治与国家治理、国家治理现代化与法治现代化的这些复合关系中，我们透视到了它们之间的逻辑联结。这种基于顶层设计的逻辑联结是实现富强中国、民主中国、文明中国、和谐中国、公平中国、美丽中国、法治中国等建国目标和强国之梦的强大动力。坚持中国特色社会主义法治和国家治理道路，推进国家治理体系和治理能力现代化，必将把改革开放、和平崛起的中国带进世界强国之列，使中华民族如期实现"两个一百年"的奋斗目标。一个有效治理、繁荣强盛的中国也必将使国际关系和世界秩序变得更加民主、更加公正、更加文明。

法治：社会稳定与发展的机制 *

社会稳定与发展是当代中国政治生活、经济生活和社会生活的主题，是中国人民的根本利益、长期利益和综合利益所在。我们所需要的稳定是充满活力、生机勃勃的稳定，而不是僵化和凝固；我们所期望的发展是持续的、不断加速的发展，而不是急于求成的短期行为，更不是大起大落的恶性循环。这样的稳定和发展内在地需要法治，也唯有通过法治才能实现。对法治与稳定和发展之间的内在联系，通过解析法治机制的各个要素及其功能便可得到证成，而结合反思历史与现实的经验教训更可以得到进一步验证。

法治机制的要素之一：现代社会主要经由法律来治理。任何一个社会要想摆脱单纯的偶然性和任意性而取得有序性和稳定性，从而得以持存和发展，都必须有规则。规则有正式与非正式、简单与复杂之分。非正式的、简单的规则如社会习惯、道德规范、乡规民约等。法律是一种正式的和复杂的规则、原则体系。现代社会之所以必须主要经由法律来治理，乃是因为法律规则与其他社会规则比较，有一系列社会稳定和发展所必需的优势。首先，社会稳定的核心或基础是社会秩序。社会秩序的一般意义是把各种社会力量（社会互动因素）安排在一种被认为是合理的、有效的相互关系中，以形成有规律的、系统化的格局。在存在着阶级和阶级斗争的现代社会，社会秩序的最具危险性的颠覆因素是阶级冲突。为了社会不致在阶级冲突之中崩溃，

---

 * 本文是 1991 年 10 月向"法治与社会经济发展国际学术讨论会"提交的论文。

必须把阶级冲突控制在"秩序"的范围内。对阶级冲突的控制不是由社会自身依靠习惯、道德、宗教的力量所能实现的——社会自身已经无力解决这种尖锐的对抗矛盾,而是由主导的社会力量即统治阶级借助国家力量进行的。法律就是国家用以控制阶级冲突的常规武器。法律是由国家制定并依靠国家强制力作最后屏障保证实施的。法律又是明确的、肯定的、普遍的规范,具有全社会必须一体遵行而不得违反的硬性。这就从根本上为社会秩序(首先是阶级统治秩序)的建立和有计划的社会发展提供了保障。其次,法律是以权利和义务双重机制指引和评价人们的行为的。它不仅预设了人们的义务和责任,限定人们的活动范围,而且赋予人们各种权利,给人们以日益丰富和扩大的选择机会和行动自由。这就使法律成为富有活力的调整机制,使法律除了具有一般社会规则的功能——规定人们当为和必为的行为,使人们的行为遵守既定的行为模式,符合公认的价值准则而具有积极的社会意义之外,还具有巨大的激励和动员作用。再次,法律是由各种性质、对象、功能、效力不同的规则建构起来的庞大体系,从横向看是由各种并列的法律部门组成的,从纵向看是由母法、子法等效力不同的多级规则层次构筑的,从斜向看是由跨越、渗透于不同法律部门和层次的法律规则有机地联结在一起的。除规则之外,法律还包括各种原则、技术等。这又使法律不仅具有对人们的行为和社会关系的调节功能,而且具有强大的组织功能。这是自觉的、有计划的社会发展所不可或缺的。

法治机制的要素之二:法律必须建立在尊重和保障人权的基础之上。早在两千多年前,圣哲亚里士多德就说过:"法治应包含两重意义:已成立的法律获得普遍的服从,而大家服从的法律又应该本身是制订得良好的法律。"①"制订得良好"是一个变量(可变的标准)。在当代中国,这一标准应包括形式和内容两个方面。从形式上,它要求法律规则必须清晰、公开、适度(绝大多数人能够做到)、非溯及既往、规则之间协调一致、有明确的效力范围,等等。从内容上,它要求法律尊重和保护人权,即尊重和保护公民的人身自

---

① [古希腊] 亚里士多德:《政治学》,吴寿彭译,商务印书馆 1965 年版,第 199 页。

由、人格尊严、各种民主权利、政治自由和结社权利。只要法律充分尊重和切实保护人权，就一定能够使人民群众清楚地认识到我国的人民民主专政的社会主义国家性质和人民自己在国家中的主人和主体地位，切实感受到自己也是法律的主体而不仅仅是无足轻重的客体，尊重、遵守和保卫法律秩序不仅是自己必须做的，也是自己应当做的，从而把法律设定的客观价值和社会稳定与发展目标内化为自己的主观价值和活动目标，把个人的特殊利益与国家的普遍利益有机地融为一体，并通过主动行使法定权利，忠实履行法定义务，参与社会稳定和发展目标的实现。

尤其值得指出的是，根据历史唯物主义的原理，社会稳定和发展最终决定于生产力的进步，而生产力的进步不能没有人权的保障与推动。生产力的基本要素有三个，即劳动者（人）、劳动资料（物）和劳动技能（智）。只有这三个因素得到保护，并且能够得到自由的结合，生产力才能得以持续发展。这三个要素需被法定化为人权、物权和智权（如知识产权）来加以保护。资本主义社会所创造的生产力之所以"比过去一切世代创造的全部生产力还要多，还要大"[①]，就在于它在人类历史上最先完整地承认了这些权利，并由法律加以保护。社会主义社会是继资本主义社会之后出现的新型社会，它不仅承认上述权利，而且将克服资本主义条件下人权保护的局限性以及人权与物权和智权自由结合的某些障碍，极大地激发人民群众的积极性和创造性，推动生产力的进步和社会的全面发展。

法治机制的要素之三：通过法律实现社会整合或重新整合。社会整合是把社会系统的各个要素、不同部分归整或组织为一体的活动及其结果。社会整合是实现社会稳定的方法，也是社会稳定性的标志。根据社会学家的研究，社会整合有五种类型：第一，文化整合，即文化标准的一致性；第二，规范整合，即文化标准与人的行为之间的一致性；第三，信息整合，即信息网络渗透于社会系统，形成群体意识；第四，功能整合，即社会分工系统中相互依赖、相互作用；第五，法律整合，即通过法律的社会整合，属于规范

[①] 《马克思恩格斯选集》第 1 卷，人民出版社 1972 年版，第 256 页。

整合的范畴，而且是最重要的规范整合。自原始公社解体以来，人类社会始终存在着阶级和阶级斗争，存在着政治意识形态和社会价值观念的冲突。在这种对抗性的斗争与冲突面前，唯有国家这个"社会的正式代表"实行的法律整合才能维护社会的总体统一与基本稳定，其他类型的整合只能作为配角。

从民主和法治原则出发实行的法律整合有三个特点：第一，法律整合是强制整合，即通过把统治阶级的政治意识形态、价值观念以及它所容忍的社会信念和习惯制度化、国家—社会化。在存在着阶级斗争的社会，没有法律的强制整合，绝对不可能建立起足以保障人们安居乐业的社会秩序。第二，法律整合是有机整合。社会整合分为机械整合与有机整合。机械整合是一种试图把各种互异的要素或部分归整为统一的、无差别的整体的整合方法，历史上的专制君主和当代的独裁政权都谋求这种高强度的整合（高压整合），以此扼杀个人自由，消灭异己势力，维护自己的统治。有机整合则不排除和压制差异，而是立足于差别事实，在保证统治阶级、阶层的政治意识形态和价值观念占优势的前提下，涵化互异因素中的积极因素，实行社会稳定和发展所必需的低限度整合（低压整合），以创造出个人生活与社会统一、个人自决与社会公决、个人发展与社会进步有机结合的规范环境。第三，法律整合是综合整合。法律整合的范围不限于日常的道德生活和人伦关系，而是涉及社会的经济、政治、文化等各个领域，也就是说，法律不仅要建立最低限度的道德秩序，而且要建立经济秩序、政治秩序和意识形态秩序。

法治机制的要素之四：立法政策和法律必须通过民主程序制定。民主是一种政治制度，既指国体，即什么阶级掌握国家权力，又指政体，即通过什么程序掌握国家权力。在政体（程序民主）的意义上，民主是一种自由的、平等的和参与的政治。所谓"自由的"，指政治主体（公民和合法的政治组织）可以不受限制地表达他们认为是合理的、其他人和国家应该听取与采纳的政见、决策或立法建议。所谓"平等的"，指在表达政见、提出决策或立法建议方面，各个政治主体享有同等的资格和机会，同时每个主体对他人的政见和建议有提出异议和否决的权利。所谓"参与的"，是指民主政体下的决策和立法程序不是少数几个人说了算，更不是个别人的专断，而是在广大人民群众直接或间接的参与下，按照少数服从多数、多数尊重和保护少数的民主原则行事。这就是列宁所说的："民主意味着在形式上承认公民一律平等，承认大家都有决定国家制度和管理国家的平等权利。"①

自由、平等和参与的政治为各种政见和立法建议的表达和交流，各政治主体影响和参与决策提供了机会，使立法政策和法律既能真实地反映广大人民群众的根本利益和共同意志，又能够在集中群众的智慧和才能的基础上，符合或接近客观规律。这就能够比较有效地避免出现长时期、大面积、难以纠正的决策失误——这类失误往往比少数人闹事更可能导致社会无序或动荡，导致经济的衰败和社会倒退。新中国成立以来我们在社会主义进程中多次出现重大失误，例如 20 世纪 50 年代后期的"大跃进"、"人民公社化"，60 年代到 70 年代的"文化大革命"。反思这些失误，一个根本的教训就是在我们党和国家的政治生活中，出现了个人权力膨胀，民主集中制原则遭受破坏，民主决策程序被摒弃等不正常现象。为了从根本上防止今后出现类似重大失误和悲剧，保持国家的长治久安和持续发展，必须在全社会形成民主立法、科学立法意识，使决策和立法程序民主化、科学化、法制化。

法治机制的要素之五：法律必须具有极大的权威性。法律的权威性意味着：第一，在国家生活中法律应当有至上的效力和最高的权威，国家机关的一切职权根源于法律，而且要依法行使，不得违反。如果国家机关违法，必将诱发全社会违法行为的泛滥，出现"政府无法制"、"社会无政府"的混乱局面。第二，国家行政机关、司法机关应向立法机关（权力机关）负责，受立法机关的监督和制约。如果其他国家机关的决定与立法机关的决定相冲突，则自动失效。第三，政党必须在法律的范围内活动。现代政治是政党政治。统治阶级对国家权力的支配和运用，人民群众的权利义务主张上升为法律，往往是通过政党及其政策进行的。这就产生了党与国家、党的政策与法律的关系。根据法治原则，党必须在法律的范围内活动，党的政策亦不能违

---

① 《列宁选集》第 3 卷，人民出版社 1972 年版，第 257 页。

背法律，特别是不能违反宪法和基本法律。在宪法和法律的范围内活动，党不仅可以减少许多政策失误，防止"土政策"泛滥，而且能够唤起民众对法律的尊重和自觉遵守。假如执政党可以蔑视和违反法律，又怎能期望和有什么理由要求群众去尊重和遵守法律呢？第四，当领导人个人的意志与法律出现矛盾时，法律必须高于领导人个人的意志，否则，就会出现法律和政策因为领导人个人的意志或情绪的转变而改变，出现人治政体下经常发生的领导人更替过程中的政局波动和政治危机。历史已经证明，这是最不容易预测和防范因而也是最可怕的破坏性因素。

法治机制的要素之六：法律必须具有稳定性。法律的规范作用在于指引人们的行为。要发挥这一作用，法律必须让人们知晓，而且使人们确信法律不会频繁变动，朝令夕改。这自然要求法律应当是稳定的。如果法律摆幅过大，忽晴忽阴，今天这样，明天那样，此时是合法的行为，不知何时就会成为非法行为；如果法律的制定、修改、废止没有严格而缜密的程序，立法者既可以心血来潮而匆忙立法，又可以萌发怪念而轻率废法，人们则无法明确地预见自己行为的结果，因此人们的行为必然受盲目的、自发的力量和各种意想不到的偶然因素所支配，社会也就不可能不陷入混乱的泥沼。

法律的稳定性不仅是社会稳定的基础，也是社会发展的基础。社会的发展在很大程度上取决于社会主体对未来的信心和计划。这种信心和计划又是以对法律稳定性的信念为前提的。让我们设想一下：如果有关财产权利的法律反复无常，企业家不知道今天得到法律承认和保护的有利于生产力发展的活动，明天是否还会受到法律保护——他会因为这样做而被打成"走资派"吗？不知道未来的法律将如何评价他现在依靠合法经营与诚实劳动所获得的财富——他会因为现在劳动致富而在未来的某一天突然被扣上"暴发户"、"新生资产阶级分子"的帽子而列入专政对象吗？在这种对未来缺乏信心和安全感的情况下，企业家们是绝对不会尽其所能地从事经营；不会呕心沥血地改进技术，降低消耗，增加产值；不会把利润变成积累用于扩大再生产，而宁愿挥霍掉。类似情况也会发生在普通工人、农民、知识分子、个体经营者身上，也会出现在政治生活领域和文化生活领域。

法律是社会上层建筑的核心部分。它是否具备稳定性直接影响以至在一定条件下决定着经济基础的稳定性，从而对社会生产力起着积极或消极的作用。在社会生产关系适应或基本适应生产力的性质和水平的情况下，人为地变动生产关系结构（如使所有制形式拔高，取消按劳分配，吃大锅饭等），将导致生产力的倒退，最终（受生产力决定生产关系这一规律的作用）也将导致生产关系和整个社会制度的蜕变。东欧和苏联已经出现和正在发生的剧变已经验证了这一社会逻辑。

法治机制的要素之七：法律必须有连续性和一致性。法律的连续性和一致性与稳定性有着类似的指向，都是要保证和提高法律后果的可预知性、人类行为的规律性和社会运行的连续性。但它们的内在机制不同。稳定性要求法律不能频繁变动，反复无常，而连续性和一致性要求时间上先后不同的法律，特别是有关基本社会关系的立法之间应当依次衔接，并且在根本原则上保持一致性。

在高度复杂的现代社会，如果出现规则真空，无序和动荡就会随之而来。这是由历史和现实反复证明了的。我国前些年经济领域出现的混乱和失调，政治领域出现的腐败和动乱，文化领域出现的种种腐朽、丑恶现象，无不与法律出现真空和断层有关。也许有人会说，我国正在进行改革开放，正处于新旧体制的转轨时期，法律不可能像在社会常态下那样保持连续性。也许有人还以此为由为法律真空与混乱和腐败辩护。这种辩护不能成立。首先，我们的改革，无论是经济体制改革，还是政治体制改革，都是社会主义制度的自我完善和发展，因而必须在宪法的范围内进行。如确需突破宪法的某些具体规范，也应当通过法定程序，先修改宪法后推行改革，实行通过宪法的改革。其次，体制改革牵动社会的方方面面，涉及亿万群众的直接利益，如果容许不要法制，无规则、无秩序地"胡改"、"乱革"，那就必然使改革成为有权有势而胆大妄为的投机家手中聚敛财富的法宝，遵纪守法、真诚改革、辛勤劳动的人们的陷阱，必然触发强烈的社会地震。不仅改革无法继续下去，社会主义改革的成果也会在动乱中葬送。再次，改革的目标之一是完备法制，实行依法治国。为了实现这一目标，改革应与法制建设同步，把法制建设贯穿于改革的全过程，用改革推动法制化，用法制引导和保障改革。诚然，在改革时期要创造出十分完备的法律体系，杜绝任何法律真空或断层，有很大困难。但这不应当成为容忍规则真空和无序状态的理由。恰恰相反，我们应当以积极的、有所作为的态度研究改革开放情况下立法的规律和特点，以灵活多样的立法程序和规范形式创制适应改革需要的法律规则。

法律的一致性首先意味着法律之间在根本原则上的一致。根本原则是法律本质和法律价值的最集中体现，是法律调整的出发点和规范体系的基石。只有保持法律根本原则的一致性，才能在深层上保持法律的统一性、连续性和稳定性。在我国社会主义初级阶段，法律的根本原则就是坚持以经济建设为中心，坚持四项基本原则，坚持改革开放。偏离这个根本原则，就失去了稳定和发展的基础与前提。法律的一致性其次意味着法律体系内部各规则之间不能自相矛盾。如果中央与地方、中央各个部门、地方与地方各自为政，都从本位出发制定法律、法规、规章，搞地方保护主义或部门保护主义，统一的中华人民共和国法律体系内部弥漫矛盾和冲突（这种情况已经有所表现），人们将无所适从或自行其是，其结果必然是法制结构的彻底瓦解。

法治机制的要素之八：法律必须以公正地调整各种利益关系，平等地保护和促进一切正当利益为其价值目标。人类社会是一个利益互动的社会。《史记》云："天下熙熙，皆为利来；天下攘攘，皆为利往。"马克思说："人们奋斗所争取的一切，都同他们的利益有关。"[1] 利益使我们人类社会既存在着一致，又处处充满着冲突。之所以存在着一致，乃是因为从根本利益着想，人类只有联合起来共同改造自然和社会，才能获得生存所需要的条件，而且从长远来说，一个人的需要只有以促进他人的利益、至少是不损害他人的利益为前提才能得到满足。之所以充满着冲突，乃是因为：首先，人们所处的生活环境、心理及生理特征千差万别，企求满足的具体需要不可能完全同一，固定不变。其次，就普遍的、现实的情况而言，人们对有限的资源的占有欲却是无限的，对群体合作的成果如何分配非常计较，有的人还想不劳而获。

---

① 《马克思恩格斯全集》第 1 卷，人民出版社 1956 年版，第 82 页。

即使在消灭了剥削阶级的社会主义社会，也仍然大量存在着利益的差别和冲突。利益的差别和冲突是世间一切矛盾、斗争和动乱的根源。因此，每个社会都需要有一套规则来调整利益关系，缓解利益冲突。法律的基本任务就在于此。

为了有效地发挥这一调整与缓解功能，法律首先要把利益转化为权利和义务，并合理地确定权利和义务的界限，特别是要把握好统治阶级的权利与被统治阶级的义务之间的临界点。统治阶级的权利不足会引起统治阶级内部的不满，权利过多则会加重被统治阶级的义务负担，引起被统治阶级的反抗，两种情况都会激化矛盾——一个是阶级内部的矛盾，另一个是阶级之间的矛盾，导致社会动荡。在社会主义社会，虽然对立的阶级不存在了，但各种利益集团、阶层还存在，怎样合理地确定每个利益集团、阶层应当享有的权利和必须承担的义务，让所有的人尽其所能，获其应得，始终是一个待定的或需要不断更新的优选法。其次要公正地对待各种利益，要对一切正当的利益施以平等的保护，对一切不正当的利益施以无差别的限制。对正当利益的保护在时间上可以有先有后，但不能有轻有重，畸轻畸重。为了某种根本的、长远的或整体的利益而暂时地牺牲一部分人的应有利益是允许的，但必须在一个适当的时机予以补偿或救济。当前分配不公已经成为一个严重的综合性社会问题。它既挫伤了广大人民群众投身改革、大干四化的积极性，又蕴藏着不满及爆发社会对抗的因素。各级决策机关和立法机关应从社会稳定和发展的战略高度，及时、有效地予以解决。

法律对利益关系的调整不限于物质利益，还应包括政治上和文化上的利益。在政治上和文化上，公民亦不能因为性别、种族、肤色、语言、信仰及其他特殊情况而有基本权利和义务的差别。

法治机制的要素之九：法律应能有效地制约国家权力，防止国家权力的失控与异变。法治是以民主政治为基础和前提的，而民主政治也必然是法治政治。民主政治的基本原理是一切权力属于人民。但是，由于国家地域辽阔、人口众多、政治与经济分离、社会分工以及公共政治事务需要专门知识和技能等原因，人民不大可能直接地、经常地行使属于自己的权利，直接管理国家和社会公共事务。人民是通过定期选举产生代议机关，再由代议机关组织政府和司法机关一道行使国家权力。这就出现了政治权力的所有与政治权力的行使之间的分离。这种分离有可能引起政治失控——政治权力不是按照权力所有者（人民）的整体意志，而是凭着权力行使者（官员）个人的意志运作，以至在其运作过程中发生异变——权力的行使损害了权力所有者的利益。以权谋私、权钱交易、弄权渎职等政治腐败行为都是权力失控和异变的现象。为了防止政治失控或异变，法治观念萌发出来了，法治被创造出来了。人们首先创造了宪法，在宪法中庄严地宣布人民主权，公民的权利和自由不受非法剥夺，严格规定国家机关的职权（人民委托出去的政治权力）的范围及其行权程序。继宪法之后，行政法、公务员法、行政诉讼法、国家赔偿法等制约国家权力的法律也被创造出来，进一步完善了制约机制和监督体系。制约和监督国家机关及其工作人员，这是法治的精髓。只要国家权力的行使限定在宪法和法律的范围内，公民的权利非经正当的法律程序和充足证成不受剥夺，一切非法的侵害（不管是来自个人或国家）都能得到公正、合理、及时的补偿；只要国家权力是依照人民的共同意志和根本利益行使，国家机关工作人员廉政勤政，全心全意地为人民服务，就一定能够唤起和保持公民对政府的信任、认同和支持，不断增强社会的凝聚力。这正是一个社会最深层的稳定因素和最强大的发展力量。

法治机制的要素之十：法律力求社会价值的衡平与互补。社会价值是一个由多种要素构成、以多元形态存在的体系。在该体系内部各种价值要素的位置是流动的。在社会发展的每个阶段和每个特定时期，总是一种价值处于首要地位，其他价值处于次要地位。但这绝不意味着该首要价值是排他的，次要的价值是不重要的；不意味着首要价值在各个法律领域、法律运行的各个环节都是绝对领先，其他价值则绝对从属；更不意味着首要价值将持续第一，其他价值永居其后。因而在对社会价值进行评定和选择时，不能顾此失彼。例如，不能片面强调效率而忽视或根本不要公平，不能只讲公民的个人自由而不讲国家的整体权威。在社会价值体系中，各种价值之间既统一又对立，统一使它们能够互相促进，对立使它们相互抵消。价值的互相促进有利于社会稳定与发展，相互抵消则危害社会的稳定与发展。这就向人们提出了正确地进行价值评定和选择的任务。法律无疑是最胜任这一任务的。法律之所以最胜任这一任务，是由于：第一，立法是一个复杂的过程，包括一道又一道缜密的程序。在这个过程中，各种价值观念和价值选择经过反复交流、撞击、修正、补充，最终形成多数立法者同意的选择方案，即法律选择。缜密的程序、充分的讨论、严肃的表决，使价值的法律选择不大可能专横武断，而最有可能兼容各种价值因素。第二，价值的法律选择是一种国家选择，因而具有特殊的权威性和客观性。社会上"公说公有理，婆说婆有理"的价值分歧被国家以法律的形式作出了权威性"裁定"。在国家权力所及的领域，必须服从法律的价值选择。第三，"在法制史的各个经典时期，无论在古代或近代世界里，对价值准则的论证、批判或合乎逻辑的适用，都曾是法学家们的主要活动。"① 法学家们（包括立法者、法官、律师、法学教授等在内）积累了评定和选择价值并把它们制度化的一整套理论和技术。

当前，我国的法律工作者面临的一个重大价值工程是有关社会稳定与发展的价值评定与选择。稳定与发展都是法律应去实现的价值目标。然而，稳定与发展作为法律价值的两极如果失衡的话，就会产生互相排斥的张力。根据政治学家和社会学家的实证研究，在广大的发展中国家，社会稳定与发展时常处于失衡和关联负值的状态——或者是稳定（超稳定）扼制了发展，导致社会停滞和衰败，或者是发展（剧变）冲击了稳定，导致社会动荡以至国家解体。在很多发展中国家，人们看到：一方面，贫困、愚昧、冷漠等经济、文化和政治上的落后是动乱或暴力的根源；另一方面，经济增长引起贫富悬殊，教育和传媒发展引起信息泛滥，政治公开和社会动员引起参与过剩，又导致新的不稳。一方面，经济增长、文化开发、政治发展同步进行互相适应，会带来全方位稳定；另一方面，经济改革、文化改革和政治改革浪潮同时涌现，使社会难以承受，造成了结构性混乱甚至全面危机。在我国，

---

① ［美］庞德：《通过法律的社会控制　法律的任务》，沈宗灵等译，商务印书馆 1984 年版，第 55 页。

在邓小平同志的倡导下，我们党从十一届三中全会开始，经过十二大和十三大，根据马克思主义普遍原理同中国实际相结合的原则，在深刻总结历史的和当前的实践经验的基础上作出了我国处于社会主义初级阶段的科学论断，形成了以经济建设为中心、坚持四项基本原则、坚持改革开放的基本路线，并在党和国家的工作中贯彻了这一基本路线，因而近十年没有出现像有些发展中国家所发生的稳定与发展的严重失衡和持续的关联负值。但是，由于缺乏在中国这样的大国进行全面改革的先例和经验，需要摸着石头过河，加之某些错误思潮的干扰，前几年我国经济、政治、文化和社会生活领域也出现了某种程度的失衡，包括一些带有全局性的失衡。对于稳定与发展之间的失衡和关联负值，以"不可避免"为由而放任自流是不负责任的，只强调稳定压倒一切或发展至上也是不能从根本上解决的。关键是要深入分析出现失衡以及失衡持续存在的各种原因，探索稳定与发展的均衡规律，在此基础上作出辩证的价值评定和可操作的价值选择，并把这种理论的、政治的评定与选择转化为法律评定和选择。我们要综合运用政治的、经济的、意识形态的、法律的以及其他手段，特别是要善于运用法治的机制，把我们国家推向并置入在稳定中获得持续性发展、在发展中实现深层次稳定的良性运行轨道。

市场经济与现代法的精神论略 *

一、引 论

    法的精神是法律制度的灵魂或中枢神经。它支配着对社会经济、政治、文化进行的法律性制度安排，指引和制约着对法律资源因而也包括其他资源的社会性配置。

    现代法的精神是与市场经济的本质和规律相适应的理性精神和价值原则。研究、传播和普及现代法的精神，使之成为民众精神和社会理念，大力促进现代法的精神从理论和观念形态转化为立法政策和具体的法律原则、规则、概念和技术，具有十分重大的理论意义和实践意义。其理论意义在于为法学的深入发展寻找一个新的具有反思性和创新性的理论切口，其实践意义在于为法律制度的改革和发展寻找富有时代性和世界性的精神推动。

    我国的市场经济是有中国特色的社会主义市场经济，即是同社会主义基本制度结合在一起，在公有制为主导、多种经济成分共同发展格局中发育和成长，受政府宏观调控的经济模式，其目标和任务是解放和发展生产力，消除贫困，实现全民族的共同富裕。与社会主义市场经济相适应的现代法的精

---

    * 本文发表于《中国法学》1994 年第 6 期，后收录于张文显、李步云主编《法理学论丛》第 1 卷，法律出版社 1999 年版。

神是一个具有多样性、层次性、动态性的有机整体。对此如何解析，是法学界面临的一个新课题。本文试将现代法的精神概括为权利本位、契约自由、宏观调控、效率居先和人文主义，并分别加以论述。

二、权利本位——现代法的精神之首要因素

权利本位是现代法的精神的首要因素。权利本位的要义是：在整个法律体系中，应当以权利为起点、核心和主导。

权利本位的精神源于商品交换的本质和规律。市场经济是发达的商品经济。商品经济是交换经济，而交换从法律上说就是权利的互相让渡。因而，任何交换都需要以权利的设定为前提或起始。第一，交换者（自然人或法人）能够以自己的名义让渡和购买商品，即转让权利和取得权利。这一前提要求确立交换者的权利主体资格和行权能力。第二，交换者必须相互承认对方是交换物的所有者，即交换者对所要交换的商品拥有明确的、专一的所有权和自由支配权。这一前提要求建立包括物权和债权在内的财产权利体系。第三，交换必须是自由的、安全的。这一前提同样要求权利明晰。假如权利模糊，就会极大地限制交易自由，或者导致盲目交易而蒙受不可预测的损失。总之，市场经济必然是权利经济，没有明晰的权利界定和宣示，就不会有商品交换和市场交易；搞市场经济，必须由权利先行；权利到位，市场经济才能到位。①

权利本位是市场经济条件下利益机制的必然结果。同许多伟大的思想家一样，马克思认为，"每一个社会的经济关系首先是作为利益关系表现出来的。"②"人们奋斗所争取的一切，都同他们的利益有关。"③利益本质上是人们企求满足的要求、愿望或期待。从历史唯物论和社会心理学的观点看，满足既被当作人们需要的实现，又是新的需要的起点和契机，因而追求利益是

---

① 参见沈宗灵主编：《法理学》，高等教育出版社1994年版，第142页。
② 《马克思恩格斯选集》第2卷，人民出版社1972年版，第537页。
③ 《马克思恩格斯全集》第1卷，人民出版社1956年版，第82页。

人类最一般、最基础的心理特征和行为规律，"是一切创造性活动的源泉和动力"。① 然而，在长期的封建社会中，由于儒家学说中"重义轻利"虚伪说教的影响，这一人类的普遍性心理特征和行为规律被抹煞了。新中国成立以后，由于实行高度集权的计划经济体制，加上"左"的思潮冲击，个体的以至集体的利益被无端否定，本质上是多元的利益结构不复存在了（只剩下单一的、模糊的"国家利益"），人们追求正当利益的心理特征和行为模式更是受到压抑和扭曲。改革开放以来，市场经济的发展才使得追求利益极大化的心理特征和行为规律显示其真实面貌。承认人们的利益，就必须承认人们需要权利，因为利益在法律上的表达就是权利，利益只有法律化为权利，才是合法的、安全的、可预测的。十多年的改革实践说明，市场经济之所以生机勃勃，富有效率，就是充分发挥了利益机制的作用，激励人们关心切身利益，把个人的学习、工作、生产、经营活动与利益挂钩，尽其所能地开展创造性活动，以实现其利益。市场经济的法律体系自然要明确利益机制，并通过权利立法表达出来。

权利本位存在于两种关系中，一是权利与义务的关系，另一是权利与权力的关系。

在权利与义务的关系中，权利本位的法律精神意味着：权利是目的，义务是手段，法律设定义务的目的在于保障权利的实现；权利是第一性的因素，义务是第二性的因素，权利是义务存在的依据和意义；义务是权利的对象化，义务通过权利表现自己的价值，并处于受动的、待价的或待命的状态。在权利义务关系中，主张权利本位，反对义务本位，意在弘扬人的自主意识和主体精神，认可与扩充人们活动的自由空间。

在权利与权力的关系中，权利本位的法律精神意味着：公民的权利是国家权力的源泉，也是国家权力配置和运作的目的和界限，即国家权力的配置和运作，只有为了保障主体权利的实现，协调权利之间的冲突，制止权利之间的相互侵犯，维护和促进权利平衡，才是合法的和正当的。在权利与权力

---

① 《普列汉诺夫哲学著作选集》（俄文版），第 649 页。

的关系中，主张权利本位，反对权力本位，意在把权利从权力中解放出来，即人们常说的"松绑"，以实现政治与经济、政府与企业、国家与市民社会的相对分离，彻底抛弃官本位、国家本位的封建遗迹，促进经济市场化、政治民主化、文化理性化和社会现代化。

权利本位这一概念组合中的"权利"涵盖一切正当的权利，包括主体的公权和私权在内。公权即人们在政治领域和社会公共事务方面的权利，私权即人们在经济领域和民间的或私人的事务方面的权利。鉴于我国社会在一个相当长的时期内社会生活全面政治化，理论宣传教条化，公法与私法的划分被彻底否定，私权受不到应有的重视，因此，在发展市场经济的今天，必须适当强调私权对公权的基础地位，唯有此，才能在义务本位和权力本位的历史传统面前，实现权利与义务、权利与权力的理性平衡，加速社会主义市场经济和民主政治的发展。

三、契约自由——现代法的精神之内核

契约是商品经济的产物，并随着商品经济的发展而普遍化和社会化。在商品经济关系中，基于血缘、亲情、宗教、伦理、权力而形成的"人对人的依赖关系"（即身份）退居到次要地位或者被彻底粉碎，每个人都成为独立的个人和平等的主体，因而要拥有别人的物品以满足自己的需要，只能通过交换。这种交换起初可能只是以物易物、即时即地的买卖，因而并不需要契约这种形式。但当交换超越自然性社会联系而进一步打破地域界限，并在时间上和空间上分离时，就需要契约作为媒介。在历史上，契约观念、契约制度形成于商品经济比较发达的古罗马时代。人类摆脱自然经济的束缚而迈入市场经济时代后，契约自由的观念和制度始成为社会的普遍观念和基本的法律制度。

作为交换媒介和信用关系的契约是当事人自主而合意的行为，因而必然是也必须是既平等又自由的。契约的平等和自由首先是指前提平等和自由，即平等缔约和自由缔约。这意味着缔约双方地位平等、身份独立。如果缔约

当事人地位不平等，一方享有特权或处于明显优越的地位，就会限制另一方当事人的意志自由，就不会有自愿的从而也是有效的承诺。如果当事人身份不独立，受这样或那样人为的束缚和支配，同样不会有真实的意思表示和真正的契约。契约的平等和自由其次是指内容上的平等和自由。任何显失公平的契约，含有特权、奴役、歧视、剥夺性内容的"契约"都是无效的。总之，契约精神的真谛就是自由和平等；只有以平等和自由为前提和内容的契约，才符合交换的本质，符合现代法制的原则。

契约自由的价值是广泛的。诸如维护交易安全，增进交易信心；减少交易费用，提高经济效率；扩充私人自由活动的空间，培植自由、诚信、互利、互律的观念体系；破除身份的束缚，特别是企业对政府的行政隶属关系这种当代的身份关系，使生产者和经营者成为真正独立自主的市场主体，推动"从身份到契约"的历史性进步。所以，要倡导契约自由，充分尊重当事人之间的合意和自由选择，为自由契约提供有效的法律保护。

契约自由不是绝对自由，它要受到各种必要的限制。例如，任何契约均不得违犯法律和政策，不得显失公平，不得损害他人的和社会的利益，不得违反公序良俗，不得违背政府的宏观调控政策，不得破坏经济秩序和社会秩序，否则，将被视为无效，或加以法律制裁。

契约有一种天然的生长力和扩张力。随着商品经济的发达，市场经济的形成，经济关系逐步契约化，"契约经济"成为市场经济的表征之一。伴随经济契约化，契约的思想和逻辑必然超出经济关系的范畴而渗透到社会生活的各个领域，促使其他社会关系"契约化"，即"契约社会"的形成。在"契约社会"中，有一种观念深深地植根于民众之中：法律好比是契约，国家的根本任务和目的是保障公民（缔约者）的人身和财富；法律是基于全体人民的协商和同意所制定的权利和义务规范，而不是依靠权力强加于人民的命令；合法的政府和权义源自法律，政府权力只能在法律的范围内行使，未经人民（缔约者）的同意，不能行使强制权力；公民守法的道德基础在于公民是契约的当事人，有履行诺言的道德义务；公民对国家和法律的服从是以取得国家和法律的保护相交换的。正是由于这种观念，契约社会成为名副其实的民主社会、法治社会和理性社会。

四、宏观调控——现代法的精神之政策基础

现代市场经济不是自由放任的无政府经济，它既需要由国家为之创造和维护良好的外部环境，也需要政府通过法律对经济运行和经济活动实行以市场为轴心和导向的宏观调控，以便以市场为依托和核心来组织经济生活，促进市场经济健康文明地发展，并在此基础上实现国民经济发展和社会全面进步的总体目标。因此，现代法的精神必然包含宏观调控这一政策基础。把宏观调控政策纳入与市场经济相适应的现代法的精神体系，就要求政府在市场经济体制中发挥应有的组织功能和政策导向，并在实施宏观调控时充分尊重市场经济的客观规律，并善于利用市场经济的规律。

首先，必须尊重公平竞争、自由竞争的市场规律，为市场主体创造一个安全、有序、宽松的经济环境和市场秩序。公平竞争是市场经济的本质所在，是市场赖以发挥作用的基础。宏观调控不应妨害公平竞争，相反，应该通过规范、引导、制约经济主体的市场行为，纠正非市场行为，打击和扼制与市场规律相悖的各种不公平竞争行为来实现调控。市场经济不仅是公平竞争的经济，而且是自由竞争的经济。自由竞争才能发挥市场择优汰劣的机制，激励主体尽其所能地经营，实现资源的最优配置和最大价值。宏观调控要有利于自由竞争。为此，政府在实施宏观调控时，要力戒出台有违公平竞争和自由竞争规律的调控政策，否则，将增大宏观调控的阻力，并会削弱宏观调控的积极作用。

其次，要善于利用利润平均化规律。在发达的资本主义国家，经济一般不会发生结构性失衡，这是因为健全的市场机制充分实现着价值规律，导致资本利润平均化，即无论把资本投放到哪个行业和哪个工作领域，都可以得到平均的或接近的利润。在我国社会主义市场经济体制建立初期，市场不可能仅仅通过自身的调节机制而达到利润平均化的结果。之所以出现"彩电热"、"冰箱热"、"房地产热"、"娱乐城热"等，就是因为把钱投放到这些生产和消

费领域可以一时获得暴利。而这样的做法必然引起国民经济出现结构性失衡或失调。为了避免经济的严重失调，优化产业结构，各级政府特别是中央政府要善于运用利润平均化的规律，对那些可能获取暴利的行业和领域实行较高税率，对那些利润较低的行业和领域实行较低税率，以此达到宏观调控的目的。

再次，要善于运用"经济人"规律调控市场行为。市场经济概括起来就是各种各样的交易，即市场行为总体。市场经济行为不同于计划经济体制下的经济行为。在计划经济体制下，人们的经济行为动机是简单完成任务，行为的普遍特征是服从或者应付。而在市场经济条件下，主体的行为动机主要是利益追求。营利性（趋利性）是市场行为的普遍特征。每一个主体（个人或法人）可以说是或者想象为一个"经济人"。作为独立的经济人，他对自己的行为总是有价值判断的，即都有一个"值不值"、"合算不合算"的判断，而且各个经济人在选择行为时，又总是选择他所认为价值较大的行为，即对自己更有利的行为。行为特征的转变要求相应地转换调整机制，即从"命令机制"转向"利益机制"。例如，政府不宜直接下令限制或取消什么行为（违法行为除外），也不宜直接对特定主体下令，而要大量采用产业政策，借助投资、信贷、汇率、税收、物价、保险以及财政贴息等经济机制，引导或促使经济人为了自身的从而也是整个社会的经济利益而顺应政府的经济政策和经济导向来调整自己的行为。

最后，要尊重并善于运用经济发展与社会全面进步相适应的规律。国内外的历史经验和现实情况表明，一个国家的经济增长与其社会稳定、政治发展、精神文明以至良好的生态环境是相互制约、相互促动的。因而，宏观调控应致力于在经济增长与社会稳定、政治发展、精神文明、生态优化以至国际关系等等方面建立起一种平衡机制，使经济与政治、文化以至整个社会的发展同步。过去和现在都有很多部门和地区轻视或者消极地对待宏观调控，一个基本的原因就是没有在社会政策的意义上来认识、执行和实施宏观调控，而往往局限于从经济意义特别是部门性、地区性经济意义上来对待宏观调控。鉴于此，必须从现代社会政策和法的精神的高度提高对宏观调控重大意义的认识。

五、效率居先 ①——现代法的精神之价值指向

价值是法的精神所必不可少的要素。市场经济条件下的法的精神是以效率居先为特征的。"效率"是市场经济社会中最常用的概念，在人们给予它的各种不同的解释和定义中，"价值极大化"或"以价值极大化的方式配置和使用资源"，是其基本含义。

对于"效率"之理解和解释，人们通常采用投入产出法。按照这种方法，效率就是以最少的资源消耗取得同样多的效果（在产出给定的情况下投入越少效率越高），或用同样的资源消耗取得较大的效果（在投入给定的情况下产出越多效率越高）。这是一种直观的、低级的方法。理性的、高级的衡量标准则是根据预期目的对社会资源的配置和利用的最终结果作出的社会评价，即社会资源的配置和利用使越来越多的人改善境况而同时没有人因此而境况变坏，则意味着效率提高了。这种效率观显然包含着社会公平（社会主义）因素，是伦理与功利的统一。

效率的概念和价值标准的适应范围大致有三种情况：第一，收入分配领域的效率，例如要"坚持以按劳分配为主体，多种分配方式并存的制度，体现效率优先、兼顾公平的原则"。第二，全部社会资源配置上的效率。这里的"资源"既包括自然资源（土地、矿山、水源、森林等），也包括人文资源（信息、政策、机会等）。第三，特定资源的配置和利用上的效率。如法律资源、政治资源配置方面的效率。本文着重从法律资源配置的角度来论述效率居先问题。

法律资源是一切可以由法律界定和配置，并具有法律意义和社会意义的价值物。如权利、权力、义务、责任、法律信息、法律程序等，其中权利和

---

① 在论述公平与效率的关系时，人们往往使用"效率优先"。但本人倾向于用"效率居先"代替"效率优先"。理由是：从语感上，"优先"给人以某种人为的、主观的意念和印象；而"居先"则意味着某种规律性、必然性和客观性，更能揭示和表达效率与市场经济的内在联系。

权力是最重要的法律资源。权利和权力之所以是重要的资源，乃是因为：第一，它们可以给人们带来实际利益，是实现利益所必不可少的手段。资源，利益之源泉也。第二，合理的权利和权力安排会降低交易费用，提高交易效率。正如 1991 年诺贝尔经济学奖得主、新制度经济学派的代表人物科斯所说："合法权利的初始界定会对经济制度运行的效率产生影响。权利的一种安排会比其他安排产生更多的价值。"① 第三，权利和权力是受社会的经济结构、物质文明和精神文明的发展水平所制约的，因而都是稀缺的。

效率居先是市场经济的必然规律。市场经济的基本规律之一是自由竞争、优胜劣汰。这一不可抗拒的铁的规律迫使每一个市场经济主体不仅必须有效率的观念，而且一定要把效率置于居先的位置。

效率居先是经济体制改革的必然要求。经济体制改革实质上是对制度性社会资源的重新配置，是权利和权力的重组。这种重新配置和组合的目标正是力求获得更高的效率。在计划经济体制下，人们片面强调平等，忽视效率。而人们所理解的平等实际上是庸俗的平均主义。它严重地限制了效率，导致经济发展缓慢，使社会长期处于低水准或贫困的生活状态。中国经济体制改革之所以发生，直接的原因就是因为效率低下，财富短缺，而改革要解决的根本问题也正是解放和发展生产力，即提高效率。

法律资源配置上的效率居先意味着：在整个法律价值体系中，效率价值居于优先位阶，是配置社会资源的首要价值标准。效率居先的法律精神通过制度表现出来就是：第一，法律体系这一总体制度框架须以效率为优先价值来决定权利、权力等法律资源的社会配置。第二，权利和义务的具体设定和落实，须以效率为优先价值来引导资源的个体配置。第三，权利、权力的初始界定和安排不是恒定的，法律允许权利、权力资源的合理让渡和流通，即从低效率或负效率的利用转向高效率的利用，没有这种让渡和流通，权利、权力之类稀缺的法律资源就可能被白白浪费掉。第四，效率与公平冲突时，为了效率之价值目标，公平可以退居第二位，直至作出必要的自我牺牲。这

---

① 〔美〕科斯：《企业、市场和法律》，盛洪等译，上海三联书店 1990 年版，第 95 页。

种价值实现上的时间差反映了价值体系的多元性和流动性。

效率居先并不排斥自由、公平、秩序等其他价值，而恰恰是以自由、平等为内在机制，以秩序为外部环境的。在市场经济条件下，只有赋予主体尽可能广泛的追求利益的自由和最大限度的活动空间，才能保证资源利用的效率；只有主体均以平等的资格，在平等的条件下公平竞争，才能激发和保证持续的效率；只有保持社会的基本稳定和安定，经济的发展和社会全面进步才有可能。

六、人文主义——现代法的精神之哲学基础

现代法的精神必然包含着人文主义，并以现代人文主义作为其哲学基础。如果没有现代人文主义的融入，权利本位、契约自由、宏观调控和效率居先就会暗淡无光，或超越其临界或边际而全然扭曲——权利本位将蜕变为斤斤计较，契约自由将被用于肮脏交易，宏观调控将导致计划经济复活，效率居先也不过是少数人发财致富。

现代人文主义是一套观念体系，也是一种崇高的行为准则和社会生活方式。其要义是：一切从人出发，以人为中心，把人作为观念、行为和制度的主体；所有人的解放和自由，人的尊严、幸福和全面发展应当成为个人、群体、社会和政府的终极关怀；作为主体的个人和团体，应当有公平、宽容、诚信、自主、自强、自律的自觉意识和观念。

把人文主义作为现代法的精神之基本内容和哲学基础，首先是因为人是市场经济的中心，发展市场经济的根本目的和历史意义在于人，市场经济的价值最终应当体现为人的物质利益的满足和精神生活的充实，表现为人的全面而自由的发展。其次是因为市场经济是人文主义的原生点。在古代简单商品经济中就蕴含着自由、平等、人权等人文主义的基质。近代以来，由于市场经济的高度发达，经济和政治分离，由此出现了与政治社会和政治传统相对应的市民社会和市民文化，现代人文主义就是在市民社会和市民文化的基础上发展起来的。再次是因为健康、文明、高效的市场经济仰赖现代人文主

义的精神环境，并需要由内含人文主义精神的法律制度去引导和规范。

现代法律与人文主义有着密不可分的联系。人文主义是现代法律产生和不断改革的强大动因，权利本位，契约自由，法律面前人人平等，法无明文规定不为罪，凡是法律没有禁止的都是允许的，以及以"自然法"、"自然权利"观念为核心的人权理念，都是人文主义精神的伟大体现。人文主义在法律中的涵量是法制文明和社会进步的重要标志，因此，我国的法律必须以人文主义为基调，并不断扩大这种精神要素的涵量。

把现代人文主义作为法的精神，其重大意义在于使我们有可能对现行法律进行深入的人文主义评判，校正立法中忽视人文主义价值的倾向。众所周知，由于我国长期实行计划经济体制，缺乏市场经济所必需的基本法律，所以在建立社会主义市场经济体制的过程中必然出现突击立法。这就使得我国的立法不可能不表现出浓重的政策主义（以传统的政策观念和制定"红头文件"的方法进行市场经济立法）、工具主义（把法律仅仅作为实施管理经济的工具）、实用主义（只考虑法律之眼前的经济功能，而忽略其深远的社会文化功能）、技术主义（重视法典和法律体系的形式完美，而轻视法的价值基础和总体价值目标）。这些倾向有碍法制现代化和社会全面进步，到头来也会制约市场经济的健康发展，应当引起高度重视。法的人义主义要求正是针对这些倾向而提出来的。

把现代人文主义作为现代法的精神，也是社会全面进步的必然要求。我们要建立的市场经济是健康、文明的现代市场经济，是与民主政治和精神文明同步发展的经济体制，因而，有关市场经济的立法和与市场经济相适应的法律体系必须有丰富的人文主义内涵。应当看到，市场经济就其自发的趋势，必然有负面效应，例如人对物的过分依赖，生态危机环境污染，拜金主义，急功近利，纵欲骄奢，恃强凌弱，道德风尚衰落，两极分化，等等。把人文主义作为法的精神要素提出来，目的在于通过法律指引人们在发展经济的同时，要重视人的问题（人的本质、人的价值、人的命运、人的发展等），人对自然的态度问题（不仅要改造、利用自然，也要保护自然），劳动异化、权力异化和社会异化问题，社会技术伦理问题，防止和消除市场经济的负面效应。

和谐精神的导入与中国法治的转型*

——从以法而治到良法善治

在当代中国，执政党中国共产党致力于构建社会主义和谐社会，在全社会实现公平正义，让全体人民生活得更加幸福、更有尊严、更加自由，由此，和谐精神正在成为社会主义的核心价值，并成为主导法的精神的"中国元素"，进而加速推进从以法而治和依法而治到良法善治、和谐法治的历史性、根本性转型。

一、作为法的精神的"和谐"

讲到法的精神，我们不能不首先想到孟德斯鸠，想到这位为法国、欧洲和整个世界作出巨大贡献的伟大思想家。他是人类历史上第一位系统研究法的精神的思想家。孟德斯鸠在其名著《论法的精神》中指出，法的精神就是由政体、自然地理状况、宗教、社会风俗等诸多客观和主观条件所决定的民族精神，并且这种民族精神是多样的、与时俱进的，因而法的精神又是时代精神的精华。法国启蒙思想家伏尔泰盛赞孟德斯鸠的《论法的精神》这本鸿

---

* 本文发表于《吉林大学社会科学学报》2010 年第 3 期，并被《新华文摘》2010 年第 11 期全文转载。

篇巨著是"理性和自由的法典",这一评论表明在孟德斯鸠的心灵深处,理性和自由是法的精神。

除了孟德斯鸠,还有其他著名法学家对法的精神作出过深刻研究。19世纪德国著名法学家耶林在其名著《罗马法的精神》一书中指出:罗马法的精神是从罗马法中抽象出来的"不变并且普遍的要素"。20世纪20—30年代,美国法学家庞德系统研究了普通法在美国的发展历程和普通法精神的形成与演进,发表了《普通法的精神》一书。庞德认为,普通法的精神就是普通法国家法律制度的价值基础。根深蒂固的清教主义是形成普通法精神的一个重要的决定性因素,它在美国法律思想的形成时期强化了个人主义、个人权利的观念以及法律就是契约的思想。然而,随着时代的发展,美国的法律制度应当注入社会理想,淡化个人主义的色彩,法律不能仅仅关注个人利益,也应关注公共福利,公共福利应该同个人利益一样,在法律的发展中占有一席之地。我们必须修炼和维护一种代表社会主流意识的法律精神。

我国学者从20世纪90年代初期开始研究法的精神。郭道晖、李步云、张乃根等多位法学家从法哲学层面阐述了法的精神。郭道晖教授认为法的精神就是自由,并且认为自由是法的永恒精神。郭道晖的著作《法的时代精神》集中表达了法的自由精神。李步云教授认为,法的内容、法的形式和法的精神,是构成法的三个基本要素。如果从正确处理法律与人类的关系、个人与社会的关系、利益与正义的关系、效率与公平的关系、权利与义务的关系五种关系的角度看法的精神,现代法的精神就是人本精神,人本精神是最高层次的法的精神。张乃根教授发表了《论西方法的精神》,认为自然法精神是西方法的内在精神,自然法的精神主要是公平、理性和人权。除了法哲学学者研究法的精神之外,部门法学者也对法的精神这一抽象问题给予了极大的关注和思考,并对各个法律部门的精神进行了探索,提出了宪法精神(宪政精神)、行政法精神、民法精神、商法精神、刑法精神、诉讼法精神、国际法精神等概念或命题,发表了很有启发的观点。

依笔者个人的理解,所谓法的精神,就是法的终极价值、元价值、绝对理念,因而可以说法的精神是法律制度的灵魂或中枢神经。它蕴涵着或决定着法的价值取向、基本原则，支配着对社会经济、政治、文化进行的法律性制度安排，指引和制约着对法律资源因而也包括其他资源的社会性配置。传统法的精神是自然经济或计划经济的产物，是与人治体制相适应的，现代法的精神是与市场经济、民主政治和先进文化的本质和规律相适应的理性精神和价值内核。法的精神与法的价值息息相关，法的精神代表法的价值基础、核心价值、元价值。法的精神是随着经济社会变迁和公共治理模式变革而演化和转换的。在当代中国，适应物质文明、精神文明、政治文明、生态文明建设以及经济、政治、文化、环境、法律的全球化的发展趋势，和谐精神日益成为中国法的主导精神，并统领法的其他精神要素。在此意义上，和谐就是法律价值体系的"元价值"，是法律制度和法律事件的"精神元素"。

那么，如何理解"和谐"？和谐作为法的"精神元素"的作用体现在什么地方？"和谐"是一个非常古老而又经久不衰的概念。人们通常是在美学、哲学和社会科学三个方面理解"和谐"。

在美学意义上，西方和东方思想家早就将和谐视为至美、最美。古希腊思想家认为，"美是和谐的比例"，数是比例的表达，事物之间的和谐关系可以表现为某种恰当的数的比例关系，并认为，音乐、几何、雕塑、宇宙天体中都有和谐的范例，它们都可以通过具体的数字、比例来体现，这个数字比例就是黄金分割率 $0.618 : 1$。古希腊哲学家柏拉图也认为和谐是最美的东西，他甚至讲过法律体系因其内部高度和谐而赛过荷马史诗的美。中国思想家欣赏音乐的和谐之美，把音乐中不同音符之间的合成与流动看作和谐。当音节之间的音程具有同样的关系时就产生和谐之美。音乐之美在于音律的和谐。如果只有一种声音、一种调子，那么带给听众的只能是单调、乏味和审美上的疲劳。正如《吕氏春秋》所言："正六律，和五声，杂八音，养耳之道也。"

在哲学意义上，古希腊哲学家毕达哥拉斯把"和谐"作为哲学的根本范畴，并且认为，和谐是以差别和对立的存在为前提的，是"对立的东西产生和谐，而不是相同的东西产生和谐"。和谐是矛盾的同一性，是一种平衡协调、对立合一的状态。"和"、"和谐"也是中国哲学的根本范畴。春秋战国时期就有思想家作出了"和实生物，同则不继"的著名论断。孔子提出"君子和而不同，小人同而不和"，认为和谐不仅是客观规律，而且是做人的原则，把"和"、"同"两个范畴引入社会道德领域。孔子之后，从"和"的范畴演化出的"中庸"、"中和"、"中节"、"中正"、"和合"等概念，均包含和谐精神。我国当代著名哲学家张岱年先生认为："和谐涵括四个方面：一相异，即非绝对同一；二不相毁灭，即不相否定；三相成而相济，即相互维持；四相互之间有一种均衡。"①

在社会科学的广泛领域，和谐通常指：第一，社会理念：和谐几乎承载和容纳了所有人对人类美好生活所寄托的愿望。华夏先民主张的"小康社会"，洪秀全的"有田同耕，有饭同食，有衣同穿，有钱同使，无处不均匀，无人不饱暖"的"太平天国"，康有为的"人人相亲，人人平等，大同社会"，孙中山的"天下为公"、"三民主义"，柏拉图所设想的"理想国"，空想社会主义者傅立叶、欧文、魏特林等人的"乌托邦"，都是以和谐为表征的社会。马克思、恩格斯提出的共产主义社会理想更是以财富泉水般涌现、社会公平正义和每个人的全面自由发展为表征的和谐社会。第二，高级的、文明的社会生活方式和生存方式。先秦思想家那里已经有"和美"、"和和美美"的生活理念，和谐的社会生活方式和生存方式应如孔子所言的"礼之用，和为贵"，"合群济众"，和衷共济，和平共处，善解能容，矛盾和解，和睦等；应如墨子所言的"兼相爱"、"爱无差等"；也应如孟子所言的"天时、地利、人和"。一些当代学者更是直接认为，文明的生活方式应当是高度和谐的，和谐的社会应该是人人享有幸福和自由的社会。第三，结构性社会平衡。如美国法学家富勒所说："社会设计中的一个普遍存在的问题便是如何把握支持性结构与适应性流变之间的平衡"，"我们所关心的不仅仅是个人是否自由或安全抑或是否感到自由或安全的问题，而是作为一个整体的社会中的各种（通常默默展开的）过程之间如何达致和谐与平衡的问题。"②

① 李存山：《张岱年论和谐》，见 http://www.chinahexie.org/ReadNews.asp?NewsID 258，2006-03-30。

② [美] 富勒：《法律的道德性》，郑戈译，商务印书馆 2005 年版，第 35—36 页。

　　上述意义是互通的，既包括和谐的美学本源、哲学基础、社会理念，也包括和谐的实践意义。它们统合起来，为我们理解和谐概念提供了丰富的思想资源。而党的十六大以来，有关和谐、社会和谐、促进社会和谐、构建社会主义和谐社会等的论述和实践，则为我们深刻把握作为法的精神的和谐精神提供了直接的思想理论基础。十六大报告在阐述全面建设小康社会的宏伟目标时强调要努力形成全体人民各尽其能、各得其所而又和谐相处的局面，巩固和发展民主团结、生动活泼、安定和谐的政治局面。之后，2004年，党的十六届四中全会明确提出构建社会主义和谐社会。2005年2月19日，胡锦涛同志在省部级主要领导干部提高构建社会主义和谐社会能力专题研讨班上全面阐述了构建社会主义和谐社会的时代背景、重大意义、科学内涵、基本特征、重要原则和主要任务。2007年，党的十七大报告十分鲜明地作出了"社会和谐是中国特色社会主义的本质属性"的论断，并指出："构建社会主义和谐社会是贯穿中国特色社会主义事业全过程的长期历史任务，是在发展的基础上正确处理各种社会矛盾的历史过程和社会结果。""要按照民主法治、公平正义、诚信友爱、充满活力、安定有序、人与自然和谐相处的总要求和共同建设、共同享有的原则，着力解决人民最关心、最直接、最现实的利益问题，努力形成全体人民各尽其能、各得其所而又和谐相处的局面，为发展提供良好社会环境。"用"民主法治、公平正义、诚信友爱、充满活力、安定有序、人与自然和谐相处"作为社会主义和谐社会的基本特征，同时也揭示出和谐精神的本质内涵，更加彰显出和谐精神的时代性和先进性。

　　从理论层面说，以往的法学论著不是没有注意到和谐，但是，都只是把和谐作为秩序的规定性，是秩序的下位概念，强调我们所需要的秩序是一种和谐的秩序，是一种民主的秩序，是一种理性的秩序，而没有把和谐作为独立的价值。今天，我们不仅要把和谐作为一个独立的价值，而且应当把和谐提升到法律价值体系之元价值的高度上来，提升到法的精神之元素（核心要素）层面上来，把和谐作为法的终极价值，作为法的绝对精神。和谐精神是道德、宗教、法律的共通原则，也是它们的最高原则，是至善原则。所以，和谐精神是人类的普遍精神，因此也可以说和谐是法的人类精神。

有了这样的定位，就明确了和谐作为终极价值和绝对精神的作用。主要是：第一，凝练法的价值。一个社会的法律价值可以从很多方面来凝练，立足于和谐来凝练无疑是一个非常好的角度。凝练法的价值也就是从社会生活、历史传统、社会未来发展、哲学和法理中凝练出现代社会的法的价值。第二，规范法的价值。法的精神作为法的价值内核，必然是法的各个价值的质的规定性，法的价值体系的各个要素诸如秩序、自由、效率、正义等有了新的内涵，秩序应当是和谐的秩序，自由应当是和谐的自由，效率应当是和谐的效率，正义应当是和谐的正义。第三，引领与平衡法的价值。和谐精神作为先进文化，其导入法律和法治，将使每一种法律价值丰富其内涵，向更好的方向发展；另一方面它也要通过协调各个价值来引领价值，使它们成为内在统一、互为补充、互相支撑的价值体系。第四，反思和追问法的价值。用和谐精神去反思、批判现行法的价值以及作为法的价值载体的法律规范，推动法律制度的变革和创新。例如，在《物权法》制定过程中，一些学者就针对物权法草案的价值体系进行不断的反思和追问，批评物权法草案没有充分体现财产正义、财产公益、财产效率等现代物权法的核心价值，即使就物权法草案已经强调的物权正义来讲，它虽然顾及到物权平等，但严重忽视平等物权，忽视物权在取得过程中的合法性问题以及物权在行使过程中的环境正义问题。这样的反思和追问，推进物权法草案正确反映中国经济社会发展和生态文明建设的大趋势、完善物权法的价值体系，使最终通过的《物权法》较之物权法草案有显著的改进。

二、和谐精神催生良法善治

和谐精神融入法律和法治，推动了法律变革和法治转型。在人类历史上，法治有各种形态。中国古代法家是最早提出"以法治国"理念的。春秋战国时代，一些政治家和思想家就提出了"以法治国"的主张，并将这种政治主张阐述为系统理论，并在一定程度上付诸实践。但他们所说的

"法"无非是严刑峻法，且"夫生法者君也，守法者臣也，法于法者民也"。①
皇帝和国家统治者奉行以君权神授、君临天下、专制独裁、权大于法为核
心，强调国家至上、君本位、官本位、义务本位，漠视个人权利及其保护；
主张德主刑辅、法律道德化；信奉重刑主义，实行严刑峻法，诸法合一，
以刑为本；依靠刑讯逼供，屈打成招，甚至迷信神明裁判。这种法治不过
是封建皇权的工具而已。近代西方的"法治国"则有两种形态，一是形式
合法性的法治理念。英国法学家拉兹被公认为是形式合法性法治理论的代
表人物。拉兹认为，法治应当包括两个方面：第一，人们应当受法律的统
治并遵守它；第二，法律也应当能够指引人们。②二是形式正义的法治理念。
形式正义的法治理念把法治看作形式正义在法律制度方面的实现。罗尔斯、
菲尼斯等主张形式正义的法治。例如，罗尔斯说："形式正义的概念，即有
规则地和无偏见地实施公开的规则，在适用于法律时就成为法治。"③这种
形式正义的法治不涉及法律由谁制定的问题，是由暴君制定，还是由民主
的多数制定，还是用其他方法制定？它也不涉及基本权利、平等、正义。
它包括下列律令：第一，"应当的行为意味着可做的行为"。第二，"类似案
件类似处理"。第三，"法无明文规定不为罪"。还有那些阐释自然正义观点
的律令。它们是指维护司法活动完整性的方针，其中包括必须有合理的审
判程序和证据规则；法官必须独立和公正；任何人不应审理与本人有利害关
系的案件，审理必须公平和公开，但不受公众舆论所控制，等等。菲尼斯
认为法治是这样一种"良好的状态"：法律规则是关于未来的；是可能服从
的；公开的；清晰的；与其他规则是一致的；充分稳定的；裁决和命令的制
作是由其公布的、清晰的、稳定的和相对一般的规则指导的；制定、执行
和适用规则者有责任遵守与其活动相关的规则，并且实际上是前后一致的

① 《管子·任法》。

② See J.Raz, *The Authority of Law:Essays on Law and Morality*, 2nd Edition, Oxford University Press, 2009, pp.214-218.

③ See J.Rawls, *A Theory of Justice*, Harvard University Press, 1971, p.235.

依法执法的。① 这两种形态的法治都是价值中立的，既可以服务于"善"，也可能服务于"恶"。德意日法西斯政权都曾经制定大量法律，剥夺人民的人权和自由、镇压民主运动、欺凌其他种族和国家，给人类带来巨大的灾难。臭名昭著的南非白人种族主义政权、以色列复国主义者都是在法治的名义下放肆地侵犯人权。在我国，以刑为主、重刑主义、严刑峻法的法治文化根深蒂固。在很多人看来，加强法治就是加强整治、处罚、严打的力度。一些地方政府在法治的名义下无所顾忌地干着违法、违宪的勾当，房屋拆迁、土地强征、国企强改中发生的触目惊心的伤残和死亡案例，也说明所谓的"以法"、"依法"的局限性。

以和谐作为法治的精神元素，必将彻底抛弃严刑峻法的法律暴政，并推动形式合法性和形式正义的法治转型，即转向良法善治。除了坚持宪法法律至上、法律面前人人平等、司法机关依法独立行使职权等法治的形式要件外，更加注重法治的实体要件。善治就是让法律止于至善，让社会臻于至善。在当代中国，良法善治的基本途径是彻底否定以阶级斗争为纲的法律观，否定工具主义的法治观，既重视法律的政治性（法律的政治要素、政治基础、政治功能等），更注重法律的公理性（法律中的正义、平等、自由、人权、道德价值等）。具体而言，就是法律要做到"三个善待"，即善待个人、善待社会、善待自然，以此实现人与人的和谐、人与社会的和谐、人与自然的和谐。

（一）善待个人

这时的个人不是孤立存在的实体，而是作为"类"存在的实体。所以，善待个人就是善待"类人"，善待人类。类是人的真正本性，它也就应当成为以人为本的法律体系的真正的内容和实质。"人，按其本性来说，就是一种类存在物。人的类本性表明，人只能存在于同他人内在统一的一体性的关系中，也只能存在于同外部世界即人的对象性存在的内在统一性关系之中；

---

① J.Finnis，*Natural Law and Natural Rights*，Oxford University Press，1980，p.270.

而且这种一体性的关系不但构成人的有意识的活动的对象，并且还是人的自为活动所遵循的基本原则。"① 我们是作为类存在的，在类集体当中，每个人都有"人格性"。"类集体就是马克思所说的'自由人格'的联合体。……在这里人人都是人格化的人，也都是人的人格化身，每个人都是小我和大我的统一体，人与人之间不再有人的分别，而只有个性的不同，也就是说他们在人格上是完全平等的，个性上是充分自由的。所谓类本位、类主体，不过是指这时的每个人都已自觉为人，把个人存在纳入他人本质，也把他人存在纳入自己的本质，各人都以人为自我主体的人的自为存在状态。"② 不要遗漏一个人，不要失落一个人，平等地对待和尊重所有的人。以人为本，以人的权利为本。尊重和保障人权，特别是作为类的组成部分的社会弱势群体的权利；特别是那些身处困境、逆境，需要帮助和在社会的发展当中由于不可归咎于自身原因而处于不利地位的人。当前，尊重和保障人权的一个现实问题是加强对社会弱势群体的权利保护。我国的弱势群体规模庞大、结构复杂、分布广泛。"一般由以下几部分人构成：一是下岗失业人员，即城市中以下岗失业者为主体的贫困阶层；二是'体制外'的人，即那些从来没有在国有单位工作过，靠打零工、摆小摊养家糊口的人，以及残疾人和孤寡老人；三是进城农民工；四是较早退休的'体制内'人员；五是收入较低的贫困农民，失地农民；等等。"③

善待个人，在法律上的实践要求就是充分保障权利和人权。一要完善公民权利和人权立法。当前应在既有保障民生、维护人权立法的基础上抓紧研究完善各种法案，批准并落实《公民权利和政治权利国际公约》、《经济、社会、文化权利国际公约》。二要建立健全权利救济制度，使权利受到忽略、权利被稀释、权利被侵害的所有人均能得到救济。三要加强法律援助。通过法律援助使普通老百姓和困难群众也能得到法律的平等保护，享受事实上的法律平等，特别是让弱势群体不再受打官司难的困扰。

---

① 高清海：《高清海哲学文存》第 2 卷，吉林人民出版社 1997 年版，第 117 页。
② 同上书，第 132 页。
③ 参见冯书泉：《构建和谐社会必须关注弱势群体》，载《人民论坛》2005 年第 2 期。

（二）善待社会

善待社会，就是主张和实行社会公正，公正合理地调整利益关系。公正合理地协调利益关系是构建和谐社会的基石性问题。为了公正合理地调整利益关系，必须坚持五个原则：

第一，平等关怀与尊重原则。这是权利哲学家德沃金针对弱势群体的权利保护而提出的平等原则，温家宝总理在 2010 年度的政府报告中强调了这条原则的终极性。平等关怀与尊重意味着每个人都享有作为平等的人而受到尊重和考虑的权利。所谓"关怀"，就是保障基本福利。所谓"尊重"，首先是尊重人民的自由选择，其次是尊重每个人的人格尊严。人格尊严是人权的底线，是容忍的底线。现在，社会歧视愈演愈烈，越来越带有群体性、族群性、阶层性、地区性，城市人对农村人的歧视，把农民工看作"盲流"、"打工仔"、"二等公民"、"边缘人"；南方一些城市对东北人、河南人、陕西人的歧视；歧视现象的蔓延和加剧，必然导致社会分裂。

第二，增量改革原则。这一原则的核心是：在经济改革中一部分人的财富增长以不损害其他人的利益为前提；一部分人的生活境况变好，而同时没有人因此而境况变坏；社会福利应当与国民收入总量的扩大同步。参照这一原则，要找准最大多数人的共同利益和不同阶层、不同群体具体利益的平衡点，决不能顾此失彼，使一部分人大获其利，另一部分人深受其害。要建立利益共享机制，确保全体人民享受改革和发展的成果，使改革和发展的成果惠及全体人民。为此，就要把税收和公共财政优先用于解决低收入阶层的困难和问题，对困难群体给予更多的关心和救助，减轻他们在经济、文化、心理和社会等方面的压力。同时，让那些优先享受到了改革和发展成果的富裕阶层分担社会代价，这就如同发达国家应与发展中国家一起分担"减排"任务一样。

第三，公平的机会均等原则。机会平等是人类在从身份社会进入契约社会的过程中提出来的反对封建等级制度和世袭制度的革命纲领。机会平等纲领要求摒弃先赋性特权、身份等级等不公正因素的影响，保证每个社会成员能够有一个平等竞争的条件，从而拓展个人自由创造的空间，最大限度发挥自己的能力和潜能。为了实现机会平等，必须反对形形色色的社会歧视，因为社会歧视使很多人失去了平等的机会。一些地方、行业、部门和单位在就业、工作中设置性别、年龄、身高等与职业没有必然联系的特别限制，违背了机会均等原则。例如，就业中的性别歧视使女性中的相当一部分人的能力得不到充分发挥；地域歧视使很多本来非常优秀、很有能力的人失去了工作的机会；对乙肝病毒携带者的歧视，使一亿多乙肝病毒携带者中的许多优秀人才没有机会施展其聪明才智和能力；由于户籍壁垒、城乡身份差别而导致对广大农民的歧视使他们不能在公平竞争的条件下在城市发挥才能，使他们享受不到就业保险、医疗保险、单位福利等待遇，并使一亿两千多万农民工的子女失去了上学、升学的平等机会。更为严重的是，教育资源和其他文化资源配置不适当的集中，进而导致农村（包括中小城镇）的青少年不能获得同等的机会，无法与城市里的孩子一样正常发育和开发智力。党中央、国务院提出教育均衡发展，就是针对这种教育不公平，从而导致机会不平等的严重问题而采取的重大措施。

第四，统筹兼顾原则。统筹兼顾、协调各方面的利益关系，调动一切积极因素，这是党和政府的一贯方针，也是社会主义制度本身的优点与特色。和谐就是在统筹兼顾过程中实现的。在当前，主要是坚持"五个统筹"原则，即统筹城乡发展、统筹区域发展、统筹经济社会发展、统筹人与自然和谐发展、统筹国内发展与对外开放。这五个"统筹"体现了科学发展的要求，也是在宏观层面实现全社会的利益均衡和公正。

第五，政府中立原则，即在多元利益重叠结构中保持"政府中立"。"政府中立"意味着：一是政府必须代表全体公众的利益，并且通过政治决策和公共政策使社会的利益格局达于均衡。二是在各种利益的矛盾和冲突面前，依据社会主义核心价值不偏不倚地处理矛盾和冲突。有的地方政府往往站在富人的立场、企业高管阶层的立场、商人集团的立场处理群体性事件，严重违背了社会公正和政府中立的基本原则，致使社会矛盾叠加。三是认真听取社会各方面、各利益集团的意见和诉求，当某一利益群体没有代言人的时候为其指定代言人。当前，要特别警惕某些地方政府机关与富人阶层形成利益共同体，以牺牲弱势群体的利益为代价来维护强势群体的利益，使公共资源和社会财富继续不适当地向少数人一边聚集。

当然，善待社会并不是杀富济贫，也不是均贫富，而是在公平正义观念与和谐精神的指导下，实现各个阶层、群体、集团利益的最大化；而是要"使富者足以示贵而不至于骄，贫者足以养生而不至于忧。以此为度而调均之，是以财不匮而上下相安，故易治也"①。就是说，让各个集团、各个阶层各尽其能、各得其所又和谐相处。

（三）善待自然

首先，要确立天人合一的世界观。"人不仅来自于自然、集万物精华于一身，而且与万物一体，人的生存价值就在于融合自然存在、开掘自然潜能。"②"人从自然出来，还得回到自然去。因为……人所以能够同自然相抗衡，所凭借的力量不是别的，仍然只是自然的力量。所以从归根到底的意义说，人把自己从自然提升出来、升华为主体，应该看作只是为了走向外部世界更高层次的融合，达到更充分地发挥自然潜能，建立与自然更高统一关系的必要步骤和必要形式。人的实践活动充分证明，人必须依靠和发挥自然固有的力量去装备自己、充实自己、发展自己；反过来，自然蕴藏的巨大潜能也只有依赖人的开掘、利用才能充分展示、发挥出来，这两个方面属于同一过程而且是不能分开的一回事。"③

其次，要把伦理观从人与人的关系扩大到人与自然的关系上，以道德的态度对待自然资源、自然环境、自然生物体。人与生物的关系应该是一种特别紧密、互相感激的关系，维护生命、完善生命，才是善的。人来自于自然，自然是人类的母体，人是在自然的哺育下成长为人的。我们必须尊重这一事实。但是，在人成为人之后，人不但搅乱了自然秩序，而且把它颠倒过

---

① 《春秋繁露·度制》。
② 高清海：《高清海哲学文存》第 2 卷，吉林人民出版社 1997 年版，第 159 页。
③ 同上书，第 356 页。

来，让它单方面地服务于人的目的和需要。

再次，要加强法制建设，建立健全人与自然和谐相处的法律机制。自20世纪80年代以来，我国先后制定了二十多部环境资源保护法。与此同时，国务院制定了近百件有关环境与资源保护的行政法规，地方人大和地方人民政府结合本地区的实际情况，制定了大量与法律、行政法规相配套的地方性法规和政府规章。我国还缔结和参加了几十项国际条约、公约、协定。可以说，我国已经基本上形成了以《宪法》为核心，以《环境保护法》为基本法，以有关环境与资源保护的其他法律、法规为主要内容的比较完备的环境与资源法律体系。在环境法制建设方面，十分重要的是鲜明地体现环境权和环境义务。

环境权在环境保护法律机制中应当处于核心地位。环境权意识和环境权概念是在环境污染加剧、人们的生活质量和生存面临危机的情况下产生出来的。以1960年发生在美国的一场关于公民在良好环境中生活的宪法依据是什么的争论为开端，环境权的概念脱颖而出。环境要素被视为共有财产，公民有权利要求享有良好的环境。1970年的《东京宣言》写道："我们请求，把每个人享有其健康和福利等要素不受侵害的环境的权利和当代人传给后代人的遗产应是一种富有自然美的自然资源的权利，作为一种基本人权，在法律体系中确定下来。"[1]1972年《人类环境宣言》规定："人类有权在一种能够过尊严和福利的生活的环境中，享有自由、平等和充足的生活条件的基本权利，并且负有保护和改善这一代和将来的世世代代的环境的庄严责任。"[2]1992年，国际环境与发展会议正式将环境权确认为人的基本权利。环境权的一般定义是享受良好环境并进行支配的权利，具体内容包括：第一，健康、舒适、安全的环境保证；第二，当代人传给子孙后代的是不被污染、受破坏的自然资源要素；第三，当代人负有保护资源和改善环境的庄严义务，包括阻止环境破坏、排除侵害、恢复环境、采取良好措施预防环境破

---

① 参见《中国大百科全书·环境科学卷》，中国大百科全书出版社1986年版，第192页。
② 董云虎、刘武萍编著：《世界人权约法总览》，四川人民出版社1991年版，第1404页。

坏，等等。

在我国的环境法律体系中确立环境权的核心和支点地位，显得十分重要。第一，使环境法成为由核心价值构筑和统一起来的规范体系，共同服务于人民的环境利益。第二，有助于提高广大人民群众的环境保护意识，只有全社会都能认识到环境权是基本人权，老百姓有权利喝上干净水，呼吸清新的空气，有更好的居住环境，《环境保护法》才能得到广泛的认同和支持，其实施才有强大的群众基础。第三，增强政府保护环境的责任意识。保护环境，让人民在良好的环境中生活、生存和繁衍，是政府尊重和保障人权的义务，政府有责任为人民提供与环境权相适应的环保服务。第四，为公民或团体提起环境诉讼提供维权动力，为司法机关提供受理环境诉讼、维护环境正义的法律依据。

人们不仅应当享有环境权，而且环境权应当是一种普遍权利和基本人权。当人们思索这个问题的时候，环境正义的概念就随之萌发。20世纪80年代初期发生在美国一个非裔美国人社区的抗议国家环境保护局在其居住区内建设多氯联苯填埋场计划的运动，引发了环境正义问题，促进了环境正义概念的形成。环境正义的原初意义是：所有的人在环境法律制度、环境管理和环境政策的发展、执行和实施方面，不分种族、肤色、国别和收入的公平对待和富有意义的参与。公平对待意味着不应有任何人群，包括种族、少数民族或社会经济团体会由于政治或经济力量的缺乏而被迫承担暴露于污染不利影响中的不成比例的份额。

环境正义的法律要求就是环境义务。环境义务的基本原则是：第一，人类不得干涉生态物的自然生长和生态系统的自然维系；第二，人类对生态物自然生长的干涉以必要为前提，这种必要性是为了保障人的生命利益；第三，人类对生态物的行为必须谨慎，必须经过严格的审查，除非是紧急避险行为；第四，人类对生态物的行为必须支付相应对价；第五，非经正当途径剥夺生态物的生存权利，破坏生态秩序，必须负法律责任。环境义务的基本规则包括：洁净生产、绿色消费、控制人口、统筹规划、有限许可、平衡补偿、综合评价。

三、和谐精神引领法治转型：迈向和谐法治

改革开放以来，我国先后用"社会主义民主政治"表述和表征政治改革和政治发展的目标，用"社会主义市场经济"表述和表征经济改革和发展的目标，用"社会主义核心价值体系"表述和表征文化变革和发展的目标，这些核心概念的提出明确了改革发展的方向，解放了思想，统一了认识，凝聚了力量。在全面实施依法治国基本方略、加快建设社会主义法治国家的关键阶段，我们同样需要有一个核心概念来表述和表征法治建设和法治发展的目标。中共中央党校副校长石泰峰在依法治国基本方略实施十周年座谈会上指出："实施依法治国方略的这十年，对于中国社会发展至关重要。今天，我们纪念依法治国基本方略实施十周年，可能不再像十年前那样，集中关注'什么是法治'、'为什么实行法治'之类的问题。目前中国的发展已经处在一个新的历史起点，在新的形势下，特别是科学发展观提出以后，我们需要更深层次地思考'我们需要什么样的法治'以及'怎样建设法治'这样的问题。"① 这两个问题的提出具有十分重大的现实意义和理论意义。在同一座谈会上，笔者提出应当按照构建社会主义和谐社会的总体目标来确定我国法治发展的方向和目标，并提出把构建社会主义和谐法治作为中国特色社会主义法治发展的方向和目标。笔者认为，如果说和谐社会是人类文明的最高标志，那么，作为和谐社会本质要求的和谐法治则是人类社会法治文明的理想图景和最高境界。

（一）和谐法治是法治现代化和构建和谐社会的必然要求

"法治现代化"这一概念既指从传统人治社会到现代法治社会的历史性变革，又指法治（法制）由传统型到现代型的历史性转换；法治现代化是包括法律制度、法律价值和法律文化在内的意义深远的变革过程。世界范围内

---

① 石泰峰：《依法治国与科学发展观》，载《法学研究》2007 年第 4 期。

的法治现代化肇始于欧洲资本主义的兴起，资本主义市场经济、民主政治和理性文化极大地推动了欧洲法治的现代化进程。中国社会的法治现代化发轫于清末民初，先后经历了清末法制改革、辛亥革命的法制实践、北洋军阀时期的法律发展、中华民国南京国民政府的法制活动以及中国共产党领导的新民主主义法制建设等发展阶段，进入 20 世纪 80 年代后，在经济体制改革、政治体制改革、社会文化变革以及全球化浪潮的推动下，最终发生了伟大的历史性变革。世界范围内的法治现代化有各种各样的目标定位和发展道路，例如西方国家的自由主义、理性主义、个人权利本位主义、民主社会主义等等，就当代中国的法治现代化而言，我们走的是一条与改革开放同步的、具有鲜明中国特色的社会主义法治发展道路，是与社会主义市场经济、民主政治、精神文明和生态文明相适应的法治现代化道路。

改革开放以来，随着执政党指导思想的与时俱进和社会经济、政治、文化的现代化，随着社会主义法制建设实践经验的丰富以及包括立法、执法、司法等在内的各项法制改革的深入推进，依法治国、法治国家的内涵越来越丰富和科学。特别是构建社会主义和谐社会战略思想和历史任务的提出与实践，为依法治国、建设社会主义法治国家进一步明确了指导思想和奋斗目标，丰富和创新了依法治国、法治国家的内涵，使我国法治现代化的目标定位越来越清晰。在这样的背景下，和谐精神全方位地导入法律制度和法治实践，"和谐法治"概念呼之欲出。展望未来中国法治的发展道路和发展模式，可以把建设社会主义和谐法治作为其必由之路和理想模式，也可以说是中国社会主义法治现代化的目标定位。

"和谐法治"这一目标定位充分体现着构建社会主义和谐社会的战略思想和中国特色社会主义的时代精神，代表着我国依法治国方略和法治国家目标的历史走向。和谐法治是构建和谐社会的必然要求，是社会主义法治的主旋律和表征，和谐法治也是构建社会主义和谐社会的重要保障。"和谐法治"概念不仅将引领我们转换法治话语体系，从而提升我们的法治观念和法治实践，而且必将丰富和创新建设社会主义法治国家的理想模式、历史任务和实践途径。

（二）和谐法治的思想理论基础

和谐法治是一种先进的法治理念，它以和谐哲学作为其思想理论基础。在以阶级斗争为纲的年代，人们一讲到法律、法制，就潜意识地、本能地把法律、法制与阶级、阶级矛盾、阶级斗争、阶级专政相关联。我们知道，无论是马克思、恩格斯，还是列宁、毛泽东，他们作为无产阶级革命家，都把法律界定为阶级矛盾和阶级斗争的产物、阶级斗争的工具、一个阶级对另一个阶级专政的武器。在无产阶级革命时期，这种法律观、法治观对于揭露封建地主阶级的法律制度和资产阶级法律制度的阶级本质，唤醒和动员广大人民群众推翻奴役、压迫劳动人民的政治法律制度，无疑是非常正确的。但是，当无产阶级夺取政权，建立无产阶级专政或人民民主专政政权之后，特别是在阶级矛盾已经不是社会的主要矛盾的历史条件下，如果仍然坚持这种以阶级斗争为纲的法律观和法治观，甚至要进行无产阶级专政下的继续革命，则要犯极其严重的错误。我国从 20 世纪 50 年代中期到"文化大革命"结束的二十年间，社会主义法制停滞不前、衰败倒退，从而导致民主人权被肆意践踏的沉痛经历就源于这种严重错误。从党的十一届三中全会果断宣布阶级矛盾和阶级斗争不再是我国社会的主要矛盾和中心任务，到党的十六大提出社会和谐概念、十六届四中全会明确提出构建社会主义和谐社会，再到党的十六届六中全会作出《关于构建社会主义和谐社会若干重大问题的决定》，表明中国共产党的指导思想已经从"斗争哲学"转向"和谐哲学"，中国共产党也在理论和实践上彻底完成了从革命党向执政党的转变。这两个转变加强了党的执政能力，巩固了党的执政地位，推进了中国社会和谐发展，也极其深刻地改变了传统的社会主义法律观和法治观，为和谐法治概念和理念的诞生奠定了哲学基础。以和谐哲学作为法治的思想理论基础，不仅进一步彰显法治的时代精神，而且使法治的目的性价值更加鲜活。

（三）用和谐精神引领法治转型，建设社会主义和谐法治

在构建社会主义和谐社会的历史进程中，法治转型的根本目标是实现和

谐法治。和谐法治是以促进社会和谐、构建社会主义和谐社会为崇高价值目标。和谐法治是以法治要素的和谐与协调发展为特征，诸如党的领导、人民民主与依法治国的有机统一，依法治国基本方略与依法执政基本方式的有机统一，依法治国与以德治国的有机统一，建设法治国家与建设法治社会的有机统一，立足国情与面向世界、传承中华优秀法律文化传统与借鉴人类社会法治文明成果的有机统一，等等。和谐法治是以立法、执法、司法、守法、普法等法律运行各个环节的协调发展为基本要件，立法机关要科学立法、民主立法，各个政党、社会团体、国家机关、武装力量和全体公民要自觉守法、行权履义，维护法制的统一、尊严和权威，各级政府和国家机关工作人员要依法行政、执法为民，司法机关要公正高效办案、和谐司法为民，维护公平正义、促进社会和谐。

实现和谐法治，关键是用和谐精神统领法律价值体系，将和谐精神融入法律规范体系，用和谐精神指导法律运行实践，使我国法治充分体现社会主义和谐精神。为此，要以和谐作为当代中国法治的灵魂与核心理念，并根据构建社会主义和谐社会的要求进行法律的制定、修改或清理。应当树立以人为本和尊重人权的立法理念，克服以物为本、权力本位、忽视人权的立法弊端；对立法重点和利益协调方式进行相应的调整，实现立法与社会发展的和谐统一；应高度重视推进社会事业、健全社会保障、规范社会组织、加强社会管理、增强公共服务等方面的法律法规，以及环境保护、资源利用和生态维护方面的立法；高度重视关于人民群众关注的热点、难点问题的立法，特别应加强有关民生问题的立法，诸如保障公民受教育权、农民利益和农民工权利、促进就业、建立和谐稳定劳动关系的立法，规范动迁拆迁、土地征用、商品房建设和买卖的立法，约束权力运行、惩治腐败行为的立法，等等。要在法律规范体系和法律运行过程中实现权利与义务的和谐、权利与权力的和谐、实体法与程序法的和谐，不同法律部门之间、法律规范之间、法律机制之间的协调。同时，还要进行以构建社会主义和谐社会、建设和谐法治为目标的法律改革，清除法律体系当中与民主法治、公平正义、诚信友爱、充满活力、安定有序、人与自然和谐相处不协调、不兼容的法律原则、规则和概念，使我国的法律体系充分体现和谐精神统领下的民主理念、共和理念、自由精神、正义精神、理性精神。

除了立法体现和谐精神，执法和司法也要充分体现和谐精神，实现和谐执法、和谐司法。要从有利于社会和谐出发，采取有利于社会和谐的方式进行执法活动，既要严格执法，又要文明执法，促进全社会和谐局面的形成、巩固和发展。要建立民主、科学、公正、高效的执法程序，保证行政机关依照法定程序行使执法权力，要健全行政执法责任追究制度，完善行政复议、行政申诉、行政赔偿制度，使行政机关切实做到有权必有责、用权受监督、违法要追究、侵权要赔偿。司法是面对社会矛盾和纠纷的国家法律活动，更应当把和谐的理念、进而把善治的理念融入社会主义司法理念之中，并使之统领公正和效率。司法机关要坚持司法为民、公正司法，充分发挥司法维护公平正义的职能，最大限度地保护最广大人民的根本利益；要完善司法救助制度，让经济确有困难的群众打得起官司，确保有理有据的当事人赢得官司，让打赢官司且具备条件执行的当事人及时实现权益，维护国家法律权威；要弘扬司法民主，健全巡回审判，依法扩大简易程序适用范围，落实当事人权利义务告知制度，方便群众诉讼；进一步提高司法效率；要注重法律效果与社会效果相协调，发挥法律效果和社会效果的双重作用，做到既要严格执法、公正司法，又要立足于稳定社会，及时化解矛盾，消除纠纷，息讼宁人，努力减少社会对抗。所有这些，都是实现构建社会主义和谐社会总目标对立法、执法和司法活动的具体要求，是党中央和谐社会理念在法律领域的具体要求，是法的和谐精神的实践表征，是达到良法善治与社会和谐的必然要求。

构建社会主义和谐社会的法律机制*

  构建社会主义和谐社会是党的十六届四中全会提出的社会发展目标，是党和政府的重大战略任务，也是广大人民群众义不容辞的历史责任。2005 年年初，胡锦涛总书记在省部级主要领导干部提高构建社会主义和谐社会能力专题研讨班上发表了重要讲话。他在讲话中全面地阐述了和谐社会的科学内涵及其基本特征，这就是"民主法治、公平正义、诚信友爱、充满活力、安定有序、人与自然和谐相处"。这六个要素当中，第一个也是最重要的一个，就是"民主法治"。民主法治在和谐社会的全部要素中发挥着统揽全局的作用，而不仅仅是某一方面、某一部分，不仅因为和谐社会必然是民主社会、法治社会，而且只有在一个崇信民主，奉行法治的社会，构建和谐社会的其他要素才能得到真正的实现。和谐社会的所有问题都必然归结于法治问题，或者与法治密不可分，法律在构建和谐社会中具有至关重要的作用，因而必须依靠法律来推动和谐社会的构建，依靠法律来引导社会和谐的发展，依靠法律来保障和谐社会的实现。

  本文基于对社会主义和谐社会科学内涵的理解，对法治在构建社会主义和谐社会中的机理和机制性作用的认识，提出构建社会主义和谐社会的若干法律机制，并加以论述。

---

  * 本文发表于《中国法学》2006 年第 1 期。

一、民主与共和的法律机制

民主是和谐的源泉，民主政治是构建和谐社会的政治保障。这是因为：

第一，民主政治的根本特征是国家的一切权力属于人民，人民当家作主。当然，由于我们国家地域辽阔、人口众多、管理公共政治事务需要专门知识和专门才能等原因，人民群众不可能直接地经常地行使那些属于自己的权力，直接管理国家和社会公共事务，而只能实行间接民主制，即人民代表大会制度。所以，我国宪法规定"中华人民共和国的一切权力属于人民。人民行使国家权力的机关是全国人民代表大会和地方各级人民代表大会"。①这就要求我们既要坚持人民代表大会制度，同时也要不断完善和创新人民代表大会制度。和谐社会的建构对各级人民代表大会提出了更高的要求，也将推动人民代表大会制度的完善和创新。人代会的制度创新是政治体制改革的重要方面，人代会的制度创新涉及人代会的职权、内部结构、外部关系、工作制度、运行程序以及人民代表与人民的关系（如选举制度、罢免制度、资格停止制度、代表选区述职制度）等。

第二，民主政治是程序政治。在某种意义上，政治是不同的政治主体为实现一定的利益而影响、控制或行使国家权力的活动。由于各政治主体的利益诉求、政策主张不同，必然出现政治期望和政治目标的冲突。民主政治要求各政治主体（公民、合法的政治组织、国家机关等）必须依照既定程序参与政治（行使政治权力和权利）。按照既定程序从政，可以创造一种公平竞争、和平共处和稳定合作的局面。这正是民主的程序价值所在。

第三，民主政治是一种自由的、平等的和公众参与的政治。所谓"自由的"，指政治主体可以不受限制地表达他们认为是合理的，其他人和政府应该听取与采纳的政见、决策或立法建议。所谓"平等的"，指在表达政见、提出决策或立法建议方面，各个政治主体享有同等的资格和机会，同时每个

———————————

① 《中华人民共和国宪法》第 2 条。

主体对他人的政见和建议有加以评论、提出异议甚至否定的权利，并在认同核心价值的前提下，承认各种价值观的合法性，容纳不同声音，对不同的观点给以彼此尊重和认可。所谓"公众参与的"，是指民主政体下的决策和立法程序不是少数几个人说了算，更不是个别人的专断，而是在广大人民群众直接或间接的参与下，按照少数服从多数、多数尊重和保护少数的民主原则行事。自由、平等和参与的政治为各种政见、决策和立法建议的表达和交流，各政治主体影响和参与决策提供了平等机会，使立法政策和法律能真实地反映广大人民群众的根本利益和共同意志。

第四，民主政治是一种整合政治。在任何政治体制下都存在着政治张力和冲突，诸如发展与稳定，民主与效率，自由与平等，公民权利之扩散趋势与国家权力之集中趋势，各种政见和价值观点的对立等。正是由于这些张力和冲突产生了对民主政治的需要和珍爱；同时，也只有妥善地对待和处理这些张力和冲突，才能保卫和发展民主政治。政治张力和冲突的解决，有赖于社会整合。民主就是人类发明出来的一种行之有效的整合机制。整合就是协调与兼顾，通过整合创造出个人自由与社会统一、个人发展与社会进步有机结合的规范环境。

第五，民主是一种宽容政治。宽容是一种美德，宽容是民主的本质表现，宽容也是通向和谐社会的必由之路。政治宽容是政治文明的标志，也是执政党和政府自信的标志。在民主体制下，各种不同意见、生活方式、价值观念是互相宽容或包容的。宽容精神的核心是承认多样性、多元化，并使之和平相处。

第六，民主政治是权利决定权力、权利制约权力的政治。在民主政治下，国家的政治权力一方面来自人民，人民（作为整体）是权力的源泉；另一方面又被分解为公民（作为个体）的政治权利。这一"分解"是保证国家权力依法运行、实现依法治国的重大发明。民主政治通过把国家权力分解为公民的基本政治权利，赋予公民参政的资格和机会，把政治变成绝大多数人的事务，从而克服了专制政治的弊端。在民主制度下，公民享有法定的政治权利并承担着相应的政治义务，国家权力的和平转移，政权机关的组建，都是公民按照既定的法律程序行使政治权利的结果；国家权力是在公民的参与和制约下依法运行和操作的；公民与国家机关工作人员的关系是主仆关系、委托人与受委托人的关系。这样，政权与社会融为一体，公民一方面以政治主体的身份采取主动的参政行动，影响、支持现行的政治决策和立法，从而大大增强了政治的动力、政治体制的承受能力、应变能力、同化能力和自我完善的能力，增强了法律的效能。

综上所述，为了充分体现社会主义民主政治的本质，发挥民主对于和谐社会的作用，必须把民主制度化、规范化、程序化，以健全民主制度，丰富民主形式，扩大公民有序的政治参与。

和谐社会也离不开共和。我们的国家是"中华人民共和国"。人民共和是我们国家的表征，共和精神是我们的国魂。可是，在一段相当长的时间内我们似乎淡忘了共和，我们高唱中华人民共和国国歌的时候似乎也听不到共和的声音，产生不出共和的共鸣。今天，在我们致力于构建和谐社会的时候，很自然地意识到共和的回归。"共和"（republic）有两种意义，一是指政体，即与君主制相对应的政体。凡是政府及其首脑是定期选举产生的，政府职能是法定的，政府权力是有限的政体，就是共和政体；二是指强调政治平等、民主参与和公共精神的政治模式，这种政治模式的精髓是政治协商和协调，它是保证不同群体、阶层、集团平等表达利益诉求和政策主张，并妥善协调各种利益关系的机制。在利益多元化的条件下，人们之间出现不同的甚至对立的利益诉求、政策主张、价值标准，这是正常的，并不可怕，可怕的是没有共和机制在保障大家平等自由地表达诉求和主张的基础上，协商对话，达成共识。新中国成立之初，中国人民政治协商会议比较充分地体现了共和精神。1954年，在全国范围内建立人民代表大会制度之后，共和理念被融入人代会制度。但是，人代会制度更多的是体现民主理念。人代会如何把共和与民主都包容进来，或者如何充分发挥政治协商会议的共和精神，是新时期政治体制改革应当解决的问题之一。我们都知道美国的参议院主要体现共和精神，无论一个州有多少人口都分配两个议席；众议院主要体现民主精神，州与州人口不等，议员人数也不等。我们不赞成美国式的两院制，也不能照搬国外的经验，但是要借鉴他们某些有益的经验，探索政治生活中的共和机制，例如坚持和完善共产党领导的多党合作和政治协商制度，巩固和发展最广泛的爱国统一战线，充分发挥人民政协的政治协商、民主监督、参政议政职能，重视和发挥工会、妇联、共青团、消协等非政府组织的共和作用，等等。

二、尊重和保障权利和人权的法律机制

和谐社会是以人为本的社会。用法律语言表述，以人为本，就是以人们的权利为本，以人权为本。尊重和保障权利和人权是和谐社会的基本特征，也是构建和谐社会的前提。只有充分尊重和保护公民权利和人权，使人民群众意识到自己在国家和社会中的主人和主体地位，切实感受到自己是人，有做人的权利，才能增强对国家和社会的认同，才能满腔热情、扎扎实实地去学习、工作和创造，为构建和谐社会作出贡献。

当前，尊重和保障人权的一个现实问题是社会弱势群体的权利保护。在经济改革和社会转型过程中不可避免地出现了社会弱势群体，例如，国企下岗职工、城镇农民工、失业或待业者、残疾人以及其他在经济上、文化上、政治上、心理上处于弱势地位或不利状态的人群或阶层。我国的弱势群体规模庞大、结构复杂、分布广泛。"一般由以下几部分人构成：一是下岗失业人员，即城市中以下岗失业者为主体的贫困阶层；二是'体制外'的人，即那些从来没有在国有单位工作过，靠打零工、摆小摊养家糊口的人，以及残疾人和孤寡老人；三是进城农民工；四是较早退休的'体制内'人员；五是收入较低的贫困农民。总的看来，如果将城乡贫困人口、经济结构调整进程中出现的失业和下岗职工、残疾人、灾难中的求助者、农民工等各类处于弱势地位的人口加总，然后再扣除重叠部分（如贫困人口中有失业、下岗职工和农民工等）和非弱势人口（如下岗职工、残疾人、农民工等中间的自强自立者），可以大致计算出目前我国弱势群体的规模在1.4亿到1.8亿人之间，约占全国总人口的11%到14%

之间。"① 在我国社会弱势群体当中，一部分人处于绝对贫困状态，他们基本生活没有保证，温饱没有解决，生存发生危机；一部分人处于相对贫困状态，他们的温饱基本解决，但低于社会公认的基本生活水平。

弱势群体的处境是非常艰辛和凄惨的。首先以农民工为例。他们的权益普遍得不到保障。一是他们劳动强度高和劳动时间长，工作环境恶劣，缺乏最起码的劳动保护条件，并且工资往往被任意拖欠和克扣；二是生活和生存没有保障，农民工养老、失业、医疗、工伤、女职工生育保险等参保率平均不到15%，给当前和未来的生活和生存都留下了较大的隐患。农民工后代的处境更加令人担忧，因为他们的子女入学难，不能接受教育将导致其后代普遍缺乏在未来社会的生存能力和竞争能力。再以国企下岗职工为例。国企下岗职工年轻的时候为国家建设作出了贡献，现在又直接承担了国企改革的成本，成为生活困难的群体，并日益弱势化。过去，他们长期拿着低工资，而自己创造的数万亿价值构成了共和国的经济基础，现在却得不到应有的社会保障金，有些地方的下岗职工每月只能拿到几十元生活费，难以糊口。

如何对待和改善弱势群体的生存状况和发展环境，是构建和谐社会必须解决的问题。弱势群体的利益本质上属于人权范畴。尊重和保障人权首先想到的应该是社会弱势群体的人权。当我们把弱势群体的利益上升到人权的高度时，就会倍加关注和重视他们的处境，增强改善他们处境的法律意识和宪法责任。在宪法面前，对弱势群体人权的关注和保护，不仅是我们应有的道德关怀和福利救济，更是我们各级党委、政府和社会组织肩负的宪法责任，是我们每一个公民应尽的社会责任。

除了从人权的角度关怀弱势群体之外，也要充分考虑如果不善待弱势群体而可能引发的社会后果。我们可以想象：企业重组改制，职工安排不妥，补偿不到位，一些职工下岗，生活遇到困难，他们对这个社会还能够认同吗？备受歧视甚至连工资都拿不到的农民工，心理能不失衡、能不采用极端方式讨要工资吗？农民的土地被违法违规征用，廉价转让给商人，农民却得

---

① 参见冯书泉：《构建和谐社会必须关注弱势群体》，载《人民论坛》2005年第2期。

不到合理的补偿，时间长了，怎能不催生严重的社会矛盾呢？学校里的贫困生，特别是其中的特困生，如果因为贫困受到歧视或者在巨大生活压力下生活和学习，他们怎能不精神焦虑、浮躁难安，怎能不产生反社会心理呢？如果我们现在还不重视解决社会弱势群体的切身利益，到头来就要承担巨大的社会风险，甚至要用更大的代价去平息动乱和反社会的暴乱。汉代董仲舒鉴于秦朝贫富严重失衡、最终导致灭亡的历史教训，提出要"使富者足以示贵而不至于骄，贫者足以养生而不至于忧。以此为度，而均调之，是以财不匮而上下相安，故易治也"。① 这是很有见地的思想。

保障权利和人权首先要完善公民权利和人权立法，当前应抓紧研究有关保障社会弱势群体的权利法案，批准并落实《公民权利和政治权利国际公约》、《经济、社会、文化权利国际公约》。其次要求建立健全权利救济制度，使权利受到忽略、权利被稀释、权利被侵害的所有人均能得到救济。第三要加强法律援助，法律援助是帮助弱势群体获得权利救济的方式之一。通过法律援助使普通老百姓和困难群众也能得到法律的平等保护，享受事实上的法律平等，特别是让弱势群体不再受打官司难的困扰。

三、激发活力和创造的法律机制

和谐社会是充满活力的社会，是生机勃勃、持续发展的社会。胡锦涛同志指出："充满活力，就是能够使一切有利于社会进步的创造愿望得到尊重，创造活动得到支持，创造才能得到发挥，创造成果得到肯定。"② 为此，必须建立激发活力和创造的法律机制。

第一，承认并保障人们的物质利益，鼓励人们为着物质利益而奋斗。同许多伟大的思想家一样，马克思认为，每一既定社会的经济关系首先表现为利益关系。人们奋斗所争取的一切，都同他们的利益有关。利益本质上是人

---

① 《春秋繁露·度制》。

② 胡锦涛：《在省部级主要领导干部提高构建社会主义和谐社会能力专题研讨班上的讲话》，载《人民日报》2005 年 6 月 27 日。

们企求满足的要求、愿望或期待。从历史唯物论和社会心理学的观点看，满足既被当作人们需要的实现，又是新的需要的起点和契机，因而追求利益是人类最一般、最基础的心理特征和行为规律，是一切创造性活动的源泉和动力。既然如此，承认和保护人们的利益，从而激励人们在法律范围内尽其所能地实现其物质利益，就成为人类之所以需要法律的重要理由。人们在追逐物质利益的过程中必然会产生对立和摩擦。因此，法在承认和保护人们的物质利益的同时，还要权衡和调节各种利益冲突，以便把对立和摩擦减少到最低限度。法律的整个运行过程实际上就是对各种利益进行衡量、选择、取舍，并通过权利和义务对这些不同利益进行权威性、规范性调整的过程。

第二，确认和保护私有产权和产权关系。承认财产权利，明晰产权关系，是有效利用自然资源的前提。人们只有获得了对资源的占有权和使用权，物有其主，并有权排除他人对自己财产的侵犯或掠夺，才有信心和动力投入资金，发展财富。所以，任何一个国家的法律都是以财产权为重心的。我国于2004年以修正案的形式把保护私有财产写进《宪法》，终于使私有财产权成为一项宪法权利。作为立法机关的全国人大现在正在抓紧制定物权法，确立中国的财产权制度。财产权制度有三大核心：一是财产取得的合法性问题，亦即财产的归属（"物"是谁的）；二是怎样保护物权；三是物尽其用。法在确认财产权的同时，还要创造财产权有效利用的机制，其中最主要的是为财产权的转移提供保障和便利。如果说财产权的法律确认和保障是有效利用资源的必备条件，那么，财产权的可转移性（即从一个主体向另一个主体转移）就是有效利用资源的充分条件。

第三，承认和保护知识产权，解放和发展科学技术。科学技术是第一生产力。解放和发展生产力，首先是解放和发展科学技术。法在这方面的作用主要是：一是把科学技术活动及其成果确认为权利，使"智慧的火焰加上利益的燃料"，推动人们进行创造性活动，创造新思想、新知识、新技术。近代以来各国的经验表明，凡是法律承认知识的价值，保护知识产权的地方，科学技术就日新月异，社会生产力就蒸蒸日上。二是组织和协调科学技术的发展，明确科学技术发展在国家经济和社会发展中的战略地位，科技发展规划和计划，科技管理体制，科技奖励制度，科技活动主体之间的权利和义务，推动科技成果转化为现实的生产力，改革科技管理体制和组织体系，推动科技—经济一体化。

第四，推动和保障制度创新，减少交易费用。"交易费用"这个概念是现代经济学中内涵最丰富的概念之一。新制度经济学家和经济分析法学家把"交易"与"生产"概念相对应，认为"生产"活动体现的是人与自然的关系，"交易"活动体现的是人与人的关系。交易费用指生产以外的所有费用，包括信息费用（发现交易对象、产品质量、交易价格、市场行情等的费用），测量、界定和保护产权的费用（即提供交易条件或交易前提的费用），时间费用（包括讨价还价、订立合同的费用），执行合约的费用，监督违约行为并对之实行制裁、以维护交易秩序的费用以及风险的费用。新制度经济学家指出，交易费用是经济制度的运行费用，它类似于物理学中的摩擦力。减少交易费用的关键是产权制度、企业组织形式的创新以及市场机制的完善或补足。在制度创新中，法律制度的创新是非常重要的。法律特别是经济法、民商法和民事诉讼法，通过以效率为中心的制度改革和建构，为经济主体设定了最有效率的交易模式和诉讼程序，保证人们以最可靠、最安全、最简便的手续，最少的时间耗费，达到预期的经济目标。

第五，确认、保护、创造最有效率的经济运行模式，使之容纳更多生产力。每种社会制度、每个国家都有其经济有效运行的最佳模式。但就当代社会而言，最佳模式是市场经济模式。市场把生产者和经营者置于自由竞争的境地，为人们施展才能创造了广阔的空间，同时也使资源能够从低效益利用向高效益利用流转；市场经济中的宏观调控则使市场中的竞争摆脱盲目状态，减少生产和经营中的偶然性、任意性、风险性及其他浪费资源的现象。在邓小平理论和"三个代表"重要思想指导下，经过二十多年的锐意改革，我国原有的国家集中过多、统得过死，扼制商品经济、价值规律和市场作用等严重束缚生产力发展的经济运行模式已经发生了重大变革，但经济发展中的深层问题尚未根本解决，因而要进一步推进改革开放，进一步解放和发展我国的社会生产力，放手让一切劳动、知识、技术、管理和资本的活力竞相迸发，让一切创造社会财富的源泉充分涌流。

四、公正合理协调利益的法律机制

公正合理地协调利益关系是构建和谐社会的基石性问题。之所以提出公正合理地协调各种利益关系这一问题，是因为目前利益关系失衡。这主要表现在两点：一是国家、集体、个人的利益没有处理好。国家和地方政府的财政税收用于广大人民群众最为需要的教育、社保、卫生等方面的支出比例明显偏低，困难群众的低保、社保、养老保险基本没有保障，社会保险的覆盖率不到15%。据统计，从1979年到2004年，我国经济高速发展，GDP总量增长了10倍，平均发展速度为9.4%，是世界上发展速度最快的国家之一，然而，人民群众的生活水平并没有与经济增长速度同步提高，尤其是作为社会主体的工人和农民并没有同比例分享改革开放的成果，有些工人和农民的生活状况反倒有所下降。二是收入差距扩大，贫富两极分化日益明显。可以这么说，在富人使用彩电、冰箱，而穷人无钱可以不用这些产品的时候，我们说这是贫富差异。当富人开宝马、住别墅，而穷人住在贫民窟甚至根本无房可居、有病看不起、子女上不起学的时候，就不只是贫富差异，更是社会严重不公，因为这涉及了公民的基本权利，即基本人权、生存权、发展权。社会不公，一方面是由于收入不公造成的，例如在富裕阶层当中有一些人是通过非法手段致富，依靠坑蒙拐骗致富，依靠权钱交易发家；另一方面是由于政策失衡造成的，一些地方政府以极其低廉的价格将土地、厂房、商标转让给商人，使他们一夜之间成为暴发户，成为拥有百万、千万甚至亿万资产的富翁。而在贫困群体当中，有些人则是因为政府与商人勾结在一起运作土地征用、房屋拆迁、国企出让，一夜之间失去了赖以生存和生活的土地、厂房、工作单位和劳动岗位，成为无依无靠的赤贫者。

为了公正合理地调整利益，纠正和防止利益格局失衡，首先要建立正确、及时反映各方利益的法律机制，让不同社会利益阶层、群体都能有平等的机会和渠道充分表达自己的利益诉求。我们已经进入利益多元化时代。罗尔斯认为：公正实际上是利益的协调和平衡，是通过博弈形成的一种均衡。而所谓的博弈和均衡，本质上就是各种利益的充分而平等的表达过程。如果不是这样就不能达到协调和均衡。在利益表达方面，弱势群体的利益表达已经成为一个无法回避的问题。现在弱势群体尽管人数很多，但没有发言权，没有代言人，自身利益受到强势阶层侵害时，他们往往束手无策。长此下去，在他们心中就会沉淀"仇富"、"厌世"、"恨世"等消极思想，进而对执政党和政府产生离心倾向，少数激进分子可能会采取极端手段来寻求利益表达，形成社会动乱源。目前，"三农"、农民工、流动人口、城市拆迁户等社会问题迟迟得不到解决，很大程度上和这些群体没有一个真正能为自己说话、争取自身利益的"代言人"，进而造成他们在公共政策决策中缺失话语权有关。我们可以比较一下工会和商会。在涉及群体性利益的问题上，往往是工会与商会信息不对称；商会（私营企业家协会等）可以用各种手段包括金钱的手段影响地方政府，甚至"俘获"政府官员，获取不当利益，也可能通过影响立法来实现其利益。而弱势群体则由于资源有限，合法渠道不通，不得不采取施压型群体行动（例如静坐、集体上访、非法举行集会游行、围堵和冲击党政机关）来宣泄利益诉求。这样的利益诉求方式必然导致社会不稳定、不和谐。所以，党和政府应当为各个利益阶层群体提供以理性、合法的形式表达利益诉求的制度性平台，使多元社会的各种利益诉求能够通过公正、规范、有效的渠道输入公共决策过程，供决策者整合和选择，从而制定出得到社会普遍认可的公共政策。这样的机制很多，例如民意调查制度、信息公开制度、听证会制度、对话协商谈判制度、公民投票表决制度等。

为了公正合理地调整利益关系，从法哲学层面可以考虑四个原则：

第一，平等关怀与尊重原则。平等关怀与尊重意味着每个人都享有作为平等的人而受到尊重和考虑的权利。所谓"关怀"，就是保障基本福利。所谓"尊重"，首先是尊重人民的自由选择，其次是尊重每个人的人格尊严。人格尊严是人权的底线，是容忍的底线。现在，社会歧视愈演愈烈，越来越带有群体性、族群性、阶层性、地区性，城市人对农村人的歧视，把农民工看作"盲流"、"打工仔"、"二等公民"、"边缘人"；南方一些城市对东北人、河南人、陕西人的歧视；歧视现象蔓延和加剧，必然导致社会分裂。

第二，增量改革原理。这一原理的核心思想是：在经济改革中一部分人的财富增长以不损害其他人的利益为前提；一部分人的生活境况变好，而同时没有人因此而境况变坏；社会福利应当与国民收入总量的扩大同步。参照这些原理和原则，要找准最大多数人的共同利益和不同阶层、不同群体具体利益的平衡点，决不能顾此失彼，使一部分人大获其利，另一部分人深受其害。要建立利益共享机制，确保全体人民享受改革和发展的成果，使改革和发展的成果惠及全体人民。为此，就要把税收和公共财政优先用于解决低收入阶层的困难和问题，对困难群体给予更多的关心和救助，减轻他们在经济、文化、心理和社会等方面的压力。同时，让那些优先享受到了改革和发展成果的富裕阶层分担社会代价。

第三，公平的机会均等原理。机会平等是人类在从身份社会进入契约社会的过程中提出来的反对封建等级制度和世袭制度的革命纲领。机会平等纲领要求摒弃先赋性特权、身份等级等不公正因素的影响，保证每个社会成员能够有一个平等竞争的条件，从而拓展个人自由创造的空间，最大限度发挥自己的能力和潜能。在现代社会，机会平等堪称最重要的正义原则，因为机会平等是起点平等，如果没有起点平等，后续的"平等"就是画饼充饥。机会平等意味着对权利的普遍尊重，即权利平等。权利平等就是要求在公共领域公正地对待和确保每一个人的应有权利。社会歧视特别表现在就业领域。在现代社会，工作是一个人得到社会承认、获得幸福生活最基本的前提。为了实现机会平等，必须反对形形色色的社会歧视，因为社会歧视使很多人失去了平等的机会。一些地方、行业、部门和单位在就业、工作中设置性别、年龄、身高、外貌等与职业没有必然联系的特别限制，违背了机会均等原则。例如，就业中的性别歧视使女性中的相当一部分人的能力得不到充分发挥；地域歧视使很多本来非常优秀、很有能力的人失去了工作的机会；对乙肝病毒携带者的歧视，使一亿多乙肝病毒携带者中的许多优秀人才没有机会施展其聪明才智和能力；由于户籍壁垒、城乡身份差别而导致对广大农民的歧视使他们不能在公平竞争的条件下在城市发挥才能，使他们享受不到就业保险、医疗保险、单位福利等待遇，并使一亿两千多万农民工的子女失去了上学、升学的平等机会。更为严重的是，教育资源和其他文化资源配置不适当的集中，进而导致农村（包括中小城镇）的青少年不能获得同等的机会，无法与城市里的孩子一样正常发育和开发智力。

第四，在多元利益重叠结构中保持"政府中立"。"政府中立"意味着：首先，政府必须代表全体公众的利益，并且通过政治决策和公共政策使社会的利益格局达于均衡；其次，在各种利益的矛盾和冲突面前，依据社会主义核心价值不偏不倚地处理矛盾和冲突；最后，认真听取社会各方面、各利益集团的意见和诉求，当某一利益群体没有代言人的时候为其指定代言人。当前，要特别警惕某些地方政府机关与富人阶层形成利益共同体，以牺牲弱势群体的利益为代价来维护强势群体的利益，使公共资源和社会财富继续不适当地向少数人一边聚集。

五、重建确保社会信用的法律机制

和谐社会应当是一个诚信社会。诚实信用是和谐社会的道德基础和法律基础，因为唯有在诚信的基础上，人与人之间才能真诚相待、坦然相处、友爱互助，才能建立起良好和谐的人际关系。正是依赖彼此之间的诚实信用，人们才对经济交易、契约行为、未来规划等有合理的预期和信心，才能摆脱社会关系中的偶然性、任意性因素的困扰而无后顾之忧地进行交往活动，才能不断增进友爱、促进合作。

诚实守信是任何一个社会最低限度的道德规范，或者说道德底线，是为人处世的"金科玉律"。在世界各国的文化传统中，诚信都是美德，甚至是美德之首。儒家将仁、义、礼、智、信称为"五德"，孔子说："民无信不立"，孟子讲："诚者，天之道也；思诚者，人之道也。"墨子说："诚信者，天下之结也。"法家代表人物韩非子说："小信诚则大信立。"东汉思想家王充说："精诚所至，金石为开。"宋代大儒程颐说："以诚感人者，人亦诚而应。"鲁迅则更为明快地说："诚信为人之本。"周恩来总理说："自以为聪明的人，往往是没有好下场的，世界上最聪明的人是老实的人，因为只有老实人才能经得起事实和历史的考验。"古罗马思想家西塞罗说："没有诚实何来尊严。"美国开国元勋之一的富兰克林说："失足，你可能马上复站立；失信，你也许永难挽回。"美国第三任总统杰斐逊说："诚实是智慧之书的第一章。"法国作家拉罗什富科说："真诚是一种心灵的开放。"美国小说家德莱塞说："诚实是人生的命脉，是一切价值的根基。"英国哲学家休谟更把信用视为人类社会得以存在和发展的基本规律之一。中外历史上都有很多因诚信而受到社会敬重的道德楷模，他们编织着诚实信用的美好故事；中外历史上也都有一些背信弃义的政治骗子和见利忘义的商业骗子，他们被世世代代的人们嘲笑、唾骂，并引以为戒。

诚信也是一个法律范畴。在世界各国的民法典里，诚信原则都是最基本原则，往往被称为"帝王条款"。契约法更是为了减少交换过程中的不确定、不安全因素，增加人们交换的理性和动机而发明出来的，被看作确保诚信、维护诚信、恢复诚信的法律。

目前，我国社会正遭受着缺失诚信的严重困扰。根据 2003 年商务部有关部门和中国对外经贸企业协会对 1000 家外经贸企业所做的抽样调查，结果表明有 68% 的企业曾经因为信用问题遭受损失。其中损害最为严重的有三项：拖欠货款的损失占失信行为首位，占调查企业的 70%；因合同违约造成损失的占 63%；因制假售假造成本企业损失的占 42%。中国人民银行引用的调查资料显示，每年全国因为信用缺失造成企业间接和直接损失5855 亿元人民币。国家工商行政管理总局的调查报告称，全国的合同交易，正常履约率只有 60%。国家审计署披露，有 67% 的大型国有企业做假账。有关部门的调查还显示，偷税漏税、骗汇现象屡禁不止；假文凭、假证书、假公证、假账目泛滥成灾。很多地方的交易倒退到了"一手交钱，一手交货"的原始状态（以物易物），甚至在俄罗斯商店前出现了"本店无中国货"的招牌。一些政府机关和官员弄虚作假、言行不一、言而无信、朝令夕改、贪污腐败、失信于民。舆论界普遍认为，信用危机位居腐败之后成为阻碍中国经济发展的第二大因素，信用危机导致企业生产经营成本增加

15% 左右。①

面对如此严重的诚信缺失和信用危机，中央颁布了《公民道德建设实施纲要》，提出要把诚实守信作为公民道德建设的重点。党的十六届三中全会强调："要增强全社会的信用意识，政府、企事业单位和个人都要把诚实守信作为基本行为准则。"人们普遍认为，解决诚信问题需要综合治理，除了道德教育和舆论引导之外，更主要的是从制度上解决问题。

第一，要针对市场经济中日益蔓延的失信问题，以完善信贷、纳税、产品质量、执行法律裁决的信用记录为重点，加快建设社会信用体系，健全失信惩治制度，把法律上的制约和监督机制作为保证自然人、法人、中介组织等社会主体的信用的长效机制。

第二，打造"政府信用"。政府信用在整个社会信用体系中占据着核心地位。它直接影响和决定着国家、社会乃至公民的信用程度。政府信用出现危机，就会导致社会信用的全面危机。从制度上加强政府诚信建设，有三个着力点：一是建立和完善各级政府向人代会和选民宣誓制度，人代会对政府不信任监督制度，人代会对政府组成人员直接罢免制度，全程监督各级政府履行宣誓和承诺的情况，确保政府依法行政、为民行政、取信于民，坚决纠正政府弄虚作假、言而无信、朝令夕改等失信于民的现象。二是扩大人民群众直接参与制定和评议决策和政策的制度，提高决策和政策的公正性和公信度。三是加大整治政府腐败的力度，从政府失信是最大的腐败的高度去提高或恢复政府的公信力。

第三，重建法制信用，重建人民群众对法律的信任和信仰。人们有一种估计，当下法制的信用降到了最低点。有一篇题为《法律失灵比缺位更让人心寒》的文章，讲的就是法制信用低下的问题。很多执法机关有法不依、执法不严、违法不究，甚至执法犯法，导致法律失信于民。在法律信用危机当中，司法信用危机最为严重和突出，不要说普通老百姓，就是很多企业、事业单位都对打官司望而生畏，都对能否得到公正的裁决缺乏合理预期，都对

---

① 《诚信：为人之本》，载中国教育先锋网，http://www.ep-china.net，2004 年 10 月 5 日。

判决能否及时、完整地执行丧失信心。一个社会如果失去了司法信用，这个社会的信用体系就会土崩瓦解。对此，应当有更加清醒的认识，采取更加有力的措施，加快司法体制改革，从制度上重建司法信用。

六、维护生态平衡、天人和谐的法律机制

和谐社会必然包括人与自然的和谐。人与自然的和谐与人与人、人与社会的和谐是相得益彰的。人与自然的和谐是一个古老而常新的话题。中国古代就有"天人合一"的哲学思想。现在讲人与自然和谐比古代社会更有针对性，因为我们面临着环境污染、生态脆弱、能源危机等问题的困扰。强调人与自然和谐，并把人与自然和谐作为社会和谐的基本内容，就是要求人类善待自然，尊重自然，保护自然，正确理解自然，合理利用自然，建立人与自然相互依存的良性循环关系，建立资源节约型、环境友好型社会，确保社会系统与自然生态系统协调发展，把和谐社会建立在稳定和平衡的生态环境之中。

自然环境是人类生存和发展的基础和条件。自工业革命以来，无论是先发达国家还是后发达国家和发展中国家，其经济成果的取得都相伴着资源的巨大消耗和日益严重的环境污染，而且这样的情况仍在持续和蔓延。联合国发表的《2000 年全球环境展望》（*Global Environment Outlook—2000*）报告指出：环发会议召开以来，一些国家成功地抑制了污染并使资源退化的速度放慢，然而总体情况是全球环境趋于恶化。在工业化国家，许多污染物，特别是有毒物质、温室气体和废物量的排放仍在增加，这些国家的浪费型生产和消费方式基本上没有改变。在世界许多较穷的区域，持续的贫穷加速了生产性自然资源的退化和生态环境的恶化。在 21 世纪，地球将越来越干旱、燥热、缺水；气候的反复无常只会越来越多。人类消耗地球资源及破坏环境的速度使实现可持续发展面临的挑战日益严峻。由于缺水，土地退化，热带雨林毁坏，物种灭绝，过量捕鱼，大型城市空气污染等现象广泛存在，环境呈现全面危机。报告指出，今后 25 年世界将出现淡水短缺，中东和亚洲可

能会因为水源短缺而引发水的争夺战。欧洲各大城市也有一半正在过度挖掘水源，印度、中国这两大人口大国的地下水位也日益下降。报告还指出，温室效应已经成为地球的一大危机。在世界范围内，中国的资源和环境形势非常严峻。我国人均资源量少，人均土地面积、耕地面积、水资源量、矿产资源量均严重低于世界平均水平，而且资源质量相差悬殊，低质资源偏大，地区分布不均衡，组合也不理想。多年来，资源开发强度高，后备资源不足，加之利用率低，资源浪费严重，更加剧了资源供应的紧缺。① 我国主要污染物排放量远远超过环境容量，不少地方老百姓喝不上干净的水，呼吸不到新鲜的空气，流经城市的河段普遍受到了严重污染，相当多的城市空气有害健康，1/3 的国土受到酸雨影响，噪音扰民相当严重，生态恶化尚未得到有效遏制，水土流失、土地沙化仍在发展，林地流失依然严重，90% 以上的天然草原在退化，10%—15% 的高等植物物种处于濒危状态，有害外来物种入侵加剧。环境污染和生态破坏造成了巨大经济损失，危害群众健康和公共安全，影响社会稳定，甚至损害国家形象②。对于人类征服自然、破坏自然会遭到自然报复的问题，恩格斯早就向人们提出过警告，他曾说："我们不要过分陶醉于我们人类对自然界的胜利。对于每一次这样的胜利，自然界都对我们进行报复。每一次胜利，起初确实取得了我们预期的结果，但是往后和再往后却发生完全不同的、出乎意料的影响，常常把最初的结果又消除了。美索不达米亚、希腊、小亚细亚以及其他各地的居民，为了得到耕地，毁灭了森林，但是他们做梦也想不到，这些地方今天竟因此而成为不毛之地，因为他们使这些地方失去了森林，也就失去了水分的积聚中心和贮藏库。"③ 人与自然失调必然影响到人类社会，资源和生态危机有可能导致冲突甚至战争，这绝不是危言耸听。

---

① 陆百甫：《建设资源节约型社会》，载《〈中共中央关于制定国民经济和社会发展第十一个五年规划的建议〉辅导读本》，人民出版社 2005 年版，第 266 页。

② 解振华：《努力建设环境友好型社会》，载《〈中共中央关于制定国民经济和社会发展第十一个五年规划的建议〉辅导读本》，人民出版社 2005 年版，第 266 页。

③ 《马克思恩格斯选集》第 4 卷，人民出版社 1995 年版，第 383 页。

维护生态平衡、保护自然环境、合理开发资源，必须加强法制建设，建立健全人与自然和谐相处的法律机制。自 20 世纪 80 年代以来，我国先后制定了《环境保护法》、《水污染防治法》、《大气污染防治法》、《环境噪声污染防治法》、《固体废弃物污染环境防治法》、《海洋环境保护法》、《清洁生产促进法》、《环境影响评价法》、《野生动物保护法》、《水土保持法》、《水法》、《土地管理法》、《森林法》、《草原法》、《渔业法》、《农业法》、《防沙治沙法》等二十多部环境资源保护法。与此同时，国务院制定了近百件有关环境与资源保护的行政法规，地方人大和地方人民政府结合本地区的实际情况，制定了大量与法律法规相配套的地方性法规和规章。我国还缔结和参加了几十项国际条约、公约、协定。可以说，我国已经基本上形成了以《宪法》为核心，以《环境保护法》为基本法，以有关环境与资源保护的其他法律、法规为主要内容的比较完备的环境与资源法律体系。然而，在我国的环境法律体系中却缺少环境权的规定，这是非常令人遗憾的事情。

环境权在环境保护法律机制中应当处于核心地位。环境权意识和环境权概念是在环境污染加剧、人们的生活质量和生存面临危机的情况下产生出来的。以 1960 年发生在美国的一场关于公民在良好环境中生活的宪法依据是什么的争论为开端，环境权的概念脱颖而出。环境要素被视为共有财产，公民有权利要求享有良好的环境。1970 年的《东京宣言》写道："我们请求，把每个人享有其健康和福利等要素不受侵害的环境的权利和当代人传给后代人的遗产应是一种富有自然美的自然资源的权利，作为一种基本人权，在法律体系中确定下来。"[1]1972 年《人类环境宣言》规定："人类有权在一种能够过尊严和福利的生活的环境中，享有自由、平等和充足的生活条件的基本权利，并且负有保护和改善这一代和将来的世世代代的环境的庄严责任。"[2]1992 年国际环境与发展会议正式将环境权确认为人的基本权利。环境权的一般定义是享受良好环境并进行支配的权利，具体内容包括：第一，

---

[1] 《中国大百科全书·环境科学卷》，中国大百科全书出版社 1986 年版，第 192 页。

[2] 董云虎、刘武萍编著：《世界人权约法总览》，四川人民出版社 1991 年版，第 1404 页。

健康、舒适、安全的环境保证；第二，当代人传给子孙后代的是不被污染、不受破坏的自然资源要素；第三，当代人负有保护资源和改善环境的庄严义务，包括阻止环境破坏、排除侵害、恢复环境、采取良好措施预防环境破坏，等等。

在我国的环境法律体系中确立环境权的核心和支点地位，显得十分重要。第一，使环境法成为由核心价值构筑和统一起来的规范体系，共同服务于人民的环境利益。第二，有助于提高广大人民群众的环境保护意识，只有全社会都能认识到环境权是基本人权，老百姓有权利喝上干净水，呼吸清新的空气，有更好的居住环境，《环境保护法》才能得到广泛认同和支持，其实施才有强大的群众基础。第三，增强政府保护环境的责任意识。保护环境，让人民在良好的环境中生活、生存和繁衍，是政府尊重和保障人权的义务，政府有责任为人民提供与环境权相适应的环保服务。第四，为公民或团体提起环境诉讼提供维权动力，为司法机关提供受理环境诉讼、维护环境正义的法律依据。

七、保证舆论引导和舆论监督的法律机制

舆论具有统一思想、鼓舞人心、凝聚力量、动员群众的巨大作用，在构建社会主义和谐社会的整个过程中都要重视加强舆论引导与舆论监督工作，发挥舆论覆盖面广、渗透力强、影响力大的优势，营造和谐的舆论环境。同时，构建社会主义和谐社会也对舆论工作提出了新的要求。为此，应当抓紧建立和健全保证舆论引导和舆论监督的法律机制。

首先，从法律上保障和引导媒体的正确导向。舆论是把双刃剑。成也舆论，败也舆论。舆论导向正确是党和人民之福，舆论导向错误是党和人民之祸。坚持正确的舆论导向，就是要求新闻媒体体现党的意志、反映人民心声，正确反映不同阶层、不同群体的利益；引导群众正确看待利益调整，以理性合法的形式表达利益诉求；全面准确地宣传贯彻科学发展观，促进经济社会持续快速协调健康发展；化解我国社会发展中的种种矛盾和问题，理顺

情绪，积极引导社会热点，实现政府与群众之间的良性互动；搞好突发性、大面积危机事件的新闻传播，帮助群众了解真实情况，从容应对，化险为夷。正确导向的反面是错误导向，是舆论误导。鉴于一些报纸杂志特别是互联网，频繁发表不负责任的、有害的，甚至危害社会稳定、团结、和谐、安全的信息和言论，要加强对媒体的依法治理。要吸取独联体国家反对党和国外敌对势力操纵舆论，煽风点火，制造天下大乱，发动"颜色革命"的教训，加强对舆论媒体的监管，加强和改进热点引导和舆论监督。

其次，保障言论自由和舆论的多样性。我国正发生着深刻的历史变革，在主流意识形态不断发展的同时，社会生活多样、多元、多变的特征日益凸显，各种思想观念相互交织、相互影响、相互激荡；人们的思想活动的独立性、选择性、多变性、差异性日益增强。随着信息技术的广泛运用和网络的覆盖面日益扩大，人们获取和传播信息的渠道呈几何级数增加，尤其是网络越来越成为各种信息的集散地。由此而来，舆论的多样化不可避免。要在增强主流媒体的影响力的同时，保证舆论的多样化。舆论引导或者说舆论导向，不是"舆论一律"。大众传媒不应当只有官方声音，也应当有公众的声音。根据哈贝马斯的说法，大众传媒与公共领域有着内在联系，它既是报道公共事务和公共政策的信息平台，也是人们自由发表对公共事务和公共政策评价和批评的舆论平台。人民群众有权利充分地利用舆论平台发表自己的观点和评论。

第三，为舆论监督提供法律保障。舆论引导应当包括舆论监督。积极的舆论监督也是一种导向。舆论监督是大众传媒的重要职责，是社会主义民主的重要形式，对于密切党群干群关系、构建和谐社会具有重要作用。监督的形式之一就是批评，即人民群众通过行使自己的言论自由权对政府机构和政府官员滥用权力等不当行为进行监督与制约。我国宪法所规定的公民的批评权首先就是批评政府的权利。当然，大众传媒要把舆论监督的立足点放在解决问题、改进工作、化解矛盾上，实行建设性监督，做到与人为善、出以公心、服务大局；实行科学监督，做到尊重规律、事实准确、全面客观；实行依法监督，做到内容合法、手段合法、程序合法，充分发挥舆论监督对促进社会和谐、引导社会进步的积极作用。在舆论监督中，新闻工作者的舆论监督尤为重要。为了保护新闻工作者行使合法的言论自由的权利，发挥舆论监督的积极作用，保护敢说真话、敢讲事实、敢于揭露黑幕的新闻工作者，使他们不受非法的干涉和打击，不受被批评者的伤害，应当尽快制定新闻法。

八、反腐倡廉、守护认同的法律机制

反腐倡廉是构建和谐社会的重要保障。国内外的经验反复警告人们：腐败是造成社会不和谐的突出因素，是动乱的源泉，甚至是发生革命、政变、政权交替的根本原因。在我国，腐败是一种严重败坏党和政府与人民群众的关系，稀释政治认同和信心，破坏政治稳定，危及国家政权的行为。

在社会转型时期，腐败具有复杂多样的性质和危害：首先，腐败是一个道德问题。因为腐败意味着搞腐败的人出于过度的贪欲和失衡的人性，为了个人私利或小团体的狭隘利益而牺牲公共利益、国家利益和社会利益，不正当地占有、挥霍、出卖属于集体或人民整体的财富和资源。这当然是一种不道德的、缺德的、丑恶的行为。其次，腐败是一个政治问题。这是因为腐败的主体是掌握一定政治（公共）权力的国家机关及其工作人员；腐败总是与滥用政治权力（政治资源）或利用职务之便、权力变质或异化、权钱交易、以权谋私相连的；腐败就其结果而言具有瓦解国家政权的极其危险的政治后果。再次，腐败是一种体制性现象。当代中国的腐败现象不是个别人的个别行为，而是带有某种普遍性的问题。其普遍性主要表现为行业性、网络性、持续性等特点。当前的腐败行为主要发生在征收征用土地、城镇房屋拆迁、企业重组改制和破产中，严重损害群众利益；表现为利用人事权、司法权、审批权、行政执法权等谋取非法利益。

针对上述腐败现象，需要采取综合治理，例如思想教育、职业道德和政治道德教育，提高国家机关工作人员待遇，以薪养廉，加强党风政纪，强化行政处理和法律制裁等。在综合治理中，从体制上、法律上解决问题具有根本性和长期有效性。1980年，邓小平同志在论述党和国家领导制度改革时，总结国内外的历史经验，深刻指出："我们过去发生的各种错误，固然同某些领导人的思想作风有关，但是组织制度、工作制度方面的问题更重要。这些方面的制度好，可以使坏人无法任意横行，制度不好可以使好人无法做好事，甚至会走向反面。即使像毛泽东同志这样伟大的人物，也受到一些不好的制度的严重影响，以至对党和国家对他个人都造成了很大的不幸。"他还引述毛泽东曾经讲过的话说："斯大林严重破坏社会主义法制，……这样的事件在英、法、美这样的西方国家不可能发生。"① 总之，"不是说个人没有责任，而是说领导制度、组织制度问题更带有根本性、全局性、稳定性和长期性。这种制度问题，关系到党和国家是否改变颜色，必须引起全党的高度重视。"② 所以，要注重从制度上解决问题。

根据我国反腐败斗争的经验教训，适应构建和谐社会的需要，应当从这样几个方面建立反腐败的法律机制：

第一，加快廉政立法，完善反腐败的法律和制度。首先，要建立和健全各种防范腐败行为发生的有效机制。反腐败须从防范抓起，防患于未然。为此，要制定行政程序法，提高政府行为的透明度，真正把政府置于"阳光之下"；要实施领导干部个人及家庭财产申报制度，定期对领导干部的收入状况进行审查，促使领导干部廉洁自律；要完善经济法律和行政法规，杜绝在发放许可证、执照等行政活动中出现以权谋私、敲诈勒索、索贿受贿、贪赃枉法的行为；要在国家机关之间特别是政府内部各职能部门之间建立起互相制约的机制，通过权力分散和权力制约权力而减少和杜绝腐败行为。其次，通过立法对腐败行为作出明确的法律界定，为约束政府官员和制裁腐败行为提供清晰的准则和根据。诸如党政机关工作人员可否经商，可否在盈利性机构兼职，什么是权钱交易，什么是以权经商，党政机关职责范围内的工作能否收取"劳务费"、"信息费"、"代办费"，对领导干部收取彩礼或贵重礼品如何认定性质和处理，高级干部的配偶或子女利用其职务上的影响从事有利

---

① 《邓小平文选》第二卷，人民出版社 1994 年版，第 333 页。
② 同上。

可图的私人活动，获得超过社会平均利润的暴利如何控制，公费出国旅游，各种罚款归本部门、本单位所有，在法律上是否允许，是不是腐败行为等，这些都有待于明确的法律界定。复次，对腐败的罚则要肯定、明确、可以具体操作。对腐败行为实施制裁是反对和防止腐败发生和蔓延的必需手段，实施制裁必须以法律为准绳。但目前很多有关制裁腐败的罚则起不到这种准绳作用，致使对腐败行为和腐败分子的处罚弹性过大，畸重畸轻，打击不力。国外积累了很多严密的、行之有效的反腐败立法经验，例如美国的《从政道德法》、《文官制度法》、日本的《国家公务员法》、德国的《联邦官员法》、法国的《公务员总章程》中都有缜密的廉政和反贪规定，值得我们借鉴。在立法的同时，还要强调严肃执法，坚决克服目前普遍存在的执法不严、以罚代刑、以官抵罪、以党籍赎罪、"下不为例"等现象，更要坚决制止和惩罚政法机关工作人员与腐败分子内外勾结、贪赃枉法的犯罪行为。

第二，设立和健全反腐败的专门监督机构和执法机构。反腐败斗争既是经常性的政治斗争和法律活动，又需要极大权威的工作职能。因此，必须建立常设的、专门的、相对独立和拥有很高政治法律权威的执法机构。国内外的丰富实践表明，没有这种专门机构是不行的，这种机构没有相当大的权威也是不行的。目前，世界上大多数国家都建立有这种机构，如美国有"廉政道德署"，法国有"惩戒委员会"，瑞士有"纪律委员会"，日本有"人事院"，新加坡有"反贪（调查）局"，等等。这种常设的、专门的机构对于保障国家机关及其工作人员为政清廉起着举足轻重的作用。我国目前除了各级人民检察院之外，党内有纪律检查委员会，政府内有监察机关，分别担负着反腐败的职能。但是由于这些机构都不是专门的反腐败组织，而是有某种综合职能的组织，加上它们的权威性、相对独立性有一定的局限，所以不能适应经常性开展反腐败斗争的需要，特别是在重大案件面前常常显得力不从心甚至是无能为力。许多人大代表和政协委员建议在检察机关设立和完善肃贪反腐机构的同时，应在各级人大常委会之下设立相对独立的肃贪反腐的专门机构，以加强人大对极易发生腐败现象且一旦发生又较难惩治的政府机关的法律监督和组织监督，加强各有关部门的协调，从国内外的经验和教训看，这是势在必行的。

第三，加快保障人民群众监督的各种法律法规的制定，形成有力的社会性监督机制。反腐败仅靠党和国家的专门机构是不够的，必须有广大人民群众的广泛参与。抗日战争胜利时，针对中国历代王朝"其兴也勃、其亡也忽"的周期律和党外民主人士的担忧，毛泽东指出："只有让人民来监督政府，政府才不敢松懈，只有人民起来负责，才不会人亡政息。"① 这一见解是极为深刻的，在改革开放的新时期仍有着指导意义。为此，要通过立法为人民监督提供法律保障和通道。根据历史和现实提供的经验，群众举报和新闻监督是十分有效的社会监督形式。为充分发挥它们的作用，需要及早制定群众举报法和新闻监督法。腐败分子，无论职务多高，行为多么隐秘，都怕群众揭发和举报，更怕新闻媒介公布于众，通常所说的"不怕通报，就怕见报"就说明了新闻监督的威力和效能。群众举报和新闻监督的威力还在于一旦腐败行为被群众举报或者被新闻媒体曝光，任何机关或个人想为之掩盖或从轻处理将不大可能。

九、定分止争、化解纠纷的法律机制

和谐社会是安定有序、人民群众安居乐业、社会安定团结的社会。而定分止争、化解矛盾和纠纷的法律机制则是构建和谐社会的保障。

我国古代思想家就深刻认识到法律具有定分止争的作用。早在春秋战国时期，法家的代表人物管仲就明确说过，社会之所以需要法，在于"兴功惧暴"、"定分止争"、"令人知事"。②"名定则物不竞，分明则私不行"。③荀子极其深刻地指出："天下害生纵欲。欲恶同物，欲多而物寡，寡则必争矣。……离居不相待则穷，群居而无分则争；穷者患也，争者祸也，救患除祸，则莫若明分使群矣。""故无分者，人之大害也，有分者，天下之本利

---

① 长江文艺出版社编：《毛泽东访问记》，长江文艺出版社1990年版，第116页。
② 《管子·七臣七主》。
③ 《尹文子·大道上》。

也。"① 孟子也说过，"夫仁政，必自经界始"。这里的"定分止争"、"名定"、"分明"、"经界"、"明分"翻译为现代概念，实质就是要明确权利和义务及各自的界限，以调整利益关系，缓解或消除利益冲突。商鞅还举例深刻论述了明示权利义务以治国安邦的重要性。他说："一兔走，百人逐之，非以兔为可分以为百，由名之未定也。夫卖兔者满市，而盗不敢取，由名分已定也。故名分未定，尧、舜、禹、汤且皆如鹜焉而逐之；名分已定，贪盗不取。……名分定，则大诈贞信，民皆愿悫，而各自治也。故夫名分定，势治之道也；名分不定，势乱之道也。"② 这些深刻的思想对我们运用法律机制化解社会矛盾极富启发意义。

为了使法律真正起到定分止争的作用，必须加强立法工作，通过涵盖社会生活各个领域的法律规范明晰社会成员的权利义务及其界限，使全体公民依法行使权利，履行义务，防范侵权行为发生。这是实现善治的基础。当前，我国立法特别是地方立法和行政规章制定中存在着严重的地方保护主义和部门保护主义倾向，有些地方和部门借立法扩权诿责。由于立法不善，导致法律偏私不公，直至立法腐败。要注意从制度上保障弱势群体、边缘群体、立法信息不对称群体，以使他们能够表达意志和利益诉求；要注意确保各方利害当事人的知情权和参与权。否则，法律不仅起不到化解矛盾的作用，还会激发和加重社会矛盾。

在化解社会矛盾方面，司法具有很大的比较优势。在现代法治社会，人们往往诉诸司法途径解决各种矛盾，特别是在其他方法都不能解决冲突的情况下都要选择司法途径。近几年来，我国每年平均有六百多万起纠纷是通过司法程序解决的，司法机关为及时化解矛盾、稳定社会起到了重要作用。

化解社会矛盾，依赖公正的司法和权威。大量事实说明，只有司法公正，才能规范、有效地解决各种社会矛盾。相反，司法不公，不仅不能化解矛盾，还会加剧矛盾，增添矛盾。近年来，群众上访增加，给各级党委和政

---

① 《荀子·富国篇》。

② 《商君书·定分》。

府增加工作压力，而这其中许多涉法上访案件都是因为司法不公引发的。司法统计数据表明，2004年涉诉上访和来信数量突破400万件／次。在这400万来信来访中，90%以上关涉民事案件，而且绝大多数是已经生效的判决。当前影响司法公正的因素很多，据最高人民法院副院长万鄂湘的分析，"在刑事审判中，'重打击、轻保护'的思想和传统对审判机关的中立地位的影响最大，'有罪推定'、'疑罪从轻'等旧的司法理念使刑事诉讼的功能偏重打击犯罪、维护稳定，却忽视了其保护无辜、维护人权的重要作用"；"在行政审判中，由于各级行政机关掌管审判机关的经费、人事编制分配权，行政诉讼立案难、执行难的问题突出"；"在民事审判及其执行工作中，地方保护主义对审判机关的干扰最多，批条子打电话保护地方当事人的现象时有发生。"① 当然，影响司法不公的因素还包括法院自身的问题，例如判决不公、执行不力、甚至不作为等。当前应当高度重视的一个问题是法院不作为。法院不作为的原因是多方面的，有历史的、经济的、人事的、政治的，但不管什么原因，如果该立案的不立案，该裁决的不裁决，该执行的不执行，就是剥夺了人民群众的诉讼权利，就是将权利救济机制化为乌有，就会加剧社会矛盾。用公力救济取代私力救济，用法定的诉讼程序取代野蛮的暴力复仇，使争端和冲突以和平的方式得以解决或者缓和，以避免当事人、当事群体在恶性循环的暴力复仇中互相毁灭。这是人类文明社会对争端解决方式的最佳选择，是使社会安定有序的良好机制。法院不作为使当事人和当事群体丧失了和平解决问题的途径，不得不寻找替代的办法，而替代的办法往往是野蛮的、代价高昂的、沉重的。

十、建构和谐世界的法律机制

我们的和谐社会是与和谐世界融为一体的。没有世界和谐，难以有中

---

① 万鄂湘：《稳步推进司法体制改革　为构建和谐社会提供法律保障》，载中国政协新闻网，http://cppcc.people.com.cn，2005年7月11日。

国的持续和谐。在全球化时代，国际社会的矛盾必然转化为国内的社会矛盾。一国内部的和谐有利于世界和谐，世界和谐也会加强和巩固国内和谐。进入 21 世纪之后，以经济全球化为核心，包括公共事务全球化、人权全球化、环境全球化、法律全球化在内的全球化的程度越来越高，人类的交往增多，活动空间增大，国家间的相互依存关系大大加强，彼此协调、选择和实现共同利益的机会和余地空前增多。在这种情况下，实现双赢不仅是必要的，而且是可能的。现代的思维方式往往不追求以弱化或损害对方来达到自己的目的，这种冷战式的思维方式代价太大，损害了别人，自己也未必获得成功。相反，在对立面发展的同时实现自身的发展，这种双赢的发展模式风险最小，成功的几率最大。邓小平提出的和平与发展是当代世界主题的论断展现了"和而不同"、发展与和谐世界的双赢前景。① 所以，在构建社会主义和谐社会的同时，要关心并致力于和谐世界的建设，为在平等、维护主权、互相尊重、互利和确保子孙后代发展前景的条件下实现全面协调发展作出贡献。

推进和谐世界，关键是国际关系民主化，全球治理法治化。国际关系的民主化首先指各国的事情应由各国人民自己决定，世界上的事情应由各国平等协商；其次指政治多极化和文化多元化，以及政治、文化领域的开放包容、尊重文明、宗教、价值观的多样性，尊重各国选择社会制度和发展模式的自主权，推动国家之间、区域之间的广泛对话与合作。国际关系的民主化是世界格局多极化的必然要求，也是民主这种处理公共事务的程序、技术、制度的延伸和张扬。全球治理的法治化指世界范围的公共治理应当以《联合国宪章》为根本大法和总章程，使《联合国宪章》的宗旨和原则以及和平相处等公认的国际关系准则成为国际社会的行为准则，无论是经济贸易关系，还是政治文化关系，都应当依照充分反映各国共同利益的国际规则和国际惯例加以调节；以和平理性的方式，运用对话、协商等和平手段解决国家与国

①　参见张奎良：《和谐辩证法：凝聚改革开放以来的新思维》，载《北京日报》2005 年 6 月 20 日。

家、区域与区域之间的矛盾、分歧与争端，在对话和协商失效的情况下，应当努力诉求法律程序加以调节和裁决，不以武力威胁或使用武力；要充分发挥联合国作为世界上最具普遍性、代表性和权威性的国际组织在国际事务中的主导作用以及制定和执行国际法基本准则的核心作用，同时推进联合国改革，建立以联合国为主导的、法治化的全球治理结构和国际事务管理体制。

我国法律体系的"中国特色"和"中国经验"*

2011 年 3 月 10 日，在十一届全国人民代表大会第四次会议上，吴邦国委员长正式宣布，一个立足中国国情和实际、适应改革开放和社会主义现代化建设需要、集中体现党和人民意志的，以宪法为统帅，以宪法相关法、民商法等多个法律部门的法律为主干，由法律、行政法规、地方性法规等多个层次的法律规范构成的中国特色社会主义法律体系已经形成，国家经济建设、政治建设、文化建设、社会建设以及生态文明建设的各个方面实现有法可依。这是一个振奋人心的宣告，作为一个法律工作者，我尤其激动。我国用三十多年的时间，走完了西方发达国家三百多年的法治道路，堪称人类法治文明的奇迹。中国特色社会主义法律体系的形成，是我国依法治国、建设社会主义法治国家历史进程的重要里程碑，也是世界法制史上有标志性和显示度的重大事件，具有重大的现实意义和深远的历史意义。

我国的法律体系具有十分鲜明的中国特色，体现出丰富而先进的中国立法经验：

第一，我国的社会主义法律体系是根据我国经济社会发展的需要并从实际出发制定的。法律体系适应了建立社会主义市场经济体制、发展社会主义民主政治、推进社会建设和管理创新、推进环境友好型和资源节约型社会建

---

* 本文发表于《人民日报》2011 年 3 月 13 日，原标题为《社会主义法律体系的"中国特色"和"中国经验"》。

设的实际需要。改革开放以来，从修改宪法到其他236部法律的制定和修改，从六百九十多件行政法规到八千五百多件地方性法规的制定和修改，始终贯彻需要什么法律、法规就制定什么法律、法规，急需哪些法律、法规就优先制定这些法律、法规。对改革开放中遇到的一些新情况新问题，用法律来规范还不具备条件的，先制定行政法规和地方性法规，先行先试，待取得经验、条件成熟时再制定为法律。我们注意研究借鉴国外的立法经验，从中吸取那些对我们有用有益的东西，但绝不照抄照搬。外国法律体系中有的法律，但我国社会并不需要或者暂时还不需要的，我们不去制定或暂时不制定；外国法律体系中没有的法律，但我国现实生活需要的，我们及时制定。对于那些落后于经济社会发展的法律、法规及时予以清理和废止。

第二，继承中华法系成文法传统和中国传统法律文化的合理元素。中国是世界上文明发达最早的国家之一，法制文明是中国古代文明的重要构成和明显标志，而且从历史进程上看从来没有中断过。在战国中期，李悝的《法经》创封建法典之体制，开成文法典之先河。随后建立的秦朝扩大了成文法的规模，奠定了中国长达两千多年封建法制的基本轮廓。汉唐诸代君臣与巨儒则又熔礼义刑德于一炉，使中国封建法制成为"国法、天理、人情"的融合体，从而形成了中华法系的一系列特点。唐朝建立以后，"以礼入法，得古今之平"的《唐律疏议》，以其完备的体例、严谨而丰富的内容成为封建法典的楷模，在中国法律发展史上起着承上启下的作用，对宋、元、明、清产生了深刻的影响。此后经过宋元明清等几千年的法律文明维系、调适和传承，最终形成了具有鲜明特色的世界公认五大法系之一的中华法系，广泛地影响和传播到周边国家，并在相当长的时间里居于世界法制文明的前列。中国古代法制文明中有许多超越时空、具有普遍价值的因素。例如，注重法律的人文精神，强调以人为本、以民为本、社会和合；善于通过人文精神对社会成员心理和观念世界的整合与引领，来维系和范导整个社会；注重礼法互补，主张德治与法治并存，强调明德慎刑；注重以和谐、和睦的方式化解矛盾纠纷；注重法律的教育功能，主张以法为教，强调法律的任务不仅是"禁暴惩奸"，而且要"弘风阐化"，仁义礼乐者，皆出于法；注重治国者、执法者的道德品质以及对国家的责任感和使命感，主张为官者、执法者要清正廉洁、光明正大，发挥以吏为师的榜样作用；注重法律的综合意义，主张对法律条文和典籍从天理、国法、人情的有机结合上予以解释和注释，法律的实施不能就事论事；注重变法促进，强调通过变法革新来解决社会深层次矛盾，保持社会稳定，推动社会发展。在我国的立法中，特别是在刑法、民法、诉讼法等领域，我们注重传承中国传统法律文化的合理元素，在对中华传统法律文化的丰富资源进行梳理和甄别的基础上，进行了现代化的改造和扬弃，把那些能够与民主法治、自由平等、公平正义、科学理性、社会和谐为内容的时代精神协调兼容的文化传统融入了社会主义法律体系之中，使中国法治的民族精神和时代精神浑然一体。

第三，我国的法律体系充分体现了面向世界、对外开放、国际合作的时代特征。我们生存的这个世界正在发生着历史性变迁，经济全球化正在有力地改变着人类的生产方式、生活样式和生存状态，也在深刻地影响着人类社会的法律制度，影响着一个国家内部的法律体系。在这样一个全球化时代，无论是观察和处理经济问题、文化教育科技问题，还是观察和处理政治问题、军事问题、外交问题，都必须有全球意识、全球视野、全球眼光、全球思维。同样，依法治国、建设社会主义法治国家的 些重大问题也应当在全球化的背景中和全球治理结构中加以研究和解决。我国最高立法机关和中央人民政府深刻把握全球化与中国和平崛起的发展趋势，积极应对中国对外开放和融入国际社会的现实需要，在立法理念和立法方法上注重国内法与国际法的合理衔接，注重参与国际规则的制定。我国积极参与联合国等有关组织的国际立法活动，参与国际条约的制定，推动国际法律规则和全球法律规则的形成，推动国际立法领域的扩大，通过这些活动充分表达我国的立场、观点、利益取向和核心价值，促进国际经济、政治新秩序的建构，促进社会公正和世界和谐的实现。我们越来越善于将某些国际性乃至世界性的经济、政治、文化、军事问题转化为法律问题，借助法律机制和法律程序化解棘手的矛盾纠纷。

早在1990年，全国人民代表大会常务委员会就通过了《中华人民共和国缔结条约程序法》，规范了国务院、全国人大常委会和国家主席在缔结或批准条约和协定方面的权限，同时加快了参加国际条约的步伐。迄今我国参加的多边条约达三百多项，对外缔结的双边条约和其他具有条约性质的文件近两万件，其中包括有关世界贸易、环境保护、人权保护、维和反恐等公约、协定。双边条约、多边条约和协定已经成为我国法律体系中越来越重要的法律形式和法律规范的渊源。我国政府先后与英国、葡萄牙政府通过外交谈判和法律机制解决了香港问题、澳门问题，为国际社会提供了一个通过法律和平解决国家历史遗留问题的范例。2005 年《世界首脑会议成果文件》将法治作为一项价值观和基本原则，呼吁在国家和国际两级全面实行法治以来，我国积极推进国际关系民主化和全球治理结构法治化，提倡坚持民主平等，实现协调合作；坚持和睦互信，实现共同安全；坚持公正互利，实现共同发展；坚持包容开放，实现文明对话。

我国不仅积极参与国际条约和协定的制定，而且郑重宣告和维护它们的法律效力。我国许多法律对国际条约和国际惯例的法律效力都作出了明确规定，如《民法通则》规定："中华人民共和国缔结或者参加的国际条约同中华人民共和国的民事法律有不同规定的，适用国际条约的规定，但中华人民共和国声明保留的条款除外。中华人民共和国法律和中华人民共和国缔结或者参加的国际条约没有规定的，可以适用国际惯例。"《继承法》、《海关法》、《行政诉讼法》、《著作权法》、《专利法》、《海商法》、《商标法》、《民用航空法》、《民事诉讼法》等法律也均有类似规定。这些规定以及我们认真践约的实践树立了遵守国际条约和协定、尊重公认的国际惯例和行为准则的负责任的大国形象。

第四，我国法律体系的内在层次和结构是由我国"一元多级"的立法体制决定的。中华人民共和国是统一的、多民族的、单一制的社会主义国家。为维护国家法制统一，体现全体人民的共同意志和整体利益，我国实行"一元多级"的立法体制，即统一而又分层次的立法体制。"统一"体现为：《宪法》规定，国家立法权由全国人民代表大会及其常务委员会行使。全国人民代表大会制定和修改刑事法律、民事法律、国家机构组织法和其他基本法律。全国人民代表大会常务委员会制定和修改除应当由全国人民代表大会制定的法律以外的其他法律,并可以对全国人民代表大会制定的法律进行部分补充和修改,但是补充和修改不得同该法律的基本原则相抵触。《立法法》规定,涉及国家主权的事项,国家机构的产生、组织和职权,民族区域自治制度、特别行政区制度、基层群众自治制度,犯罪和刑罚,对公民政治权利的剥夺、限制人身自由的强制措施和处罚,对非国有财产的征收,民事基本制度,基本经济制度,财政、税收、海关、金融和外贸的基本制度,以及诉讼和仲裁制度等事项,属于全国人民代表大会及其常务委员会的专属立法权。

但是,由于我国幅员辽阔,情况复杂,各地经济、文化、社会发展很不平衡。这一基本国情,决定了在维护国家法制统一的前提下,实行分层次立法。我国《宪法》和《立法法》规定,除全国人民代表大会及其常务委员会制定法律外,国务院根据宪法和法律,可以制定行政法规;省、自治区、直辖市的人民代表大会及其常务委员会在不同宪法和法律、行政法规相抵触的前提下,可以制定地方性法规,批准较大的市的人民代表大会及其常务委员会制定地方性法规;民族自治地方的人民代表大会有权依照当地民族的政治、经济和文化的特点,制定自治条例和单行条例。

与这种立法体制相适应,我国法律体系在宪法的统领下由三个层次构成,即法律、行政法规、地方性法规。观察法律体系对社会生活和社会关系的覆盖面,认识我国社会是不是已经有法可依,要从法律体系的三个层次整体来看。我们可能发现,有些社会生活领域和社会关系当下还没有法律来调整,但是已经有了行政法规或者地方性法规来调整。

从法律效力上,宪法是根本大法,是国家的总章程,具有最高法律效力,任何法律、法规都不得违背宪法,或与宪法原则和宪法规范相抵触。其次是全国人民代表大会及其常务委员会制定的法律,例如各项国家机构组织法、选举法、刑法、物权法、三大诉讼法等。再往下分别是行政法规、地方性法规。行政法规不得与宪法和法律相抵触,地方性法规除不得与宪法和法律相抵触之外,还不得与行政法规相抵触。就是说,下位法不得与上位法和宪法相抵触。为此,法律规定了法规和规章的备案审查制度:行政法规报全国人民代表大会常务委员会备案;地方性法规报全国人民代表大会常务委员会和国务院备案。全国人民代表大会有权改变或者撤销全国人民代表大会常务委员会制定的不适当的法律；全国人民代表大会常务委员会有权撤销同宪法和法律相抵触的行政法规，有权撤销同宪法、法律和行政法规相抵触的地方性法规。全国人民代表大会授权香港、澳门特别行政区依照特别行政区基本法的规定享有立法权；特别行政区的任何法律，均不得同特别行政区基本法相抵触。法律还规定了对行政法规、地方性法规、自治条例和单行条例的合宪性和合法性审查的程序：国务院、中央军事委员会、最高人民法院、最高人民检察院和各省、自治区、直辖市的人民代表大会常务委员会认为行政法规、地方性法规、自治条例和单行条例同宪法或者法律相抵触的，可以向全国人民代表大会常务委员会书面提出进行审查的要求；其他国家机关和社会团体、企业事业组织以及公民也可以向全国人民代表大会常务委员会书面提出进行审查的建议。总之，无论是哪一层次的立法，都必须严格执行《立法法》规定的立法原则、立法规范和立法程序，以此保证社会主义法制的统一、尊严和权威。

第五，我们的法律体系鲜明地体现中国特色社会主义法治。坚持党的领导、人民当家作主和依法治国的有机统一，是我国实施依法治国基本方略、建设社会主义法治国家的根本特征和基本原则。

坚持党的领导是中国特色社会主义法治的根本保证。现代世界绝大多数国家是以政党政治为特征的。当代中国的政党制度是中国共产党领导的多党合作和政治协商制度。在这种制度中，中国共产党是执政党，是领导核心。中国共产党不仅在政党体系中是领导核心，在整个政治体系中也是领导核心。没有中国共产党的领导，法治就会流于空谈空想，就会偏离正确方向。所以，在我国立法工作中，在法律体系形成的整个过程中，始终坚持中国共产党的领导，坚持中国特色社会主义理论体系的指导，这也是中国特色社会主义法律体系科学形成的基本经验。党代表最广大人民的根本利益，党的基本路线、党制定的大政方针、党提出的立法和修法建议，凝聚了全党全国的集体智慧，体现了最广大人民的共同意愿。在立法中坚持党的领导，使党的主张经过法定程序成为国家意志，成为全社会一体遵行的行为规范和准则，从制度上、法律上保证党的路线方针政策的贯彻落实，保证改革开放和社会主义现代化建设的顺利进行。

人民当家作主是中国特色社会主义法治的本质。民主既是法治的前提和基础，更是法治的本质和动力。坚持人民当家作主，在立法中，一方面是坚持以法为本、立法为民，以维护和发展最广大人民群众的根本利益为出发点和落脚点，切实尊重和保障人权，不断地保证和改善民生。另一方面，在立法过程中，坚持民主立法，发扬民主，集中民智，反映民意。改革开放以来特别是党的十六大以来，我国立法机关在提出法律草案和行政法规草案、地方性法规草案时，通过召开座谈会、论证会、听证会等多种形式，广泛听取各方面意见。关系公众切身利益或者涉及需要设立普遍的公民义务的法律、法规草案，还在新闻媒体上全文公布，征求全体人民的意见。法律、法规通过后，及时在各级人大及政府公报、政府网站、公众媒体上公开刊登。近年来，全国人民代表大会常务委员会和国务院分别将物权法、劳动合同法、就业促进法、食品安全法、车船税法、物业管理条例、拆迁条例等多部法律草案和行政法规草案向社会公布，广泛征求各方面意见。全国人民代表大会常务委员会还就修改文物保护法、个人所得税法等，召开论证会和听证会，充分保证人民群众的知情权和参与权，尽最大可能协调利益关系。

依法治国、建设社会主义法治国家是中国特色社会主义法治的精髓。依法治国理念来源于法治的理念。现代法治理念，同现代社会的制度文明密不可分。法治主要是制度范畴，而不是简单的依法办事。任何现代法治都意味着对国家公共权力的限制，对权力滥用的制约，对公民自由与权利的平等保护等；意味着国家机关的立法、行政、司法以及其他公共活动必须服从法律的一些基本原则，诸如人民主权原则、尊重和保障人权的原则、社会公平正义的原则、公平合理且迅捷的程序保障原则等等。法治要求政府维护和保障法律秩序，同样也要求人民尊重和服从法律。我国法律体系注重规范、限制和监督公共权力，规范、引导和保障人民权利，具有良法善治的鲜明特征。

建设中国特色社会主义法治体系[*]

党的十八届四中全会提出：全面推进依法治国的总目标是建设中国特色社会主义法治体系，建设社会主义法治国家。社会主义法治体系是法学理论的新概念，建设中国特色社会主义法治体系是法治建设的新思维、新纲领。法治体系的形成是一个国家法治现代化和国家治理现代化的重要标志，建设中国特色社会主义法治体系，就是要大力推进中国法治现代化和国家治理现代化。

一、提出建设中国特色社会主义法治体系的重大意义

全面推进依法治国，涉及立法、执法、司法、守法、法治监督、法治保障、法学教育，涉及依法治国、依法执政、依法行政共同推进，涉及法治国家、法治政府、法治社会一体建设，涉及国家法治、政府法制、地方法治、社会法治（社会软法体系）统筹互动、协调发展，因而需要一个思想含量和学术信息量极高的统领性概念，"中国特色社会主义法治体系"就是这样一个最好的统领性概念。

法治体系是一个描述一国法治运行与操作规范化有序化程度、表征法

---

* 本文发表于《法学研究》2014 年第 6 期，收入本书时补充了因当期杂志字数所限而未发表的内容。

治运行与操作各个环节彼此衔接、结构严整、运转协调状态的概念，也是一个规范法治运行与操作，使之充分体现和有效实现法治核心价值的概念。

法治体系是与法律体系和法制体系不同的法学理论概念。法律体系，是指由一国现行的全部法律规范按照不同的法律部门分类组合而形成的一个体系化的有机联系的统一整体。法律体系是法治体系的组成部分，又是法治体系存在和运行的基础和前提。但是，法治体系不同于法律体系，法律体系是法律的规范体系，法治体系则是法律的运行体系，一个是静态，一个是动态。法治体系不仅包括立法、执法、司法、守法等法律实施环节，而且包括保证法律体系运行的保障机制和监督机制，体现了全面推进依法治国的整体要求。

法制体系，亦即法律制度体系，是指由法律法规构建起来的制度体系。我国现行法律制度体系包括规范和保障社会主义民主政治的法律制度、尊重和保障人权的法律制度、规范和保障市场经济秩序的法律制度、保护环境资源和生态文明的法律制度、行政管理法律制度、司法与诉讼法律制度、涉外法律制度等等。在这些制度之下，又有许多更为具体的法律制度。由于每一个具体的法律制度分别是由一组或多或少的法律规范构成的，所以，法制体系实质上也就是法律规范体系。

与法治体系相邻的概念还有"法治系统"。1979 年 10 月，著名科学家钱学森在一次规模空前的系统工程学术盛会上发表重要演讲。在演讲中，他提出："在现代这样一个高度组织起来的社会里，复杂的系统几乎是无所不在的，任何一种社会活动都会形成一个系统，这个系统的组织建立、有效运转就成为一项系统工程。""社会主义法治需要一系列法律、法规、条例，从国家宪法直到部门法的规定，集总成为一个法治的体系、严密的科学体系，这也是系统工程，法治系统工程。"[①] 之后，1985 年 4 月，钱学森出席了在北

---

① 钱学森：《大力发展系统工程，尽早建立系统科学的体系》，载《光明日报》1979 年 11 月 10 日。

京召开的"全国首届法制系统科学讨论会",并发表了题为"现代科学技术与法学研究和法制建设"的重要讲话。此后,"法治(法制)系统"、"法治系统工程"的概念进入法学概念体系,并成为一个时期法学研究的热点之一。法治系统、法治系统工程概念中的某些认知与法治体系的认知比较接近,但其核心理念差距较大,法治体系着眼于全面推进依法治国,而法治系统(法制系统)则着眼于用系统工程的科学技术方法对法律的制定和实施进行系统构建和工程化探索。

中国特色社会主义法治体系不同于一般意义的法治体系。它是在中国共产党的领导下,坚持中国特色社会主义制度,以中国特色社会主义法治理论为指导建构起来的。其核心价值是法治为了人民、依靠人民、造福人民、保护人民的人民主体性原则,以及由此延伸出来的尊重和保障人权、促进社会公平正义、维护社会和谐稳定、保证国家长治久安、保障经济持续发展、增进人的全面自由与福祉;其基石是《中华人民共和国宪法》,支柱是依宪执政和依宪治国。

党的十八届四中全会提出建设中国特色社会主义法治体系,具有重大而深远的意义:

(一)明确了我国法治的社会主义性质和方向

四中全会向国内外释放出正确且明确的信号:我们要建设的是中国特色社会主义法治体系和社会主义法治国家,姓"社"不姓"资",并且要具有中国特色,因此必须坚持中国特色社会主义法治道路,坚持中国共产党的领导,坚持中国特色社会主义制度,坚持中国特色社会主义法治理论指导,坚持人民主体地位,坚持从中国国情出发。这对于进一步统一全党全国人民的认识和行动、保持法治战略定力,具有十分重要的意义。

(二)明确了全面推进依法治国的总抓手、总纲领

全面推进依法治国,涉及立法、执法、司法、守法、普法、法学教育、法治队伍建设等各个方面,并与全面深化改革、全面建成小康社会互相联

结、互相推进，所以，不能摸着石头过河，而必须加强顶层设计、统筹谋划，在实际工作中必须有一个总揽全局、牵引各方的总抓手、总纲领。建设中国特色社会主义法治体系就是全面推进依法治国的总抓手、总纲领，是贯穿四中全会《法治决定》的一条主线，对全面推进依法治国具有纲举目张的意义。

（三）推动了中国法治建设的战略升级

我国的社会主义法治建设起步于中华人民共和国的成立，1949 年 9 月制定了具有临时宪法作用的《中国人民政治协商会议共同纲领》，1954 年 9 月制定了《中华人民共和国宪法》，完成了新中国立宪大业，确立了社会主义制度的"四梁八柱"。改革开放初期，我们党面对无法无天的乱象，提出要健全社会主义法制。总体而言，在过去的三十年间，法治建设的主要矛盾是解决无法可依的问题，重心是建设中国特色社会主义法律体系。在法律体系形成之后，法治建设的重心必然转向提高法律体系的质量，转向法律的实施，为此必须强调科学立法、严格执法、公正司法和全民守法，强调法律实施的保障与监督。建设中国特色社会主义法治体系这一总目标的提出，意味着我国法治建设的战略转型和全面升级。以此为标志，中国的法治建设进入了新的历史阶段，站在了新的历史起点上。

（四）为推进国家治理体系和治理能力现代化拓展了实践路径

党的十八届三中全会提出全面深化改革的总目标是推进国家治理体系和治理能力现代化，十八届四中全会提出全面推进依法治国的总目标是建设中国特色社会主义法治体系。两个总目标的提出是党的十八大作出的总体战略部署在时间轴上的顺序展开。构建中国特色社会主义法治体系，是推进国家治理现代化对法治建设必然提出的新任务，它们是完全契合的。法治与国家治理息息相关，法治体系与国家治理体系相得益彰。推进国家治理现代化必然要求推进国家治理法治化。改革开放以来，我国各项治理制度的创新发展始终与法治体系的完善发展同步。市场经济是法治经济、民主政治是法治政治、法治是治国基本方略、法治是执政基本方式、法治是治国理政的基本方式、运用法治思维和法治方式治国理政，这些科学论断和丰富实践充分表明，国家治理现代化的过程也就是国家治理法治化的过程，法治化是国家治理现代化的必由之路。在这个意义上，中国特色社会主义法治体系的建设必将为国家治理现代化发挥引领和规范作用，促进国家治理体系和治理能力现代化。

（五）推进了法治理论创新和中国特色社会主义法治理论体系的完善和发展

理论来源于实践、运用于实践并在实践中不断创新发展。四中全会提出建设中国特色社会主义法治体系是我们党的重大理论创新。围绕全面推进依法治国、建设中国特色社会主义法治体系，四中全会《法治决定》和习近平总书记的重要讲话科学地回答了全面推进依法治国、建设社会主义法治国家、努力建设法治中国、实现法治中国梦的一系列重大理论问题；揭示了中国特色社会主义法治体系的科学内涵，阐述了党的领导、人民主体、依法治国三者的内在统一关系；提出了一系列内涵丰富、思想深刻、精于原创的社会主义法治理论观点，例如，"党的领导和社会主义法治是一致的，社会主义法治必须坚持党的领导，党的领导必须依靠社会主义法治"，"法治是国家治理体系和治理能力的重要依托"，"法律是治国之重器，良法是善治之前提"，"公正是法治的生命线"，"人民是依法治国的主体和源泉"，"法律红线不可逾越、法律底线不可碰触"，"党的政策和国家法律互联互动"，"人民权益要靠法律保障，法律权威要靠人民维护"，"改革要于法有据"，等等。法治理论的创新发展增强了中国特色社会主义法治理论的时代化、科学化、系统化特征，构成了人类法治思想发展史上又一具有划时代意义的重大理论成果。在建设中国特色社会主义法治体系和法治国家新的伟大实践中，中国特色社会主义法治理论必将得到进一步的发展，并在法治体系和法治国家建设中发挥更加有效的理论指导、学理支撑、行动指南的作用，同时也将引领我国法学研究范式的历史性转型。

二、建设中国特色社会主义法治体系的主要任务

在全面推进依法治国、建设社会主义法治国家，推进法治中国建设，推进国家治理现代化的历史新阶段，建设中国特色社会主义法治体系，就是要形成"五个体系"，促成"五种局面"。

（一）形成"五个体系"，即完备的法律规范体系、高效的法治实施体系、严密的法治监督体系、有力的法治保障体系、完善的党内法规体系

1. 形成完备的法律规范体系

2011年3月10日，吴邦国委员长在十一届全国人大四次会议第二次全体会议上宣布中国特色社会主义法律体系已经形成。法律体系形成并不意味着法律规范体系已经完备。事实上，我国法律规范体系中还存在许多缺项，一些该有的法律规范还没有制定出来，在国家政治生活、经济生活、文化生活、社会生活、生态生活中仍然存在不少无法可依的空间，特别是在改革的重点领域法律缺项更多，有些法律法规未能全面反映客观规律和人民意愿；有些法律法规针对性、可操作性不强；有些法律法规由于是部门利益或地方利益博弈的结果，带有严重的部门化、地方化倾向，致使实践中争权诿责现象较为突出；有些法律规范互相"打架"，致使公民、法治乃至执法者和司法者无所适从。针对这种情况，四中全会要求深入推进科学立法、民主立法，提高立法效率和质量，加强重点领域立法，加快完善体现权利公平、机会公平、规则公平的法律制度，保障公民人身权、财产权、基本政治权利等各项权利不受侵犯，保障公民经济、文化、社会等各方面权利得到落实；实现立法和改革决策相衔接，做到重大改革于法有据、立法主动适应改革和经济社会发展需要。要坚持上下有序、内外协调、科学规范、运行有效的原则完善和发展法律规范体系，各部门法之间、各种不同渊源的规范性法律文件之间彼此衔接、和谐统一；更加注重立改废释并举，实现从粗放型立法向集

约型立法的转变；进一步加强科学立法和民主立法，让法律法规立得住、行得通、真管用。

2. 形成高效的法治实施体系

法律的生命在于实施，法律的权威在于实施，法律的伟力也在于实施。无论在直观上，还是参照国内外法治评估数据，我国法律实施的情况都低于世界的平均水平。不把宪法和法律当回事、不给宪法和法律留面子的实例比比皆是；有法不依、执法不严、违法不究的现象在很大范围内司空见惯，有些地方以权谋私、徇私枉法、破坏法治的问题还很严重，人民群众对这些问题意见还很大。为了克服这些现象，保证法律有效实施，必须建立高效的法治实施体系。完善法治实施体系，最重要的是健全宪法实施体系机制。习近平总书记指出："宪法是国家的根本法。法治权威能不能树立起来，首先要看宪法有没有权威。必须把宣传和树立宪法权威作为全面推进依法治国的重大事项抓紧抓好，切实在宪法实施和监督上下工夫。"[①] 为此，四中全会《法治决定》提出了一系列保障宪法实施的措施，包括：完善全国人大及其常委会宪法监督制度，健全宪法解释程序机制；加强备案审查制度和能力建设，依法撤销和纠正违宪违法的规范性文件；将每年 12 月 4 日（现行宪法颁布实施的日期）确定为国家宪法日；建立宪法宣誓制度等。法治实施体系的核心是执法和司法，严格执法和公正司法是法律实施的关键。与此同时，还必须强调执法和司法的效率。

3. 形成严密的法治监督体系

法治监督是指对法律制定和实施情况的监督。我国现实的法治监督存在诸多突出问题，如监督的目的不清晰；监督范围不明确、监督程序不健全、监督手段和方式不足、监督机制不完善；监督法治化、体系化、常态化程度较低，致使各种监督方式之间缺乏协同性；监督的权威性和执行力不高，许多监督裁决被束之高阁，甚至被不屑一顾；监督机构和监督人员也存在不敢

---

① 习近平：《关于〈中共中央关于全面推进依法法国若干重大问题的决定〉的说明》，载《人民日报》2014 年 10 月 29 日第 2 版。

监督、不愿监督、不会监督的问题。针对这种状况，四中全会《法治决定》提出建立由党内监督、人大监督、民主监督、行政监督、司法监督、审计监督、社会监督、舆论监督等构成的更加严密的监督体系，形成强大的监督合力，同时强调监督工作规范化、程序化、制度化，形成对法治运行全过程全方位的法治化监督体系，督促科学立法、严格执法、公正司法、全民守法的实现，确保党和国家机关及其工作人员按照法定权限和程序正确行使权力，真正做到法定授权必须为、法无授权不得为。

4. 形成有力的法治保障体系

法治保障体系是个新概念，就宏观目标而言，法治保障体系包括政治保障、制度保障、思想保障、组织保障、运行保障等。坚持党的领导是社会主义法治的政治保障，保障社会主义法治的政治方向；坚持中国特色社会主义制度是社会主义法治的制度保障，保障社会主义法治立足于社会主义民主政治制度和市场经济体制的基础上；贯彻中国特色社会主义法治理论是社会主义法治的思想保障，保障社会主义法治的科学发展；建设宏大的法治工作队伍是社会主义法治的组织和人才保障，保障法治的尊严、权威和有效实施；建立科学的法治建设指标体系和考核标准并有效实施是社会主义法治的运行保障，保障全面推进依法治国各项任务的细化和落实。继十八届三中全会提出建立科学的法治建设指标体系和考核标准之后，四中全会《法治决定》再次明确地"把法治建设成效作为衡量各级领导班子和领导干部工作实绩重要内容，纳入政绩考核指标体系。把能不能遵守法律、依法办事作为考察干部重要内容"。法治建设评估应作为考核各级党委、政府工作的重要方面。作为法治保障体系的组成部分，法治建设指标体系应涵盖依法执政、科学立法、民主立法、依法行政、严格执法、公正司法、全民守法等各个领域和各个方面。考评标准要考虑可操作性，把决策和行为是否合法、人民群众是否满意、法治利民惠民的实效作为重要的标准。这五条是从宏观上建构的法治保障体系，具体到立法、执法、司法、守法等法治环节，还要有的放矢地创建和完善保障体系，例如，为了保证司法机关依法独立公正地行使审判权和检察权，就要推进以去地方化为目标的省以下司法管理体制改革，探索建立与行政区划适当分离的司法管辖制度，建立跨行政区域的司法机关；推进以去行政化为核心的司法权运行机制改革，以审判权为中心优化司法职权配置、完善诉讼制度，改革审判委员会和检察委员会制度，完善主审法官、合议庭、主任检察官、主办侦查员办案责任制，加强对司法活动的监督，建立健全法官检察官履行职责保护机制，等等。

5.形成完善的党内法规体系

依法执政、依法治国，不仅要有完善的国家法律体系，而且必须有健全的党内法规体系，特别是中央层面的党内法规体系。"党内法规"的通用含义是指党的中央组织以及中央纪律检查委员会、中央各部门和省、自治区、直辖市党委制定的规范党组织的工作、活动和党员行为的规章制度的总称。根据四中全会精神，要根据全面推进依法治国和依规管党治党的总体部署，以"宪法为上、党章为本"为基本原则，全面建成内容科学、程序严密、配套完备、运行有效的党内法规制度体系。党内法规实际上分为两类：一类仅适用于党内，例如《中国共产党纪律处分条例》；另一类不只使用适用于党内，而且主要用以调整党委与立法机关、政法机关、人民团体的关系，例如，有关加强党领导立法工作的规范性文件，规范的是党中央和地方党委与立法机构的关系，确保法律法规充分体现党的路线方针政策，体现人民的意志和利益。党中央制定的规章制度既是党依法执政的基本遵循，也是党治国理政的根本保障，因而是中国特色社会主义法治体系的重要组成部分。完善党内法规体系，也包括促进党法党规与国家法律体系内在统一、协调一致、相得益彰。

（二）以形成五个体系为前提，大力促成"五种局面"

1.促成科学立法、严格执法、公正司法、全民守法、人才强法的局面

科学立法是全面推进依法治国的前提，严格执法是全面推进依法治国的关键，公正司法是全面推进依法治国的重点，全民守法是全面推进依法治国的基础，人才强法是全面推进依法治国的保障。

科学立法。建设法治体系，实行依法治国，科学立法是基础。强调科学立法，是为了提高立法质量。习近平总书记在十八届中央政治局第四次集体学习时的讲话中指出："人民群众对立法的期盼，已经不是有没有，而是好不好、管用不管用、能不能解决实际问题；不是什么法都能治国，不是什么法都能治好国；越是强调法治，越是要提高立法质量。"① 提高立法质量，关键在于：一要尊重和体现经济、政治、文化、社会、生态建设与发展客观规律，使法律准确适应改革发展稳定需要，积极回应人民期待，更好协调利益关系；二要坚持问题导向，切实提高法律的针对性、及时性、系统性、协调性，发挥立法凝聚共识、统一意志、引领公众、推动发展的作用；三要注重增强法律的可执行性和可操作性，努力使每一项立法都符合宪法精神、反映人民意愿、得到人民拥护；四要坚持立改废释并举，全方位推进立法工作；五要坚持民主立法、科学立法，完善立法体制和程序，提高立法效率。

严格执法。党的十八大报告、十八届三中全会《改革决定》、四中全会《法治决定》和习近平总书记的系列讲话始终强调严格执法。习近平总书记指出：法令行则国治，法令弛则国乱。我国现实生活中出现的很多问题，往往同执法失之于宽、失之于松有很大关系。有的执法人员执法随意性大，粗放执法、变通执法、越权执法比较突出，要么有案不立、有罪不究，要么违规立案、越权管辖；有的刑讯逼供、滥用强制措施；有的办关系案、人情案、金钱案，甚至徇私舞弊、贪赃枉法，等等。对违法行为必须严格尺度、依法处理、不能迁就，否则就会产生"破窗效应"。为了确保严格执法，四中全会《法治决定》提出探索建立检察机关提起公益诉讼制度，检察机关在履行职责中发现行政机关违法行使职权或者不行使职权的行为，应该督促其纠正，必要时可向人民法院提出行政公益诉讼。

公正司法。公正是法治的生命线。司法是维护社会公平正义的最后一道防线。司法公正对社会公正具有重要引领作用，司法不公对社会公正具有致

① 习近平：《在十八届中央政治局第四次集体学习时的讲话》，见《习近平关于全面依法治国论述摘编》，中央文献出版社 2015 年版，第 43 页。

命破坏作用。所以，司法必须公正。所谓公正司法，就是受到侵害的权利一定会得到保护和救济，违法犯罪活动一定要受到制裁和惩罚，人民群众在每一个司法案件中都能感受到公平正义。如果人民群众通过司法程序不能保障自己的合法权利，司法就没有公信力，人民群众也不会相信司法。司法是定分止争的最后一道防线。要做到定分止争，司法必须公正，如果司法不公、人心不服，不仅难以定分止争、化解矛盾，甚至可能激化和聚集矛盾。司法还是维护法律尊严和权威的最后一道防线。要发挥维护法律尊严和权威的作用，司法必须公正、公开、公平，司法机关必须有足够的尊严和权威、有极高的公信力。为此，必须完善司法管理体制和司法权力运行机制，规范司法行为，加强对司法活动的监督，努力让人民群众在每一个司法案件中获得或感受到公平正义。

全民守法。全面推进依法治国，必然要求全民守法。全民守法，就是全国各族人民、一切国家机关和武装力量、各政党和各社会团体、各企业事业组织，都必须以宪法和法律为根本活动原则，并负有维护宪法和法律尊严、保证宪法和法律实施的职责。任何组织或者个人，都不得有超越宪法和法律的特权。一切违反宪法和法律的行为，都必须予以追究。任何公民、社会组织、国家机关、政党（包括执政党），都要依照宪法和法律行使权利或权力、履行义务或职责。在社会转型、矛盾凸显的当前形势下，要引导全体人民通过法律程序来合理表达诉求、依法维护权利、文明解决纷争；要努力培育社会主义法治文化，在全社会形成学法尊法守法用法的良好氛围。守法是一个积极的概念，不仅要重视履行义务，更要认真行使权利。守法的前提是尊法、学法、懂法，因此，要深入开展法治宣传教育。

人才强法。人才强法是人才强国的重要组成部分。科学立法、严格执法、公正司法、全民守法都离不开高素质的法治工作队伍。建设一支优秀的法治工作队伍，才能实现良法善治、法正民安。社会主义法治建设的主体是人民，人民是推进依法治国的根本动力和力量源泉。但同时也要看到，法治工作的核心是依法治理国家和社会，处理公共事务，化解社会矛盾纠纷，实现权利救济，尊重和保障人权，维护社会公平正义，促进社会和谐稳定，因而具有很强的政治性、思想性、智慧性、专业性、技术性，需要高级专门人才去担当。特别是进入新世纪之后，随着科学技术进步、社会转型和利益格局的巨变，新型案件、疑难案件、涉外案件、知识产权案件层出不穷，征地拆迁、土地承包纠纷、社会保险、教育医疗、消费者权益等涉及民生问题和群体性利益的案件逐年增加，与人格权、生存权、环境权、发展权等人权问题关联的诉讼也呈现攀升趋势。这就需要大批受过良好专业训练并具有实践理性和实践经验的法律专家。

2. 促成依法治国、依法执政、依法行政共同推进的局面

依法治国。依法治国是党领导人民治理国家的基本方略，依法执政是中国共产党执政的基本方式，依法行政是依法治国的核心内容。依法治国就是人民在党的领导下，依照法治原则和法律规定，通过各种途径和形式管理国家事务，管理经济文化事业，管理社会事务，使国家各项工作法治化，使社会主义民主制度和法律不因领导人的改变而改变，不因领导人看法和注意力的改变而改变。

依法执政。全面推进依法治国，建设中国特色社会主义法治体系和法治国家，关键在于党科学而又有效的依法执政。依法执政的基本内涵是：党依照宪法和法律执掌国家政权、领导国家政权、运用国家政权，实现党的执政宗旨、执政目标和执政任务；依法支持和督促国家机关依法行使国家权力、履行国家职能，以确保国家机关活动的民主性、合法性、公正性、权威性；依法治国理政，如审议重要立法，审议人大常委会和政府工作报告，制定国防外交基本方针，以及管理属于党和国家机关共同负责的事项等。坚持依法执政，各级领导干部要带头遵守法律，带头依法办事，不得违法行使权力，更不能以言代法、以权压法、徇私枉法。健全党领导依法治国的制度和工作机制，完善保证党确定依法治国方针政策和决策部署的工作机制和程序，加强对全面推进依法治国统一领导、统一部署、统筹协调，完善党委依法决策机制。各级人大、政府、政协、审判机关、检察机关的党组织要领导和监督本单位模范遵守宪法法律，坚决查处执法犯法、违法用权等行为。为了做到依法执政，首要任务是完善党依法执政的体制机制和法律法规，确保

党在宪法和法律范围内活动，依照宪法、法律和党内法规制度行使执政权和领导权；确保党既严格守法，又能科学有效地领导立法、保证执法、支持司法；提高各级党委及其领导干部运用法治思维和法治方式治国理政的能力和水平。尤其要强调的是，通过长期依法执政实践，把党建设成为坚持宪法至上、维护法律尊严和权威、在宪法法律范围内活动的执政党，尊重和保障人权、促进社会公平的执政党，领导、支持和监督国家机关依法行使国家权力的执政党，实现党的执政方式和执政活动法治化。

依法行政，就是各级政府在党的领导下、在法治轨道上开展工作，创新执法体制，完善执法程序，推进综合执法，严格执法责任，建立权责统一、权威高效的依法行政体制。特别是要牢固树立权力来自人民、权力源于法律授予的政府理念，坚持职权法定原则，做到法定职责必须为、法无授权不可为。

3. 促成法治国家、法治政府、法治社会一体建设的局面

法治国家。什么样的国家是法治国家呢？一个成熟的法治国家通常包括这样五方面的要素：第一，法律之治。法治成为治国理政的基本方式，基本的政治关系、经济关系、社会关系等纳入法律调整和法治轨道，实现民主政治法治化、市场经济法治化、社会管理法治化。第二，程序之治。在国家政治生活中，程序问题至关重要。程序给人信心，程序保证效率，程序减少失误。正如美国著名大法官威廉姆斯·道格拉斯所言："正是程序决定了法治与恣意的人治之间的基本区别。"① 第三，人民主体，法治为了人民、依靠人民、造福人民、保护人民，法律为人民所掌握、所遵守、所运用。第四，有限政府，即职能和权力受到限制的政府。第五，良法善治，这是法治国家的最高境界。

法治政府。政府依照宪法法律组成，政府的权力由宪法授予，政府依法行政、严格执法，政府违法担责。在任何国家，法治的重心都是制约和控

---

① 转引自季卫东：《法律程序的意义——对中国法制建设的另一种思考》，载《中国社会科学》1993年第1期，第83页。

制行政权力，防止其滥用和异化，因为行政权力"无所不在、无所不能"。2004年国务院发布的《全面推进依法行政实施纲要》，正式确立了"法治政府原理"。四中全会《决定》更加明确地提出"加快建设职能科学、权责法定、执法严明、公开公正、廉洁高效、守法诚信的法治政府。"

法治社会。法治社会与法治国家是互为依存、相辅相成的。我们既需要建设一个法治的国家，也需要建设一个法治的社会。法治社会建设是法治中国建设的重要组成部分，是创新社会治理的内在要求，是人民安居乐业、社会安定有序的重要保障。法治社会的基本标志，一是党和政府依法治理社会，健全依法维权和化解纠纷机制，建立健全社会矛盾预警机制、利益表达机制、协商沟通机制、救济救助机制，畅通群众利益协调、权益保障法律渠道。完善立体化社会治安防控体系，保障人民生命财产安全。二是社会依法自治，基层组织和部门、行业依法治理，各类社会主体自我约束、自我管理，市民公约、乡规民约、行业规章、团体章程等社会规范在社会治理中有效发挥作用。三是全体人民自觉守法，法治精神和法治文化蔚然成风，全社会厉行法治的积极性和主动性普遍增强，形成守法光荣、违法可耻的社会氛围，广大公民争当社会主义法治的忠实崇尚者、自觉遵守者、坚定捍卫者。建设法治社会，必须正确处理政府与社会、自治与他治、维权与维稳、活力与秩序、法律规范与其他社会规范的关系。

4.促成国家法治主导下的政府法制体系、地方法制体系、社会软法体系协调发展的局面

我国是单一制社会主义国家，法制统一、宪法至上是与人民代表大会制度同样重要的根本制度。在这个前提下，发挥中央、地方、社会、各级人大、各级政府、各种组织的法治积极性，推进政府法制、地方法制、社会软法体系三者功能互补、协调发展，是全面推进依法治国、建设法治国家和法治社会的题中应有之义。

政府法制。政府法制在法治体系当中具有特殊的地位和作用。在法律体系中，行政法规和规章不仅数量多，而且调整范围广；在法律运行中，政府扮演执法者的角色，直接决定着法律实施的状态，决定着依法治国的成效，

从而决定着法治的命运。因此，四中全会《法治决定》强调加强和改进政府立法制度建设，完善行政法规、规章制定程序，完善公众参与政府立法机制；重要行政管理法律法规由政府法制机构组织起草；对部门间争议较大的重要立法事项，由决策机关引入第三方评估，不能久拖不决。同时，《法治决定》强调政府作为执法主体要严格规范公正文明执法。

地方法制。地方法制是由宪法统领的统一的国家法制的重要组成部分。地方法制既是实施国家宪法法律所必需，也是建立符合地方省情市情的法律秩序、保障地方经济发展、社会管理和公共治理的需要，地方法制建设还是国家法律制度创新的基础和来源。我国改革开放过程中涌现出来的许多重大法律制度创新，包括农村土地承包经营制度、国有土地有偿使用制度、所有权与经营权分离、基层群众民主自治等，都首先起源于地方自发的改革创新实践，然后由党中央、全国人大常委会、国务院总结成功经验并由政策、法律、行政法规加以确认。地方和基层在长期的改革创新实践中所积累起来的大量新规则、新制度，为国家立法提供了可资利用的丰富的本土资源。在全面推进依法治国的新时期，中央更加重视地方法治建设，四中全会《法治决定》进一步扩大地方立法权，依法授予设区的市地方立法权，这对于发挥地方积极性和能动性，完善地方法制体系，推动地方工作法治化，将产生深远的作用。这意味着全国233个还没有立法权的城市将逐步依法获得立法权，在法定的权限和范围内，制定地方性法规，推进地方工作法治化。地方法制包括由有立法权的人大及其常委会制定的地方性法规，也包括由省级人民政府制定的政府规章。据统计，现行有效的地方性法规有九千多件，政府规章大体也是九千多件。

社会软法体系主要包括市民公约、乡规民约、行业规章、团体章程等多种形式的社会规范，学者们把这些社会规范称为"软法"。社会软法规范对于其效力所及的组织和个人具有重要的规范、指引和约束作用，也是治理公共事务的重要依据。在软法体系当中，行业法制非常重要，它们是社会自治的重要规范，也是依法治国的重要保障。当各个行业都有健全的规范体系（或者是由国家制定的，或者是由行业自己制定的）时，整个法律体系和法治体系就有坚实的社会基础。四中全会《法治决定》强调发挥各种社会规范（软法）在法治社会建设中的积极作用，将极大地增强中国法治的社会活力和可持续性。

5.促成党的领导、人民当家作主、依法治国有机统一的局面

党的领导、人民当家作主、依法治国有机统一是中国特色社会主义法治体系最鲜明的本质特征。"三统一"是我国法治建设的基本经验，也是今后法治建设的根本遵循。依法治国，建设法治国家，坚持党的领导是最根本的保证，把党的领导贯彻到依法治国全过程和各方面，是我国社会主义法治建设的一条基本经验。只有在党的领导下依法治国、厉行法治，人民当家作主才能充分实现，国家和社会生活法治化才能有序推进。保证人民当家作主是前提和目标，人民当家作主，既是法治的前提和基础，更是法治的本质和动力。依法治国是实现党的领导和人民当家作主的基本途径。人民代表大会制度是实现党的领导、人民当家作主、依法治国有机统一的根本制度载体。促成"三统一"就要积极探索如何在宪法的统领下把党的领导、人民当家作主、依法治国统一于人民代表大会制度。

中国法律制度创新的法理基础 *

主讲人：张文显（中国法学会副会长，吉林大学党委书记、吉林大学法学院教授）

评议人：李龙（中国法学会法理学研究会副会长，浙江大学法学院院长）

主持人：朱景文（中国法学会法理学研究会副会长，中国人民大学法学院教授）

时间：2003 年 11 月 7 日

地点：中国人民大学法学院

朱景文教授：中国人民大学法理学论坛今天正式启动了。我首先介绍论坛的情况，因为今天是第一次。我们的论坛基本上由两部分组成，一部分是采取讲座的形式，邀请法理学的名家，国内的、国外的以及海外华人知名学者来做讲座、对话；第二种形式我们打算通过网络，我们正在筹建一个法理学的网站，叫作中国法理网，已经试运行成功，网址是 http://www.jus.cn。希望大家点击浏览。今天，我们非常荣幸地请到了吉林大学的党委书记、新当选的中国法学会副会长张文显教授和浙江大学法学院院长李龙教授到我们这里来讲座。张文显教授和李龙教授都是法理学的名家，我无须多作介绍，

---

　　* 本文是 2003 年 11 月 7 日张文显在中国人民大学法学院"法理学论坛"的讲演整理稿，后收录于朱景文主编《中国法理学论坛》（中国人民大学出版社 2006 年版）。

他们的著作我想大家都读过，我也不需作过多的介绍，还是把更多的时间留给他们。今天，我们采取这样一种形式，由张文显教授来讲，然后由李龙教授进行评论。张文显教授今天讲座的题目是"中国法律制度创新的法理基础"，下面有请张教授。

张文显教授：尊敬的孙国华老师、朱景文教授，尊敬的各位老师和同学们，大家晚上好！非常荣幸能参加今天晚上的讲座，因为今年的9月27号我们人民大学举行了盛大的学术活动，庆祝国内外著名的法学家孙国华先生执教50周年，我当时已经撰写了文章并预订了机票，可是临时因公务无法脱身所以没能来参加那次盛会，特别是没能来亲自向孙老师表达我多年来的敬意，自己感到非常遗憾。昨天，朱景文教授跟我说人民大学要搞一个法理学论坛，也是首次论坛，希望我来作一个讲座，开始的时候我非常犹豫，因为中国人民大学法学院作为中国法律人才培养最重要的基地，也是法学研究成果最显著的阵地，到人民大学法学院来做讲座没有充分的准备是没有这个胆量的。而我刚刚从国外回来，参加中国法学会的会议，不知道要讲什么样的内容，不知道大家对什么样的主题感兴趣，什么样的内容合适，甚至不知道讲的内容是否会与其他学者类似的讲座雷同。但是后来想，参加这个讲座可以弥补我9月27号未能参加孙老师执教50周年庆祝活动的遗憾，也是作为一种补救，我还是接受了朱景文教授的邀请。

今天，我是怀着对孙国华老师的崇高敬意和对中国人民大学法学院师生的深厚情意来到这里交流近期的一些研究体会，我也非常荣幸地得知李龙教授要对我的讲座进行评论，这样就使我本来就很胆怯的心更加没有底了。我本人是喜欢作命题讲座的，也就是说别人给我出题目我自己进行准备。这一次没有给我题目，我自己不知道怎样去做。昨天，我跟朱景文教授商量了一下，他说这个题目还行，也就是"中国法律制度创新的法理基础"，因为我们知道，根据联合国工作人员的统计，21世纪世界有十大时尚，十大时尚里面的第一大时尚是创新。所以全世界都在讲创新，在我国，创新已成为当前使用频率最高的词汇，以至我们本来是讲法律变革、法制改革，现在都改为法制创新，又用创新来取代改革，创新成为使用频率很高的词汇。关于这个主题涉及的内容很多，我基本上是提出一些问题，对其中一些问题发表自己的见解，多数是提出问题。我们都知道，哲学领域里面最有成就的不是对于某个问题给出答案，而是提出一个问题有待人们给出答案。从近代的古典哲学到现代的后现代哲学恐怕都是这样一种学术传统。我不好说是继承了这一学术传统，但是对这一学术传统非常感兴趣。我很多地方是提出一系列问题供大家来思考，由于时间的限制我还要给李龙老师留出充分的时间进行评论，他今天要坐十点钟的火车赶回武汉，八点半离开这里。李老师走了以后我会继续留下来，给大家作讲座。

我主要讲这样几个问题，一个是法律创新的理论解读。党的十六大提出：创新是一个民族进步的灵魂，国家兴旺发达的不竭动力，一个政党永葆生机的源泉。通过理论创新推动制度创新、科技创新、文化创新以及其他各方面的创新，不断在实践中探索前进，永不自满，永不懈怠，这是我们必须坚持的治党、治国之道。最近这段时间，党和国家领导人在政治、经济、文化体制方面大量使用"创新"这个词。究竟应该怎样理解创新？"创新"究竟意味着什么？它与我们原来谈了20年之久的改革、与我们提了多年的政治体制、法律体制的完善是否是等值的概念？还是说比改革更富有时代精神？我个人认为，现在提及的创新实际上和改革是等值的概念，那么为什么利用创新来取代改革的概念？我个人的理解是这样的：中国的政治体制、经济体制、法律制度发展到今天，可能在对原来制度的这种进步方面有更新的重心转移。改革更注重的是破旧立新，兴利除弊，重心是革除旧的东西。创新的重心是在首创，旧的东西革除得差不多了，在建立新的东西的过程当中我们又没有新的东西可以利用，所以现在我们强调的是首创，这也就是为什么大面积地用创新这个词来取代改革。法律制度的创新我个人认为有三个方面的意义。首先意味着法律体系的重构，也就是说建立适应社会主义物质文明、政治文明、精神文明、生态文明需要，并能够引导和保障四大文明协调发展的法律体系。所以仅仅提与市场经济发展相适应的法律体系是不够的，仅仅提政治文明也是不够的，必须把物质文明、生态文明包容进来。其次意味着法律体系内部结构的调整，也就是说用权利本位的法律体系、法律结构来取代义务本位的法律结构，用民法本位的法律体系来取代刑法本位的法律体系，用程序优先的法律体系来改变我们现在很多方面程序虚弱、程序虚无的这样一种状况。再次意味着法律的各项具体制度应该适应体系的重构、结构的调整和改革。无论是财产制度、契约制度还是诉讼的证明制度、审判制度等都要改革。总之，法律的制度创新就意味着法律的现代化，这是我讲的第一个问题。

第二个问题我想提出中国法制创新的理论资源问题。实事求是地说，我国的法制改革也包括我国的政治体制改革在内理论准备严重不足。与经济体制改革或者说经济改革相比，法制改革的创新理论准备更为滞后。我们都知道，在经济改革的过程当中经济学贡献巨大，百家争鸣，百花齐放：1984 年提出了"计划经济为主、市场经济为辅"的理论，1987 年提出了"有计划的社会主义商品经济"的理论，1992 年前后提出了"市场经济和社会主义市场经济体制"的理论，到了 2000 年的时候进一步提出了"经济全球化"的理论。这样一些理论推动了我国经济体制的改革以及经济体制内部的金融制度、税收制度等方面的改革。类似的现象、繁荣景象在法学界很少出现。我说得不对的地方请孙老师加以批评。法学家与经济学家比较起来，在这些方面百花竞放的繁荣景象没有那么鲜明。经济学为经济体制改革提出了许多目标模式，每一个目标模式都成为阶段性成果。我们的法制改革没有这样的现象，包括现在我所说的司法体制改革研究，体制内的人、体制外的人讨论得很热烈，但是司法体制改革的目标体制模式是什么？要建立一种什么样的司法体制改革？到现在没有提出来。我曾在最高人民法院咨询会上说，没有这样一个目标体制模式，向什么方向改，要改什么，都是一个问题。没准把好的东西改掉了，把坏的东西仍然保留。理论准备不足绝不等于说理论资源缺乏，这是两种不同的问题。实际上，从近代启蒙思想家的民主法制理论到当代中国法学理论研究成果都构成了中国法制创新的理论资源。从党的十四大、十五大到十六大提出来的一系列的观点也是法制创新的重要理论资源。当然，这些资源怎样进行整合，怎么样变成一种可以操作的发展创新的理论资源，还需要一个过程。这是第二个问题。

那么第三个问题就是法制创新的理论坐标问题。因为一个事物要建立一个新的事物，新旧事物相比较，才有一个创新的问题。我先说理论的坐标。我个人认为，当代中国法制创新的理论坐标是"三个代表"重要思想。我个人理解"三个代表"重要思想既是法制创新的理论动力，又是法制创新的理论坐标，还是法制创新的检验标准。我们的法律是否实现了制度创新，关键在于看法律的各项改革和建设能否代表中国先进生产力的要求，是不是有利于解放和发展生产力。而生产力的主体是人，代表先进生产力就是代表人类社会当中最进步的那部分人。譬如知识分子，譬如说企业家。代表他们就需要代表他们的知识权利、他们的财产权利。是不是代表先进生产力，是不是有利于解放和发展生产力，关键看是否保护知识产权，也是创造的权利，创新的权利；也要看我们的法律是不是代表了中国先进文化的前进方向。当然，我个人觉得优秀文化比先进文化更策略、更准确，因为文化的大概念上不存在先进与落后之分，文化是多元的，优秀的文化可以包容传统文化，也包括一切文明成果的文化。如果我们说先进文化就是优秀文化，也可以这样将就说。但是，是不是代表了一种优秀文化？是不是有利于优秀文化的生成、传播和对一切文化优秀因素的整合？现在法制领域里什么是先进的法律文化？就是人权的观念、契约自由的观念、法律面前人人平等的观念等，这些年来提出的还包括司法优位等。近代以来，古代以来最优秀的文化是否体现在我们的法律以及我们的法律制度当中？代表先进文化并不是一个空的概念，而是把这个先进文化具体到我们一系列的法律精神上。再一个是，是否真正地代表了中国最广大人民的根本利益？是否有利于人民权利的确认、保障和实现从而使人民群众的利益最大化和普遍化？孙国华老师提出法律的真谛就在于对权利的确认和保护，这可以说是整个法律思想史上的经典。我想这一个说法完全可以用来解读是否代表着广大人民的利益，因为利益在法律领域是通过权利来体现的。

第四个问题是法制创新的制度参照。在当代中国推动和实现法律的制度创新以什么作为参照系？或者以什么作为衡量的标准呢？可以说整体上来讲，世界上没有任何一种法律制度或者法律传统可以作为我们的参照系。无论是英美法系还是大陆法系，无论是发达国家还是发展中国家，都没有现成的参照系可以供我们使用。所以在这个意义上，我们的法制创新是真正的制度创新。这是从整体上来讲，但是从具体的制度设计上讲，具体的技术操作层面上我们可以发现和选择很多的参照系。正是具体制度层面上一个又一个的参照系最后形成了我们整体上吸纳了世界法制文明并具有中国特色的新的法律制度。譬如在具体制度上讲，关于宪法监督的机制，我们从美国、法国、德国和当代俄罗斯等国的宪法中得到有启发的东西。比如说人权保护，我们就可以从西方的人权法案中，从《世界人权宣言》、《公民权利和政治权利国际公约》和《经济、社会、文化权利国际公约》中提取各种现成的制度参考。比如说司法体制和诉讼机制的改革，我们可以借鉴两大法系的诉讼机制和他们的审判机制，等等。在这方面，我们还有很多的参照。

第五个问题是法制创新的目标。我这里讲的目标是法制创新的价值目标。总的来讲可不可以这么说，在当代我国的法律价值体系里面，大家普遍认为秩序、自由、正义与效率这四个方面构成了法律价值的存在形态。这些也可以说是法制创新的最终价值目标，法制创新说到底就是为了实现更加良好的社会秩序，使人民群众安居乐业，实现更加充分的自由，拓展人民群众的意志自由、行动自由的空间和无限的可能，实现全社会的正义与公平，人民群众在利益均衡、权力对等、同舟共济的体系体制中得以健康生存，实现资源价值的极大化，生产力的最大化，让人民群众在充满活力和生机的社会主义社会尽享生活的乐趣。社会主义初级阶段的法制创新应当有自己的阶段性目标。我感觉到我们现在缺乏阶段性目标。我们笼统地可以提出一系列的价值目标、终极的价值目标、理想的法治社会的模式是什么样的，但是阶段性的目标没有。阶段性目标这个问题我认为不但是部门法学家而且特别是法理学家应当探索的问题。如果这些阶段性目标提不出来，恐怕整个法治改革目标也难以实现。有一个说法，重要的不是方案而是在于方案的实现。从微观层面上来讲那就有更多的目标需要实现。比如说现在正在修宪，修宪本身是宪政建设的阶段性任务，在这样一个阶段要达到一个什么样的目标，在哪些方面实现宪政建设新的形象，恐怕都需要进行一些研究和探索。

第六个问题是法制创新的动力问题。法制创新的动力是多元的。经济全球化、环境全球化、公共事务全球化形成的极大压力构成了我国法制创新的外部动力。这是一种不改不行的推动，如果说前二十年我们是改革开放，那么现在我们是开放改革。我们已经开放了，在外部形成了一种改革的极大的压力，形成了我们改革的动力。那么人民群众对人权保护的时代呼唤，要求摆脱市场经济无序状况的强烈愿望，以及对执法不公和司法不公、司法腐败等弊端的强烈不满和要求司法改革的强烈愿望构成了中国法制创新的内部动力。这些外部动力与内部动力的整合构成了新一轮法制创新的巨大的推动力量。在这个过程中，有人提出了党和政府是主导、建构主体的说法。当然我想有一点，人民群众是推动改革和创新的真正动力，也是最强大的动力，因为我们都知道改革开放以来中国发生了三次标志性的法制改革和创新。

第一次是在20世纪70年代末80年代初，以1982年《宪法》修订为标志。我们都知道，从1978年党的十一届三中全会提出加强社会主义民主和法制建设以来，中国法制起步了，第一阶段最具有标志性的是制定了《刑法》、《刑事诉讼法》，制定了法院、检察院组织法。特别是1982年修订了《宪法》。这一次法制改革最重要的标志是以恢复秩序、保障人权，推动民主法律化、制度化为核心。针对"文化大革命"期间人权荡然无存、被践踏的状况，人民对于人权的要求，对于秩序的强烈要求构成了那次法制创新的极大动力。由于人民群众有切肤之痛，所以人民有强烈的呼唤，要求有刑法、刑事诉讼法，不允许随意侵犯人民的权利。虽然今天看来1979年的《刑法》以及《刑事诉讼法》很不完善，但是在当时制定出这样的法律，确实是很不简单的。

第二次法制变革也是在人民群众的推动下发生的，这就是1992年开始的以建立社会主义市场经济法律体系为标志的改革。从80年代中期起，中国的经济体制改革朝着商品经济、市场经济的方向发展。1992年，小平同志南方讲话提出了市场经济问题，党的十四大提出了建立社会主义市场经济的战略方针。为了适应市场经济的需要，在观念更新、理论建设的推动下，我们比较快地抛弃了体现计划经济的那一套法律观念、法律政策。我们进行了三次宪法修改，修改中心都在经济问题上，突出了市场经济问题，突出了国有经济的实现形式多样化问题，私有经济、非国有制经济是社会主义经济重要组成部分等等这样一些问题。这样一些观念、这样一些修改标志着要为市场经济发展铺平道路，建立良好的法律机制。在宪法修改的同时，我们加快市场经济立法，特别是民商法的制定和修改，在短短几年之内就全面修改了《公司法》、《合同法》、《担保法》、《票据法》、《反不正当竞争法》、《专利法》等一系列体现市场经济精神，为市场经济服务的法律。

第三次法制变革是为了适应经济全球化当然也包括环境全球化，简单说是为了适应全球化的时代潮流，为了适应中国在经济上、政治上、公共事务上全面融入国际社会这样一种客观需要而发生的。这样一次法制变革的根本动力来自整个社会，来自融入全球化时代的中国人，特别是企业家。

第七个问题是法制创新的体系问题。在中国我们提出创新体系始自90年代中期。过去开始是知识创新体系，后来经济领域提出经济体系的创新，后来在法律里面也有一个法律创新体系问题。怎样描述这样一个体系？怎样来设计体系？创新的面与点如何策划？恐怕也是应该研究的问题。现在有各种各样的描述，比如说我看到的一些文章有这样一个路子：用政治方面的法律制度创新、经济方面的法律制度创新，还有文化方面的法律制度创新、生态方面的法律制度创新、国际关系方面的法律制度创新来描述创新体系。也有这样的表述：立法方面的制度创新，执法方面的制度创新、司法方面的制度创新、法制监督方面的制度创新。特别是在党的十四大、十五大、十六大的报告里讲创新的时候讲这方面。特别是十五大提出的法制创新，是从立法、执法、司法、法律监督来讲的。十六大延续了十五大关于法制创新体系的表述。当然，我们也可以从其他一些方面来讲、来描述体系的创新问题，比如说从法律精神、法律机制上来讲，刚才我提的比如说民法本位的法律体系，比如说权利与权力的平衡，这样一种创新体系完全实现公共权力与公民权利之间的理性的平衡，也实现实体法与程序法、民商法与刑事法之间的理性的平衡。

第八个问题是法制创新的合理性与合法性问题。因为法制创新的根本原因在于现行的体制、制度不合理，所以要创新要改革，但是实际上问题并不是这么简单。我们可以从两个方面来分析合理性问题。一方面，我们可以说我们的法律制度本身就存在不合理性，所以需要从制度本身来进行改革和创新，可以表述成一种改革。另一方面，我们法律制度本身是合理的，但其合理性远远没有穷尽，由于具体的制度设计、体制、人员技术等因素限制了合理性的发挥，法律制度预计的合理性没有体现出来。有的同志讲我们的制度是合理的，我们的司法体制是合理的，但是它的合理性没有体现出来，现在是怎么解决机制问题，而不是解决体制问题。所以关于法制创新的合理性这种分歧都存在两方面。这是我们讨论司法体制改革比较大的问题：一方面认为体制本身是不合理的，或者说以前合理现在不合理；另一方面讲我们的制度是合理的，我们的机制是不合理的。我们的技术和人员是不行的，有些东西不能改。这是"两高"之间围绕司法体制改革的主要争论。我也参加了他们的一些讨论，他们的分歧说来说去也就是这两方面的争论。我今天看《法制日报》一篇关于法律改革的合法性问题的文章，这个问题已经提了一年多了。创新应该符合法治的精神和法治的原则，现在的法院改革、检察院改革是否符合我国宪法、组织法和程序法的规定，我想是值得反思的。如果我们可以突破现行法律规定来进行自我的改革，那么就会给社会造成非常不好的影响。全都可以突破现行的体制，而不受现行法律约束，将导致法治的衰败。

关于法制创新还有其他的问题，比如说法律创新的历史任务，比如说法制创新当中的理论制度与机制的关系问题等，有很多问题都是值得探讨的。所以我上次提出，司法改革应当进行充分的理论准备，法制创新也应当是这样的。在理论创新这方面我们的研究还是很不够的，所以我今天提出这样一些法制创新的法理问题供大家来讨论和思考，我就先说到这里，谢谢大家！

朱景文教授：下面请李龙教授点评。

李龙教授：我想讲这样三个问题。当然，作为我们法学界特别是法学理论界的权威人士，张文显教授的报告内容显然是丰富的，这一点无可非议，但是我认为这样一个报告需要进一步研究。我没有做记录，我要讲三个问题。改革与创新，按照他的说法改革就是破，创新就是创，这个是误解。改革本身既包括破又包括创，改革与创新是一致的。改革就是变法，中国历史上变法都是这样的。王安石变法、戊戌变法、商鞅变法都是这样的。包括法国的戴高乐改革、美国的罗斯福新政都是这样的。破和立是不可分的。那么他们是否是完全一样的？我说也不完全一样，是有区别的。我讲了这个区别与你讲的是不一样的。我们现在讲的改革是什么？是体制改革，是邓小平同志的一个创造。以前讲社会主义制度就是好，是不能改的，但是不改制度是不行的。这是邓小平理论的一个发明，体制改革严格来讲是说具体制度是可以改的，根本制度不能改，但是具体制度是能够改的。那么创新表示的是新度、广度，应该说更全面一些。从它的广度来讲它包括文化创新、理念创新，包括的范围要更广。关键是讲原创性。我们的法学特别是法理学同行的任何一篇文章、任何一个东西的关键是其原创性，没有原创性的东西我想都是不重要的。

第二个问题是价值目标问题。创新要达到一个什么样的价值目标？有一个很重要的价值是人权。人权是出发点和归宿，不管你讲什么，这样一个价值体系当中我们作为一个法学家特别是法理学家，我们要追求的是什么？人权始终是终极价值目标，是在任何时候都必须要考虑到的。

第三个问题是合理和合法的问题。这是我们法理学家所必须要明确的问题。任何一场改革必然牵扯这一问题。改革就是变法，是法律的立、改、废。如果是制度改革，改革就是违法。但是我们现在这个体制改革，是在社会主义制度的环境下，不能违反法律。所以前些年我到深圳人大作报告，他们向我介绍说深圳有两大突破，一个是卖土地的突破。我说你这个突破千万搞不得，否则我们的宪法没有了权威。我认为这是不应该的，在改革过程中不能在全国范围内推开。在法律改革之前必须要依法，只不过在改革过程中，是在体制改革过程中的需要合法、合理。当合理与合法矛盾时要服从法律。非常遗憾，由于时间关系我马上要走了。谢谢大家！

*朱景文教授：*我们这个论坛不是你说你的，我说我的，而是大家相互交流。刚才李龙老师给我们作了一个很好的榜样，直言不讳，有什么问题提什么问题。现在由大家提问。

问：张老师是我们法理学界的权威，同时也是一个学校的领导。请问您知道我国此次修宪的内容是什么吗？如果不知道，那么请问全国人民对修宪的内容都不知道，那怎么能叫修宪呢？

问：张文显老师您好！我想请教这样一个问题。法理学最近几年出现了一个多元化的问题，也就是出现了多样化的趋势。对百家争鸣、百花齐放的情况您是怎样看的？他们是不是会从某些方面对您所提的权利与权力这样一种法律理论形成一种冲击？

问：张教授您好！我有这样一个问题。您说经济学家无论是在制度上还是在理论上都作出了重大贡献，然后说法学家没有作出巨大贡献。我听您讲这个问题已经是第二次了，想必您对这个问题一定是痛心疾首。但是我却认为它是一个很重要的问题，在我看来在具体制度上我们的部门法学家已经有很多参与，在这方面的贡献一点都不比经济学家小，不逊色，更重要的是为什么是张老师提出这样一个问题。因为是我们法理学的问题，对于法理学来说这个问题才更加成为一个问题，对部门法来说这个问题不是一个问题。我觉得在这个问题上我们应该考虑法理学本身。您曾经说过，法理学在理论上上不去，在具体制度上下不来，是不是说法理学在深层次上不能对人类的思想作出贡献，只能在具体制度上作出贡献？这是我长期以来关注法理学的一个问题。我特别想听到张教授对法理这个学科来做一些辩护。

问：张老师您好！我提个问题。刚才您提到的关于法制创新的理论坐标问题、关于"三个代表"的思想对于中国法律创新的问题。我想问在当前法制创新的过程当中，我们是否面临法制意识形态重构的问题。由于"三个代表"的话语的宏大上升到无以复加的程度，是否为我们的法制意识形态创造一个宏大的理论空间和余地，或者说"三个代表"思想对于中国法学的意识形态重构尤其是国家法哲学的重新构建有什么意义？

张文显教授回答：第一个问题大家都知道因为党的十六届三中全会刚刚通过中共中央关于修宪的建议，这个还需要通过法定程序。前几次都是全国人大常委会向全国人大建议，人大常委会审议之后向社会公布来征求意见。在人大常委会没有审议之前，各种各样的说法都是主张、愿望或者说是民间的建议，具体内容我也不很清楚，但是我想有一些内容这个月二十几号全国人大常委会肯定会公布的，那时大家可以进行进一步的评论。

关于法理学多元化的问题我认为这是中国法学发展特别好的一个气象，因为从 20 世纪 80 年代中期以来，中国法理学的确是在变革中前进、在前进中提高、在提高中成熟。我认为这是法理学十多年发展的结果。巨大的进步是每个人都能看到的。如果我们翻一翻最初的法理学教科书就会发现，现在的教材都有非常明显的进步。特别是刚才那位同学提出的法理学多元化问题，我认为这是因为理论研究方法的多样化。2000 年，在北京大学召开了一次法学研究范式的转化的研讨会，但也只提出了各种各样的观点。我在一篇文章中也介绍了当时的会议提出的几种转换。刚才这位同学提到了形而上的趋势，是建立在法理学与法哲学二元化观念基础上的。有些学者认为法理学与法哲学是相区分的，不是一回事。现在的法理学的教材，包括论著都基本属于法理学范畴。现在的法理学是形而下的，顶多是形而中，而法哲学是更加形而上的。我个人是不太同意法理学与法哲学二元化这个观点。我认为法理学的著作可以写得非常深。我们看到，美国的、英国的法学家包括德沃金他们主编的法理学研究生教材写得是非常非常深的，像朱景文教授翻译的《法的一般理论》其实也是非常深的。我想在西方和俄罗斯都是这样一种情况。可是有些法哲学的教材却显得非常通俗、简单。法理学必须是贴近生活的，应当是人类能够体味到的，比较容易把握的，因为从西方哲学来说，法治是一个平民化的过程，是一个世俗化的过程，哲学只有深入到生活当中变成生活的哲学，这样的哲学才是有生命力的。我想我们的法学特别是当代中国的法学理论，我们的法理学也应是这样子。对法理学不够重视，或者说缺乏热情的时候，像有些搞法理学的人说我写的法理学的书只希望使十个人能够读懂，我写的书 50 年以后的人能够看懂。我想这样一种崇高的学术精神也是值得高度评价的，但是我想更多的还是需要一些形而下的新的东西。我想说的是法理学应该是生活中的。我们吉林大学法学院的理论法学研究中心，每周都有关于生活中的法理问题的讨论，用法理分析生活中的问题。比如餐馆不准自带酒水，我们就可以上升到法理的高度来进行分析。比如刘涌案件的改判。又比如说考生的考分信息，江苏省招生办将发布考生考分的权利转让给 163 或者 168 信息台，考生只能到信息台来获取高考分数。像这样的问题我们每周都要进行一次讨论。最近可能要出版一本书，叫作《生活中的法理》，同时让法理回到生活中去激发人们对法理的热情。苏力教授称自己为社科学派。所谓社科学派，就是要懂社会科学各个领域的知识和方法。最近有一些潮流，比如说我的一个博士生的博士论文叫作《法律的人文主义解释》，讲到解释法律不能总是用推理的方法、演绎的方法，所以我对法理学研究多元化的出现是感到由衷的高兴，尤其是方法的革命，能够引起理论的变革。

关于第三个问题，刚才那位同学提到我认为法学界和经济学界比较来看，法学家的贡献比较小。因为我们 20 世纪 80 年代的改革主要是经济体制的改革，我们法学界当中很少有懂经济学的，包括到后来经济体制改革一整套东西都是一种陌生的东西；另外，经济学家参与政治生活的人比较多。比如国务院国家经济体制改革委员会等一些机构吸收了一批人、一批经济学家来参与。而在领导人的意识中，法还是一种专政的工具。对我们来说，法律虽然保护人的权利，但却总是把它同维护社会治安、惩罚犯罪联系起来。所以那时关注的不是我们现在某项具体制度，而是一些传统的法律文化、传统的法律观念。这样的话，对一些新的法律文化的关注不够，也不是他们的注意力所在。还有一个很重要的原因是在法学领域里面。从 20 世纪 50 年代反右开始，在西方文明里已经成为一些公理性的东西在我们这里却成了一些封、资、修的东西，成为一些政治禁区。所以我们改革开放以后法学研究的理论基点相当低，有些政治禁区。敢于突破的人怀着一种建设性的观念来突破这个政治禁区。有些可能或者少数是想从整个意识形态上来推翻以前的法律观念、法律理论。这就造成了我们法学界内部这样一种讨论问题、研究问题的意识形态化。我们本来是想通过一个政治禁区，恰恰演变成了一种新的政治禁区。这与经济学界形成了极大的反差，在经济领域也有这种情况，特别是 1992 年小平同志南方讲话后，经济领域的禁区基本上被扫清，剩下的是严肃的学术研究和认真的科学的实证的科学方法。我们的理论研究影响法制进程本来就比较慢，再加上内部的政治争论更加妨碍了法学的研究。另外，法学领域对整个法律创新的贡献不够主要是从这两个方面来看。一是从宏观上来讲，整个法制改革从 20 世纪 80 年代中国提出法制改革问题到现在为止，没有一篇或是一部完整的论述法制改革的论著，没有一个人提出中国法制创新的目标模式。因为我在网上检索过，没有发现。所以我觉得宏观理论不足以建立一个法制改革的整体理论。

另一个从微观理论上来讲，相对来说一些具体问题比如说在民商法领域，物权法、民法典的制定法学界参与的很多。我们人民大学的王利明教授就是起草小组的重要成员，承担了这方面的课题，也担任了专家组的负责人。这些都是在具体地参与法制建设，但是在一次会议上，我跟全国人大法工委民法室主任讨论过这个问题：现在制定的物权法的哲学问题没有彻底解决，目前的基础是人权，而这个问题恰恰是我们没有解决的。构筑的无论怎样完美，都不能体现 21 世纪的法律精神。还有民法典，民法典的制定大家非常热情地参与了很多，但是可以这么说，我们现在还根本完全不具备民法典制定的理论基础、经济的前提条件。所以说大家可能做了很多无用的劳动，关于中国民法典前段时间我写了一个 5000 字的征求意见稿，有相当多意见是釜底抽薪式的批判。不是说法理学家的参与不够，我认为是整个法学界的参与不够。好像大家忙忙碌碌的，但很多事之后却发现是走错了。要认真地研究一下中国未来的法制创新的前景是什么？我们要建构一个什么样的中国民法典？然后这样一个中国民法典怎样能使中国的私权领域的权利神圣化。我觉得这是我的一个评论。我不是否定部门法的贡献，改革开放以来最有成就的是法理学。比如在民法、诉讼法领域，契约自由、程序正义都是由法理学家首先提出来的。从义务本位到权利本位的问题、程序正义的问题、法律面前人人平等是李步云先生首先提出来的。正是由于有很多理念和理论作为先导才引导、引发了我们部门法领域里面深深的思考和制度的创新。我最近有一个博士生写了一篇关于程序的文章，大约二十多万字，在季卫东先生程序正义的理论上又前进了一大步。这篇论文正在修改中，准备中英文同时出版。像孙老师提出的法律的真谛在于对于权利的确认和保护，这样一个观点够民法的人用一辈子了，诉讼法还有其他部门法脱离了这样一个经典性的表述，他们的工作就不会受到人们的重视。无论是中国的法律思想史还是西方的法律思想史真正在人类的历史上给人们留下的是什么？具体的制度可以变迁，那种闪光的法学理念却是永恒的。从柏拉图到亚里士多德提出的法律理念是永恒的。有些人搞法理不行转到部门法，我同样可以举出很多人搞部门法感到深入不下去转向了法理学。比如说富勒，搞合同法在美国是前三位的法学家，最后他转向法理学。像历史法学派的萨维尼是搞民法、私法、习惯法的研究，最后转化为一个伟大的法哲学家，这说明法理学和部门法从来都是不分彼此、相互支持的。一个严肃的法理学家必须认真对待部门法的研究成果和部门法的实践经验，同时能够把这些成果整合，把这种经验升华为一种法的一般理论。真正伟大的部门法学家一定能够把体现时代精神的法学理论融入到自己的研究当中来。所以最近几年出现了民法、刑法、诉讼法哲学化的趋势。我想这体现了一种部门法学和理论法学逐步深入和拓展的趋势。

还有一个问题就是关于"三个代表"重要思想。作为一个理论坐标，这个坐标是怎样提出来的？我们讲实践是检验真理的唯一标准，那么理论在真理的面前起什么样的作用呢？我个人认为作为一种好的理论，它本身也是一种实践的成果，所以用实践的成果来检验当下的实践也应当是科学的，是一种简洁的检验方法。正像我们过去一直讨论的资本是不是劳动？资本是一种物化的劳动。资本一开始是靠诚实劳动积累的，不是靠抢劫、暴发。资本家的资本本身就是生产要素，是因为它是用自己的劳动参与到新的劳动过程中，参与了新的利润的分配。新的实践的坐标完全可以成立，邓小平理论和"三个代表"重要思想可以作为改革的理论坐标，包括法制创新的理论坐标。刚才同学讲到"三个代表"，我确实感觉到庸俗化了。有些地方提出用"三个代表"指导养猪，这就不是指导思想的与时俱进了。"三个代表"可能成为一个流行的话语系统，如果我们不是去套用这句话，而是去具体地想一想。前几天，我在《21世纪的中国大学精神》中提到，"三个代表"要体现先进生产力，在大学就是要高质量的教学、高质量的科学研究、高质量的管理、高效率的服务。这本身就是"三个代表"。在大学里面代表最广大人民的利益，首先是代表广大学生的利益。如果不是以学生为本位，不是以保障学生的权益为本位，特别是保障他们接受良好教育的权利，那就不能说代表了最广大人民的利益，因为在高校里面连广大学生的利益都代表不了的话，何谈广大人民的利益？所以这绝对不是一个套话。大学的先进文化是什么？体现一种学术自由、学术民主，这就是先进文化，就是优秀文化。所以说"三个代表"确实是富有时代精神的指导思想，不是套话。至于说到话语系统，法学领域里面曾经出现过三次大的话语系统的转变。第一次话语系统的转变是在新中国成立初期，是采用苏联维辛斯基法学理论的法律体系。后来改革开放以后的话语体系是在不断变化过程中。西方法理学、法哲学的话语体系越来越成为一种流行的话语体系。在我们搞法理学的研究生的论文中，约有72%的引文是西方的学术著作，包括译著。注释基本在60%以上，博士论文80%的引文是来自西方的。这意味着什么？意味着西方的话语系统正在取代我们原来的话语体系。我觉得我们应当有我们自己的一套话语系统，不是说这个话语系统不要西方的概念，我们可以用西方的词，但是概念的含义不一样。像人权、契约自由，我们有这样一种词和原初的概念是西方的，可是我们赋予了这些概念我们的时代精神，注入了我们中国人的法律理念，最终，我们确立了我们自己的话语系统。这样我们在国际法学界才有自己的地位。话语体系总是在变化过程中，现在博士生研究生论文大量用西方话语体系，是因为我们自己的理论资源不够，所以才在西方的文库里边寻找理论资源。十年、二十年之后，到了我们自己的法学理论资源非常丰富的时候，大家就不需要主要从西方文库中找，我们完全可以在自己的理论资源里寻找一些概念、命题、理论。

问：我想问一个问题：刚才张老师讲的法制创新的动力问题。传统并不是你想废除就废除的。传统里面有制度和观念方面。比如中国这种传统的几千年的官本位造成了国家权力和私人权利之间的冲突，观念方面最明显的是实质正义和程序正义的冲突。法律是很形式化的东西，但是我们中国人讲的是实质正义，比如去年的黑哨案、刘涌案的改判。我想听听您对实质正义和程序正义的观点？

问：张老师您好！您认为法学发展的最大障碍是什么？最主要的障碍是什么？您认为当前的政党制度对法治发展有没有障碍？

问：我问一个问题，刚才您的报告提出，现在法制改革只有终极目标，没有阶段目标，所以现在的法制改革进行得不太顺利。对您而言，现在的法制改革要提出怎样的阶段性目标？

问：您刚才谈到创新的问题、创新和改革的关系。解放以后，我们中国共产党所提出的各种创新按说不少了，比如"人民公社"、"五七"干校。过去的教训实在是太多了，但是我们还想创新，我们用什么保证不走老路？法律创新是一个大的制度问题。刚才你谈到那些东西，比如创新的一些内容、权利本位问题、程序正义问题，这些东西毕竟不是中国本土的、自己的文化当中产生的东西，而是从西方借鉴过来的。而且西方在现代文明过程中有些东西也在改变的过程中。这里头有些问题我跟国外的一些学者谈过，他们都有这样一种感觉：中国这几年的变化是不是太快了？社会变迁和法律变化需要一个过程，法律要求社会生活环境相对稳定，否则法律制度怎样建立起来呢？这样强调创新我不反对，但是这么强调创新和法律本身的权威是不是有一种内在的冲突和矛盾？

张文显教授回答：刚才同学提的问题非常好，法治改革的阻力来自很多方面，像传统文化肯定是一种阻力，但传统文化本身也是一种资源，但是这种资源是非常有限的。我个人认为，在法制现代化的过程中，我国的本土资源是极其有限的，所以说如果我们过分地强调我们的本土资源、我们过去的习惯、我们过去的判例，那么恐怕与我们快速变迁的社会对法律的需求会越来越不适应。在这个过程中，传统文化更多形成了一种阻力，但是我觉得这种阻力还不是最主要的，因为这种阻力不是一种政治阻力，并不能够形成一种政治改革、法律改革的巨大的、不可挪动的阻力。

我可以举这样一个例子，在咱们前几年修改刑法和刑事诉讼法的过程中，当时有官员提出：这个不能动，因为是彭真同志领导我们制定的。彭真同志制定的就不能修改了吗？还有我们的民事诉讼法、行政诉讼法、民法通则都规定，与国际惯例、国际公约冲突时优先适用国际惯例和国际条约。我们一位领导同志提出，这一条严重损害我国主权，对法工委提出下一轮修改时要把这一条去掉。这是一些阻力。加入国际条约就要承担国际义务，国内法律与国际条约冲突时该服从谁的义务是很清楚的事情，但是有些人把这个问题提到某种政治高度，法治就很难进行下去。

对于程序正义和实体正义的关系，我比较同意罗尔斯的观点。罗尔斯说只有在基本上实现了社会公正的社会中，程序正义才永远具有优先地位。这个话有一个前提，就是程序正义优先于实体正义是在社会基本上公正的前提下。如果大家认为我们的社会基本上是公正的，那么我们就可以承认程序正义优先。但如果我们的社会还没有基本实现社会公正，或者说我们在很多地方还存在庞大的社会弱势群体，这时我们就不能单纯地强调程序正义一定是居于第一位的，因为我们还有实体正义的问题没有解决。昨天晚上我浏览网站得知，江苏省"数学第一道题事件"引发社会高度关注，12名院士联名发表声明，要求教育部有关部门有错必改，把这个问题提高到科学精神、社会正义和学生公平接受教育的层面上来讲，提高到社会正义的程度上来讲。如果现在再找专家说这个问题基本上不错那就不行了，因为数学里边只有对或错，不存在基本对和基本错。比如说刘涌案件，我要求我的博士生对网上每一条评论哪怕只有两个字都要下载下来。为什么这样做呢？你可以看出有多少网民来参与讨论，在讨论中有多少人持反对意见，有多少人赞成改判，有多少人是理性的分析，有多少人是带着一种义愤和情感，还有多少人是盲从的，没有什么判断。如果这样根据网络的统计进行研究的话将成为一篇非常好的法律社会学的论文，将是一篇非常高质量的博士论文，因为这里面涉及的问题太多了，几乎涉及了整个司法体制问题。诸如审级独立，各级人民法院、每个人民法院独立审判、上级法院对下级法院的指导和监督，法院接受社会监督但不受舆论所左右，法官尊重律师但不以律师的意见为转移。刘涌案件更涉及到了法律、道德与舆情的关系，法律与道德息息相关，道德上的善恶通常情况下构成了法律上的是非。在这个意义上，法律与道德是一致的，因而在司法中，应当准确地判断道德上的善与恶、法律上的是与非，法律判断与道德判断相辅相成，使裁判的法律权威与道德权威相互支撑，向社会彰显法律的法庭也是人们期待的道德的法庭。再看法律与舆情，法律尤其是法律的适用与舆情的关系，是当今世界最为敏感和棘手的问题，无论是在民主国家还是专制国家，都躲不开它。即使没有国内的舆论，还有国外的舆论。在我国更是如此，有许多正在审理或者刚刚结束一审程序的案件，经常成为舆论热议甚至炒作的对象。最困难的是如何准确地判断舆论的真伪，是表达民意的舆论，还是个别人炒作起来的舆论，即使是表达民意的舆论也还有一个理性与否的问题。正是在上述这些意义上，刘涌案既是一个值得重视的司法个案，更是一本诠释司法理念、探索司法体制、回答司法疑难的教科书。

至于说到法学研究中的最大障碍，我认为政党制度对法学研究没有直接的影响。不管说是共产党领导下的多党合作制也好，还是西方的多党制也好，学术研究还是有自己的独立精神的。我们中国法学理论界独立研究的精神还没有受政党制度的影响，我们是受党的指导思想的影响，因为共产党是执政党，整个社会的变迁和20年的改革开放全世界的人都看得很清楚，如果没有共产党鲜明的指导思想不断地与时俱进，我们的法学研究也就没有今天。德国图庭根大学汉学系有一个女博士生，她的论文是什么呢？是《"三个代表"重要思想与中国社会》。她说"三个代表"思想对你们中国来说太伟大了，我们德国人就缺少这样一种思想。后来我就很有感触，外国人看东西看得很清楚。

法制创新有终极目标和阶段性目标。党的十四大已提出了一些阶段性目标，但是比较笼统，比如司法体制改革、提高司法质量、强化司法公正。这些东西就不像经济体制改革。经济体制改革的阶段性目标就非常明显，几年之内进行现代企业制度建立、公司内部治理结构的完成、金融体制改革的完成、税收制度税收体系的完成都清清楚楚的，到了预定阶段基本上就完成了。法制改革、司法改革年底要拿出一个东西，但是后来认为拿与不拿没有实质性的推进作用。我想阶段性的目标能不能像经济体制改革、科技体制改革，像我们高校改革那样拿出一个可行的目标。哪些问题要改，怎样去改，改到什么程度，阶段性的目标不明显。出现了什么问题？反映了一个什么问题？反映了我们理论研究不够。而像高等教育改革，这几年高考、研究生教育制度每隔几年就提出一个改革的方案。

刚才景文教授提出一个问题。创新与改革实际上涉及到底什么是创新。创新总是与社会进步相联系的，我认为这才能够称之为创新。如果出歪点子或者说搞标新立异，或者说凭一时头脑发热想到"大跃进"、"人民公社"的一些东西，我个人认为那就不能叫作创新，应该叫作瞎折腾。比如锻炼身体一定要有科学的方法，健美体操训练是对身体的锻炼。如果不管多大的年龄都要翻跟头那肯定是瞎折腾。我们评价这些问题涉及怎样理解创新。创新也好，改革也好，必须是与社会进步相联系的，它本身带有价值评价。

最后一个问题，我们现在看到了很多西方人认为我们走了一些老路。西方一百年前二百年前提出的东西，现在我们拿出来当作自己的具有时代精神的东西提出来，这是不是不可思议？这个问题是几年前沈宗灵教授提出来的，我当时跟他讨论了这个问题。我是这样看这个问题的，因为我们正处于现代化的过程当中，西方已经进入到了后现代，它完成了现代化的历史过程，我们还没有。西方资本主义发展有一个成熟过程，但是我们没有。我们不是说要补资本主义的课。资本主义的课补不了，我们也没法补。现在建立社会主义市场经济，市场经济所派生出来的那一套理念和制度是你无法回避的。西方可以说契约死亡了，但是它并没有死，契约还是有生命力的。西方从来没有绝对自由的契约，契约要受限制，从来就没有自由的契约。我们是从没有契约的自由到有契约的自由，所以要强调契约自由。我们很多东西都是在补西方法治文明的课，所以说在这个过程当中借鉴也好，移植也好，我们都是可以理解的。这和拿西方几百年前的东西当作新的东西是两个不同的概念。我们的法律理念、法律精神和法学理论也同样要经历这样一个过程。这个过程可能是一种重复，但这不是一种简单的重复。这是我的看法。

朱景文教授：张文显教授给我们作了一场非常有启发性的学术报告，同时李龙教授也作了点评，大家也提出了许多很好的问题。让我们再一次用热烈的掌声对张文显教授表示感谢！今天的法理学论坛是第一讲，以后这个论坛还要继续下去。最后再说一下，我们法理学论坛的讲座内容将在我们的法理学网站（http://www.jus.cn）上全文公布。

现代性与后现代性之间的中国司法[*]

——诉讼社会的中国法院

对当下的中国司法状况，可以从不同的角度审视和评论。例如，中国特色社会主义司法制度与当代中国司法（侧重司法制度以及运行）；法治中国格局内的中国司法（全面推进法治中国建设战略布局中的司法改革与建设）；变革时代的中国司法（中国司法在社会变革中面临的挑战与机遇）；政治文明和法治文明进程中的中国司法（司法文明与法治文明、政治文明、社会文明的关联）；处于积弊陈伤之中的中国司法（侧重暴露中国司法的尴尬与困境及其原因），等等。本文选取一个比较特殊、相对具体的角度来审视和评论中国司法，即处于诉讼社会的中国司法，其中又以中国法院为例。

一、诉讼社会是社会转型和法治现代化的必经阶段

诉讼社会是社会转型和法治现代化进程中的必经阶段。20 世纪 60 年代

---

① 本文发表于《现代法学》2014 年第 1 期，作者曾于 2013 年 4 月 20 日以"诉讼社会情况下的中国司法"为题在复旦大学作学术演讲，于 2013 年 5 月 26 日在现代性与中国法律文化学术研讨会作题为"法治现代化与诉讼社会"的主题发言，于 2015 年 1 月 18 日以"中国已进入诉讼社会"为题出席中国影响性诉讼论坛作主题演讲，以及在最高人民法院应用法学研究所举办的大法官论坛上演讲，本文吸收了这些演讲中的部分内容。

以后，美国等西方国家陆续进入诉讼社会，或呈现出诉讼社会的诸多特征。1984 年我在美国哥伦比亚大学法学院访学期间，曾写过一篇题为《美国：诉讼社会》的短文，描述并分析了诉讼社会的一般特征："所谓'诉讼社会'，它的表现是：人人都在告状，到处都有官司，诉讼就像'流行病'一样到处蔓延。"① 文章也分析了美国进入诉讼社会的原因。在写这篇文章的时候我根本不可能预料到 30 年后的中国社会超乎人们预想地提前进入"诉讼社会"。

"诉讼社会"这一概念表征一个社会呈现涉法纠纷急剧增长、诉讼案件层出不穷的态势。根据法律社会学的理论模型和统计方法，一般而言，如果一个社会每年约有 10% 的人口涉诉，则该社会即可被认定为"诉讼社会"。按照这一模型和方法，可以认定中国已经进入诉讼社会。

中国进入诉讼社会的根本原因在于，1978 年开启的改革开放，使中国以 30 多年的时间基本完成了西方国家 200—300 年才完成的社会现代化和法治现代化历史转型。在这个转型过程中，随着工业化、城镇化、信息化、农业现代化的深入推进，随着经济市场化和快速融入全球化，中国社会各种新问题新矛盾大量涌现、互相叠加，社会矛盾纠纷以司法案件的形式大量地涌入法院，致使中国社会持续呈现诉讼"井喷"、诉讼"爆炸"。20 世纪 80 年代初期，全国法院每年受理的各类案件总量大约在 40 万件左右，到 2010 年全国法院一年受理的案件超过 1200 万件，几乎是 30 年前的 30 倍。最近几年，我国每年约有一亿人（次）牵涉各类诉讼或准诉讼、类诉讼程序（准诉讼主要指各类仲裁机构受理的纠纷和诉求，类诉讼主要指各种调解组织受理的调解案件）。根据最高人民法院院长王胜俊 2013 年 3 月 19 日在第十二届全国人大第一次会议上所做的最高人民法院工作报告，自 2008 年至 2012 年五年间，最高人民法院受理案件 50773 件，审结 49863 件，分别比前五年上升 174% 和 191%，审限内结案率 82.4%；地方各级人民法院受理案件 5610.5 万件，审结、执结 5525.9 万件。全国各级人民法院受理案件

---

① 张文显：《美国：诉讼社会》，载《张文显法学文选》（卷九·学术评论集），法律出版社 2011 年版，第 30 页。

56155700 件，每年约 1125 万件①，同比上升 29.3%。我们姑且以每一个案件平均涉及 6 个当事人及直接利益关联人计算，每年约有 7000 万人（次）涉诉，约占全国人口总数的 5.24%。② 五年之内约有 35000 万人（次）涉诉，约占全国人口总数的 25%。同时，根据国务院法制办、国务院新闻办等官方统计数据，最近几年全国各级行政机关作出行政处罚、受理行政复议、进行行政调解等案件 1200 余万件，经济仲裁和劳动仲裁部门受理合同及财产纠纷仲裁、劳动纠纷仲裁、土地承包权纠纷仲裁 100 万件，人民调解组织处理各类民间矛盾纠纷 767 万件，各级政法机关处理涉法涉诉信访约 180 万件（人）。上述这些准诉讼和类诉讼活动中相当一部分是多人诉、多人访、群体诉、群体访，以每案 2.5 人计算，则涉及的人员约为 5500 万人（次）。把上述这些诉讼、准诉讼、类诉讼所涉人数累加在一起，则每年涉诉人口达到 1 亿 2 千万，占全国人口的 9.2%；如果再把人民群众诉诸行业协会等非政府组织调处的涉法矛盾纠纷加进来，则涉诉人口比例将更高。以总人口和涉诉人口比例不变来计算，十年之内就将有 10 多亿人（次）与诉讼沾边——被别人起诉（成被告），或起诉别人（当原告），主动或被动地充当证人，或者因为与案件有直接利益关联而涉诉，或者作为集团（群体）诉讼案件中的当事人之一。由此，我们可以得出这样一个结论：每年全中国大约有 10% 的人口直接或间接涉诉。

---

① 王胜俊：《最高人民法院工作报告——2013 年 3 月 10 日在第十二届全国人民代表大会第一次会议上》，《人民日报》2013 年 3 月 21 日。

② 每件案件平均涉及 6 个当事人及直接利益关联人的判断，是以吉林省法院审理诉讼案件的统计分析为依据的。2009 年，吉林省全省法院共受理各类案件 266858 件，其中刑事案件 18443 件，被告人 30036 人。在每个刑事案件中，被告人数为 1.6 人，以被害人数与被告人数 1:1 来测算，则每个刑事案件涉诉人数为 3 人，而实际上，在许多刑事案件中，特别是黑恶势力犯罪和非法吸收公众存款、集资诈骗、非法传销等涉众型经济犯罪案件中，被害人是被告人的数倍、数十倍乃至上百倍，例如吉林"海天"集资诈骗案中，受害人达 3 万多人（当然这些受害人中，有许多也直接或间接参与了集资诈骗，他们既是受害人，也是违法者，又是案件的证人和附带民事诉讼的当事人）。这一判断也考虑到一审与二审和再审的案件比例关系。即使最简单的离婚案件，除了当事人夫妻之外，可能还涉及到子女、老人、财产利益相关人等。

二、诉讼社会的现代性与后现代性表征

诉讼社会表征着法律与社会的现代性，也使中国司法呈现出现代性与后现代性的双重特征。

第一，诉讼社会彰显公民理性和社会文明。在传统中国，老百姓是"忌讼"、"厌讼"的，他们把邻里之间打官司看作"丢脸"、"丢人"、"恶心"的事情，遇到官府迫害多数情况下是忍气吞声。然而，最近十多年，随着社会主义法治国家建设进程的进一步加快，随着权利时代的到来，人民群众的维权意识和诉讼观念显著提升，人们越来越习惯于从法律的角度提出利益主张和诉求，越来越寄希望于通过司法程序解决矛盾纠纷。这表明在法律与社会现代化过程中，公民理性和社会文明显著提升。设想一下，如果遇到矛盾纠纷，遇到违约、侵权、伤害等，不是到法院打官司，而是直接实施报复，或者借助讨债公司索债，或者求助黑恶势力保护，或者将矛盾纠纷与怨恨积累在一夜之间突然爆发，那样的局面会是什么样子？就是野蛮。根据马克思主义历史唯物论基本原理，特别是依据大量考古和文献资料，人类社会从野蛮到文明的主要标志，就是诉讼与审判的出现，亦即法律与国家的出现。

第二，诉讼社会彰显现代司法的价值和公信。诉讼社会的到来，使人民法院成为各种利益的竞技场、各种社会矛盾的集散地，人民法院成为社会矛盾纠纷化解的主渠道。据吉林省政法委统计，2011年吉林省全省排查汇总的各种社会矛盾纠纷49万余件，同年全省法院受理各类案件26万件，这就意味着50%以上的社会矛盾纠纷是通过法院审判和司法调解得以化解的。全国各地的情况也大体相当。这也充分说明人们对司法的普遍信任，越来越多的老百姓选择诉讼程序，把定分止争、维护公正的最后诉求付诸于人民法院，寄希望于人民法官，就是对法院的信任。他们至少相信法院是可以定分止争、惩恶扬善、维护公正、伸张正义、救济权利的。如果不是这样，就不会到法院打官司了。法院也在立案、审判、执行的过程中实现着司法的价值。法院获得信任，司法的价值得以体现，这正是法治现代化的基本标志。

特别是最近十年，与人身权、人格权、社会保障权、环境权、发展权等人权问题关联的诉讼呈现攀升趋势，从一个方面表明了司法保护人权的法律现代性。

第三，诉讼社会彰显法律与司法的公正性与确定性。公正性以及公正基础上的确定性是现代法律的又一基本特征。矛盾纠纷可以通过各种方式解决，采取诉讼方式虽然成本可能高一些、程序复杂一些，但司法无疑是最能够定分止争并保证公正的制度。因为：首先，法院是中立机构，法官是超然于利益冲突的裁判者，不像行政复议，主导行政复议的仍然是政府，本质上仍是矛盾纠纷的一方。其次，公正的基础是依据事实和法律理清权利、义务和责任，明辨法律上的是非对错，而法院裁判正是建立在证据（法律事实）基础上并依据法律规则作出的是非判断，其作用在于恢复被模糊或破坏的法律关系。再次，严密而公正的诉讼法律程序保证证据采信与法律适用的合法性与正当性，特别是一系列正当程序的设计和审判程序的全程公开，基本保证了裁判的公正性。最后，由于以上三点，矛盾纠纷的解决具有了确定性，当事人和社会关注者也相应地有了合理预期和公正的信心。

第四，诉讼社会推动了司法现代化。首先，推动了法律职业共同体的形成和发展。随着"诉讼爆炸"、"诉讼井喷"，为诉讼当事人提供法律服务的律师职业蓬勃发展，律师从业人数从80年代初期的万余人发展为23万多人。律师职业的发展促成了由法官、检察官、律师、法学教师为主体的法律共同体的形成和发展。律师大量参与诉讼程序，促动法官和检察官不断提升其职业素质和职业能力。其次，推动了诉讼法律制度的现代化。诉讼法律制度是司法制度的核心。我国的诉讼法律制度形成于1979年制定的刑事诉讼法。刑事诉讼法出台之后，适应民事诉讼和行政诉讼的需要，先后制定了《民事诉讼法》和《行政诉讼法》。在规模庞大的诉讼群体的强力推动下，《刑事诉讼法》和《民事诉讼法》两次进行大修，《行政诉讼法》的修改也将提到人大常委会审议程序。诉讼法的每一次大修都注入了现代诉讼理念和诉讼机制。例如，2012年修订后的《刑事诉讼法》以尊重和保障人权为主题，完善和发展了人权司法保障制度机制，使之更加充分地体现以人为本、权利神圣的现代法治精神和法治理念；以确保程序正义为主线，创新和完善了刑事诉讼程序，使之更加民主化、法治化、科学化；以严格的证据规则为基石，全面完善了证据制度，使证据的获取、采信、排除等更具有合法性、合理性。复次，推动了司法思维的现代化。司法思维是以法官为主体的司法群体在法律适用过程中的一种创造性活动。司法思维的现代化集中体现为司法官员以保护公民权利为目的的权利推理。权利推理体现为：一是权利发现或权利体系扩充。任何法律或者专门的权利立法都不可能像流水账那样把人们应当享有的权利一一列举出来，所以人们的权利不限于法律明文宣告的那些，而是有很多没有"入账"的、没有列入"清单"的权利，或者被"遗漏"的权利。这些权利要靠法官通过法律推理来发现、拾取和确认。二是自由推定——法不禁止即自由。凡是法律没有禁止的，都是允许的；凡是法律没有禁止的，都是合法或准许的；每个人只要其行为不侵犯别人的自由和公认的公共利益，就有权利（自由）按照自己的意志活动。由此，法官在司法活动当中通常秉持权利推理的思维方法去保护法不禁止的公民的自由。三是保护弱者。在诉讼社会，权利受到侵害的个人以及在刑事诉讼中处于被告地位的个人都可能是弱者。在法律适用中，法官对弱者实行一系列特殊保护，例如民事诉讼中的权利救济，刑事诉讼中的"有利被告"，行政诉讼案件中的举证责任倒置等。第四，无罪推定，疑罪从无，宽严相济等。

当然，在表征法律与社会现代性的同时，诉讼社会也呈现出后现代的各种"乱象"。诉讼社会在显现后现代社会乱象的同时，也使中国法院面临各种挑战和尴尬。

第一，法院由最后一道防线瞬间演变为第一道防线。许多本应由以前也是由基层单位、社会组织、行政机关化解，或者通过行政、经济、社会等手段更能有效化解的矛盾纠纷，诸如家庭矛盾、邻里纠纷、土地承包、偶发轻伤、劳动争议以及企业改制、征地拆迁、土地承包、教育医疗、社会保障引发的矛盾，却由于农村、企事业单位社会职能弱化，一些社会组织不愿管事，政府机关不负责任、互相推脱、不作为，而集中涌入司法渠道。同时，也由于道德、习惯的调节作用下降和约束力松懈，道德、习惯"防火墙"坍塌，使得许多原本属于道德、习惯的问题转化为法律问题而进入诉讼程序，这致使人民法院背负了太多的社会责任和压力。

第二，诉讼活动中的非理性因素导致司法机制扭曲、司法尊严和权威严重削弱。理性是法律现代性的基本标志，法律就是定分止争的实践理性。在我国当下的诉讼中，当事人利益博弈的心理、争取利益最大化和胜诉的欲望十分强劲，许多案件的审理结果往往是胜败皆怨，败者不服可想而知，而胜者由于未必是百分之百胜诉，即使百分之百胜诉，也未必能够获得百分之百的执行而对法院审判和执行不满，以致上诉率、申诉率和涉诉信访率居高不下。就涉诉信访而言，据中央有关部门的统计数据显示，进入新世纪以来我国信访案件大量增加，其中反复访、长期访、激烈访、进京非正常访中70%是涉法信访，其中涉诉信访又占到70%左右。2008年以来，全国法院每年处理涉诉信访案件在100万件以上，相当于法官人均处理涉诉信访案件7.15件。由于处理涉诉信访的工作机制不完善、不合理，加剧了信访不信法、信上不信下、信钱不信理的社会心理，助长了"闹大维权"的社会风气；一些地方出于降低"信访排序"和"维稳"的需要，超越法律界限和公正底线，花钱买"息访"；个别地方的党政领导甚至对于已经作出无理访甄别的信访案件作出重新审理的批示，致使许多已经终结司法程序的案件回流到司法程序；凡此种种，都严重损害了司法的尊严和权威，进而严重损害了法律的尊严和权威。

第三，司法地方化倾向加剧，严重损害司法公正和社会公平正义。国家法制的统一性是通过统一司法来体现和保证的。地方各级法院是中央设立在各省（区、直辖市）、市（州、地）、县（市、区）的法院，而不是"地方的法院"。然而，由于历史、经济、政治、国家治理体系等原因，我国司法呈现着明显的地方性特征。进入20世纪90年代以后，随着市场经济的发展，各个地方政府的经济利益和利益集团的利益对司法产生了前所未有的影响，地方保护主义对司法施加的压力日趋加重，构成对司法统一、司法公正的巨大挑战。在这种情况下，一些地方法院丧失其中立性、公平性本质而沦为地方利益的保护伞，甚至成为地方政府和地方商业利益集团巧取豪夺、暴力征用的工具，严重损害了司法的形象和声誉，损害了社会公平正义。同时，由于司法"属地化"使得各地司法保障不均衡，一些法院为了"养家糊口"、"维持生存"而"办案为钱、为钱办案"，插手经济纠纷，滥收费，助长司法腐败，损害司法公信，破坏法制尊严。针对地方保护主义积弊，中央和地方采取了一系列司法改革，但由于缺乏体制性、制度性建构，成效甚微。

第四，司法行政化日益严重。后现代的社会特征之一是各行各业行政化趋势普遍增强，与此同时，法院的行政化倾向也日趋严重。法官和法院工作人员按照行政机关"官本位"层级模式定级，法官群体因被划分为不同等级而存在上下级隶属关系，院长对副院长、副院长对庭长、庭长对法官是一种领导与被领导、支配与被支配的关系。这就为法院各级领导影响和干预法官办案留下了制度空间。由于来自外部的党政机关干预和利益集团的影响主要是通过法院内部各级"领导"施加的，所以，审判庭庭长、分管院长，甚至院长直接插手合议庭和法官审理案件、干预合议庭和法官裁决情况时有发生，在一些法院甚至常规化，人情案、关系案由此发生。由于领导行政式地干预办案，法官审判的责任心有所下降，审判质量不高。特别是有些法院的审判委员会一年终天讨论案件，代替合议庭做出裁判决定或指导意见，判审分离的情况相当普遍。

司法行政化不仅表现在一个法院内部，也表现在法院系统内部。上级法院过多地干预下级法院的审判工作，事前干预、审理过程干预、审判之后继续干预，也有扩大的趋势。超越法律规定的各种名堂的"内审"，不仅拖延了审判期限，而且滋生司法腐败。上级法院对下级法院行政化绩效考核中的改判率、发回重审率等指标，也迫使下级法院（法官）不得不经常"请示"上级法院（法官），以避免改判或发回重审。

第五，司法公信力严重缺失。司法公信力指公众对司法(包括司法制度、司法机构、司法活动、司法结果等）的信任程度以及司法机关获取公众信任的能力。信任有多种表现形式，诸如认可法院裁判、信赖司法活动、尊重司法机关和司法人员、维护司法权威和司法公正等。司法公信与政府公信共同构成整个社会信用体系的基石。一个社会如果失去了司法公信，那么这个社会的信用体系就会土崩瓦解。在权威主义弱化的后现代社会，司法公信力和政府公信力下降是普遍现象，中国亦不例外。在中国，衡量司法公信力的核心指标有多项，其中各级法院的工作报告在人民代表大会表决时的赞成率是最关键的，也是全社会高度关注的。在过去十年间，最高人民法院的工作报告在全国人民代表大会全体会议上的赞成率一直在 70%—80% 之间徘徊。在 2013 年第十二届全国人大第一次全体会议上，投票当天实到代表 2948 人，赞成票 2218 人，反对的 605 人，弃权的 120 人，通过率为 75.24%。这意味着四分之一的全国人大代表不满意法院工作，也等于说是四分之一人民不满意法院工作。在中国国情之下，这么低的赞成票意味着法院的公信力确实不高，有的学者更是认为司法公信力面临危机。

司法公信力下降，既有内在的原因，也有外在的原因，更有体制性原因。从内在方面，法院案多人少的矛盾日益加剧，导致审判质量有所下降。从 20 世纪 80 年代初期到新世纪，全国法院受理的各类案件增加了 30 倍，新增的案件多数又是市场经济、社会转型和全球化背景下的新型案件、疑难案件、棘手案件，而法官人数却没有同步增加，一些法院实际办案法官人数甚至有减无增。案多人少、案件难度增加、法官心理压力沉重，必然导致审判质量下降。裁判失衡、有失公允、释法明理不清、久拖不结的超审限案件增多，上诉改判、再审改判、发回重审的案件增多，叠加起来形成严重负面影响。冤假错案时有发生和曝光，在公众眼中法院的公信力一落千丈。侦查阶段为了破案，特别是那些犯罪线索不清的案件，侦查人员滥用职权、野蛮办案、体罚虐待、刑讯逼供，公诉机关明知是非法证据却出于某些原因不愿排除非法证据，审判机关不敢依法行使审判权、排除非法证据，结果导致"问题案件"和冤假错案频发。发生在湖北的佘祥林冤案、河南的赵作海冤案、浙江的张辉、高平冤案、云南的李昌奎错案，可以说都是由于司法体制、司法理念、司法惯性、司法能力、司法作风等方面的问题而造成的典型案件，给司法带来了难以挽回的负面影响和损害。"执行难"损害司法公信力。社会上有关"赢了官司输了钱"、"判决书等于一张法律白条"的说法虽然欠妥，但法院裁判执行兑现率低、债权人的权利未能完整实现、人民群众对法院裁判的执行不满意确是不争的事实。根据执行案件统计分析，执行案件平均执行兑现率约在 50% 左右。当事人到法院打官司，并非仅仅就是要讨个公道的说法，更重要的目的是寻求司法救济其合法权利。如此低下的执行兑现率，法院裁判的司法公信力焉能不受影响。司法公信力在很大程度上取决于法官群体的人格魅力。人们之所以选择到法院打官司，除了相信法律，就是相信法官能够秉公执法作出裁判。所以，法官在人们的心目中应当是公正廉明的形象。然而，极少数法官和法院工作人员行为不端、吃喝嫖赌、违法乱纪、徇私舞弊、贪赃枉法，在社会上造成了极其恶劣的影响，真是"一粒老鼠屎坏一锅汤"，对司法公信力造成致命的危害。尽管社会对法院的评价有失客观全面和公正的地方，但也确有法院自身的问题导致司法公信力下降。

从外在方面，司法日渐成为社会热议和媒体批判与炒作的焦点领域。大众媒体、自媒体对法院的负面报道和批评声音时常出现，某些普通案件的裁决，甚至法院和法官工作中的瑕疵，都有可能迅速转变为社会热点问题，并呈现出交织放大的局面。由于网络炒作和某些报道有意"抹黑"，使得法院伤痕累累，威风扫地。想当年具有很高社会声望的法官职业，如今失去了光环，由此导致大量优秀法官流失。学界普遍认为如今的法院成为公共权力体系当中的"弱者"，法官则成为"弱势群体"。

诉讼社会所表征的中国司法的现代性与后现代性在某种意义上是中国社会前现代性、现代性与后现代性交织的表现。20 世纪的中国社会经历了巨大的变迁，21 世纪的中国社会仍处在转型之中。在这个转型过程中，前现代、现代、后现代实际上是混杂糅合在一起的，因为我们面临的是社会主义现代化的历时性问题，解决起来却要多个时代问题共时性进行。作为有五千年历史，历经奴隶社会、封建社会、半封建半殖民地社会、新民主主义社会和社会主义初级阶段的世界上最大的发展中国家，我们既有封建主义和半封建半殖民地的历史包袱，也有长期计划经济及与此相适应僵化的行政与社会管理体制的弊端，又有改革开放新时期和社会转型新阶段所无法避免的现代化过程中衍生的后现代性的大量社会和生态问题及其法律问题，前现代、现代、后现代三个甚至多个时代的问题交织在一起，从传统社会向现代社会转型之中不可避免地遭遇到后现代社会思潮与社风的袭击，因而中国司法不可避免地带有多个时代的特征与历史问题。当然，中国社会的主导趋势是现代化，是中国特色社会主义发展道路，是体现现代文明的中国特色社会主义制度。经过三十多年的改革与变迁，与市场经济、民主政治、先进文化、和谐社会、生态文明同步发展、以现代性为主要特征的中国特色社会主义司法制度已经基本形成，前现代、后现代的问题必将在司法现代化历史进程中得到消解。党的十八届三中全会决定实施的全面深化司法改革的各项举措，必将加快司法现代化和法治中国建设，公正高效权威的社会主义司法制度必将更加完善和发展。

人民法院司法改革的基本理论与实践进程[*]

2008 年是中国改革开放三十年。连续三十年的大改革、大开放，使我国成功实现了从高度集中的计划经济体制到充满活力的社会主义市场经济体制、从封闭半封闭社会到全方位开放社会的伟大历史转变。改革开放的伟大实践有力地推动了社会主义民主法治建设和发展，使我国成功地实现了从人治到法治、从无法无天到规范有序、从"运动国家"到"法治国家"的伟大历史转变。改革开放三十年，是我国法治建设重新起步、快速发展的三十年，也是我国司法改革全面展开、逐步推进的三十年。

在纪念改革开放三十周年之际，回顾三十年来人民法院司法改革的历史进程，梳理三十年来人民法院司法改革的理论与实践，总结人民法院司法改革的成就，检讨人民法院司法改革的经验与教训，展望新时期新阶段人民法院司法改革的前景和趋势，对于坚定不移地高举中国特色社会主义司法理论旗帜，深入推进人民法院司法改革，建设公正高效权威的社会主义司法制度，具有十分重要的意义。

---

* 本文发表于《法制与社会发展》2009 年第 3 期，被《新华文摘》2009 年第 5 期全文转载。张文显先后在"首届中国大法官论坛"和"中国法学会审判理论研究会 2008 年年会"上以此为主题发表了主题报告。

一、三十年人民法院司法改革的思想理论

（一）对"人民法院司法改革"这一命题的解读

对"人民法院司法改革"这一命题可以作出两种解读：其一是涉及人民法院的司法改革；其二是人民法院实施的司法改革。本文所说的"人民法院司法改革"是第一种意义，这种意义包括了人民法院开展的司法改革，但不限于人民法院的司法改革，而且主要的不是人民法院自身的改革，最重要的是由党中央领导的司法改革，由全国人大以立法形式实现的司法改革，以及政法机关之间互动性、互补性的司法改革。在推进依法治国的进程中，我们党始终高度重视司法改革，并始终把推进司法改革作为社会主义法治建设的组成部分作出部署，特别是党的十六大以后，党中央专门成立了司法体制改革领导小组，并于 2004 年底出台了《中央司法体制改革领导小组关于司法体制和工作机制改革的初步意见》，确立了司法体制改革的基本原则，对司法体制和工作机制改革进行了全面部署。这种意义上的司法改革是我国整个改革开放伟大实践的重要组成部分，是依法治国、建设社会主义法治国家的重要组成部分，是全面建设小康社会的重要组成部分。

（二）司法改革的核心是制度创新

通常，人们说司法改革的根本原因在于现行的制度不合理，所以要改革。但实际上，问题不那么简单，要从两个方面看：一方面司法制度本身存在着不合理性，或者说初创时的合理性已经穷尽，需要从体制和制度本身改革，即改制；另一方面司法制度是合理的，但是由于认识、具体体制、技术、人员等因素，限制了合理性的发挥，预期的合理性没有体现出来，所以要通过机制、方式方法的改革让制度的优越性充分发挥出来。我认为人民法院司法改革两方面的针对性都有。在所有的司法改革成就中，我们更应当看重制度创新，制度创新带有根本性、长期性。

（三）司法改革的第一要务是司法事业的科学发展

科学发展有三层意思：第一，司法改革应当遵循司法规律，把人民司法作为中国特色社会主义事业的重要组成部分，随着中国特色社会主义事业的发展而发展；走中国特色社会主义司法道路，建设公正高效权威的社会主义司法制度，是人民司法事业健康发展和法院工作顺利推进的根本规律，司法改革必须沿着这条规律推进。司法的具体规律有很多，诸如化解社会矛盾的规律，程序公正的规律，审判管理的规律，法官职业化的规律，等等。第二，司法改革必须符合国情，最主要的是符合社会主义初级阶段的基本国情，符合全球化时代的特殊国情。在全球化时代，中国属于世界的一部分，是世界中的中国，是经济全球化、公共事务全球化、环境全球化、人权全球化之中的中国，在这个意义上，符合中国国情也就是符合当今世界的世情。在科学发展的意义上，不改革不行，乱改革也不行。三十年来人民法院司法改革，就是不断探索审判权运行和司法工作的客观规律，并尽可能在尊重司法客观规律前提下持续推进改革的过程。在探索司法客观规律的过程中，形成并不断丰富和发展了社会主义司法理论，引领人民法院司法改革不断推进和发展。第三，司法改革应当有利于人民司法事业的科学发展，即全面、协调、可持续发展，尤其是要有利于基层人民法院各项事业的发展。

（四）司法改革的根本目的是解放和发展司法能力，更好地满足广大人民群众的司法需求

经济改革是以解放和发展个人的生产力和社会的生产力为根本目的，政治体制改革是以保证人民当家作主为根本，以增强党和国家活力、调动人民积极性为目标，扩大社会主义民主，建设社会主义法治国家，发展社会主义政治文明。在政治体制改革的总体框架之内，司法改革的宗旨则是不断解放和发展司法能力，包括维护党的执政地位的能力，维护国家安全和社会稳定的能力，维护人民群众合法权益的能力，维护社会公平正义的能力，服务和保障经济和社会发展的能力，化解社会矛盾纠纷、促进社会和谐进步的能

力，不断满足人民群众日益增长的司法需求。在解放和发展司法能力方面，司法改革也不断地调动广大法官的积极性和创造力，法官个人的司法能力显著提高。

（五）司法改革的根本动力

司法改革的动力包括外在动力和内在动力。司法改革的外在动力是经济改革和政治改革。我国的司法改革是在经济体制改革和政治体制改革的宏观背景下展开的，是适应经济改革和政治改革而发生的。改革开放与法治建设息息相关、相辅相成：一方面，改革开放的伟大实践产生了对法律和法制的迫切需求，推动了法治的建设和发展，推动了司法改革；另一方面，法治建设和法制改革回应和适应了改革开放的需要，立法、执法、司法、普法等法治工作为改革开放创造了良好的法治环境。所以说，司法改革属于整个改革事业的重要组成部分。

司法改革的内在动力是广大人民群众日益增长的司法需求。20世纪80年代以后，随着改革的深化、开放的扩大、社会的发展，人民群众越来越习惯于从法律和权利的角度提出利益主张，当事人越来越要求通过法律程序解决矛盾和纠纷，把维护公平正义的最后诉求付诸于人民法院，寄希望于人民法官。人民群众日益增长的司法需求与相对落后的司法理念、司法体制、运行机制、司法能力以及相对匮乏的司法资源之间的矛盾日益突出。这些矛盾，必须通过改革来解决。而且，人民法院也主要从人民对司法的新要求中寻找改革的任务，从最不满意的地方改起。当然人民群众的司法需求是不断增长的，旧的矛盾解决了，新的矛盾又出现了，所以司法改革不是一朝一夕就能完成的，而是要持续改革、长期改革，改革是司法事业发展的永恒主题。

（六）司法改革的指导思想

人民法院司法改革固然有一些属于摸着石头过河的事项，也有过失与教训，但总体上是在正确的思想理论指导下进行的。

总体上来说，司法改革的指导思想就是中国特色社会主义理论体系。中国特色社会主义理论体系是我们党在实事求是地总结和反思在艰辛探索社会主义建设规律、开展社会主义建设过程中的经验教训、成败得失的基础上，创立并不断丰富和发展起来的当代中国的马克思主义。它包括三个组成部分，即邓小平理论、"三个代表"重要思想和科学发展观。中国特色社会主义理论体系的鲜明特征在于，它是思想解放的结晶又是思想解放的武器，就精髓来说它是改革的理论体系，是发展的理论体系，是通过改革推动发展的理论体系。这个理论体系运用于人民法院工作，必然要求解放思想，改革创新，推进司法改革。中国特色社会主义理论体系与社会主义法治建设的实际相结合，形成了中国特色社会主义法治理论和法治理念，并使之成为中国特色社会主义理论体系的重要组成部分。中国特色社会主义法治理论和法治理念，是直接指导司法改革的理论基础，它不仅决定了司法改革的政治方向，也构成了司法改革的战略策略、理论坐标和检验标准。

具体而言，直接指导司法改革的基本理论包括：

1. 司法民主的理论

司法民主包括两个方面：一是司法为民；二是民主司法。司法为民是我们党以人为本的崇高精神和"立党为公、执政为民"的伟大理念在司法领域的集中体现。司法为民充分体现了社会主义司法制度和人民法院的人民性本质。根据这一理论，要始终把实现好、维护好、发展好最广大人民的根本利益，作为改革和发展社会主义司法制度的出发点和落脚点，作为一切司法工作的出发点和落脚点，通过公正高效的司法活动依法保障人权，依法维护人民权益，做到司法惠民、司法护民。同时，还要考虑司法活动如何更快捷、更方便、更有效地实现好、维护好、发展好最广大人民的根本利益，做到司法便民、司法利民。正如胡锦涛总书记在全国政法工作会议上所强调的："政法工作搞得好不好，最终要看人民满意不满意。要坚持以人为本，坚持执法为民，坚持司法公正，把维护好人民权益作为政法工作的根本出发点和落脚点，着力解决人民最关心、最直接、最现实的利益问题。"

2003 年，最高人民法院提出了"司法为民"，并将其作为法院工作的根本宗旨和要求，制定了关于实践司法为民宗旨的 23 条意见，对指导人民法院正确进行司法改革起到了重要的作用。2005 年，最高人民法院又明确把胡锦涛总书记关于"公正司法，一心为民"的谈话精神确立为人民法院工作的指导方针，并把这一指导方针作为新时期人民法院衡量全部司法活动，包括司法改革的根本标准，强调深入推进法院司法改革，无论是谋划方案还是具体实施，都必须贯彻落实"公正司法，一心为民"的指导方针，确保法院改革的正确方向和有效实施。

民主司法是人民当家作主的政治制度在司法领域的体现。坚持民主司法，首先要求坚持人民代表大会制度。新中国建立前夕，关于国家机构名称，毛泽东、周恩来等老一辈革命家强调指出：我们的国家机构都要冠以"人民"，政府称为人民政府，法院称为人民法院，检察机构称为人民检察院，1954 年建立人民代表大会制度，更是以"人民"为前置。现行《宪法》第 2 条规定："中华人民共和国的一切权力属于人民。人民行使国家权力的机关是全国人民代表大会和地方各级人民代表大会。"《宪法》第 3 条规定："全国人民代表大会和地方各级人民代表大会都由民主选举产生，对人民负责，受人民监督。国家行政机关、审判机关、检察机关都由人民代表大会产生，对它负责，受它监督。"《人民法院组织法》第 17 条规定："最高人民法院对全国人民代表大会和全国人民代表大会常务委员会负责并报告工作。地方各级人民法院对本级人民代表大会及其常务委员会负责并报告工作。"这些规定表明，在我国，司法权来自人民，属于人民，为了人民。具体而言，就是人民法院由人民代表大会产生，向人民代表大会负责，接受人民代表大会监督，依靠人民代表大会支持。其次要切实保障人民群众对司法工作的知情权、参与权、表达权、监督权，真正把司法工作置于广大人民群众的监督之下，以民主保公正，以公正得公信。要全心全意依靠人民群众，充分挖掘、善于利用人民群众当中惩恶扬善、禁黑除恶、除暴安良、化解社会矛盾纠纷的各种资源，包括民事调解、民间商谈的传统经验，以及与法律并行的道德力量、习惯做法；加强人民陪审制度，随着人民群众法治实践的丰富，依法办事的能力显著提高，人民陪审制度可以进一步拓展。第三，要坚持和发展法院内部的民主组织体系和工作机制。我国司法制度是以司法民主为核心建构起来的，法院的合议庭、审判委员会、党组会议等都是司法民主的载体，要充分发挥这些制度形式的民主机制，在审执工作和法院的其他工作当中，集中法官们的法律智慧、政治智慧、哲学智慧和社会经验，确保审判和执行工作的质量和效率。

2. 司法独立的理论

司法权既是统一的国家权力体系的组成部分，又是一种相对独立的国家权力。司法权运行既有权力运行的一般规律，又有其特殊规律。其最显著的特殊规律就是司法权行使（运行）的独立性。法院司法的独立性根源于诉讼当事人的复合性、对抗性，法院必须在双方或多方当事人之间保持独立和中立地位，不受其他任何因素的干扰而平等对待任何一方当事人，唯有此，才能作出公正的判决，所以说司法独立是保证司法公正的必然要求。司法独立在现代民主法治社会显得尤为突出。现代民主法治社会的突出标志是政府必须在宪法和法律授权的范围内活动，并且要依照法定程序执法，政府侵害公民和法人的合法权益，可以被公民、法人告上法庭，成为被告。政府和法院都是国家机关，如果法院不独立行使审判权，受制于政府，那就没有公民和法人胜诉的可能，对公民和法人是极不公平的。司法的独立性还表现在司法权运行的受动性，受动性的简明表达就是"不告不理"。相对于当事人而言，法院应是受动的，应当实行不主动干预的原则。法院介入社会的程度是有限的，这个限度就是"不告不理"。在当今世界，"不告不理"是法律诉讼最基本最普遍的原则。司法独立也是防范和抵制地方保护主义和部门保护主义的制度要求。基于对司法独立客观必然性和现实必要性的认识，我国宪法明确规定，人民法院依法独立行使审判权，不受行政机关、社会团体和个人的干涉。当然，司法独立并不意味着法院不受监督和制约。各级法院必须正确处理好与党委、与权力机关、行政机关以及与人民群众的关系。要服从党委对法院工作的领导，使司法权的行使有政治保证；要接受权力机关的监督，对权力机关负责，维护和实现人民的意志；要接受上级法院的监督和指导，保证司法权的统一行使；要接受其他机关、团体和人民群众的监督，以便正确地适用法律，防止司法腐败现象的发生。特别是要正确认识和处理法院与人大的关系。我国宪法、监督法等法律都明确规定人民法院由人民代表大会产生、向人民代表大会负责、受人民代表大会监督。人大及其常委会对法院的监督是法院独立审判不受干扰的基本保证，也是实现司法公正和效率的基本保证。我们所说的"司法独立"并不是西方"三权分立"政治体制下的司法独立，也不是某些西方国家标榜的法官独立审判，而是法院作为整体依法独立行使国家审判权。具体而言：国家的司法权只能由国家各级司法机关统一行使，其他机关、团体和个人都无权行使此项权力；人民法院依照法律规定独立行使审判权，不受行政机关、社会团体和个人的干涉；司法机关审理案件必须严格依照法律规定，正确适用法律。

3. 司法公正、效率、权威理论

公正，或者说公平正义，是社会主义法治的价值追求，是社会主义司法理念的核心。司法公正是社会公平正义的底线。党的十六大报告指出，"社会主义司法制度必须保障在全社会实现公平和正义"，明确指出了社会主义司法制度的根本价值。经过多年的努力，各级人民法院对司法公正在理论上形成了许多共识，如司法公正不仅包括实体公正，而且包括程序公正，还包括行为公正或形象公正；不仅要通过审判活动实现司法公正，而且要以人们看得见的方式彰显司法公正，让裁判或认定的过程变成当事人感受民主、客观、公正的过程；司法的正当程序不仅是实现司法公正的必要手段和内在要求，而且本身具有独立的价值。

司法公正往往需要由司法效率来保证。效率意味着及时获取证据，防止因时过境迁证据被转移、毁损灭失，使得当事人受到损害的合法权益无法补救。提高司法效率，不仅可以使被害人的权利及时得到救济，还可以使受损害的法律秩序及时得到恢复，同时有助于公众增强对司法机关的信任。如果效率低下，案件久拖不决，必将使纠纷长期处于不确定状态，当事人之间长期处于对抗或敌对状态；在当事人疲惫不堪的情况下拿到一个"公正"的判决，此时的当事人对司法机关已经没有什么感激，更谈不上什么公正感、信任感。

为此，2001 年，最高人民法院明确把"公正与效率"确立为 21 世纪人民法院工作的主题，逐步形成了司法公正与效率的理论体系，要求各级人民法院根据实现司法公正与提高司法效率的要求，推进司法改革和创新。在 2006 年 5 月中共中央印发的《关于进一步加强人民法院、人民检察院工作的决定》中，也明确要求人民法院要在党的领导和人大监督下，坚持"公正与效率"的法院工作主题，切实提高保障社会公平和正义的能力；要以保障在全社会实现公平和正义为目标，以解决制约司法公正和人民群众反映强烈的问题为重点，推进司法体制改革，并反复强调了促进司法公正，提高维护国家安全和社会稳定的能力，保障社会公平正义的能力。当然，在公正与效率的关系上，应坚持以公正统领效率，以效率保障公正。

司法不仅必须是公正、高效的，而且必须具有权威性。诚然，司法公正高效和司法公信是司法权威的基础，但它们之间毕竟不能画等号，司法权威是一个相对独立的范畴。司法权威是法的本质特征所必然要求的。法区别于其他社会规范的根本特征在于它是由国家制定并由国家强制力保证实施的。国家强制力包括执法强制力和司法强制力等在内，在法治社会司法强制力是保证法律实施的最后一道防线，如果司法没有足够的强制力，就难以保证法制的统一、尊严和权威。司法权威以法院裁判效力的终局性和不可违抗性为根本标志。在我国社会主义初级阶段，司法的权威性非常脆弱，所以，党中央强调：各级党组织和领导干部要带头依法办事，带头依法行政，支持和保障审判机关、检察机关依法独立公正地行使审判权和检察权，支持和帮助司法机关抵御、克服影响公正司法的各种干扰，有效推动执行难、申诉难等问题的解决，为司法机关依法履行职责创造良好的政治环境。

纵观改革开放三十年的人民法院司法改革，都是在围绕着实现司法公正、提高司法效率、增强司法权威展开的。

4."三个至上"重要思想

胡锦涛总书记提出的"始终坚持党的事业至上、人民利益至上、宪法法律至上"，是对社会主义民主法治建设客观规律的科学总结，是对马克思主义法治思想和社会主义法治理念的丰富和发展，集中体现了坚持党的领导、人民当家作主、依法治国有机统一的社会主义法治的本质特征，体现了中国特色社会主义司法制度政治性、人民性、法律性的有机统一，体现了人民法院工作对党负责、对人民负责和对法律负责的高度一致，对于在新的历史条件下建设公正高效权威的社会主义司法制度，保障和推进中国特色社会主义事业，具有极其重要的指导意义。

"三个至上"重要思想是人民法院司法改革理论的又一次升华。人民法院司法改革是我国政治体制改革的组成部分，是发展我国社会主义民主政治的组成部分。党的十六大报告指出："发展社会主义民主政治，最根本的是要把坚持党的领导、人民当家作主和依法治国有机统一起来。党的领导是人民当家作主和依法治国的根本保证，人民当家作主是社会主义民主政治的本质要求，依法治国是党领导人民治理国家的基本方略。"坚持党的事业至上、人民利益至上、宪法法律至上，正好对应了党的领导、人民当家作主、依法治国，并由此派生出对党负责、对人民负责、对法律负责。因此，"三个至上"的指导思想与社会主义民主政治的本质要求是一致的，是在新的历史起点上推动人民法院司法改革的根本指导思想，司法改革必须体现"三个至上"及其统一性。

5.和谐司法理论

改革开放以来，随着我们党指导思想的与时俱进和社会经济、政治、文化的现代化，随着社会主义法制建设实践经验的丰富以及包括立法、执法、司法等在内的各项法制改革的深入推进，依法治国、法治国家的内涵越来越丰富和科学，特别是党的十六大提出社会和谐、十六届四中全会明确提出构建社会主义和谐社会、十六届六中全会作出《关于构建社会主义和谐社会若干重大问题的决定》，构建社会主义和谐社会的战略思想和历史任务明确提出，为依法治国、建设社会主义法治国家进一步明确了指导思想和奋斗目标，丰富和创新了依法治国、法治国家的内涵。在这样的背景下，"和谐法治"理念呼之欲出。和谐法治不仅要求立法要和谐，司法也要充分体现和谐的精神，实现"和谐司法"，并在和谐司法理念的指引下从事司法活动，引领司法改革。

和谐司法是中国特色社会主义司法制度的基本特征。其内涵包括：第一，司法目的要和谐。要通过审判、执行和涉法信访，定分止争，化解社会矛盾，促进社会和谐。法院产生的直接原因就是社会出现了矛盾纠纷，当社会矛盾纠纷大量增多而私权力无法解决的时候，就需要有一种公权力来取代私权力解决矛盾纠纷，法院由此产生。因此，任何社会形态下、任何时候，解决社会矛盾纠纷都是法院司法权的最基本的属性和功能。现阶段，随着经济体制深刻变革、社会结构深刻变动、利益关系深刻调整、思想观念深刻变化，社会矛盾凸显，对人民法院依法妥善协调各方面的利益关系，最大限度地化解社会矛盾纠纷，提出了更迫切、更现实的要求。形成矛盾纠纷的原因是多方面的，解决矛盾纠纷的途径和方法也应该是多元化的，但无论选择怎样的解决途径和方法，其最终的目的都是要定分止争、案结事了、息事宁人。第二，司法职能要和谐。在党委的统一领导和人大的监督下，在宪法和其他法律的制度框架内，与检察、公安、国安、司法等政法机关分工负责，互相支持、互相配合、互相制约，准确有效地执行法律，共同履行维护党的执政地位、维护国家长治久安、维护人民群众利益、维护社会公平正义、保障和服务经济社会发展的神圣职责。这是党的执政权在政法工作中的集中体现，是中国特色社会主义政法事业的政治优势、法律优势和工作优势所在。司法改革要充分展示和最大限度地发挥这种制度优势，而不是削减这种优势。第三，司法过程中各个主体之间要和谐。这需要法官能够切实尊重、维护当事人的诉讼权利及选择。一是当事人享有自主实施诉讼行为的自由，即诉讼权利的行使与放弃依据当事人的自愿；在符合法律规定的条件下，自主选择有利于自己诉讼利益的诉讼手段，法官应予准许；在不违反法律规定情况下，当事人之间形成的纠纷解决合意应得到法官的确认和支持。二是在发挥辩论原则的主导作用的同时，对于当事人在权利实现过程中遇到的无法克服的诉讼能力障碍，法官应适当介入，避免当事人之间在诉讼结构关系上的失衡。如在当事人因客观原因无法收集证据时，法官可以依职权调查收集证据。第四，司法工作模式要和谐。司法的基本职能在于，通过调整利益关系以解决社会矛盾和纠纷，这就要求司法工作模式能够立足和谐，促进和谐，减少、化解社会矛盾和纠纷对正常社会秩序的冲击。中国古代司法文化是一种和谐文化，不是对抗文化，始终强调法律与社会的融合，调解作为中国古代司法重要的工作方式在这其中发挥了很大作用，这对于社会主义司法仍然具有不容忽视的现实意义。

二、三十年人民法院司法改革的实践进程与基本成就

（一）司法改革的基本进程

三十年的司法改革经历了从恢复重建到体制机制改革，从零敲碎打到整体纵深推进这样一个与时俱进的过程，不断完善和发展着中国特色社会主义司法制度，不断使中国特色社会主义司法制度的优越性得到充分展示和发挥。

1. 恢复重建时期

在中国特殊的历史背景下，恢复重建是一种特殊形式的改革。"文化大革命"当中，造反派"踢开党委闹革命"，"砸烂公检法"，司法机关是重灾户。司法机关被打砸抢，档案被抢走或撕毁，很多司法干警被揪斗，司法队伍被解散，检察机关不再存在，法院成为各地公安机关军管会下属的"审判组"，大批法院干部被下放或调离审判岗位。1975 年《宪法》甚至以法律的形式规定由公安机关行使检察机关职权（实际上取消了国家检察机关），取消人民法院独立审判及陪审制度、公开审判和辩护制度。在"群众专政"的名义下，大搞"群众立案"、"群众办案"、"群众审判"，私设公堂，进行非法审判和非法惩办，社会主义司法受到严重破坏，人民的权利和自由受到肆意践踏。1978 年《宪法》恢复了人民检察院职权。"文化大革命"结束之后，伴随着 1982 年新宪法的颁布实施、三大诉讼法的陆续出台与不断完善、人民法院组织法和人民检察院组织法的修改完善，我国的社会主义司法制度得以恢复和重建。恢复不是简单复原，重建也不是复制原样，而是包含了许多制度创新。在恢复重建的过程中，发生了中国现代历史上最重大的法律事件，

即对林彪、江青反革命集团的大审判。1980 年 11 月 22 日,《人民日报》发表了题为《社会主义民主和法制的里程碑》的特约评论员文章,指出"对林彪、江青反革命集团的审判,是我国民主和法制发展道路上的一个引人注目的里程碑,它充分体现了以法治国的精神,坚决维护了法律的权威,认真贯彻了社会主义民主和法制的各项原则"。在这篇评论员文章中明确指出对林彪、江青反革命集团这一历史性审判中蕴含的现代法律原则:司法独立、司法民主、实事求是、人道主义和法律平等。

2. 法院内部的综合改革

20 世纪 80 年代中期,特别是党的十三大以后,确立了社会主义初级阶段理论,经济体制改革进一步深化,政治体制改革稳步推进,对外开放日益扩大。在这种改革开放的宏观背景下,司法改革被提到历史日程上来。

人民法院的司法改革在开始阶段是为了适应经济体制改革和对外开放的要求,着重于加强和改进人民法院工作。1988 年 7 月,第十四次全国法院工作会议提出了六项改革措施:一是改善执法活动,要求认真执行公开审判制度,改进合议庭工作;二是改革现行法院人事管理制度,制定法官法,建立具有中国特色的社会主义法官制度;三是改革法院干部教育培训管理体制,建立一个多层次的正规化的法院干部教育培训体系;四是改革和加强法院系统的司法行政工作,加强法庭建设,改革法院业务经费管理办法,解决法院办案经费不足的困难;五是大力加强基层建设,加强建设、调整和充实人民法庭,加强对人民调解委员会的业务指导;六是积极开展同外国法院间的司法协助工作。这些改革措施贯彻了党的十三大深化经济体制改革,推进政治体制改革,发展社会主义民主和加强社会主义法制建设的部署,以改革总揽全局,着重加强人民法院改革和自身建设,目的是解决长期困扰和严重影响审判工作的问题,革除弊端,为法院创造一个良好的工作环境,使审判工作逐渐正规化和规范化。

3. 审判方式改革

进入 90 年代,随着社会主义市场经济体制框架的基本确立,经济社会关系急剧变动,公民法律意识极大提高,社会对法律规则的依赖日益增强,案件数量大幅上升。陈旧的司法设施、落后的司法理念、低下的办案效率、捉襟见肘的司法经费，远远不能适应人民群众的司法需求。由此，一场以举证责任改革为切入点的审判方式改革渐次展开，且逐渐波及诉讼机制，并更加深入地触及司法体制。

1991年，七届全国人大四次会议通过《民事诉讼法》，确立了"谁主张谁举证"的证据规则。从此，由举证责任分担开始，引起了庭审方式和诉讼制度的变革，进而推动了审判方式的改革。1996年八届全国人大四次会议审议通过了《关于修改〈中华人民共和国刑事诉讼法〉的决定》，这是我国社会主义民主与法制建设的重大成果，也为人民法院改革和完善审判方式创造了更好的条件。1996年7月，最高人民法院召开了全国法院审判方式改革工作会议，确定以学习贯彻修正后的刑事诉讼法、推进刑事审判方式改革为重点，全面改革和完善民事、经济、行政审判方式。这次会议标志着审判方式改革从试点走向全面实施阶段。会议确定了审判方式改革的指导思想：以宪法和诉讼法等法律为依据，以保障裁判公正为目的，以公开审判为重心，强化庭审功能，强化当事人举证责任，强化合议庭职责。会议提出了改革和完善审判方式的具体任务和要求：改革和完善刑事审判方式，实行控辩式庭审方式；改革和完善民事经济审判方式，强化庭审功能，强化当事人举证责任，强化合议庭职责；完善行政审判方式，审判活动紧紧围绕审查被诉具体行政行为的合法性进行，强化被告的举证责任，进一步健全行政审判的裁判形式。会议还确定了一批改革试点单位，一场以刑事诉讼为核心的审判方式改革在全国法院全面铺开。与此同时，民事、经济、行政审判方式的改革和完善也得到进一步推进。这期间，最高人民法院制定了一系列的规范性文件，包括《第一审经济纠纷适用普通程序开庭审理的若干规定》、《经济纠纷案件适用简易程序开庭审理的若干规定》、《人民法院立案工作的暂行规定》、《关于民事经济审判方式改革问题的规定》等，积极推进了改革的开展。

审判方式改革的主体是法院，方式是自下而上，内容限于诉讼机制的健全和完善。轰轰烈烈的审判方式改革极大地解放了思想，为建设中国特色社会主义诉讼制度和法院制度积累了有益的经验，引起了社会各界对司法改革的重视和关注。

4.建设法治国家战略中的司法改革

1997年党的十五大明确提出"依法治国，建设社会主义法治国家"的目标，同时指出："推进司法改革，从制度上保证司法机关独立公正地行使审判权和检察权"。司法改革首次以党的纲领性文件被确认，首次正式纳入法治国家战略，使司法改革有了坚实的理论基础和坚强的政治保障。按照党的十五大精神，1999年最高人民法院制定了《人民法院五年改革纲要》（又称"一五改革纲要"），这是法院系统第一次以纲要的形式推出阶段性改革规划。改革纲要指出："从1999年起至2003年，人民法院改革的基本任务和必须实现的具体目标是：以落实公开审判原则为主要内容，进一步深化审判方式改革；以强化合议庭和法官职责为重点，建立符合审判工作特点和规律的审判管理机制；以加强审判工作为中心，改革法院内设机构，使审判人员和司法行政人员的力量得到合理配备；坚持党管干部的原则，进一步深化法院人事管理制度的改革，建立一支政治强、业务精、作风好的法官队伍；加强法院办公现代化建设，提高审判工作效率和管理水平；健全各项监督机制，保障司法人员的公正、廉洁；对法院的组织体系、法院干部管理体制、法院经费管理体制等改革进行积极探索，为实现人民法院改革总体目标奠定基础。""一五改革纲要"的制定与实施，有力地推动了司法改革的历史进程，在审判程序、审判管理等方面的改革成效明显。

5.着力推进司法体制改革

进入新世纪以后，中国加入了世贸组织，迎来了更深层次的市场经济变革。为了适应社会主义市场经济发展、经济全球化的进程和社会的全面进步，2002年，党的十六大作出了推进司法体制改革的重大战略决策。十六大指出："加强对执法活动的监督，推进依法行政，维护司法公正，防止和克服地方和部门的保护主义。推进司法体制改革，按照公正司法和严格执法的要求，完善司法机关的机构设置、职权划分和管理制度"。2003年5月，由中央政法委牵头成立了中央司法体制改革领导小组，由此司法改革成为中央主导、各部门紧密配合、社会各界广泛参与的国家统一行动。2004年12

月，中央司法体制改革领导小组出台了《关于司法体制和工作机制改革的初步意见》，提出了改革和完善诉讼制度、诉讼收费制度、检察监督体制、劳动教养制度、监狱和刑罚执行体制、司法鉴定体制、律师制度、司法干部管理体制、司法机关经费保障机制这10个方面35项改革任务，成为改革开放以来改革事项最为全面、改革力度较大的一次重要司法改革。2006年5月，中共中央作出了《关于进一步加强人民法院、人民检察院工作的决定》，对司法改革、司法建设、司法工作、司法理念所涉及的一系列重大问题和突出问题作出了明确的决定，明确了"公正与效率"的法院工作主题。根据党中央关于司法体制改革的总体要求和部署，最高人民法院推出了《人民法院第二个五年改革纲要（2004—2008）》（又称"二五改革纲要"），确定人民法院司法改革的基本任务和目标是：改革和完善诉讼程序制度，实现司法公正，提高司法效率，维护司法权威；改革和完善执行体制和工作机制，健全执行机构，完善执行程序，优化执行环境，进一步解决"执行难"；改革和完善审判组织和审判机构，实现审与判的有机统一；改革和完善司法审判管理和司法政务管理制度，为人民法院履行审判职责提供充分支持和服务；改革和完善司法人事管理制度，加强法官职业保障，推进法官职业化建设进程；改革和加强人民法院内部监督和外部监督的各项制度，完善对审判权、执行权、管理权运行的监督机制，保持司法廉洁；不断推进人民法院体制和工作机制改革，建立符合社会主义法治国家要求的现代司法制度。该《改革纲要》围绕上述八个方面的任务和目标，提出了五十项具体改革内容。

6. 着力推进司法事业科学发展的司法改革

党的十七大之后，司法改革进入全新阶段，即进入通过司法改革实现中国特色社会主义司法事业科学发展的新阶段。党的十七大确立了科学发展观的指导思想地位，并以科学发展观为统领谋划和部署司法改革，对司法改革的目标和重点作出了更加全面、深刻而准确的表述："深化司法体制改革，优化司法职权配置，规范司法行为，建设公正高效权威的社会主义司法制度，保证审判机关、检察机关依法独立公正地行使审判权、检察权。"十七大之后，中央政法委立即组织中央和国家机关有关部门进行广泛深入地调研论证，于 2008 年 12 月推出了《中央政法委关于深化司法体制和工作机制改革若干问题的意见》（以下简称《意见》），并由中共中央转发。该《意见》全面贯彻党的十七大精神，以中国特色社会主义理论体系为指导，以始终坚持党的领导、始终坚持中国特色社会主义方向、始终坚持从我国国情出发、始终坚持群众路线、始终坚持统筹协调、始终坚持推进改革为原则，提出在继续抓好 2004 年中央确定的司法体制改革和工作机制改革事项的基础上，从人民群众司法需求出发，以维护人民利益为根本，以促进社会和谐为主线，以加强权力监督制约为重点，紧紧抓住影响司法公正、制约司法能力的关键环节，进一步解决体制性、机制性、保障性障碍，并设定深化司法体制和工作机制改革的重点是：优化司法职权配置、落实宽严相济的刑事政策、加强政法队伍建设、加强政法经费保障。围绕这四个重点，《意见》规定了二十九项改革内容。与此同时，最高人民法院也从法院工作实际出发，提出了深化人民法院司法改革的具体意见。在党中央的正确领导下，人民法院司法改革呈现出诸多新的特点和趋势：第一，把司法改革作为人民法院科学发展的战略问题，在深入学习实践科学发展观的活动中，最高人民法院党组提出既要解决服务科学发展的问题，又要解决好自身科学发展的问题，只有解决好法院的科学发展，才能更好地服务科学发展。第一次把人民法院的科学发展提高到战略高度加以思考，并提出要按照科学发展观的要求，结合审判工作的规律和特点，结合目前人民法院工作的实际状况，结合从严治院、公信立院、科技强院的工作方针来考虑，拓宽思路、群策群力、集思广益，认真考虑人民法院如何实现科学发展的问题。第二，把司法改革放在以人为本的基点上，更加明确改革发展为了谁、依靠谁这一前提问题，把维护最广大人民群众的利益作为司法改革的根本出发点和落脚点，司法改革的成果要惠及于民，由人民共享，不断满足人民群众对司法工作的新期待、新要求。第三，把发展依靠人这一科学发展观的思想落实在法院队伍建设上，提出全面加强法官队伍建设，除了继续推进法官职业化建设之外，更加重视法官队伍的思想政治建设、反腐倡廉建设、工作作风建设、司法能力建设。第四，更加强调司法改革与发展要做到全面、协调、可持续，特别是把人民法院基层基础建设放在重中之重，着力破解制约人民司法事业科学发展的瓶颈问题；以建设公正高效权威的社会主义司法制度为发展目标，统筹司法体制改革、司法职权配置、司法行为规范；在审判和执行工作中努力做到依法、独立、公正的协调一致。

（二）司法改革的基本成就

人民法院司法改革的成就主要体现在体制改革和工作机制改革两大方面。这里重点论述体制改革方面的成就。司法体制改革是最深层、最关键的改革，也是难度最大的改革。人民法院司法体制改革既包括法院外部的体制改革，也包括内部的体制改革。这两个方面都有实质性进展，并为今后更深层次的司法体制改革积累了经验，奠定了基础。

1.人民法院外部性体制改革

人民法院外部性体制改革，着力点是正确处理好党与司法的关系，人大与法院的关系，政府与法院的关系。外部性司法体制改革的主题是在坚持党的正确领导、保证人大的法律监督的前提下，保障人民法院依法独立行使审判权，或者说是保障审判权独立运行。

改革党对司法的领导模式——从"以党代法"到"依法执政"。在长期的革命战争年代和建国之初，党对司法工作的领导表现为直接指挥、直接决定，甚至实行党委审批案件制度。尽管"五四宪法"确立了"审判独立"原则，但是由于各种原因，特别是1958年中共中央实施"党的一元化领导"之后，党权代行司法权的党委审批案件制度一直延续下来。1979年9月9日，中共中央发出了《关于坚决保证刑法、刑事诉讼法切实实施的指示》（中发〔1979〕64号文件，以下简称《指示》）。该《指示》严肃地分析和批评了党内严重存在着的忽视社会主义法制建设的错误倾向，指出："在我们党内，由于建国以来对建立和健全社会主义法制长期没有重视，否定法律、轻视法律；以党代政、以言代法、有法不依，在很多同志身上已经成为习惯；认为法律可有可无，法律束手束脚，政策就是法律，有了政策可以不要法律等思想，在党员干部中相当流行。""各级党委要坚决改变过去那种以党代政、以言代法、不按法律规定办事，包揽司法行政事务的习惯做法。"《指示》明确要求各级党委要保证法律的切实实施，充分发挥司法机关的作用，切实保证人民检察院独立行使检察权，人民法院独立行使审判权，使之不受其他行政机关、团体和个人的干涉。至此，党委审批案件的制度被取消，从体制上保证了人民法院独立行使审判权。1982年中共中央《关于加强政法工作的指示》，进一步明确了各级党委对政法工作的领导主要是管方针、政策，管干部，管思想政治工作，监督所属政法机关模范地依照国家的宪法、法律和法令办事。1986年7月10日，中共中央针对党内依然存在的严重蔑视社会主义法制的严重倾向，发出《关于全党坚决维护社会主义法制的通知》（以下简称《通知》），十分严肃地指出：目前有的党组织和党员、干部，特别是有的党政军领导机关和领导干部，仍然自恃特殊，以言代法，以权压法，甚至徇私枉法，把自己置于法律之上或法律之外。他们当中有的习惯于个人说了算，损害法律的尊严，不尊重国家权力机关的决定和决议；有的对司法机关的正常工作横加干涉，强制司法机关按照他们的意图办事，强行更改或者拒不执行法院的裁判，任意调离秉公办事的司法干部；有的无视宪法和刑事诉讼法，任意决定拘留和搜查公民，或者强令公安、司法机关去干一些非法侵害公民人身权利和民主权利的事，甚至把政法干警作为他们搞强迫命令和以权谋私的工具，等等。这些现象虽然发生在个别单位和少数人身上，但是影响很坏，严重损害了党的威信和社会主义法制的严肃性，必须引起全党的充分重视。《通知》要求各级党委正确认识和处理与国家权力机关、行政机关、司法机关的关系，支持国家机关依法行使职权。1989年9月，江泽民同志就任总书记后的第一次记者招待会上就公开表态："我们绝不能以党代政，也绝不能以党代法。这也是新闻界讲的究竟是人治还是法治的问题。我想我们一定要遵循法治的方针。"把党与法的关系问题提到人治与法治的范畴，并把这个问题作为中央第三代领导核心的执政纲领的切入点，意义非常重大。特别是党的十六大和十七大明确提出实行依法执政。胡锦涛总书记指出：依法执政是新的历史条件下马克思主义政党执政的基本方式。依法执政，就是坚持依法治国、建设社会主义法治国家，领导立法，带头守法，保证执法，不断推进国家经济、政治、文化、社会生活的法制化、规范化，以法治的理念、法治的体制、法治的程序保证党领导人民有效治理国家。从以党代法到依法执政、保证司法机关依照宪法和法律独立公正地行使审判权和检察权，确立了在党的领导下司法机关独立行使职权的司法体制。这是我国司法改革取得的最具有显示度和标志性的成果，是我国政治文明的重大进步。

改革人大对法院的监督模式，确立依法监督、集体监督、公开监督的新模式。人民法院由人民代表大会产生、对人民代表大会负责、接受人民代表大会监督、依靠人民代表大会支持，是中国特色社会主义政治制度下人大与法院的基本关系。这一基本关系的确立也经历了一个过程。"五四宪法"规定，法院由国务院或省级人民委员会（人民政府）产生；各级法院院长由同级人大选举，副院长、庭长、副庭长和审判员由地方各级人民委员会（人民政府）任免；法院向同级人大负责并报告工作；法院审判只服从于法律。可见，人大与法院的关系比较松散，人大对法院的制约仅限于法院向人大报告工作和选举院长，监督力度明显不强。"八二宪法"和1983年新修订的《人民法院组织法》对人大与法院的关系进行了重大改革：首先，法院由同级人大产生并对人大负责，明确了法院权力的来源和监督的主体；其次，法院院长由同级人大选举，副院长、庭长、副庭长和审判员由同级人大常委会任免，确立了人大对法官的人事任免权；再次，人民法院依照法律规定独立行使审判权，不受行政机关、社会团体和个人的干涉，但要向人大报告工作，这意味着法院的审判权要受权力机关的监督，赋予了人大及其常委会对审判工作的监督权。人大对法院的全面监督，确立了司法权力来源于人民、对人民负责、受人民监督的中国特色社会主义司法制度。但是，20世纪80年代以来，各地纷纷实行人大对法院的"个案监督"，有的地方人大常委会制定了实施个案监督的地方性法规，有些地方甚至演化为人大常委会领导同志个人对法院发号施令，致使法院的独立审判受到严重影响，地方保护主义、部门保护主义和特权保护主义有所抬头。2006年8月27日，十届全国人大常委会第二十三次会议通过了《中华人民共和国各级人民代表大会常务委员会监督法》，以法律的形式停止各级人大常委会对法院审判的个案监督，禁止人大常委会组成人员个人对法院的监督，把监督的重点放在通过司法解释的备案制度监督最高人民法院的司法解释，通过审议法院工作报告、专项报告、询问和质询、执法检查、特定问题调查和人事任免对法院进行法律监督和工作监督。《监督法》的出台，明确了人大对法院的监督既是制约，也是支持，更是促进，通过人大代表建立法院与社会公众沟通的桥梁，通过权力机关的支持优化司法环境，支持法院队伍建设，保障改革创新，促进法院充分发挥司法功能。

改革行政与司法的关系，"一府两院"格局形成。司法与行政合一是中国延续了几千年的政治法律制度，县太爷既是地方行政长官，又是地方的大法官，皇帝既是"国家元首"，又是国家的最高裁判者。这种传统法律文化根深蒂固，影响着中国法制现代化的进程。在革命战争时期，司法与行政长期合二为一，法院是根据地政府内部的一个部门，在政府的领导下行使审判权。建国后，"五四宪法"确立了在人民代表大会制度下"一府两院"的政治格局，司法机关与政府属于同级国家机关，分工协作、彼此尊重并互相监督，在机构、人员、职能上分立。但是，法院的设置仍然需要行政机关的批准，各级法院助理审判员的任命、人员编制和办公机构出司法行政机关负责。尽管"八二宪法"和1983年修订的《人民法院组织法》删除了这些规定，然而实行多年高度集中的计划经济体制和"分灶吃饭"的财政体制，以及现有体制下的行政权泛化，使司法职权与行政职权仍然保持着千丝万缕的联系，甚至出现"司法权地方化"、"司法权行政化"的弊端。但是，以宪法的形式规定司法权与行政权分立毕竟是中国法制发展史上的伟大变革，为司法权真正独立于行政权奠定了宪政基础。不仅如此，法院通过对行政行为的司法审查，促进了行政机关依法行政，实现了司法权对行政权监督的宪法原则。自1982年起，人民法院根据《中华人民共和国民事诉讼法（试行）》的规定，开始试行受理部分行政案件。1988年9月5日，最高人民法院行政审判庭成立，各级人民法院逐步建立了行政审判机构，为全面开展行政审判工作奠定了组织基础。1990年10月，《中华人民共和国行政诉讼法》正式实施，标志着我国行政诉讼制度正式建立。对具体行政行为的司法审查是我国宪政建设、民主政治建设和民主法制建设具有里程碑意义的一件大事，标志着我国社会主义民主和法制建设进入了一个新阶段。随后，全国人大及其常委会先后颁布了《国家赔偿法》、《行政处罚法》、《行政复议法》等法律，国务院相继发布了《全面推进依法行政的决定》和《行政复议条例》，与行政诉讼相关的法律体系进一步完善。进入新世纪以来，党和国家更加重视依法执政和依法行政，制定了《行政许可法》等保证依法行政的法律法规。根据这些法律法规，最高人民法院制定了《关于执行中华人民共和国〈行政诉讼法〉若干问题的解释》、《关于行政诉讼证据若干问题的规定》等一系列重要的司法解释，进一步完善了行政审判制度，使我国行政审判制度日趋走向成熟，司法权对行政权的监督在国家经济社会生活中的作用越来越重要。

改革政法机关之间的关系，确立公检法司安等政法机关之间"分工负责、互相配合、互相制约"的司法制度。建国初期，虽然宪法和法律确立了公、检、法三机关之间互相制约、互相配合的关系，但是为了迅速有效地镇压反革命，也为了解决财政经济困难，公检法在很长时间内合署办公。至"文化大革命"期间，检察机关一度被撤销，"七五宪法"规定由各级公安机关代行检察职权，直到"七八宪法"恢复人民检察院设置。党的十一届三中全会以后，随着《宪法》、《刑法》、《刑事诉讼法》等法律的相继出台，确立了公检法三机关"分工负责、互相配合、互相制约"的司法制度。在刑事诉讼活动中的关系也体现为检察机关对公安机关、审判机关双向制约和监督，同时也要受到公安机关和审判机关的制约和监督。1996年新修改的《刑事诉讼法》，变"纠问式"庭审为"抗辩式"庭审，形成了带有当事人主义色彩的混合式诉讼模式。这种诉讼模式对侦查和公诉证据要求有了更高的标准，更加强调了制约关系，使司法机关之间独立性增强，标志着我国刑事诉讼程序步入民主化、科学化轨道。

2. 人民法院内部性体制改革

如果说法院的外部性体制改革主题是保障人民法院在党的领导和人大监督下依法独立行使审判权，其内部性体制改革则着眼于保证公正司法、高效司法、文明司法、廉洁司法。1988年7月，最高人民法院召开第十四次全国法院工作会议，提出了人民法院自身改革和建设的六大措施，在人民法院司法改革的历史进程中占有重要的地位，为其后人民法院司法改革的深入推进打下了重要基础。最高人民法院1999年颁布的《人民法院五年改革纲要》和2004年颁布的《人民法院第二个五年改革纲要》，也更多地关涉法院内部的体制改革和审判方式改革。

优化上下级法院之间的职权配置，探索分工科学、职责明晰的法院内部体制。在体制上，人民法院内部上级法院对下级法院的关系主要是审判监督、工作指导、干部协管等。但在以往的实践中，时常发生下级法院就个案审判向上级法院"请示"，以及上级法院对下级法院某些事务的"包办"，致使司法行政化趋向日益明显。为了切实保证审级独立和审级监督，维护当事人的诉讼权利，维护公正合理的诉讼秩序，全国人大常委会通过修改刑事诉讼法、民事诉讼法和行政诉讼法，最高人民法院通过制定司法解释和指导性文件，进一步明晰和优化了上下级法院之间审判权和执行权的配置，其中死刑核准权收归最高人民法院统一行使、对民事再审案件提级审理、对一审民商事案件管辖权的改革、建立省区市高级人民法院对辖区内执行工作统一领导、统一指挥、统一管理的执行体制等，是法院内部体制改革的重要举措。

建立"统一立案、分类审判、集中执行、专门监督"的工作体制。改革开放以来，人民法院内部的工作体制发生了一系列重大变化。1979年开始建立经济审判庭，1986年组建行政审判庭，1999年中级以上法院设立赔偿委员会，一些法院还设立了房地产审判庭、涉外经济审判庭、少年法庭、知识产权审判庭等专业审判庭。为了加强调解工作，许多法院借鉴深圳市中级人民法院的经验，成立了"经济纠纷调解中心"。随着改革开放的深入，人民群众的维权意识日益增强，诉讼制度完善和法院司法救助措施的扩大，人民法院受理的案件迅速增多，原来自收自审自判自执的工作体制已不适应新形势、新情况和新任务，为此各地法院相继进行了立审分立、审执分立、审监分立的体制和机制改革。1995年，最高人民法院设立执行办公室（2008年11月改为执行局）；2001年8月，最高人民法院审判监督庭正式成立，之后，全国各级法院也相继成立了执行庭和审监庭。经过这些改革，在人民法院内部形成了"统一立案、分类审判、集中执行、专门监督"的工作体制，使诉讼中的立、审、执、监等各个过程相对独立、相互制约，从而强化了审判的自我监督功能，有利于保障公正司法。2003年以后，为了进一步提高司法效率，法院开始健全以人民法庭建设、审判法庭建设和信息化建设为重心的司法政务管理制度，建立以审判流程为机制的审判管理制度，使法院内部职权配置和分工更加合理，确保审判工作公正高效运行。与此同时，从合议庭到审判委员会各类审判组织和执行组织也进行了重大改革。

上述法院外部性体制改革和内部性体制改革，推动了司法文明，促进了中国特色社会主义司法制度的科学发展。

三、余　论

回观和反思人民法院的司法改革，可以看到三十年的改革积累了一些宝贵的经验，诸如：司法改革必须坚持党的领导，重大改革、体制性改革必须在党中央和各级党委的正确领导下进行，并且应当是自上而下进行；司法改革必须坚持中国特色社会主义道路，坚持正确的指导思想，坚持正确的政治方向；司法改革必须从中国国情出发，不能超越社会主义初级阶段的基本国情，不能脱离全球化的时代背景；司法改革作为政治体制改革的组成部分，必须依法推进，合宪合法，涉及全局性、体制性、程序性的改革事项，应当先修法后改革；司法改革必须坚持积极稳妥、循序渐进的改革方略，司法改革是一项长期而又艰巨的任务，等不得，也急不得，既要有所作为，又不能急于求成；司法改革必须在建设公正高效权威和谐的社会主义司法制度的前提下，处理好阶段性目标和总体目标之间的关系，处理好理想与现实的关系、当前与长远的关系、需要与可能的关系，等等。

过去三十年间人民法院的司法改革也有一些需要认真总结和汲取的问题和不足，诸如：有关司法改革的理论研究不够深入和系统，致使某些改革的理论参照、制度参照、文化参照有失偏颇；某些改革没有充分考虑到中国国情，既有一刀切、大一统的问题，也有过于超前、脱离实际的问题；法院的外部性体制改革进行得比较深入，而内部性体制改革相对进展缓慢，成效不及前者；法官职业化建设偏重专业化、甚至学历化建设，而时常忽略思想政治建设、反腐倡廉建设、工作作风建设，忽略社会主义法治理念教育和法官职业精神教育等，致使法官队伍建设呈"一手硬、一手软"的态势；对基层法院的改革和发展关注不够，很多基层法院长期存在的法官断层、法官素质偏低、经费困难、保障不力等问题，不仅没有根本解决，反而愈加突出。

论司法责任制 *

2013 年召开的中共十八届三中全会开启了新一轮司法体制改革。新一轮司法体制改革最大的亮点莫过于建立和完善司法责任制，而争议最多、困难最大之处也恰恰在于司法责任制。面对如此复杂的局面，本文拟从法律政治学和司法哲学的站位，就司法责任制改革的重大理论和实践问题进行理论反思和实践建言。

一、司法责任制是司法体制改革的"牛鼻子"

党的十八届三中全会通过的《中共中央关于全面深化改革若干重大问题的决定》提出"健全司法权力运行机制"，并把"完善主审法官、合议庭办案责任制，让审理者裁判、由裁判者负责"作为健全司法权力运行机制的重大举措。这是党中央官方文件首次对司法责任制的内涵和司法责任制改革的重大意义作出直接阐述。2015 年 8 月 18 日，中央全面深化改革领导小组审议通过了《关于完善人民法院司法责任制的若干意见》和《关于完善人民检察院司法责任制的若干意见》，标志着司法责任制在全国范围内普遍推进。

关于建立和完善司法责任制的意义，习近平总书记指出：完善司法责任

* 本文刊于《中州学刊》2017 年第 1 期，《新华文摘》2017 年第 9 期转载。

制，"在深化司法体制改革中居于基础性地位，是必须牵住的'牛鼻子'"①；推进司法体制改革，"要紧紧牵住司法责任制这个牛鼻子，凡是进入法官、检察官员额的，要在司法一线办案，对案件质量终身负责。法官、检察官要有审案判案的权力，也要加强对他们的监督制约"，"保证法官、检察官做到'以至公无私之心，行正大光明之事'"②。中共中央政治局委员、中央政法委书记孟建柱同志在 2016 年 7 月 18—19 日召开的全国司法体制改革推进会上也指出，"司法责任制改革作为司法体制改革的基石，是建设公正高效权威的社会主义司法制度的必由之路，对提高司法质量、效率和公信力具有重要意义"，"各级政法领导干部要从全局和战略高度，深刻认识司法责任制改革的重要性、紧迫性，进一步把思想和行动统一到党中央精神上来，坚定信心和决心，当好改革的促进派和实干家"，"司法责任制改革是司法领域一场深刻的自我革命，改的是体制机制，动的是利益格局，'伤筋动骨'在所难免"。③

　　为什么说建立和完善司法责任制是司法体制改革的"牛鼻子"？建立和完善司法责任制改革是如何牵动司法体制改革全局呢？所谓"牛鼻子"，就是事务、行动的关键；牵住"牛鼻子"，就是抓住关键环节，抓住重点问题。把司法责任制改革作为"牛鼻子"，就是要把建立和完善司法责任制作为关键和重点，提纲挈领、纲举目张，牵引司法体制全面改革、深度改革、彻底改革。怎么牵动、牵动着哪些改革？

　　第一，改革法官准入制度。司法活动具有特殊的性质和规律，让审理者裁判、裁判者负责，必然要求法官（审理者、裁判者）具备审理案件、作出裁判并对其审理和裁判负责的资格和能力，具有相应的实践阅历和社会阅

---

　　① 习近平：《在中央政法工作会议上的讲话》，见《习近平关于全面依法治国论述摘编》，中央文献出版社 2015 年版，第 102 页。

　　② 习近平：《以提高司法公信力为根本尺度　坚定不移深化司法体制改革》，载《人民日报》2015 年 3 月 26 日第 1 版。

　　③ 孟建柱：《坚定不移推动司法责任制改革全面开展》，载《法制日报》2016 年 10 月 20 日第 1 版。

历，具有良好的法律专业素养和司法职业操守。这就必须改革法官准入制度，提高法官准入的门槛，推动法官正规化、专业化、职业化建设。中央关于统一法律职业资格制度改革的一系列举措正是适应建立司法责任制而实施的。此外，为把住法官入口，确保法官的专业素养、职业能力和基本操守，中央决定在省一级设立法官检察官遴选委员会，由各方专业人士及人大代表、政协委员等组成的法官检察官遴选委员会从专业角度提出法官、检察官人选，为司法责任制的实施提供人才基础。

第二，司法人员分类管理和完善法官员额制。长期以来，人民法院内部有"法官"身份的人很多，但多数"法官"不办案、不能办案（没有能力办案）、不愿办案，导致办案法官任务重、压力大、地位低、风险高、升迁困难，因而要求转到审管、政工、行政部门工作，甚至辞职改行，造成优秀法官大量流失。法官数量过多、水平参差不齐，也使得法官待遇整体上无法改善。更为严重的是，由于不管什么人都能获得"法官"的称号，甚至后勤工作人员都被称为法官，加上第一线办案的法官水平参差不齐，给当事人和社会公众一种"什么人都可以当法官、都可以办案"的印象。在此情况下，法官缺乏职业荣誉感，社会公众对法官这一职业也难以形成认同和尊重，导致司法权威和司法公信力低下，甚至导致司法信任危机。建立和完善司法责任制，就必须彻底改变这种现状，推动司法人员分类管理，重建司法人员职务序列，建立少而精的法官队伍，实行法官精英化，以便把那些具有良好职业道德和较高专业水准的法官选拔并保留到办案法官队伍中，让他们真正在第一线办案，同时为他们配备必要的高素质法官助理、书记员等审判辅助人员，使法官从事务性、文秘性工作中脱身，将主要精力投入到案件的审理中。这有利于从根本上减轻法官负担、保证办案质量，并真正使司法责任制落到实处。

第三，改革法官职业保障制度。建立和完善司法责任制需要完善的司法职业保障制度，因而极大地推动了司法职业保障制度改革。司法职业保障制度是司法职业制度的重要组成部分，其完善、发展对于确保法官依法独立公正高效地行使司法职权，推进更高水平的社会主义司法文明具有基础性、战略性的深远意义。党的十八届三中全会提出健全法官、检察官、人民警察职业保障制度，将其作为推进法治中国建设的重要举措；四中全会要求进一步完善司法职业保障体系，建立法官、检察官、人民警察专业职务序列及工资制度，促进法治专门队伍正规化、专业化、职业化，提高其职业素养和专业水平，任何单位或者个人不得要求法官、检察官从事超出法定职责范围的事务，非因法定事由，非经法定程序，不得将法官、检察官调离、辞退或者作出免职、降级等处分。四中全会后，中央全面深化改革领导小组又出台了一系列与司法职业建设和保障相关的文件。但现实中，司法人员职业保障方面依然存在许多问题亟待解决。可以预见，随着包括物质保障（相对高新）、精神保障（人格和职业尊严）、职业保护（政治、法律、社会保护）等在内的法官职业保障制度的完善，司法责任制改革有望达到预期目标。

第四，推进司法机关内部管理体系改革，实行法院、检察院司法行政事务管理权与审判权、检察权相分离。法院、检察院的人财物管理权属于司法行政事务权。将司法行政事务管理权与审判权、检察权适当分离，有利于防止司法行政事务管理权干涉审判权、检察权，保证法官、检察官依法独立公正办案。"两权分离"改革有利于克服行政化、官僚化，确保法官的主体地位。目前，各行各业的行政化趋势普遍增强，法院的行政化倾向也日趋严重。法官和法院工作人员按照行政机关"官本位"层级模式定级，法官群体因被划分为不同等级而存在上下级隶属关系，院长对副院长、副院长对庭长、庭长对法官是一种领导与被领导、支配与被支配的关系，这就为法院各级领导干部影响和干预法官办案留下了制度性空间。由于来自外部的党政机关干预和利益集团的影响主要是通过法院内部各级"领导"施加的，所以审判庭庭长、分管副院长甚至院长直接插手合议庭和法官审理案件、干预合议庭和法官裁决的情况时有发生，在一些法院甚至有常规化趋势，人情案、关系案、金钱案由此发生。由于领导干部行政式地干预办案，法官审判的责任心有所下降，审判质量难以保障。司法责任制的实施将从根本上消解司法机关内部行政化、官僚化、官本位的痼疾，为司法机关回归司法本质确立长效体制机制。

第五，防止违法干预司法活动。从司法实践来看，来自司法机关内外的各种违法干预活动是妨碍司法公正甚至酿成冤假错案的重要因素。建立和完善司法责任制必然要求抵制、排除对法官独立办案的干预，并使之规范化、制度化、法治化。对此，党的十八届四中全会《法治决定》提出了两项改革举措：一是建立领导干部干预司法活动、插手具体案件处理的记录、通报和责任追究制度，防止外部干预；二是建立司法机关内部人员过问案件的记录制度和责任追究制度，防止司法机关内部的干预。2015 年，中共中央办公厅、国务院办公厅印发了《领导干部干预司法活动、插手具体案件处理的记录、通报和责任追究规定》，中央政法委印发了《司法机关内部人员过问案件的记录和责任追究规定》，提出了解决违法干预司法活动的具体办法。这两个规定要求司法人员全面、如实记录领导干部干预司法活动和司法机关内部人员过问案件的情况，做到全程留痕、有据可查；同时明确规定，司法人员如实记录受法律和组织保护，领导干部和司法机关内部人员不得对如实记录的司法人员打击报复。这两个规定从外部和内部同时着手，立体化地为干预司法划出"红线"，共同构筑起防御干扰司法活动的制度"防火墙"，为司法责任制改革创造了坚强的制度保障。

第六，推动省以下地方法院、检察院人财物统一管理。多年来，由于历史、经济、政治、国家治理体制等方面的原因，我国司法呈现出明显的地方性特征。司法地方化倾向加剧，严重损害了司法公正和社会公平正义。20世纪 90 年代以后，随着市场经济的发展，地方政府的经济利益和利益集团的利益对司法产生了前所未有的影响，地方保护主义对司法施加的压力日趋加重，以致出现司法的"主客场"现象，构成对司法统一、司法公正、司法权威的巨大挑战。在这种情况下，一些地方法院、检察院丧失其中立性、公平性本质而沦为地方利益的保护伞，甚至成了地方政府和地方商业利益集团巧取豪夺、暴力征用的工具，严重损害了司法的形象和声誉，损害了社会公平正义，破坏了法制尊严和统一。落实司法责任制，必须排除地方保护主义的影响。基于此，党的十八届三中全会《改革决定》和四中全会《法治决定》把去地方化作为司法改革的首要任务，通过改革人民法院体系和人民检察院体系、司法管理体制和司法管辖制度来破解司法地方化，具体举措包括

"推动省以下地方法院、检察院人财物统一管理"，"探索建立与行政区划适当分离的司法管辖制度"等。人财物管理本来属于中央事权，但是我国幅员辽阔、人口众多，各地经济社会发展不平衡，全国法官、检察官数量又比较大，地方法院、检察院人财物统一收归中央一级管理和保障在现阶段难以做到，因此，中央从国情出发提出首先推动省以下地方法院、检察院人财物统一管理。关于法官、检察官的统一管理，主要是建立法官、检察官统一由省一级遴选并按法定程序任免的机制。关于领导干部的统一管理，按照党管干部的原则，市级、县级法院院长、检察院检察长由省级党委（党委组织部）直接管理，其他领导班子成员可委托当地市级党委管理。关于经费的统一管理，主要是建立省以下地方法院、检察院经费由省级政府财政部门统一管理机制。同时，为防止司法系统行政化，省、市、县三级法院、检察院均为省财政部门一级预算单位，预算资金通过国库集中支付系统拨付给各法院、检察院。

司法责任制改革与其他司法改革事项，如优化司法职权配置，推进以审判为中心的诉讼制度改革等，也有直接或间接的关联。

总之，如果说建立公正高效权威文明的社会主义司法制度是司法体制改革的终极目标，提高司法公信力是司法体制改革的近期目标或阶段性目标，那么，建立和完善司法责任制则是实现司法体制改革目标的必由之路。

二、司法责任制的理论支点

要正确认识和坚定推进司法责任制，就必须弄清楚其内在的理论依据。习近平总书记关于司法和司法改革的论述为司法责任制提供了科学的理论依据。在习近平总书记全面依法治国系列论述中，有关中国特色社会主义法治道路的论述最为鲜明，而关于司法和司法改革的论述则尤为丰富。这是因为在全部法治改革中，习近平总书记最关注司法改革；在社会公正链条中，习近平总书记把司法公正视为维护社会公平正义的最后一道防线。在全面依法治国和深入推进司法体制改革的新形势下，习近平总书记不断创新司法理论，对一些长期困扰法学界法律界的司法理论问题给出了依据客观规律、符合中国实际、具有中国特色的深刻阐述，为包括建立和完善司法责任制在内的司法改革和中国特色社会主义司法事业发展提供了科学的理论支撑。

（一）关于司法、司法权概念的论述

在司法理论体系当中，最基本的概念当属"司法"、"司法权"以及与它们连接在一起的"司法机关"、"司法体制"等。对于这些概念，习近平总书记都作出了认真分析与阐述。

什么是司法？国内外有各种观点。习近平总书记在通常的语境下是把司法作为包括侦查、检察、审判、司法执行等国家专门活动在内的一个概念来理解，如"司法体制"、"司法公信力"、"司法改革"等。

我国司法机关包括哪些部门？理论界和实务部门有不同观点。习近平总书记认为：在我国，司法机关是包括公安机关、检察机关、审判机关、司法行政机关等在内的；优化司法职权配置，就是"健全公安机关、检察机关、审判机关、司法行政机关各司其职，侦查权、检察权、审判权、执行权相互配合、相互制约的体制机制"[1]。

什么是司法权？更是有不同的理解。习近平总书记基于对"司法""司法机关"的理解，对司法权也作出了符合司法规律和中国实际的科学界定，指出，"司法活动具有特殊的性质和规律，司法权是对案件事实和法律的判断权和裁决权"[2]。据此，习近平一方面给予司法权一个开放的结构，指出司法的各个环节都行使着对事实和法律的判断权，无论是公安机关行使侦查权、检察机关行使追诉权、审判机关行使审判权，还是执行机构行使裁判执行权，都包含着对事实、法律的判断；另一方面强调在司法权力中具有决定意义的是审判权。审判权的核心是裁决权、裁判权，所谓裁决、裁判，就是

---

① 《中共中央关于全面推进依法治国若干重大问题的决定》，见《〈中共中央关于全面推进依法治国若干重大问题的决定〉辅导读本》，人民出版社 2014 年版，第 21 页。

② 习近平：《在中央政法工作会议上的讲话》，见《习近平关于全面依法治国论述摘编》，中央文献出版社 2015 年版，第 102 页。

在查明事实真相的基础上，依据法律的内在准则以及道德、情理、政策等外部性规范作出定分止争、惩恶扬善、修复正义的判决，而无论是侦查还是检察，说到底都围绕着定罪量刑展开，都是裁判的前期工作，司法行政机关执行的则是人民法院的裁判，因此，裁判才是本真意义上的司法。司法责任制改革就是还权于法院和法官，就是建立以审判为中心的诉讼制度和以审判权为核心的司法制度。

（二）关于司法的价值和功能的论述

习近平总书记指出，"公正是司法的灵魂和生命"，促进社会公平正义是司法工作的核心价值追求，司法机关是维护社会公平正义的最后一道防线。围绕公平正义这一核心价值，我国司法担当着"权利救济"、"定分止争"、"制约公权"的功能。

关于权利救济（保障权利）。习近平总书记提出："所谓公正司法，就是受到侵害的权利一定会得到保护和救济，违法犯罪活动一定要受到制裁和惩罚。如果人民群众通过司法程序不能保证自己的合法权利，那司法就没有公信力，人民群众也不会相信司法。"[1] 基于司法的这一核心价值，党的十八大以来，特别是三中全会《改革决定》、四中全会《法治决定》和五中全会《建议》，以及国家《十三五规划纲要》，都把保障人权和权利作为司法改革和司法公正的要点。四中全会《法治决定》指出，"加强人权司法保障。强化诉讼过程中当事人和其他诉讼参与人的知情权、陈述权、辩护辩论权、申请权、申诉权的制度保障。健全落实罪刑法定、疑罪从无、非法证据排除等法律原则的法律制度"[2]，完善对涉及公民人身、人格、财产权益的行政强制措施，实行司法监督制度。五中全会进一步提出加强产权的司法保护，保障诉讼当事人和其他诉讼参与人的程序性权利和实体性权利；提出要落实严格

---

① 习近平：《在十八届中央政治局第四次集体学习时的讲话》，见《习近平关于全面依法治国论述摘编》，中央文献出版社 2015 年版，第 78 页。

② 《中共中央关于全面推进依法治国若干重大问题的决定》，见《〈中共中央关于全面推进依法治国若干重大问题的决定〉辅导读本》，人民出版社 2014 年版，第 18 页。

的证据规则，"全面贯彻证据裁判规则，严格依法收集、固定、保存、审查、运用证据，完善证人、鉴定人出庭制度，保证庭审在查明事实、认定证据、保护诉权、公正裁判中发挥决定性作用"①。

关于定分止争。法律是定分止争的实践理性。现代社会中，通过司法权尤其是诉讼来解决社会纠纷已成为最主要的也是最有效的手段和方法。如何实现司法定分止争的价值功能？习近平总书记提出两条路径：一是公正司法。司法不公，人心不服，司法定分止争的功能就难以实现。二是坚持司法为民。改进司法工作作风，通过热情服务，切实解决好老百姓打官司难问题；司法工作者要密切联系群众，善于做群众工作，"一纸判决，或许能给当事人正义，却不一定能解开当事人的'心结'，'心结'没有解开，案件也就没有真正了结"②。

关于制约公权。制约公权是现代司法的重要功能，它主要是针对行政权力，把行政权力关进制度的笼子里，把行政权力的运行纳入法治轨道。我国检察机关对公职人员滥用职权、渎职侵权、贪污受贿行为的法律监督，督促起诉制度，法院检察院对行政机关的司法建议，都属于制约公权的制度化活动。行政诉讼则是司法制约公权的主渠道，是解决行政争议，保护公民、法人和其他组织合法权益，监督行政机关依法行使职权的重要法律制度。

习近平总书记关于司法价值和功能的论述是对司法价值和职能的最具现代性、中国化的科学概括，这些概括深刻揭示出司法责任的内在意义，为司法责任制改革确立了鲜明的价值导向和功能指向。

（三）关于司法规律的论述

司法责任制改革必须遵循司法规律。党的十八届三中全会和四中全会、中央政法工作会议、中央深化改革领导小组会议都反复强调司法改革要坚持

---

① 《中共中央关于全面推进依法治国若干重大问题的决定》，见《〈中共中央关于全面推进依法治国若干重大问题的决定〉辅导读本》，人民出版社 2014 年版，第 17 页。

② 习近平：《在十八届中央政治局第四次集体学习时的讲话》，见《习近平关于全面依法治国论述摘编》，中央文献出版社 2015 年版，第 67、68 页。

问题导向，遵循司法权运行规律。然而，一个时期以来，学术界在司法规律是什么、有哪些规律的问题上众说纷纭，难以形成共识。习近平总书记对此提出了既高屋建瓴又求真务实的见解，创新了司法理论，凝聚了改革共识。

习近平总书记首先在方法论上把司法规律限定于"司法权运行规律""司法活动的客观规律"，指出：完善人民法院司法责任制，"要坚持问题导向，遵循司法权运行规律"①，"完善司法制度，深化司法体制改革，要遵循司法活动的客观规律"②。在这样的语义下，他对司法规律进行了深刻分析。

司法权既是统一的国家权力体系的组成部分，又是一种相对独立的国家权力。司法权运行既有权力运行的一般规律，又有特殊规律，其最显著的特殊规律是行使（运行）的独立性。司法权独立行使（运行）是最根本最普遍的司法规律。我国宪法、三大诉讼法、人民法院组织法、人民检察院组织法，以及党中央的一系列重要文件和文献都明确规定司法权依法独立公正行使。习近平总书记强调指出，"要确保审判机关、检察机关依法独立公正行使审判权、检察权"，"司法不能受权力干扰，不能受金钱、人情、关系干扰，防范这些干扰要有制度保障"。③

司法权独立行使（运行）意味着专门机关、专属权力、专业人员。具体而言：其一，国家的司法权只能由国家司法机关统一行使，其他机关、政党、社会团体和个人都无权行使此项权力，无权对刑事案件作出有罪、无罪以及量刑轻重的判决，也无权对民事诉讼案件、行政诉讼案件作出裁决。世界上很多国家的宪法都是这样规定的。如美国《联邦宪法》第 3 条第 1 款规定"合众国的司法权属于最高法院及国会随时制定与设立的下级法院"，日本《宪法》第 76 条第 1 款规定"一切司法权属于最高法院及由法律设置的

---

① 《增强改革定力保持改革韧劲扎扎实实把改革举措落到实处》，载《人民日报》2015年 8 月 19 日第 1 版。

② 习近平：《在中央政法工作会议上的讲话》，见《习近平关于全面依法治国论述摘编》，中央文献出版社 2015 年版，第 78 页。

③ 习近平：《在十八届中央政治局第四次集体学习时的讲话》，见《习近平关于全面依法治国论述摘编》，中央文献出版社 2015 年版，第 69 页。

下级法院"。其二，法院、检察院依照法律规定独立行使审判权、检察权，不受任何国家机关、社会团体和个人的非法干涉。马克思曾经说过："法官是法律世界的国王，除了法律就没有别的上司。"① 联合国核准认可的《关于司法机关独立的基本原则》也指出："司法机关应不偏不倚、以事实为根据并依法律规定来裁决其所受理的案件，而不应有任何约束，也不应为任何直接间接不当影响、怂恿、压力、威胁、或干涉所左右，不论其来自何方或出于何种理由。"② 其三，司法人员审理案件必须严格依照法律规定，精准认定事实，正确适用法律。习近平总书记指出：司法人员公正办案，"只服从事实、只服从法律"③。"只服从事实、只服从法律"，这是我国法律规定的"以事实为根据，以法律为准绳"的强化表达，既是司法的法治原则，也是司法的客观规律。司法责任制只能以也必须以司法权独立行使（运行）为前提。

当然，司法权独立行使（运行）并意味着法院不受监督和制约。司法权同其他权力一样，都要接受监督和制约，不受监督和制约的权力必然产生腐败。在我国，各级司法机关必须正确处理好与党委、权力机关、行政机关，以及人民群众的关系：要服从党委对司法工作的领导，使司法权的行使有政治保证；要接受权力机关的监督，对权力机关负责，维护和实现人民的意志；要接受上级司法机关的监督和指导，保证司法权的统一行使；要接受其他机关、团体和人民群众的监督，以便正确地适用法律，防止司法腐败现象发生。

需要特别说明的是，司法权独立行使（运行）不仅是司法权运行的根本规律和法治的基本原则，也是一项基本人权。1948 年 12 月 10 日联合国大会通过并宣布的《世界人权宣言》第 10 条规定："人人完全平等地有权由一个独立而无偏倚的法庭进行公正的和公开的审讯，以确定他的权利和义务并

---

① 《马克思恩格斯全集》第 1 卷，人民出版社 1956 年版，第 76 页。
② 《关于司法机关独立的基本原则》，http://www.un.org/chinese/hr/issue/docs/51.PDF，访问日期 2017 年 1 月 2 日。
③ 《坚持严格执法公正司法深化改革促进社会公平正义保障人民安居乐业》，载《人民日报》2014 年 1 月 9 日第 1 版。

判定对他的任何刑事指控。"联合国大会 1966 年 12 月 16 日通过的《公民权利和政治权利国际公约》第 14 条也明确规定："在判定对任何人提出的任何刑事指控或确定他在一件诉讼案中的权利和义务时，人人有资格由依法设立的合格的、独立的和无偏倚的法庭进行公正的和公开的审讯。"这两个联合国人权文件明确强调司法的独立性。联合国人权委员会就《公民权利和政治权利国际公约》通过的一般性意见认为，上述规定要求法庭必须依法成立，宪法和有关立法中应有关于司法、行政、立法部门相互独立以及如何设立法庭、如何委任法官以及委任的条件、任职期限、晋升、调职、停职的条件等规定。站在人权的高度看，任何对司法权独立行使（运行）的干预不但妨碍司法权健康运行、有损司法的权威和尊严，而且从根本上讲是对人权的粗暴践踏。

在揭示司法权独立行使（运行）这一根本规律的基础上，习近平总书记进一步指出遵循司法规律要体现"权责统一、权力制约、公开公正、尊重程序"①，并在其他讲话中提出"裁判终局性"。

关于权责统一。权责统一是任何权力正确运行的基本规律，司法权力的运行尤其如此。权责统一的经典表述是"让审理者裁判、由裁判者负责"②。一方面，法官要有审理案件的权力，包括法定条件下的自由裁量权；另一方面，法官要对案件的事实认定和法律适用负责，对案件的质量终身负责。要加强对审判权的监督，制定科学合理的司法责任追究制度。这既有利于调动司法人员的积极性、主动性，又有利于增强司法人员的办案责任心。

关于权力制约。权力制约即司法权力之间的制约或制衡，表现为司法权分别由不同司法机关行使。例如，在刑事诉讼活动中，公安机关行使侦查权，人民检察院行使检察权，人民法院行使审判权，司法行政机关行使刑罚执行权。公检法司四机关各司其职，侦查权、检察权、审判权、执行权相互

---

① 习近平：《以提高司法公信力为根本尺度 坚定不移深化司法体制改革》，载《人民日报》2015 年 3 月 26 日第 1 版。

② 《中共中央关于全面深化改革若干重大问题的决定》，见《〈中共中央关于全面深化改革若干重大问题的决定〉辅导读本》，人民出版社 2013 年版，第 33—34 页。

配合、相互制约。针对四机关在司法权运行过程中存在的不均衡现象，习近平总书记明确提出"制衡"概念，要求"以优化司法职权配置为重点，健全司法权力分工负责、互相配合、互相制约的制度安排"①。

关于公开公正。司法是维护社会公平的最后一道防线，司法公正是社会公平的底线，维护公平正义是司法的核心价值。"要依法公正对待人民群众的诉求，努力让人民群众在每一个司法案件中都能感受到公平正义，决不能让不公正的审判伤害人民群众感情、损害人民群众利益。"② 如果说公正是司法的本质特征和价值目标，公开透明就是确保司法公正的必然要求。司法不公开、不透明，就会给暗箱操作留下空间，就会导致司法不公、司法腐败。"阳光是最好的防腐剂。权力运行不见阳光，或有选择地见阳光，公信力就无法树立。执法司法越公开，就越有权威和公信力。涉及老百姓利益的案件，有多少需要保密的？除法律规定的情形外，一般都要公开。要坚持以公开促公正、以透明保廉洁。要增强主动公开、主动接受监督的意识，完善机制、创新方式、畅通渠道，依法及时公开执法司法依据、程序、流程、结果和裁判文书。对公众关注的案件，要提高透明度，让暗箱操作没有空间，让司法腐败无法藏身。"③

关于尊重程序。在某种意义上，法治就是程序之治，依法办事就是依照程序办事。美国著名大法官威廉姆斯·道格拉斯有一句堪称经典的名言："正是程序决定了法治与恣意的人治之间的基本区别。"④ 基于程序之治的观念，奥地利法学家凯尔森试图把一切法律现象都还原为程序法。美国哲学家

---

① 习近平：《加快建设社会主义法治国家》，载《求是》2015 年第 1 期，第 7 页。

② 习近平：《在首都各界纪念现行宪法公布施行 30 周年大会上的讲话》，载《人民日报》2012 年 12 月 5 日第 2 版。

③ 习近平：《严格执法，公正司法》，见《十八大以来重要文献选编》（上），中央文献出版社 2014 年版，第 720 页。

④ Justice Willian O. Douglas.s Comment in Joint Anti—Fascist Refugee Comm. V. Mcgrath. *See United States Supreme Court Reports*（95 *Law. Ed. Oct.*1950 *Tem*）.The Lawyers Co-operative Publishing Company，1951，p.858.转引自季卫东：《法律程序的意义》，载《中国社会科学》1993 年第 1 期，第 83 页。

罗尔斯倾向于把法治归结于程序正义，指出法治取决于一定形式的正当过程，正当过程又主要通过程序来体现。美国程序法学派提出"程序法治"的概念，在他们看来，法治的精髓在于程序，由于司法是基于自然正义而客观地形成的一套民主、公正、理智的程序，同非理智的、专断的政治和行政决策形成鲜明的对照，所以司法更能代表法治。把尊重程序作为司法的基本规律，乃是因为：其一，程序是制约司法权力、防止权力任性的伟大发明。通过程序，一方面使司法权具有职能上的法定性、正当性、有效性，避免权力滥用和过度自由裁量；另一方面使司法权按照既定的权限和程序启动和运行，并且以民众看得见的方式行使，提高司法权运行的公信力。其二，程序是人权保障的武器，尤其是刑事诉讼程序的发明。通过规定罪行法定、无罪推定、疑罪从无、罪责均衡、严禁刑讯逼供、排除非法证据、充分辩护、法律援助、司法救助等严格而又公正的程序，建立起有效保障人权的司法制度。

关于裁判终局。裁判权是司法权的核心，裁判终局就是强调法院的生效裁判应有终局性。"司法审判本来应该具有终局性的作用。"[①] 司法裁判的终局性具体表现为两个方面：一是裁决效力的至上性，即对于司法机关作出的生效裁决，除经司法机关依法改判外，其他任何机关、组织或个人均不得变更或撤销。二是裁决效力的终结性，即司法机关对某一诉讼案件作出最终生效裁决后不得再将这一诉讼重新纳入司法裁判的范围，亦称"一事不再理"原则（针对民事案件）和"禁止双重追诉"原则（针对刑事案件）。坚持司法的终局性原则，是维护司法权威的必然要求。正如美国学者埃尔曼所说："具体的言行一旦成为程序上的过去，即使可以重新解释，但却不能推翻撤回。经过程序认定的事实关系和法律关系，都被一一贴上封条，成为无可动摇的真正的过去。"[②] 但长期以来，我们偏离司法规律，不重视维护司法的终局性和既判力。一些人利用再审、信访等方式反复申诉、反复信访，制造出

---

① 习近平：《在十八届中央政治局第四次集体学习时的讲话》，见《习近平关于全面依法治国论述摘编》，中央文献出版社 2015 年版，第 67 页。

② 季卫东：《法治秩序的建构》，中国政法大学出版社 1999 年版，第 18 页。

了很多媒体所说的"马拉松式诉讼",既造成司法资源的巨大浪费,又导致司法裁判丧失权威。2013 年以来中央提出落实终审和诉讼终结制度,实行诉访分离,就是让中国司法回归到司法终局性规律之中。

除了上述五条,学术界还提出了法官中立、律师自由等司法基本规律。

法官中立,即法官立场中立、思维中立、办案中立,中立是司法权独立行使(运行)在法官身上的一种特殊体现和要求,司法权独立行使(运行)必然要求法官中立、裁判居中。法官中立也是司法责任制的应有之义。法官的中立性根源于诉讼当事人的复合性、对抗性。法官必须在双方或多方当事人之间保持独立和中立地位,不受其他任何因素干扰而偏袒一方当事人,唯有如此,才能作出公正的、不偏不倚的判决,所以说法官中立是保证司法公正的必然要求。法官中立也决定于司法的受动性或被动性,受动性或被动性的简明表达是"不告不理",不告不立案、未告的事项不由法官提起。美国法学家戈尔丁将法官中立性归纳为三项原则,即:与自身有关的人不应是法官;结果中不应含纠纷解决者的个人利益;纠纷解决不应有支持或反对某一方的偏见。法官中立意味着法官应在发生争端的各方当事人之间保持一种超然的无偏袒的态度和地位,而不得对任何一方存在偏见、偏好;法官行使司法权审判案件不受任何无关因素的影响。正如美国法学家卢米斯所说:"在法官作出判决的瞬间,被别的观点,或者被任何形式的外部权势或压力所控制或影响,法官就不复存在了。"①

律师自由,包括律师职业自由和律师执业自由。律师队伍是法治的一支重要力量,在保障法律正确实施、维护当事人合法权益、维护社会公平正义、支持司法机关定分止争、提高司法公信力中能够发挥十分重要的作用。从司法权独立行使(运行)的根本规律和普遍规律出发,从律师职业的社会功能和法治功能出发,必然要求律师自由。1959 年 1 月 10 日世界法学家大会结束时通过了关于法治问题的《德里宣言》,该宣言指出:为维护法治起

---

① 转引自〔英〕罗杰·科特威尔:《法律社会学导论》,华夏出版社 1982 年版,第 236—237 页。

见，必须有能自由处理业务的有组织的法律职业，但亦应有从事法律职业的管理条例，以保障每个律师能够毫无顾虑地"为顾客办案"，不怕国家干涉，不怕金钱、名誉和地位的损失。1990 年 9 月 7 日联合国第八届预防犯罪和罪犯待遇大会通过的《关于律师作用的基本原则》指出：律师的作用是"为一切需要诉讼的人提供法律服务以及与政府和其他机构合作，进一步推进正义和公共利益的目标"，其目的在于"充分保护人人享有的人权和基本自由，无论是经济、社会和文化权利或是公民权利和政治权利"，因此，律师的独立和自由是律师能够抗衡权力、捍卫人权的基本条件。《关于律师作用的基本原则》第 14 条规定："律师在保护其委托人的权利和促进维护正义的事业中，应努力维护受到本国法律与国际法承认的律师自由，并在任何时候都根据法律和公认的准则以及律师职业道德，自由和勤奋地采取行动。"这意味着律师自由并不是指律师可以为所欲为，律师执业是受到法律规范、律师行业自治规范和法律职业道德约束的。

三、司法责任制的核心要义和科学内涵

司法活动具有特殊的性质和规律，司法权是对案件事实和法律的判断权、裁决权，亲历性是司法权运行的基本特征。然而，长期以来，由于司法行政化、官僚化不断加剧，导致审者不判、判者不审，既有悖司法的亲历性，无法保证司法公正和效率，也难以追究错案责任。实行司法责任制，就是要让审理者裁判、由裁判者负责，实现权责相统一，建立办案质量终身负责制和错案责任追究制。当前，在全面推进司法责任制的关键时刻，必须从理论上厘清司法责任制的核心要义和科学内涵。

司法责任制的核心要义是"让审理者裁判，由裁判者负责"。那么，如何理解"让审理者裁判"，又如何理解"由裁判者负责"呢？

关于审理者裁判，首先要界定"审理者"，即司法责任的主体。就我国现行司法体制而言，审理者包括独任法官（法官个体）、合议庭，也包括审判委员会，他们都是审判主体，都是审理者。独任法官审理和裁判、合议庭法官

审理和裁判在理解上都没有问题，问题在于审判委员会是不是审理和裁判的主体？笔者认为，它当然是审理者，让审理者裁判、由裁判者负责，绝不能排除审判委员会。按照我国《人民法院组织法》和三大诉讼法的规定，审判委员会不仅属于审判实体，而且是人民法院最高审判组织，所以不能违宪违法地把它排除在审理者、裁判者之外。至于审判文书如何签发，并不影响审判委员会作为审理者、裁判者的宪法法律定位和确保司法公正的法律职能。

既然人民法院的审理者是多元的，那就要各行其权、各负其责。我国《人民法院组织法》、相关诉讼法、《关于完善人民法院司法责任制的若干意见》明确了各类司法人员和审判组织的职责和权限，并规定凡是进入法官员额的，都要在司法一线办案。

对于独任法官的职责，《人民法院组织法》规定："简单的民事案件、轻微的刑事案件和法律另有规定的案件，可以由审判员一人独任审判。"《关于完善人民法院司法责任制的若干意见》规定独任法官的职责是：（1）主持或者指导法官助理做好庭前会议、庭前调解、证据交换等庭前准备工作及其他审判辅助工作；（2）主持案件开庭、调解，依法作出裁判，制作裁判文书或者指导法官助理起草裁判文书，并直接签发裁判文书；（3）依法决定案件审理中的程序性事项；（4）依法行使其他审判权力。

对于合议庭的职责，《人民法院组织法》第9条明确规定：人民法院审判案件，实行合议制；人民法院审判第一审案件，由审判员组成合议庭或者由审判员和人民陪审员组成合议庭进行；人民法院审判上诉和抗诉的案件，由审判员组成合议庭进行，合议庭由院长或者庭长指定审判员一人担任审判长，院长或者庭长参加审判案件的时候，自己担任审判长。《关于完善人民法院司法责任制的若干意见》规定合议庭审理案件时，承办法官应当履行以下审判职责：（1）主持或者指导法官助理做好庭前会议、庭前调解、证据交换等庭前准备工作及其他审判辅助工作；（2）就当事人提出的管辖权异议及保全、司法鉴定、非法证据排除申请等提请合议庭评议；（3）对当事人提交的证据进行全面审核，提出审查意见；（4）拟定庭审提纲，制作阅卷笔录；（5）自己担任审判长时，主持、指挥庭审活动；不担任审判长时，协助审判长开展庭审活动；（6）参与案件评议，并先行提出处理意见；（7）根据合议庭评议意见制作裁判文书或者指导法官助理起草裁判文书；（8）依法行使其他审判权力。合议庭审理案件时，合议庭其他法官应当认真履行审判职责，共同参与阅卷、庭审、评议等审判活动，独立发表意见，复核并在裁判文书上签名。合议庭审理案件时，审判长除承担由合议庭成员共同承担的审判职责外，还应当履行以下审判职责：（1）确定案件审理方案、庭审提纲、协调合议庭成员庭审分工以及指导做好其他必要的庭审准备工作；（2）主持、指挥庭审活动；（3）主持合议庭评议；（4）依照有关规定和程序将合议庭处理意见分歧较大的案件提交专业法官会议讨论，或者按程序建议将案件提交审判委员会讨论决定；（5）依法行使其他审判权力。审判长自己承办案件时，应当同时履行承办法官的职责。

对于审判委员会的职责，《人民法院组织法》第 10 条规定："审判委员会的任务是总结审判经验，讨论重大的或者疑难的案件和其他有关审判工作的问题。"《刑事诉讼法》第 180 条规定："合议庭开庭审理并且评议后，应当作出判决。对于疑难、复杂、重大的案件，合议庭认为难以作出决定的，由合议庭提请院长决定提交审判委员会讨论决定。审判委员会的决定，合议庭应当执行。"在司法实践中，审判委员会有权力也有责任审理具有全局性、类型性、敏感性的案件涉及国家外交、安全和社会稳定的重大案件，解决其他重大、疑难、复杂案件的法律适用问题。审判委员会的决定对法官个人、合议庭、审判庭都具有必须接受和执行的法律效力。

此外，审理者还应当包括审判庭（含常设的和特设的）。20 世纪 80 年代审判林彪、江青反革命集团的法庭就属于这样的审理者。①

如何理解"由裁判者负责"？一些人狭隘地将这句话仅仅理解或误读为裁判者要对错案承担法律责任以及责任终身追究，好像这项制度规定是悬在

---

① 1980 年 9 月，全国人大常委会通过了一项特别决定，宣布成立审判林彪、江青反革命集团的最高人民检察院特别检察厅和最高人民法院特别法庭，任命时任最高人民检察院检察长黄火青为特别检察厅厅长，最高人民法院院长江华为特别法庭庭长，同时任命伍修权、曾汉周、黄玉昆 3 人为特别法庭副庭长，还有一批审判员，共 35 人。

法官头上的一把利剑。其实，在现代汉语中，"责任"一词有三个相互联系的基本的语义。一是分内应做的事，如"岗位责任""尽职尽责"等。这种责任实际上是一种角色义务。每个人在社会中都扮演一定角色，即有一定岗位或职务，相应地，也就必须且应当承担与其角色相适应的义务。二是特定的人对特定事项的发生、发展、变化及其结果负有积极的助长义务，如"担保责任""举证责任"。三是因没有做好分内之事（没有履行角色义务）或没有履行助长义务而应承担的不利后果或强制性义务，如"违约责任""侵权责任""赔付责任"等。我们可以借用西方学者的分类方法，把前两种责任称为"积极责任"（positive responsibility），而把后一种责任称为"消极责任"（negative responsibility or liability）。

依据"责任"一词的上述基本语义，"裁判者负责"的含义包括：法官应当尽职尽责地做好审判工作，也就是履行好法官作为审判员的职责；法官要对案件事实认定和法律正确适用负责；法官要对案件全体当事人负责，对司法公正和社会公正负责；法官要有职业良知，要坚守法治信仰，要敢于排除非法证据，敢于抵制对案件审理的各种干扰，要不断提高自己的司法能力，没有能力就谈不上负责；最后，法官要对办案质量终身负责，对错案负有终身责任。如果把司法责任制简单地归结为错案追究，就失去了司法责任制改革的广泛而深刻的意义。即使错案责任也是"有限责任"，即在职权范围内对案件质量终身负责。根据《关于完善人民法院司法责任制的若干意见》，审判责任的范围限于："故意违反法律法规的，或者因重大过失导致裁判错误并造成严重后果的，依法应当承担违法审判责任。"具体分为六种情况：（1）审理案件时有贪污受贿、徇私舞弊、枉法裁判行为的；（2）违反规定私自办案或者制造虚假案件的；（3）涂改、隐匿、伪造、偷换和故意损毁证据材料的，或者因重大过失丢失、损毁证据材料并造成严重后果的；（4）向合议庭、审判委员会汇报案情时隐瞒主要证据、重要情节和故意提供虚假材料的，或者因重大过失遗漏主要证据、重要情节导致裁判错误并造成严重后果的；（5）制作诉讼文书时，故意违背合议庭评议结果、审判委员会决定的，或者因重大过失导致裁判文书主文错误并造成严重后果的；（6）违反法律规定，对不符合减刑、假释条件的罪犯裁定减刑、假释的，或者因重大过失对不符合减刑、假释条件的罪犯裁定减刑、假释并造成严重后果的；(7)其他故意违背法定程序、证据规则和法律明确规定违法审判的，或者因重大过失导致裁判结果错误并造成严重后果的。这表明，要认真对待司法责任制，谨慎实施错案追究。

值得强调的是，实行法官审判责任制，并不是让"法官独裁"。有一些复杂、疑难、新型、敏感、热点案件，如果任凭法官自己决断，而不经过任何集体合议及复核把关，是很容易出错的。特别是一些重大的具有广泛社会影响的案件，不经过由资深法官组成的审判委员会的评议或讨论决断，不经过庭长或分管院长审查，径直由法官直接签发判决书，那是很危险的。如果对当事人、对社会的危害很大的话，裁判法官个人是负不了责任的。比如，这几年陆续发现的冤案，哪个是法官个人能负得了责任的？都是由国家赔偿、国家负责。这就是我们国家基本的司法制度。做过法院院长的人都明白，对于冤错案，法官个人真的负不了责任。例如，把一个案件判错了，一个工厂一夜之间倒闭，几百人、几千人失业，企业的财产一夜之间化为乌有，像这样的事情，哪个是法官个人能负得了责任的呢？正是基于这种实际情况，合议庭审判长、审判庭庭长、法院院长必须认真履职，加强对办案法官的监督和对审判质效的监控。

另外，我们必须正视一个基本事实，即我国法官队伍的整体素质特别是一些基层法院法官的法律知识、法治理念、司法能力和社会阅历，很难适应独立审理房地产、知识产权、金融、民生、网络犯罪等领域的新型诉讼案件。在这种情况下，奢谈法官个人的司法责任制，只能是脱离国情、脱离实际的空想，必然跌进司法改革的"乌托邦陷阱"。

让审理者裁判、裁判者负责，也涉及审级独立问题。依据我国宪法、人民法院组织法、诉讼法的规定，法院体系中的每一个法院都是独立审判实体，都是独立的审理者、裁判者。上级法院没有权力就案件审判发号施令，更不能代替下级法院作出裁判，上级法院可以指导下级法院但不能代替下级法院。坚持审级独立，每个法院、法官遇到复杂疑难案件时就不会要求上一级法院

"内审"，而是认真负责、正确适用法律，这就是司法责任制的内在逻辑。

四、司法责任制与司法民主制的关系

在司法责任制的实践过程中，一些地方出现了一种严重的错误倾向，即"去司法民主""去民主化"。针对这种错误倾向，必须强调为司法民主辩护，并坚定不移地捍卫司法民主。

司法民主或民主司法是我国社会主义司法的基本原则。在我国，所有国家机关的活动都必须遵循若干基本原则：一是坚持中国共产党的领导。这是正确行使职权的政治保证和组织保证，也是中国共产党作为执政党和领导党的必然要求。二是民主原则。这是由中华人民共和国的国体和政体决定的。三是法治原则。法治是治国理政的基本方式，作为治国理政主体的国家机关，必须依照宪法法律行使职权，严格公正依法办事。

就民主原则而言，司法民主是我国司法制度的基石，也是司法权行使（运行）的基本原则。如何理解司法民主原则？一是司法为民，这是社会主义法治的核心价值，是社会主义法治为了人民、依靠人民、造福人民、保护人民的人民主体原则在司法领域的价值体现，是社会主义司法的本质与目的性所在。司法为民的内容极其丰富，排忧解难是为民，定分止争是为民，促进社会和谐是为民，维护社会公正是为民，尊重和保障人权是为民，等等。二是民主司法，即司法运行过程和程序全面公开，当事人知情、协商，调解优先、调判结合，司法信息对公众和媒体开放等，都是民主司法。在司法权运行和司法活动中，民主司法主要体现为合议庭、审判庭、审判委员会均实行少数服从多数，依多数法官的意见形成裁判。

民主司法是如何实现的呢？就人民法院来讲，民主司法的法定组织形式和实践载体是合议庭、审判庭、审判委员会，还有人民陪审员制度。

在法院的合议庭、审判庭、审判委员会中，司法民主的机制有两个：第一个是民主集中、平等自主评议。每个法官都是平等的，也都是独立自主的。例如，我国法院普遍实行审判委员会开会时主持会议的院长（副院长）

最后发表意见，这就是为了保证司法民主，如果院长一开始就发言，把调子定了，其他法官事实上就不大可能发表不同意见了。平等自主是为了保证法官没有顾虑地发表关于案件事实、证据采信、法律适用等的独立见解。第二个是少数服从多数。少数服从多数是民主的标志，也是民主的原则。在合议庭、审判庭中，只要形成了多数意见就可以形成有效裁判，如果审判长或主审法官的意见是少数意见，他（她）就没有权力否决其他法官的意见。正如我国《刑事诉讼法》第 179 条的规定："合议庭进行评议的时候，如果意见分歧，应当按多数人的意见作出决定，但是少数人的意见应当写入笔录。"

在推进司法责任制改革的时候，必然涉及合议庭、审判庭、审判委员会的改革，无论往哪改、怎样改，都必须坚守司法民主的底线。在本轮司法体制改革中，在"去行政化"的主张下，弱化合议庭或者把合议庭虚置化的情况比较普遍，有些法院以"案件繁简分流、扩大简易程序"为名行削弱合议庭之实；有的法院甚至违背宪法和法律的规定公然取消审判庭；有些法院把审判委员会当作"行政化"的东西加以否定。基于这种片面的、错误的认识而进行的司法权力运行机制改革必然演化为"去司法民主化"。"去司法民主化"的倾向是不对头的，它违背了我国国体和政体决定的国家权力行使的根本原则，违背了司法权运行的基本规律。这应当引起有关方面高度重视，并及时加以纠正。

司法民主的最高制度载体是人民法院作为国家审判机构依照宪法法律独立行使审判权，而不是法官个人独立行使审判权。[①] 从宪法和人民法院组织法的规定可知，我国实行的是人民法院依法独立行使审判权，而不是法官独立行使审判权。在我国，无论是宪法、人民法院组织法、诉讼法还是党和政府的官方文件，都没有关于法官独立行使审判权的规定。"人民法院依法独立行使审判权"，这是确保国家审判权正确行使的宪法原则和法治原理。人民法院独立行使审判权这个宪法原则是不能动摇的，无论怎样进行司法改

---

① 我国《宪法》第 126 条规定："人民法院依照法律规定独立行使审判权，不受行政机关、社会团体和个人的干涉。"我国《人民法院组织法》第 4 条也依据《宪法》明确规定："人民法院依照法律规定独立行使审判权，不受行政机关、社会团体和个人的干涉。"

革，这一点都不应该动摇，这是中国特色社会主义司法制度的基石。不能把司法改革导向"法官独立行使审判权"，那要犯方向性、路线性错误。法官仅仅是独立办案，法院才是独立行使审判权。过去，我们批判西方国家的法官独立，现在不能矫枉过正。其实，西方国家也不都是法官独立，美国联邦最高法院实行的就是集体合议、集体裁决。我国的裁判文书既要由办案法官签名，更要加盖人民法院的公章才能生效，这足以说明是法院而不是法官独立行使国家审判权。《关于完善人民法院司法责任制的若干意见》就规定："对于有下列情形之一的案件，院长、副院长、庭长有权要求独任法官或者合议庭报告案件进展情况和评议结果：（1）涉及群体性纠纷，可能影响社会稳定的；（2）疑难、复杂且在社会上有重大影响的；（3）与本院或者上级法院的类案判决可能发生冲突的；（4）有关单位或者个人反映法官有违法审判行为的。"

司法责任制与司法民主制是相辅相成的。如果扭曲司法责任制，必将导致司法民主制破产；如果司法民主制破产了，司法改革就彻底失败了。笔者注意到，中央全面深化改革领导小组审议通过的《关于完善人民法院司法责任制的若干意见》不仅坚持了司法民主原则，而且建立了一种新型司法民主制度，即"专业法官会议"。该意见规定，"人民法院可以分别建立由民事、刑事、行政等审判领域法官组成的专业法官会议，为合议庭正确理解和适用法律提供咨询意见。合议庭认为所审理的案件因重大、疑难、复杂而存在法律适用标准不统一的，可以将法律适用问题提交专业法官会议研究讨论。专业法官会议的讨论意见供合议庭复议时参考，采纳与否由合议庭决定，讨论记录应当入卷备查"，还应"建立审判业务法律研讨机制，通过类案参考、案例评析等方式统一裁判尺度"。这些虽不是法律规定的司法民主形式，但这种由司法改革文件确定的司法民主形式很有必要、十分及时。在深入推进司法责任制改革的过程中亦应重视发挥合议庭、审判庭、审判委员会以及专业法官会议等司法民主载体的积极作用，创新和完善以司法民主保证司法公正、司法权威、司法秩序、司法公信的体制机制。

推进全球治理变革，构建世界新秩序[*]

　　随着中国和平崛起和位居世界舞台的中心区域，构建民主法治公正合理的世界新秩序，成为党和国家战略决策的基本面向，也成为理论研究的重大课题。党的十八大以来，习近平总书记统筹国内与国际两个大局、国家治理与全球治理两个要务，就推进国际关系民主化法治化合理化、引领经济全球化、推动全球治理体系和治理规则变革、构建以合作共赢为核心的新型国际关系和公正合理的世界秩序，打造人类命运共同体，作出了既高屋建瓴又求真务实的论述和部署。

　　2014年11月29日，习近平总书记出席中央外事工作会议时强调："要切实推进多边外交，推动国际体系和全球治理改革，增加我国和广大发展中国家的代表性和话语权。"① 2015年10月12日，中共中央政治局就全球治理格局和全球治理体制进行第二十七次集体学习，习近平总书记在主持学习时强调，我们要审时度势，努力抓住机遇，妥善应对挑战，统筹国内国际两个大局，推动全球治理体制向着更加公正合理的方向发展。②

　　在一系列国际重大场合，习近平主席也是旗帜鲜明地主张推进全球治理变革，建设新型国际关系，构建经济政治新秩序。2013年3月27日，习

　　＊　本文刊于《环球法律评论》2017年第4期。

　　①　《中央外事工作会议在京举行》，载《人民日报》2014年11月30日第1版。

　　②　《推动全球治理体制更加公正更加合理　为我国发展和世界和平创造有利条件》，载《人民日报》2015年10月14日第1版。

近平主席在金砖国家领导人第五次会晤时强调:"不管全球治理体系如何变革,我们都要积极参与,发挥建设性作用,推动国际秩序朝着更加公正合理的方向发展,为世界和平稳定提供制度保障。"① 2014 年 3 月 28 日,他在德国科尔伯基金会演讲时指出:"我们将从世界和平与发展的大义出发,贡献处理当代国际关系的中国智慧,贡献完善全球治理的中国方案,为人类社会应对 21 世纪的各种挑战作出自己的贡献。"② 2014 年 7 月 15 日,他在金砖国家领导人第六次会晤时的讲话中再次主张:我们应该坚持合作精神,继续加强团结,照顾彼此关切,深化务实合作,携手为各国经济谋求增长,为完善全球治理提供动力。③2014 年 7 月 16 日,他在巴西国会演讲时提出:我们应该加强在联合国、世界贸易组织、G20、金砖国家等国际和多边机制内的协调和配合,凝聚发展中国家力量,积极参与全球治理,为发展中国家争取更多制度性权力和话语权。④2015 年 9 月 22 日,他在接受《华尔街日报》采访时深刻阐述了推进全球治理体制变革的必要性,指出世界上很多有识之士都认为,随着世界不断发展变化,随着人类面临的重大跨国性和全球性挑战日益增多,有必要对全球治理体制机制进行相应的调整改革。⑤ 习近平总书记关于推进全球治理体制和治理规则变革、构建新型国际关系和世界秩序的重要论述,深刻揭示了当今世界转型、发展、变迁的规律和轨迹,指明了推动全球治理变革的方向和路径,具有重大的战略意义。

---

① 习近平:《携手合作 共同发展——在金砖国家领导人第五次会晤时的主旨讲话》,载《人民日报》2013 年 3 月 28 日第 2 版。

② 习近平:《在德国科尔伯基金会的演讲》,载《人民日报》2014 年 3 月 20 日第 2 版。

③ 习近平:《新起点 新愿景 新动力——在金砖国家领导人第六次会晤上的讲话》,载《人民日报》2014 年 7 月 17 日第 2 版。

④ 习近平:《弘扬传统友好 共谱合作新篇——在巴西国会的演讲》,载《人民日报》2014 年 7 月 18 日第 3 版。

⑤ 习近平:《坚持构建中美新型大国关系正确方向 促进亚太地区和世界和平稳定发展》,载《人民日报》2015 年 9 月 23 日第 1 版。

一、为什么要推进全球治理变革、构建世界新秩序?

推进全球治理变革、构建世界新秩序，对中国和世界来说，都是极其重要和极为迫切的。

第一，国际格局的变化必然要求全球治理体制变革。进入 21 世纪以来，国际力量对比发生深刻变化，新兴市场国家和一大批发展中国家的国际影响力不断增强，这是近代以来国际力量对比中最具革命性的变化。数百年来列强通过战争、殖民、划分势力范围等方式争夺利益和霸权逐步向各国以制度规则协调关系和利益的方式演进。全球治理体制变革正处在历史转折点上，加强全球治理、推进全球治理体制变革已是大势所趋。中央政治局就"全球治理格局和全球治理体制"进行专题学习研讨，充分说明国际格局的变化对全球治理提出了新的要求，同时表明中国希望在全球治理体制的变革中作出积极的贡献。

世界历经两极、单极到走向多极的进程，格局之变异常艰难，需要理论和秩序的相应调整。只有改革和调整陈旧的国际关系，才能切实反映国际格局的变化，推动各国在国际经济合作中权利平等、机会平等、规则平等，使全球治理体制更加平衡地反映大多数国家的意愿和利益；也才能更有效地坚持联合国宪章的宗旨和原则，更好地维护、发展和确立以联合国为核心的国际体系，进而创造人类更光明的未来。目前全球治理的主要问题在于，占世界总人口七成以上的发展中国家拥有的国际话语权与自身规模和日益增长的经济实力不相匹配。一些发展中国家希望中国能够在推进更加公正合理的全球治理机制方面多作贡献，代表他们在世界舞台发出与不断增长的经济实力和不断提升的国际地位相匹配的声音，让全球治理体系适应国际经济格局新要求。

推进全球治理体制变革是中国作为负责任大国义不容辞的责任。习近平总书记指出，一些发展中国家希望中国能够在推进更加公正合理的全球治理机制方面多作贡献。中国也有责任积极参与全球经济治理、推进全球治理体制变革，提高发展中国家在全球治理中的制度性话语权，构建广泛的利益共同体，推动国际格局的良性构建和国际力量对比趋向平衡。我们要加强与发展中国家在国际和多边机制内的协调和配合，积极参与全球治理，为发展中国家争取更多制度性权力和话语权。

第二，中华民族伟大复兴迫切需要全球治理变革。经过改革开放三十多年的发展，我们前所未有地靠近世界舞台中心，前所未有地接近实现中华民族伟大复兴的目标，前所未有地具有实现这个目标的能力和信心。同时，我们越发展壮大，遇到的阻力和压力就会越大，面临的外部风险和挑战就会越多。发达国家总体上仍然主导着全球治理和世界秩序。中国的快速崛起必定要面临既有国际规则和国家秩序的限制，受到美国等西方守成大国的钳制。我们推进全球治理体制变革，给国际治理格局和国际体系定规则、定方向，就是要争取在国际秩序和国际体系长远制度性安排中体现和尊重中国应有的地位和作用，争夺发展的制高点。正如习近平总书记强调的："我们参与全球治理的根本目的，就是服从服务于实现'两个一百年'奋斗目标、实现中华民族伟大复兴的中国梦。……推动全球治理体制向着更加公正合理方向发展，为我国发展和世界和平创造更加有利的条件。"[1]"我国已经进入了实现中华民族伟大复兴的关键阶段。中国与世界的关系在发生深刻变化，我国同国际社会的互联互动也已变得空前紧密，我国对世界的依靠、对国际事务的参与在不断加深，世界对我国的依靠、对我国的影响也在不断加深。我们观察和规划改革发展，必须统筹考虑和综合运用国际国内两个市场、国际国内两种资源、国际国内两类规则。"[2]

第三，有效应对全球性挑战迫切需要全球治理体制变革。当前，全球化深入发展，把世界各国利益和命运更加紧密地联系在一起，形成了你中有我、我中有你的利益共同体。很多问题不再局限于一国内部，很多挑战也不再是一国之力所能应对，全球性挑战需要各国通力合作来应对。

---

① 《推动全球治理体制更加公正更加合理 为我国发展和世界和平创造有利条件》，载《人民日报》2015 年 10 月 14 日第 1 版。

② 《中央外事工作会议在京举行》，载《人民日报》2014 年 11 月 30 日第 1 版。

例如，2015 年后发展议程、气候变化谈判、国际货币基金组织改革、反恐、反腐败、网络安全等全球治理重点问题，扶贫减灾、粮食安全、能源安全、人道援助、防范重大传染性疾病等问题。这就决定了中国不可能独善其身，关起门来搞治理，而必须融入世界体系，积极构建开放合作的治理格局，努力使国内治理与国际治理有效衔接、相辅相成。在经济治理领域，全球产业布局在不断调整，新的产业链、价值链、供应链日益形成，而贸易和投资规则未能跟上新形势，机制封闭化、规则碎片化十分突出。全球金融市场需要增强抗风险能力，而全球金融治理机制未能适应新需求，难以有效化解国际金融市场频繁动荡、资产泡沫积聚等问题。随着全球性挑战日益增多、互相叠加，加强全球治理、推进全球治理体制变革已是大势所趋。

二、新型国际关系和世界新秩序的基本定位

构建什么样的国际关系和世界新秩序？世界上有不同的答案和方案。西方学者中的新现实主义一派提出"霸权稳定论"，主张打造一个无所不能的超级大国来统领国际事务。自由主义一派提出"全球治理论"，主张各国弱化或让渡一部分主权，制定共同的规则来管理世界。建构主义一派抛出"普世价值论"，主张推广西方价值观和社会制度来一统天下。但这些"新学说"在解释复杂而深刻变化的世界时捉襟见肘，在指导现实社会实践时表现出严重的保守性和僵化性，甚至成为世界局部地区和少数国家社会失序、政治动荡的思想根源。很多发展中国家和新兴国家领导人和学者看到了西方这些学说的局限和危害，但缺乏理论创新的能力，提不出系统的全球治理新理论。[①] 习近平主席洞察时代发展潮流，代表全球正义力量、特别是新兴经济体和发展中国家的利益和愿望，提出了变革国际关系和构建世界新秩序的重

---

① 参见中国社会科学院中国特色社会主义理论体系研究中心：《描绘世界共同发展新图景——深入学习习近平同志关于构建新型国际关系的重要论述》，载《人民日报》2015 年 5 月 26 日第 7 版。

大理论，系统阐述了推进全球治理体系和规则变革、构建世界新秩序的大方向，提出了中国定位和中国方案，这就是推动国际关系民主化、法治化、合理化（公正化），引领经济全球化，构建人类命运共同体。这几个方面是推进全球治理格局、治理体制、治理规则变革的目标方向、重要抓手和实践路径。

推动国际关系民主化。习近平主席指出："我们应该共同推动国际关系民主化。世界的命运必须由各国人民共同掌握，世界上的事情应该由各国政府和人民共同商量来办。垄断国际事务的想法是落后于时代的，垄断国际事务的行动也肯定是不能成功的。"①

最近几年，习近平主席在很多场合就推动国际关系民主化发表讲话，阐发了我们在这个问题上的立场、观点和主张。2014年7月15日，他在金砖国家领导人第六次会晤时的讲话中提出：我们应该坚持包容精神，推动不同社会制度互容、不同文化文明互鉴、不同发展模式互惠，做国际关系民主化的实践者。我们应该坚持合作精神，继续加强团结，照顾彼此关切，深化务实合作，携手为各国经济谋求增长，为完善全球治理提供动力。我们应该坚持共赢精神，在追求本国利益的同时兼顾别国利益，做到惠本国、利天下，推动走出一条大国合作共赢、良性互动的路子。②2015年7月8日，在会见俄罗斯总统普京时强调，我们赞成金砖国家一致向世界发出维护第二次世界大战胜利成果、促进世界和平与安全、推动国际关系民主化的积极信号，巩固金砖国家在完善全球治理、加强多边主义等方面的重要作用。③2015年12月1日至5日，习近平主席对津巴布韦、南非进行国事访问并在约翰内斯堡主持中非合作论坛峰会。期间，他提议将中非新型战略伙伴关系提升为全面战略合作伙伴关系，共同致力于做强和夯实政治上平等互信、经济上合

---

① 习近平：《弘扬和平共处五项原则 建设合作共赢美好世界——在和平共处五项原则发表60周年纪念大会上的讲话》，载《人民日报》2014年6月29日第2版。

② 习近平：《新起点 新愿景 新动力——在金砖国家领导人第六次会晤上的讲话》，载《人民日报》2014年7月17日第2版。

③ 《习近平会见俄罗斯总统普京》，载《人民日报》2015年7月9日第1版。

作共赢、文明上交流互鉴、安全上守望相助、国际事务中团结协作"五大支柱"。① 这"五大支柱"堪称国际关系民主化的基石。2015 年 9 月 28 日，习近平主席在第七十届联合国大会一般性辩论时发表了题为《携手构建合作共赢新伙伴，同心打造人类命运共同体》的讲话，讲话中对国际关系民主化进行了全面而深入的阐述，指出：我们要坚持多边主义，不搞单边主义；要奉行双赢、多赢、共赢的新理念，扔掉我赢你输、赢者通吃的旧思维。协商是民主的重要形式，也应该成为现代国际治理的重要方法，要倡导以对话解争端、以协商化分歧。我们要在国际和区域层面建设全球伙伴关系，走出一条"对话而不对抗，结伴而不结盟"的国与国交往新路。大国之间相处，要不冲突、不对抗、相互尊重、合作共赢。大国与小国相处，要平等相待，践行正确义利观，义利相兼，义重于利。不管国际格局如何变化，我们都要始终坚持平等民主、兼容并蓄，尊重各国自主选择社会制度和发展道路的权利，尊重文明多样性，做到国家不分大小、强弱、贫富都是国际社会的平等成员，一国的事情由本国人民做主，国际上的事情由各国商量着办。2017 年 1 月 17 日，习近平主席在世界经济论坛 2017 年年会开幕式上的主旨演讲中提出，国家不分大小、强弱、贫富，都是国际社会平等成员，理应平等参与决策、享受权利、履行义务。要赋予新兴市场国家和发展中国家更多代表性和发言权。要坚持多边主义，维护多边体制权威性和有效性。要践行承诺、遵守规则，不能按照自己的意愿取舍或选择。② 我们要推进国际关系民主化，不能搞"一国独霸"或"几方共治"。世界命运应该由各国共同掌握，国际规则应该由各国共同书写，全球事务应该由各国共同治理，发展成果应该由各国共同分享。③

---

① 《习近平出席中非合作论坛约翰内斯堡峰会开幕式并发表致辞》，载《人民日报》2015年 12 月 5 日第 1 版。

② 习近平：《共担时代责任　共促全球发展——在世界经济论坛 2017 年年会开幕式上的主旨演讲》，载《人民日报》2017 年 1 月 18 日第 3 版。

③ 习近平：《共同构建人类命运共同体——在联合国日内瓦总部的演讲》，载《人民日报》2017 年 1 月 20 日第 2 版。

　　推动国际关系法治化。法治是文明社会的基本共识和人类的普遍追求，法治更是我们这个时代的主旋律。"建立国际机制、遵守国际规则、追求国际正义成为多数国家的共识。"① 我们正在走入一个法治的时代，国际社会正在呈现出一种法治化的趋势。正如当前国内的很多问题已经纳入到法治的轨道，国家之间、区域之间乃至世界范围内的很多问题也越来越多地纳入法治轨道。在全球治理结构法治化的背景下，将国际事务上升为法律问题的模式变革，是将政治、经济、文化、军事、环境等方面的问题，作为法律议题。通过将国际关系各领域事务和问题法律化，国际社会从强权政治的时代步入了多元共存的新时代。迄今为止，联合国系统各机关已经为促进国内和国际两级法治在非常广泛的领域开展了很多活动。联合国积极推动建设国际法治，取得了不少成绩。2005 年《世界首脑会议成果文件》将法治作为一项价值观和基本原则，呼吁在国家和国际两级全面实行法治。联合国大会及其第六委员会和国际法委员会，致力于国际条约的制定和国际法的编纂，为"国际立法"作出了积极贡献。安全理事会积极预防和解决地区冲突，设立特设刑事法庭，把违反国际人道法和人权法的个人绳之以法，通过法治手段，维护国际和平与安全。国际法院通过司法手段解决国际争端，其判决和咨询意见阐明了国际法的有关原则和规则，丰富和发展了国际法。从 2006 年开始，联合国大会第六委员会开始讨论国家和国际两级法治的问题。中国代表在联大六委关于"国家和国际两级法治"议题的讨论中提出："法治是人类文明和进步的重要标志。"对于这个问题的研讨，不仅有利于扩大各国在加强法治方面的共识，而且体现出世界各国共同努力建设一个法治世界的愿望。在这样的时代背景下，推进国际关系法治化是大势所趋、顺应历史潮流的正确选择。

　　顺应这个时代潮流，习近平主席强调："我们应该共同推动国际关系法治化。推动各方在国际关系中遵守国际法和公认的国际关系基本原则，用统

---

　　① 《推动全球治理体制更加公正更加合理　为我国发展和世界和平创造有利条件》，载《人民日报》2015 年 10 月 14 日第 1 版。

一适用的规则来明是非、促和平、谋发展。'法者，天下之准绳也。'在国际社会中，法律应该是共同的准绳，没有只适用他人、不适用自己的法律，也没有只适用自己、不适用他人的法律。适用法律不能有双重标准。我们应该共同维护国际法和国际秩序的权威性和严肃性，各国都应该依法行使权利，反对歪曲国际法，反对以'法治'之名行侵害他国正当权益、破坏和平稳定之实。"①"我们应该创造一个奉行法治、公平正义的未来。要提高国际法在全球治理中的地位和作用，确保国际规则有效遵守和实施，坚持民主、平等、正义，建设国际法治。发达国家和发展中国家的历史责任、发展阶段、应对能力都不同，共同但有区别的责任原则不仅没有过时，而且应该得到遵守。"②

推动国际关系合理化、公正化。合理化与公正化是关联概念，所以，人们通常用得比较多的词语是"公正合理"。纵观近代以来的历史，建立公正合理的国际秩序是人类孜孜以求的目标。中国共产党、中国政府和中国人民始终致力于这一目标的实现。尤其是最近几年，习近平主席旗帜鲜明地呼吁："我们应该共同推动国际关系合理化。适应国际力量对比新变化推进全球治理体系改革，体现各方关切和诉求，更好维护广大发展中国家正当权益。"③

习近平主席在一系列国际场合呼吁构建更加公正合理的国际秩序，不断汇聚推动全球治理变革的进步力量。2013年3月27日，习近平主席在金砖国家领导人第五次会晤时强调：我们要在全球治理体系变革中发挥建设性作用，推动国际秩序朝着更加公正合理的方向发展。④2014年7月20日，习近平主席同阿根廷总统克里斯蒂娜举行会谈时强调：双方要在全球治理、国

---

① 习近平：《弘扬和平共处五项原则　建设合作共赢美好世界——在和平共处五项原则发表60周年纪念大会上的讲话》，载《人民日报》2014年6月29日第2版。

② 习近平：《携手构建　合作共赢、公平合理的气候变化治理机制——在气候变化巴黎大会开幕式上的讲话》，载《人民日报》2015年12月1日第2版。

③ 习近平：《弘扬和平共处五项原则　建设合作共赢美好世界——在和平共处五项原则发表60周年纪念大会上的讲话》，载《人民日报》2014年6月29日第2版。

④ 习近平：《携手合作　共同发展——在金砖国家领导人第五次会晤时的主旨讲话》，载《人民日报》2013年3月28日第2版。

际经济金融体系改革等重大问题上密切沟通配合，维护好新兴市场国家和发展中国家权益，推动国际秩序朝更加公正合理方向发展。①2014 年 9 月 19 日，习近平主席在印度世界事务委员会发表演讲时指出：中印两国要做战略协作的全球伙伴，推动国际秩序朝更加公正合理的方向发展。中印两国要继承和发扬和平共处五项原则，坚持主权平等、公平正义、共同安全，坚持共同发展、合作共赢、包容互鉴，以自身发展为世界经济增长和全球治理作出更大贡献，为全球性问题提供代表广大发展中国家利益的方案。②2017 年 1 月 17 日，习近平主席在世界经济论坛 2017 年年会开幕式上的主旨演讲中指出："人类已经成为你中有我、我中有你的命运共同体，利益高度融合，彼此相互依存。每个国家都有发展权利，同时都应该在更加广阔的层面考虑自身利益，不能以损害其他国家利益为代价。"③

推动国际关系合理化、公正化，其要义在于：第一，适应国际力量对比新变化推进全球治理体系改革，体现各方关切和诉求，更好维护广大发展中国家正当权益。人类社会进入 21 世纪以来，市场国家和发展中国家对全球经济增长的贡献率已经达到 80%。过去数十年，国际经济力量对比深刻演变，而全球治理体系未能反映新格局，代表性和包容性很不够。第二，公平正义是世界各国人民在国际关系领域追求的崇高目标。在当今国际关系中，公平正义还远远没有实现。新形势下，我们要坚持主权平等，推动各国权利平等、机会平等、规则平等。

引领经济全球化。历史地看，经济全球化是社会生产力发展的客观要求和科技进步的必然结果，不是哪些人、哪些国家人为造出来的。经济全球化为世界经济增长提供了强劲动力，促进了商品和资本流动、科技和文明进步、各国人民交往。冷战结束后，全球化的历史性变迁在我们生存的这个世

---

① 《习近平同阿根廷总统克里斯蒂娜举行会谈》，载《人民日报》2014 年 7 月 20 日第 1 版。

② 习近平：《携手追寻民族复兴之梦——在印度世界事务委员会的演讲》，载《人民日报》2014 年 9 月 19 日第 3 版。

③ 习近平：《共担时代责任　共促全球发展——在世界经济论坛 2017 年年会开幕式上的主旨演讲》，载《人民日报》2017 年 1 月 18 日第 3 版。

界变得更加明显了，而进入本世纪之后全球化的速度则进一步加快，正在有力地改变着人类的生产方式、生活样式、文化形态，也深刻地影响着人类社会的经济制度、政治制度、法律制度以及人们的思维方式和行为方式。全球化是个综合概念，表征的是人类活动范围、空间范围和组织形式的扩大，从地方到国家再到世界范围，也表征人类社会的发展趋势，更表征人类认识和解释世界的视角的转换。全球化至少包括经济的全球化、公共事务的全球化、人权的全球化、环境的全球化、法律的全球化等，其中经济全球化具有决定意义。

经济全球化是与经济现代化同步的历史大势，它促成了产品、资源、资本、技术、思想、文化在全球范围内的大流动，促成了贸易繁荣、资源开发、投资便利、技术创新、思想革命和社会变迁。当然，"我们也要承认，经济全球化是一把'双刃剑'"。① 由于经济全球化把竞争从国内带向国际、从区域带向全球，这就必然引起世界范围内发展失衡、治理困境、数字鸿沟、公平赤字等问题。特别是当世界经济处于下行期的时候，全球经济"蛋糕"不容易做大，甚至变小了，增长和分配、资本和劳动、效率和公平的矛盾就会更加突出，发达国家和发展中国家都会感受到压力和冲击。于是，"反全球化"、"逆全球化"的舆论、思潮和运动波涛汹涌。在这种情况下，应以辩证思维分析全球化的利与弊、机遇与挑战，深刻认识到这些是前进中的问题，我们要正视并设法解决，但不能因噎废食。我们要维护世界贸易组织规则，支持开放、透明、包容、非歧视性的多边贸易体制，构建开放型世界经济。如果逆全球化大势而行，搞贸易和投资保护主义、画地为牢，注定是损人不利己。正如习近平主席所指出的："我想说的是，困扰世界的很多问题，并不是经济全球化造成的。比如，过去几年来，源自中东、北非的难民潮牵动全球，数以百万计的民众颠沛流离，甚至不少年幼的孩子在路途中葬身大海，让我们痛心疾首。导致这一问题的原因，是战乱、冲突、地区动荡。解决这一问题

---

① 习近平：《共担时代责任 共促全球发展——在世界经济论坛 2017 年年会开幕式上的主旨演讲》，载《人民日报》2017 年 1 月 18 日第 3 版。

的出路，是谋求和平、推动和解、恢复稳定。再比如，国际金融危机也不是经济全球化发展的必然产物，而是金融资本过度逐利、金融监管严重缺失的结果。把困扰世界的问题简单归咎于经济全球化，既不符合事实，也无助于问题解决。"① 面对经济全球化带来的机遇和挑战，正确的选择是，充分利用一切机遇，合作应对一切挑战，引导好经济全球化走向。让经济全球化进程更有活力、更加包容、更可持续。我们要主动作为、适度管理，让经济全球化的正面效应更多释放出来，实现经济全球化进程再平衡；我们要顺应大势、结合国情，正确选择融入经济全球化的路径和节奏；我们要讲求效率、注重公平，让不同国家、不同阶层、不同人群共享经济全球化的好处。这是我们这个时代的领导者应有的担当，更是各国人民对我们的期待。

构建人类命运共同体。在推动国际治理变革、构建民主法治公正合理的世界秩序、引领全球化正确方向的基础上，向着建设人类利益共同体和人类命运共同体的方向前进。这是中国领导人提出的时代命题和全球课题。党的十八大报告首次明确提出"倡导人类命运共同体意识"。十八大以来，习近平总书记针对"国强必霸"、"中国威胁论"，提出了建设利益共同体和命运共同体的主张。2014 年 3 月 27 日，习近平主席在联合国教科文组织总部的演讲中首次向世界阐释命运共同体，指出："当今世界，人类生活在不同文化、种族、肤色、宗教和不同社会制度所组成的世界里，各国人民形成了你中有我、我中有你的命运共同体。"② 2015 年 9 月 28 日，习近平主席在第七十届联合国大会上全面系统地阐释了人类命运共同体及其发展方向，指出："当今世界，各国相互依存、休戚与共。我们要继承和弘扬联合国宪章的宗旨和原则，构建以合作共赢为核心的新型国际关系，打造人类命运共同体。"③ 具体而言，就是要建立平等相待、互商互谅的伙伴关

---

① 习近平：《共担时代责任 共促全球发展——在世界经济论坛 2017 年年会开幕式上的主旨演讲》，载《人民日报》2017 年 1 月 18 日第 3 版。

② 习近平：《在联合国教科文组织总部的演讲》，载《人民日报》2014 年 3 月 28 日第 3 版。

③ 参见习近平：《携手共建合作共赢新伙伴，同心打造人类命运共同体——在第七十届联合国大会一般性辩论时的讲话》，载《人民日报》2015 年 9 月 29 日第 2 版。

系，营造公道正义、共建共享的安全格局，谋求开放创新、包容互惠的发展前景，促进和而不同、兼收并蓄的文明交流，构筑尊崇自然、绿色发展的生态体系。2017 年 1 月 18 日，习近平主席在联合国日内瓦总部发表了《共同构建人类命运共同体》主旨演讲，进一步指出：构建人类命运共同体，国际社会要从伙伴关系、安全格局、经济发展、文明交流、生态建设等方面作出努力。强调要坚持对话协商，建设一个持久和平的世界；坚持共建共享，建设一个普遍安全的世界；坚持合作共赢，建设一个共同繁荣的世界；坚持交流互鉴，建设一个开放包容的世界；坚持绿色低碳，建设一个清洁美丽的世界。①

习近平主席还在一系列双边和多边重要外交场合强调树立人类命运共同体意识，提出了共建中国—东盟命运共同体、中国巴基斯坦命运共同体、亚洲命运共同体、中拉命运共同体、中非命运共同体等，表明中国同世界各国共同致力于促进世界的和平、稳定、繁荣与进步。

人类命运共同体理念，是在洞察国际形势和世界格局演变大趋势的基础上对人类社会发展潮流的前瞻性思考，是习近平主席给未来世界秩序的中国定位和中国方略，构成了新型国际关系和世界秩序的理论基石，得到了联合国及其所属组织的认同和世界人民的广泛支持。

总之，推进全球治理体系和规则变革，促进国际关系发展进步，构建人类命运共同体，在思想上和实践中，就是要创造一个各尽所能、合作共赢的未来，摒弃"零和博弈"狭隘思维，大国要尊重彼此核心利益和重大关切，管控矛盾分歧，努力构建不冲突不对抗、相互尊重、合作共赢的新型关系。大国对小国要平等相待，不搞唯我独尊、强买强卖的霸道。多一点共享、多一点担当；要创造一个奉行法治、公平正义的未来，确保国际规则有效遵守和实施，坚持民主、平等、正义，建设国际法治，任何国家都不能随意发动战争，不能破坏国际法治，不能打开"潘多拉的盒子"；要创造一个包容互

---

① 习近平：《共同构建人类命运共同体——在联合国日内瓦总部的演讲》，载《人民日报》2017 年 1 月 20 日第 2 版。

鉴、共同发展的未来，倡导和而不同，允许各国寻找最适合本国国情的应对之策；促进世界经济政治更加平衡、全球治理更加有效、国际关系更加民主公正。中国领导人提出的"一带一路"倡议，就是构建人类利益共同体和命运共同体、实现共赢共享发展的历史性举措。

三、构建世界新秩序：中国的立场与举措

推进全球治理变革、构建世界新秩序，中国的基本立场和观念是：第一，推进全球治理改革，构建世界新秩序，并不是把现行世界秩序推倒重来，也不是另起炉灶，而是推动全球治理体系朝着更加公正合理有效的方向发展。习近平主席特别指出我们不是要推翻美国主导的目前体制，中国希望的是美国和发达国家修正目前世界秩序中不公正不合理的部分，将目前的国际体制变得更为完美。境外媒体称，中国国家主席习近平呼吁构建更公正的国际秩序，以在亚非两大洲的影响力已比过去大幅提升之际反映亚洲和非洲国家的新声音。中国没有推翻美国主导体制那样的能力，也没有那样的意思。第二，构建新秩序，或者像国外媒体所讲的"重组世界秩序"，并不是要人为地放弃韬光养晦的外交策略。邓小平同志当年提出中国应该静候在世界舞台上的机遇，"韬光养晦"。对于我国而言，韬晦策略为我国营造了三十年的宽松发展环境，使我国的经济发展取得巨大成功。但是，随着中国经济实力强大，美国和欧洲都看透了韬晦策略，试图改变经济全球化过程的规则制度，逆转中国经济起飞对西方实力的不利后果，迫使我们不得不面对和参与充满陷阱的国际强权政治；不管中国情愿与否，中国政府在国际舞台上的"韬光养晦，绝不当头"时代已经基本结束，连"反恐"战争为中国带来的政治回旋余地也在迅速消失。在美国、日本和部分周边国家不断碰触中国国家核心利益，我们不得不坚强回应的情况下，我们在国际上保持低姿态的日子不复存在，而必须积极参与全球治理，参与国际游戏规则的制定，以有效维护和扩大中国的国家利益。

当前，在构建世界新秩序战略进程中，我们仍有很多短板有待补齐，仍

需我们大有作为。过去几十年来，特别是党的十八大以来，在以习近平同志为核心的党中央领导下，中国以更加自信、更加主动的姿态在全球治理中发挥了重要参与者、建设者和贡献者的作用。在全球治理议程上，中国正从规则的反抗国向规则合作国转变，从规则接受者向制定者转变，从被动参与者向主动决策者转变。但是，总体上我们还存在着软实力和硬实力均不强大的短板。

首先是话语权脆弱。习近平总书记深刻指出：世界范围话语权上"西强我弱"的格局还没有根本改变，我国在不少方面还没有话语权，甚至处于"无语"或"失语"状态，我们设置议题的能力、参与和主导规则制定的能力仍比较弱，在国际上的声音还比较小，还处于有理说不出、说了传不开的境地。这其中的原因是多方面的，有国际传播能力方面的问题，有西方受众心理方面的问题，但一个重要原因是我们的话语体系还没有建立起来，我国发展优势和综合实力还没有转化为话语优势。而没有自己的话语体系，不能有效论证或证成自己的主张和行为，也就谈不上对国际事务的话语权和支配力。话语权的功能体现为两个方面：在国内方面，它表现为话语的引领力、主导力，亦即引领意识形态和公共舆论的能力；在国际方面，它表现为话语的影响力、支配力，以及转化为参与国际事务和规则制定的能力。话语权的主要标志是话语的国际影响力，而这又取决于我们能否创造出具有自己思想内涵、符合人类社会发展规律和全球化趋势同时又具有感召力和普遍示范效应的话语体系，即我们能否创造出让世界接受的思想体系。我们可能不同意亨廷顿的"文明冲突论"、福山的"历史终结论"，但我们并没有提出同样有影响力的理论。2014 年 3 月 27 日，习近平总书记在巴黎联合国教科文组织总部发表演讲时曾引用拿破仑的一句名言：世上有两种力量：利剑和思想；从长而论，利剑总是败在思想手下。① 这正说明产生思想和形成思想体系、进而形成话语体系具有重大意义，也表明中国供给世界的不应当仅仅是各种商品，而也应该包括思想和文明成果。我们不仅要让世界知道"舌尖上的中

① 习近平：《在联合国教科文组织总部的演讲》，载《人民日报》2014 年 3 月 28 日第 3 版。

国",还要让世界知道"学术中的中国"、"理论中的中国"、"哲学社会科学中的中国",让世界知道"发展中的中国"、"开放中的中国"、"为人类文明作贡献的中国"。①

话语权这种软实力当然以硬实力为基础,经济、政治、军事等硬实力是强势话语权的支撑力量,但并不是唯一的决定力量。实力与话语权并不是当然的对应关系。比如英国,经济实力虽已下降,但在全球事务上依然拥有比较强大的话语权。②话语的力量一旦形成,就具有相对的独立性,因为话语权的基础在于一个国家能否产生出具有世界影响力的思想体系。中国目前经济的硬实力显著增强,但面临着严重的话语缺失和"话语逆差"问题。话语与话语权的基础在于真正的理论创新和话语质量。因此,构建自己的学术话语体系和思想体系,对于争夺话语权是至关重要的。为此,我国哲学社会科学要善于提炼标识性概念,打造易于为国际社会所理解和接受的新概念、新范畴、新表述,引导国际学术界展开研究和讨论。每个学科都要构建成体系的学科理论和概念。要鼓励哲学社会科学机构参与和设立国际性学术组织,支持和鼓励建立海外中国学术研究中心,支持国外学会、基金会研究中国问题,加强国内外智库交流,推动海外中国学研究。要聚焦国际社会共同关注的问题,推出并牵头组织研究项目,增强我国哲学社会科学研究的国际影响力。要加强优秀外文学术网站和学术期刊建设,扶持面向国外推介高水平研究成果。要鼓励和支持学者参加国际学术会议、发表学术文章,讲述中国故事,传播中国思想,提供中国智慧。

构建我们自己的话语体系要体现世界共同价值。我们反对西方一些国家把自己的价值观和价值体系作为"普世价值"强加于人,但是我们不能因此

---

① 习近平:《在哲学社会科学工作座谈会上的讲话》(2016 年 5 月 17 日),载《人民日报》2016 年 5 月 18 日第 1 版。

② 据英国波特兰公司的民意调查,以政府、国际事务参与度、文化、教育、企业和数字外交六个指数为衡量标准,进行全球软实力排名 30 强,美国以 77.96 分位居第 1,第 2 至 10 名分别为英国(75.97 分)、德国(72.60 分)、加拿大(72.53 分)、法国(72.14 分)、澳大利亚(69.29 分)、日本(67.78 分)、瑞士(67.65 分)、瑞典(66.97 分)、荷兰(64.14 分),中国以 45.05 分位列全球第 28 位,较 2015 年上升两名。载《环球时报》2016 年 6 月 24 日。

而否认人类社会的共同价值。在第七十届联合国大会上，习近平主席十分鲜明地提出："和平、发展、公平、正义、民主、自由是全人类的共同价值，也是联合国的崇高目标。"① 2014 年以来，习近平主席还在其他重大场合，提出并阐述了一系列具有国际融通性的命题和观念，例如，"全球利益共同体"；"人类命运共同体"；"和平与发展仍然是当今时代两大主题"；"文明是多彩的、平等的、包容的"；"构建和平、发展、合作、共赢的新型国际关系"，均产生了广泛的思想和政治影响，特别是以"和平、发展、公平、正义、民主、自由"为核心的"全人类共同价值"的提出，使我们站在了价值和道义的制高点，为人类利益共同体、命运共同体的建设奠定了价值基础，也使我们在价值问题上摆脱了被动挨批的局面。

其次，我们主导国际关系和世界秩序的综合实力还远远不够。经过多年努力，中国发展取得了历史性进步，经济总量跃居世界第二位，外汇储备世界第一，货物贸易世界第一。但是，作为有着近 14 亿人口的国家，人均国内生产总值排在世界第 80 位左右，发展中不平衡、不协调、不可持续问题依然突出。而如果把我们的社会建设以及社会秩序和社会文明程度，我们的文化建设以及教育水准、科技创新能力，包括社会科学理论创新、核心价值观的对外影响力，我们的生态文明、食品药品安全、生产安全状况等因素加在一起，我们的排名还会靠后。所以，习近平总书记提醒我们要坚持从我国国情出发，坚持发展中国家的定位。作为一个发展中国家，即使是最大的发展中国家，要想主导世界游戏规则和经济政治秩序，谈何容易。在提升话语权、构建世界秩序问题上，关键还是要增强硬实力。这也就是为什么习近平总书记反复强调：要加强能力建设，继续做强自己，把自己的事情办好、办得更好，我们才能有更大的国际话语权，才能把握游戏规则，才能掌握我国发展主动权。

① 习近平：《携手共建合作共赢新伙伴，同心打造人类命运共同体——在第七十届联合国大会一般性辩论时的讲话》，载《人民日报》2015 年 9 月 29 日第 2 版。

四、法治是构建世界新秩序的根本保证

法治化是推进全球治理体制变革、构建世界新秩序的必然要求，建设国际法治和全球法治是推进全球治理现代化和世界秩序法治化的必由之路。为此，我们应当努力做好以下工作：

第一，坚决维护以《联合国宪章》为基石的世界秩序。习近平主席在联合国大会上指出：70 年前，我们的先辈以远见卓识，建立了联合国这一最具普遍性、代表性、权威性的国际组织，寄托人类新愿景，开启合作新时代。这一创举前所未有。70 年前，我们的先辈集各方智慧，制定了联合国宪章，奠定了现代国际秩序基石，确立了当代国际关系基本准则。这一成就影响深远。中国是联合国创始成员国，是第一个在联合国宪章上签字的国家。中国将坚定维护以联合国为核心的国际体系，坚定维护以联合国宪章宗旨和原则为基石的国际关系基本准则，坚定维护联合国权威和地位，坚定维护联合国在国际事务中的核心作用。[①] 就国际关系和世界秩序而言，联合国是我们参与全球治理、推进国际关系重组、构建世界新秩序的最重要的平台。试想，如果中国不是联合国创始国，不是安理会常任理事国，如果 1971 年恢复中华人民共和国在联合国一切合法权利时没有同时确认安理会常任理事国地位，我国在国际上的地位会是什么样？所以，我们将继续维护以联合国宪章宗旨和原则为核心的国际秩序和国际体系，维护国际法和国际秩序的权威性和严肃性。习近平主席指出，当今世界发生的各种对抗和不公，不是因为联合国宪章宗旨和原则过时了，而恰恰是由于这些宗旨和原则未能得到有效履行。联合国应对全球性威胁和挑战的作用不可替代，仍然是加强和完善全球治理的重要平台。除《联合国宪章》外，各国以联合国宪章为基础，就政治安全、贸易发展、社会人权、科技卫生、劳工产权、文化体育等领域达成了

---

① 习近平：《携手共建合作共赢新伙伴，同心打造人类命运共同体——在第七十届联合国大会一般性辩论时的讲话》，载《人民日报》2015 年 9 月 29 日第 2 版。

一系列国际公约和法律文书。法律的生命在于付诸实施，各国有责任维护国际法治权威，依法行使权利，善意履行义务。法律的生命也在于公平正义，各国和国际司法机构应该确保国际法平等统一适用，不能搞双重标准，不能"合则用、不合则弃"，真正做到"无偏无党，王道荡荡"。

除了联合国及其所属国际组织（如世界贸易组织、世界卫生组织、世界知识产权组织、世界气象组织、国际电信联盟、万国邮政联盟、国际移民组织、国际劳工组织等机构）之外，我国还应利用 G20、金砖国家组织、APEC、中美、中欧、中法、七十七国集团、上合组织等全球性和区域性对话与合作平台。利用这些平台，中国领导人阐发中国对世界重大问题的深刻理解和中国方案。以 G20 为例，G20 是中国首次以塑造者、创始国和核心参与方身份参与的全球经济治理机制。2013 年以来，中国积极与发达国家联手加强国际宏观经济政策协调，加强金融风险管控，推动全球治理架构和国际货币基金组织和世界银行的份额改革。积极支持能源、气候变化、粮食安全、基础设施投资、反腐败等非传统议题相继纳入 G20 议程。中国领导人每一次在 G20 峰会上提出的主张都引人注目。2013 年 9 月，习近平主席在俄罗斯圣彼得堡举行的第八届 G20 领导人峰会上发表《共同维护和发展开放型世界经济》的发言，主张 G20 要"坚定维护和发展开放型世界经济"，提出了以"发展创新"、"增长联动"、"利益融合"为三大核心理念的全球经济治理思想。2014 年 11 月，在澳大利亚布里斯班举行的第九届 G20 领导人峰会上，习近平主席做了《推动创新发展，实现联动增长》的讲话，进一步丰富了这三大理念及其政策指导意义。2016 年 10 月，G20 峰会在中国杭州举行。作为主席国，我们在致力于推动 G20 真正成为世界经济的"稳定器"、全球增长的"催化器"和全球经济治理的"推进器"方面做出了杰出贡献，为促进世界经济强劲、可持续、平衡、包容增长提供了中国方案。

第二，积极参与国际立法，力争主导某些重要立法。十八届四中全会《决定》提出："积极参与国际规则制定，推动依法处理涉外经济、社会事务，增强我国在国际法律事务中的话语权和影响力，运用法律手段维护我国主权、安全、发展利益。"在 2015 年中央经济工作会议上，习近平总书记指出，要用好我国国际话语权和规则制定权上升的机遇，主动参与规则重构，……为我国发展创造有利国际环境。《中华人民共和国国民经济和社会发展第十三个五年规划纲要》提出，中国将积极参与网络、深海、极地、空天等新领域国际规则制定。中央军委《关于深入推进依法治军从严治军的决定》也提出："积极参与国际军事规则制定，增强我国我军在国际军事法律事务中的话语权和影响力。"这些都是推进国际立法的重大决策和举措。通过积极参与或主导国际立法，把我国的立场主张、利益诉求和价值观注入国际法律体系之中，推进全球治理领域的良法善治。在国际立法上，我们不能缺席。

第三，积极参与国际执法。中国始终是国际秩序的维护者。中国作为联合国安理会常任理事国，参加联合国维和行动已经 27 年，成为维和行动主要出兵国和出资国，受到国际社会的肯定与赞誉。2015 年，习近平主席在联合国大会上宣布，中国将加入新的联合国维和能力待命机制，决定为此率先组建常备成建制维和警队，并建设 8000 人规模的维和待命部队。中国决定在未来 5 年内，向非盟提供总额为 1 亿美元的无偿军事援助，以支持非洲常备军和危机应对快速反应部队建设。十八届四中全会《决定》还提出要"积极参与执法安全国际合作，共同打击暴力恐怖势力、民族分裂势力、宗教极端势力和贩毒走私、跨国有组织犯罪"。

第四，积极参加国际司法机构和司法活动。司法是维护公平正义的防线，也是人类社会文明的标志。改革开放以来，我们对国际司法采取积极合作的态度，尊重和支持说公道话、做公正裁决的国际司法。先后有 3 位法学家担任联合国国际法院法官（倪征燠 1985—1994，史久镛 1994—2010，其中2003—2006 年担任国际法院院长，薛捍勤 2010 年起任），3 位法学家担任联合国前南斯拉夫问题特设国际刑事法庭法官（李浩培、王铁崖、刘大群），3位法学家担任联合国海洋法法庭法官（赵理海、许光建、高之国）。出于对国际法和国际司法的尊重，我国多部法律都明确规定：中华人民共和国缔结或者参加的国际条约同中华人民共和国的法律有不同规定的，适用国际条约的规定，但中华人民共和国声明保留的条款除外。中华人民共和国法律和中华人民共和国缔结或者参加的国际条约没有规定的，可以适用国际惯例。我们建议这一法律层面的规定能够作为一项普遍原则入宪，在宪法中规定："中华人民共和国缔结和参加的国际条约和重要协定以及明确接受的国际习惯法，构成中华人民共和国法律体系的一部分，声明保留的条约条款除外。中华人民共和国法律和缔结或参加的条约和重要协定没有规定的，可以适用国际惯例。"十八届四中全会《决定》提出："深化司法领域国际合作，完善我国司法协助体制，扩大国际司法协助覆盖面。加强反腐败国际合作，加大海外追赃追逃、遣返引渡力度。"在国际司法领域，我们充分尊重和支持公正司法，但是，在涉及国家核心利益的案件上我们决不接受滥用司法权的裁决。

第五，做好涉外和国际法律服务。"强化涉外法律服务，维护我国公民、法人在海外及外国公民、法人在我国的正当权益，依法维护海外侨胞权益。"同时，要为发展中国家提供良好的法律培训和法律服务。特别是要积极筹建"一带一路"经济法律纠纷仲裁中心，通过协商、仲裁、司法等多元化机制化解矛盾纠纷，为"一带一路"战略的实施和实现提供良好的法律服务，创造良好的法治环境。

第六，加强国际法治人才队伍建设。我国的法治人才队伍极不适应经济全球化、国际关系法治化、构建民主公正合理新秩序的迫切需要。从经济全球化新趋势看，随着人流、物流、资金流、信息流在全球范围内加速流动，各国之间经济贸易、人员往来不断增多，国际法律服务业进一步扩大。我国作为世界第二大经济体，随着"引进来"和"走出去"战略深入实施，涉外法律事务不断增多，迫切需要一大批通晓国际规则、善于处理涉外法律业务的律师。但目前，全国能够熟练办理涉外法律业务的律师不到 3000名，能够办理"双反双保"（反倾销、反补贴、保障措施和特定产品保障措施）业务的律师不到 50 名，能够在 WTO 上诉机构独立办理业务的律师只有数名。① 目前，全球 35% 的反倾销调查和 71% 的反补贴调查针对中国出

---

① 《"一带一路"与中韩自贸区法律事务研讨会举办》，载《经济日报》2015 年 9 月 19日第 5 版。

口产品，由于我们缺乏相应的律师服务，损失巨大。针对这种严峻形势，习近平总书记强调指出："要加强能力建设和战略投入，加强对全球治理的理论研究，高度重视全球治理方面的人才培养。"① 十八届四中全会《决定》也要求"建设通晓国际法律规则、善于处理涉外法律事务的涉外法治人才队伍"。②

第七，统筹国内法治和国际法治两个大局。统筹两个大局是我们党治国理政的基本理念和基本经验。习近平总书记指出："我国已经进入了实现中华民族伟大复兴的关键阶段。中国与世界的关系在发生深刻变化，我国同国际社会的互联互动也已变得空前紧密，我国对世界的依靠、对国际事务的参与在不断加深，世界对我国的依靠、对我国的影响也在不断加深。我们观察和规划改革发展，必须统筹考虑和综合运用国际国内两个市场、国际国内两种资源、国际国内两类规则。"③ 党的十八届五中全会通过的《中共中央关于制定国民经济和社会发展第十三个五年规划的建议》和《中华人民共和国国民经济和社会发展第十三个五年规划纲要》，提出全面建成小康社会必须遵循的六大原则之一，就是"坚持统筹国内国际两个大局"。在法治建设和法治发展领域，同样要坚持统筹国内法治和国际法治两个大局，正确处理国内法治与国际法治的关系。通过统筹国内法治和国际法治两个大局，更好地运用国内和国际两级法治维护我国的合法利益，为中国的繁荣富强、持续稳定发展构建一个良好的外部环境。统筹两个大局包含丰富的思想内涵。核心是积极参加国际公共事务的商讨，参与全球治理对话，善于运用法治的话语表达中国的观点。将中国对于国际公共事务的关切明确地表达出来，并彰显出建立和维护国际法治的立场，促动在各个方面和领域形成国际法治的格局。这种方式不仅能够使世界认识到中国的法治国

---

① 《推动全球治理体制更加公正更加合理　为我国发展和世界和平创造有利条件》，载《人民日报》2015 年 10 月 14 日第 1 版。

② 《中共中央关于全面推进依法治国若干重大问题的决定》，见《〈中共中央关于全面推进依法治国若干重大问题的决定〉辅导读本》，人民出版社 2014 年版，第 40 页。

③ 《中央外事工作会议在京举行》，载《人民日报》2014 年 11 月 30 日第 1 版。

家形象，也会使中国在国际事务的积极参与中确立法治自信。这种方式还能够促进中国法治与国际法治的良性互动，在国际法治的建立和运行中更为妥当的表达和维护中国的利益，国际法治也会因中国的积极参与呈现出更加平衡和全面公正的状态。

当中国建成法治国家、实现法治强国，在国际上显现出法治国家良好形象时，我们在全球治理中的地位和作用会得到革命性的提升。

第八，积极开展法律外交。"法律外交"是观察和思考外交问题的一个新的视野，是处理对外关系的一个新的维度。法律外交是与政治外交、经济外交、文化外交、军事外交、政党外交等同样重要的外交事务。"法律外交"不仅包括传统外交中的涉法活动，比如司法协助、签订条约、国际诉讼等，还是指以法律为内容、机制和媒介的外交活动，也就是将法治思维和法治方式贯穿在外交活动之中，善于将某些外交问题转化为法律问题、将涉外矛盾纠纷转化为司法个案，以法律的规则和程序处理外交事务、依法化解外交纠纷，转变外交方式方法，开辟外交工作新局面。要顺应国际关系法治化的大趋势，善于将政治、经济、文化、军事、环境等方面的问题，作为法律议题开展外交活动。事实上，联合国等国际组织和西方大国都将法律外交作为其外交的重要内容，放在政策和策略的关键领域。要善于运用法治的方式解决国家之间的矛盾、区域之间的矛盾、利益集团间的矛盾，通过积极开展法律外交来推动国际法治，有助于在扩大共识、求同存异的前提下维护和平、促进发展和加强合作。外交是一门艺术。将某些外交问题转化为法律问题，一方面可以淡化政治意识形态，外交实践屡次证明，政治意识形态过于明显就会在国际关系中处于被动地位；另一方面，可以通过法律渠道和方法实现定分止争，实现矛盾转移，或者将问题锁定在法律层面，或者将某些矛盾转化为"司法个案"。通过法律外交能够促进我国与各国在法治问题上进行有益的交流，对于增进了解，扩大共识，加强国内和国际两级法治具有积极意义。从这个意义上，法律外交必将促动我国外交事业向更高的层次全面发展。善于运用法律外交化解"中国威胁论"，争取外交主动权。法律外交的交往方式是平等的、稳定的、长期的，是以规范为基础的，对于法律的尊重和遵守，会让国外对我国有更多的信心，会让世界更相信我国是一个不会称霸、热爱和平、信守承诺的负责任大国。法律外交还可以使我们的国家利益和外交主张更具有正当性、合法性，更具有说服力，更容易得到国际社会的认可，因此可以掌握外交中的主动权。

全球化时代的中国法治[*]

　　认清时代特征，把握时代精神，顺应时代潮流，对于实施依法治国、建设社会主义法治国家的战略是极其重要的。当下，人们用各种各样的术语来表征我们所处的时代，如"知识经济时代"、"信息时代"或"网络化时代"、"权利时代"、"生态复兴时代"等等。这些概括和命题都从一个侧面揭示了我们这个时代的特征。我认为，在各种各样对时代特征的概括当中，"全球化"这一概括可能是最具有普适性和共识性的。我们生存的这个世界正在发生着历史性变迁，全球化正在有力地改变着人类的生产方式、生活样式和生存状态，也在深刻地影响着人类社会的经济、政治、法律制度及其变迁。在这样一个全球化时代，无论是观察和处理经济问题、文化教育科技问题，还是观察和处理政治问题、军事问题、外交问题，我们都必须有全球意识、全球视野、全球眼光、全球思维，要有全球化的问题意识、应对全球化的战略意识。同样，依法治国，建设社会主义法治国家的一些根本性问题也必须在全球化的背景中和全球治理结构中加以研究和解决。

一、全球化的基本方面与特征

　　全球化是个综合概念、全方位的概念，表征的是人类活动范围、空间范

---

　　* 本文发表于《吉林大学社会科学学报》2005 年第 2 期。

围和组织形式的扩大，从地方到国家再到世界范围，全球化表征人类社会的综合性发展趋势。有人认为，全球化只是经济的全球化；我们则认为，全球化至少包括以下五个方面：经济全球化，公共事务全球化，人权全球化，环境全球化，法律全球化。这五个方面推动着我国法治的变革。

（一）经济全球化

十多年前人们也许有理由说，经济全球化是一种理论假设，一种未来发展趋势，那么，1995 年世界贸易组织的成立，2001 年占世界人口 1/5 的中国加入世贸组织之后，就必须承认经济全球化已经成为现实。2004 年 4 月 23 日，尼泊尔加入世界贸易组织，使世贸组织成员达到 147 个，还有 30 个国家在排队准备加入；世贸组织覆盖的贸易量占世界贸易的 97% 以上，这是经济全球化的重要现象。

经济全球化的基本标志是国际统一大市场的形成和维护。国际统一大市场具体表现为：第一，"世界工厂"纷纷出现，很多产品的生产往往分散在世界各地。例如，计算机、轮船、飞机。2004 年 6 月 11 日，空中客车公司与中国航空工业第一集团在法国签署一项价值为 1 亿美元的工业合作协议，其中包括世界上最大客机空中客车 A380 的转包生产。这是中国企业首次参与世界上最大客机 A380 的制造。跨国公司、地区经贸集团迅猛发展，建立在新型国际分工之上的全球经济纽带空前紧密。第二，在世界经济体系中关税障碍将大幅度消减。据统计，目前世贸组织成员的平均关税水平为 6% 左右，最近几年还将大幅度下降，在计算机、电信设备、集成电路等高新技术领域有可能实现零关税，非关税壁垒（诸如进口配额和许可证）会受到全面限制以至最终取消。第三，各个国家的电信、银行、保险、证券、期货、商业零售批发、国内贸易、旅游、律师、会计、广告、影视、教育等服务业的投资将空前开放，对外国商人的限制将越来越少。第四，货币、商品、技术、人员更自由地、更快捷地跨境流动。2003 年 11 月，我考察欧洲国家时，深切地体验到欧盟国家之间已经是"有国界而无边界"，而国界也越来越具有象征意义。第五，金融市场国际连接，资本正在以全球化方式优化组合，资本越来越跨越国界和疆界自由流动，据世界银行和国际货币基金组织统计，进入本世纪以来全球跨国投资总计一万多亿美元。第六，经济活动自由化，经济自由化首先体现为贸易自由化，包括货物贸易自由化、服务贸易自由化、投资贸易自由化、知识贸易自由化，同时体现为生产自由化、消费自由化、经济体系自由化。自由是任何贸易的基础和前提，是市场经济的本质。贸易和经济自由内在地包含着经济领域的公平竞争。世贸组织的宗旨就在于维护公平的贸易自由，所以它禁止垄断，反对贸易壁垒，反对以补贴、倾销等方式限制自由而公平的竞争，尤其是反对政府对自由竞争的干预。

（二）公共事务全球化

所谓"公共事务"是指经济事务之外的事务，诸如文化、教育、政治、军事、外交等。经历了20世纪公共事务的国际化、区域化进程，在21世纪，公共事务越来越具有涉外性、跨国性，越来越呈现出全球性趋势。

公共事务的全球化将日益呈现出这样一些特征：第一，利益关系的人类化，超越民族国家的人类普遍利益与日俱增，例如消灭贫困，控制人口，维护生态平衡，和平开发陆地与海洋资源，外层空间的合作探索，等等。第二，教育全球化，表现为跨国性、全球性教育机构越来越多，留学生人数剧增。仅以我国为例，自1978年到2003年各类出国留学人员共计70.2万人，来华留学人员61.9万人。2003年出国留学11.73万人，来华留学7.77万人。教育全球化深刻地影响着综合性全球化趋势。第三，从前属于一国内部的公共事务现在成为国际公共事务的一部分，国际公共事务与国内公共事务大面积交叉和重叠，许多公共事务难以在一个主权国家内部单独得到解决，而往往需要国家之间开展双边合作、多边合作、甚至国际社会整体合作。第四，惩治跨国洗钱等经济犯罪，打击制毒贩毒，控制偷渡，打击恐怖行为，参与（联合国）维和行动，防止大规模杀伤性武器扩散，军控与裁军。第五，国际关系的民主化。国际关系的民主化指各国的事情应由各国人民自己决定，世界上的事情应由各国平等协商。国际关系的民主化是世界格局多极化的必然要求，也是民主这种处理公共事务的程序、技术、制度的延伸和张扬。

（三）人权全球化

由于经济的全球化和公共事务的全球化带来了社会生活的全球横向交融，人权事务也在全球化的总体背景之下呈现全球化的趋势。

人权全球化突出地表现为：

第一，人权问题的全球化。在地球上任何一个角落产生的人权问题都会获得全球性的关注，各国媒体都会纷纷进行报道和评论，有关国家、国际组织就会介入，人权问题就不再纯然是一个国内法律和政治层面的问题，在很大程度上要受国际舆论和国际压力的左右。例如，发生在 20 世纪 60—80 年代南非的种族歧视和种族迫害，前南斯拉夫的种族屠杀，美国占领军虐待伊拉克战俘，等等。

第二，人权理论与人权观念的全球化。人权最初是一个西方的概念，它的界定和包含的内容与西方的社会背景有着极为密切的关系。在人权全球化的过程中，非西方的学者就开始反思和诘问这些观念：人权的来源、人权的内涵、人权的实现方法都在受到考验。在这个过程中，人权的范围扩大了，人权的兼容性提高了，人权的实现途径多元化了。关于"第一代人权"、"第二代人权"、"第三代人权"的提法表明在人权全球化过程中对于传统人权理论的重大革新。以往的人权只讲自由，讲国家不要轻易干涉个人的行为，所以人权的范围也就限于表达自由、选举权利这一类的政治与公民权，这是植根于西方传统的，是第一代人权；在东西方对垒的时期，东方责备西方只注重提升自由，却导致了贫富分化和社会失衡，所以人权又加入了工作、报酬、受教育等内容，这是植根于社会主义传统的，被称为第二代人权；当殖民地纷纷独立、兴起新的民族国家之后，又出现了注重整体发展水平、实现国际均衡的号召，所以出现了自决权、发展权之类的集体人权，被人们称为"第三代人权"。人权的理论如果只是在一个地区内发展，很显然不会有这样的蓬勃景象。在人权全球化的过程中，各地人民对人权的渴望增强，人权意识整体提高，人权的理论在全球的范围内探讨和升华，人权的观念在全球的范围内普及和深化。这也是理所当然的事。

第三，人权规则的全球化。也就是在全球的维度上建立起共同的规则。国际社会通过不同的方式在不同的人权领域构建起了一系列国际立法。这些法律具有引领各国设立和修订其内部的人权规则体系的作用，衡量各国的国内人权水准的功能，供各国共同遵守的一般标准的意义。这些规范是人权全球化的重要尺度，是人权的全球化由理想转变为现实的坚实基础。

第四，人权管理体制化。其包括三个梯次：第一梯次，全球普遍性的人权法制。目前，世界上有很多普遍性国际组织致力于解决人权问题，其中尤以联合国最为引人瞩目。联合国依靠其广泛的成员国范围、全面的职责领域而在国际关系中扮演着重要角色。在人权方面，联合国积极主持和参与了一系列活动，包括通过决议、制定公约、监督国家行动等等，为推进世界人权事业的发展起到了重要的作用。联合国下属的有关机构，如世界卫生组织、国际劳工组织、国际海事组织等也都在人权领域颇有作为。新建立的国际刑事法院实际上也是一个全球性的人权机构。与此同时，随着全球化、全球治理理论与实践的兴起，大量的非政府组织也活跃在人权领域。第二梯次，区域性的人权法制。普遍性的人权体制虽然存在着覆盖面广的优点，但是由于国家之间的发展水平和文化背景的差异，求得大量的人权共识经常是很难的。鉴于此，很多具有相同或相似历史文化背景的国家就会在彼此之间构建特殊的国际人权体制。这种尝试在同一地理区域的国家之间较为成功。现在，欧洲、美洲、非洲国家已经建立起了区域性的人权法制体系，其中欧洲的区域人权合作是一个典范。第三梯次，国家间或区域间的人权合作。有一些国家和地区之间虽然不属于同一个地理区域，但是由于某些历史或者其他原因，也在进行着人权方面的合作。①

（四）环境全球化

环境是人类生存和发展的基础。自工业革命以来，无论是先发达国家

---

① 吉林大学法学院副教授何志鹏博士对人权全球化进行过系统研究，并发表过多篇主题论文。在写作本文的过程中，作者曾与何志鹏博士进行过多次探讨，并采纳了他的诸多重要观点。

还是后发达国家和发展中国家，其经济成果的取得都相伴着资源的巨大消耗和日益严重的环境污染，而且这样的情况仍在持续和蔓延。联合国发表的《2000年全球环境展望》（*Global Environment Outlook—2000*）报告指出：环境发展会议召开以来，一些国家成功地抑制了污染并使资源退化的速度放慢，然而总体情况是全球环境趋于恶化。在工业化国家，许多污染物，特别是有毒物质、温室气体和废物量的排放仍在增加，这些国家的浪费型生产和消费方式基本上没有改变。在世界许多较贫穷的区域，持续的贫穷加速了生产性自然资源的退化和生态环境的恶化。在21世纪，地球将越来越干旱、燥热、缺水，气候的反复无常只会越来越多，人类消耗地球资源及破坏环境的速度使实现可持续发展面临的挑战日益严峻。由于缺水，土地退化，热带雨林被毁坏，物种灭绝，过量捕鱼，大型城市空气污染等，环境呈现全面危机。报告指出，今后25年世界将出现淡水短缺，中东和亚洲可能会因为水源短缺而引发水的争夺战。欧洲各大城市也有一半正在过度挖掘水源，印度、中国这两大人口大国的地下水位也日益下降。报告还指出，温室效应已经成为地球的一大危机。其实，对于人类征服自然会遭到自然报复的问题，恩格斯早就向人们提出过警告，他曾说："我们不要过分陶醉于我们人类对自然界的胜利。对于每一次这样的胜利，自然界都对我们进行报复。每一次胜利，起初确实取得了我们预期的结果，但是往后和再往后却发生完全不同的、出乎意料的影响，常常把最初的结果又消除了。美索不达米亚、希腊、小亚细亚以及其他各地的居民，为了得到耕地，毁灭了森林，但是他们做梦也想不到，这些地方今天竟因此而成为不毛之地，因为他们使这些地方失去了森林，也就失去了水分的积聚中心和贮藏库。"①

对于环境问题科学家们从20世纪60年代就发出警告。科学家的提醒引起各国政治家们对环境和资源问题的关注：为了解决人类发展与环境问题，1987年，联合国世界环境与发展委员会提出了题为《我们共同的未来》的一个报告，其中提出了"可持续发展"的模式。1992年，联合国"环境与

———————
① 《马克思恩格斯选集》第4卷，人民出版社1995年版，第383页。

发展大会"（里约会议）通过"可持续发展战略"，并于 6 月 14 日通过了《21
世纪议程》。可持续发展实质上是"生态—经济—社会"三维复合系统整体
的可持续发展，其主旨是协调人类经济活动和生态环境资源的发展关系，寻
求经济与人口、资源、环境、生态之间的相协调的可持续发展。1997 年，
联合国还召开了第十九届特别联大，以审议里约会议 5 年后的进展，特别是
执行《21 世纪议程》的情况。2002 年 8 月 26 日至 9 月 4 日，联合国可持续
发展会议在南非约翰内斯堡召开，会议重申了为了世代延续的发展而不断努
力的决心，审议了可持续发展战略的实施情况，既指明了希望，也表现了
忧虑。

环境全球化包括两个方面：一是环境问题的全球化；二是解决环境问题
的国际合作。为了应对环境全球化，国际社会采取了一系列措施，主要有：
第一，在地域上相邻、属于同一区域或者对于某些环境和资源具有共同利益
的国家之间通过签署条约，约定在保护环境和使用资源方面的权利与义务；
第二，联合国和其他国际组织经过大量努力，在环境和资源领域通过了一系
列国际法律文件，约束国家的有关行为。第三，非政府间国际组织（NGOs,
如可持续发展国际学会、国际绿色和平组织等）对于督促和监控环境保护，
反抗一些国家和企业的破坏生态的行为，建议国内和国际立法，宣传和教育
环境保护及可持续发展的重要意义，起到了重要的作用。第四,一系列国际
环境资源争端处理案件（如美国—加拿大特雷尔冶炼厂案、①印度—美国博
帕尔毒气泄漏案②等），逐渐融入国际法中，成为国际社会处理环境、资源、
发展问题不能回避的法律指南。第五，作为世界上涉及国家、地区最多、影
响最深刻的经济贸易组织，世界贸易组织一直是把环境问题与经济和贸易连
接起来加以处理的。世界贸易组织从成立的那一天，即在《关于建立世界贸
易组织的马拉喀什协议》中就将自由贸易与环境保护作为重要指导原则。在
世贸组织处理的案件中，也强调各国政府完全有权利也有义务保护人类、动

---

① 案情参见陈致中编：《国际法案例》，法律出版社 1998 年版，第 272—278 页。
② 案情参见王曦编：《国际环境法》，法律出版社 1998 年版，第 35—36 页。

植物生命和健康，采取措施来保护可能用竭的自然资源。此后，世贸组织越来越重视抑制贸易中不利于环境的消极方面，并试图以贸易规则来促进环境保护。《与贸易有关的知识产权协定》(TRIPs) 明确规定对有害于环境的"发明"可以拒绝授予专利权，以防止有害于环境的发明、生物学方法的商业应用。世贸组织还建立了贸易与环境委员会，协调贸易与环境的关系，并将环境保护作为世贸组织的新任务和工作的新方向。

（五）法律全球化

法律全球化趋势主要表现为：第一，法律的"非国家化"（denationaliza-tion)，法律并非都是由主权国家制定的，越来越多的法律将由各种各样的经济联合体、知识产权组织、环境保护组织、新闻媒介联合体等"非国家"的机构制定。例如，《国际贸易术语解释通则》就是由国际商会编订的。第二，法律的"标本化"或"标准化"（modelization)。由联合国、国际组织、经济联合体制定一些法律范本，提供给各个国家作为立法的标本或参照。第三，法律的"趋同化"。"所谓法律趋同化，是指调整相同类型社会关系的法律规范和法律制度趋向一致，既包括不同国家的国内法的趋向一致，也包括国内法与国际法的趋向一致。世界范围内的法律趋同首先表现在民商法领域。"在商务、金融、知识产权等领域，法律的趋同速度之快、程度之高，超出了人们的预料和想象。第四，法律的"一体化"或法律的"世界化"。所谓法律一体化，是指全球范围内法律规范的相互联结，国际法与国内法之间的界限正在变得模糊不清，而这种联结的实现就在于国际法高于国内法的信念已得到普遍的确认。法律的一体化还意味着某些"全球性法律"、"世界性法"的出现。① 必须承认：法律全球化在目前仍是一个进程、一个过程、一种趋势；法律全球化并不是所有法律的全球化，那些不具有涉外性、国际性的法律不可能也根本没有必要"化"为"全球性"或"世界性"法律；法

---

① 车丕照：《法律全球化——是现实？还是幻想？》，见陈安主编：《国际经济法论丛》（第4卷），法律出版社 2001 年版，第 32—33 页。

律全球化并不意味着国家主权概念的过时或消失，而只是意味着主权概念的进步和丰富，各国之间的法律仍将呈现多样性、多元化；各个国家均应当警惕和制止少数或个别国家借助法律全球化的名义而推行政治霸权主义和法律帝国主义。

二、应对全球化，进一步推进法制变革

经济全球化、公共事务全球化、人权全球化、环境全球化和法律全球化对我国的法制建设来说，既是机遇，也是挑战。中国法制正在发生第三次深刻的变革。

改革开放以来，中国法制经历了三次标志比较明显的变革。第一次变革发生于20世纪70年代末至80年代初，以1982年《宪法》的修订为标志。1978年，具有深远历史意义的中共十一届三中全会胜利召开。全会针对"文化大革命"导致的法制荡然无存、民主化为虚有、人权普遍受到践踏、社会混乱不堪、广大群众民不聊生的局面，果断否定以阶级斗争为纲的错误路线，提出以经济建设为中心的战略方针。与此同时，全会明确提出要加强社会主义民主、健全社会主义法制。全会之后，在一年时间内，制定了《刑法》、《刑事诉讼法》，紧接着就开始修改宪法（也可以说是重新制定宪法）；制定、修订了《地方各级人民代表大会和地方各级人民政府组织法》、《全国人民代表大会和地方各级人民代表大会选举法》、《人民法院组织法》、《人民检察院组织法》；1982年，新《宪法》出台。宪法和这些基本法律以恢复社会秩序、保障人权、民主法律化、制度化为核心。特别是1982年《宪法》规定：公民在法律面前一律平等；公民的人身自由不受侵犯；公民的人格尊严不受侵犯；公民的住宅不受侵犯；公民的通信自由和通信秘密受法律的保护；公民有劳动的权利和义务，有休息的权利等等。

1982年《宪法》和《刑法》、《刑事诉讼法》的这些保障民主和基本人权的规定今天看来不过是常识性的法律原则，是世界上一切文明的民族普遍承认的法律精神，我们还可能认为这些规定显得不够充分、不够具体，带有很大的局限性。但是，在当时，我们的立法者、我们的领导人敢于突破理论上、政治上的禁区，实在是了不起的伟大变革，标志着法治春天的曙光。

第二次变革发生于 20 世纪 90 年代，以建立社会主义市场经济法律体系为标志。从 80 年代中期开始，中国经济体制朝着商品经济、市场经济的方向改革。1992 年，在邓小平南方重要谈话的推动下，中共十四大提出建立社会主义市场经济体制的战略方针。为适应市场经济的需要，在观念更新、理论变革的推动下，我国很快抛弃了由计划经济所决定的法律和政策，其主要标志是连续三次（1992 年、1999 年、2004 年）修改了与社会主义市场经济、民主政治以及全球化趋势不适应的宪法条款。诸如，在序言中明确宣布我国将长期处于社会主义初级阶段，党和国家的一切政策都要从社会现实条件出发；确立市场经济的合法地位，为社会主义市场经济的建立和发展提供宪法保障；将"国营经济"改为"国有经济"，一方面明确了所有制关系，另一方面表明国有经济的实现方式并非一定要由国家经营，体现了所有权与经营权分离的改革精神；规定"国家在社会主义初级阶段，坚持公有制为主体、多种所有制经济共同发展的基本经济制度，坚持按劳分配为主体、多种分配方式并存的分配制度"；宣布并肯定个体经济和私营经济等非公有制经济是社会主义市场经济的重要组成部分；明确宣布"国家尊重和保障人权"，"合法的私有财产不受侵犯"等等。

与修改宪法同步，我国中央和地方立法机关普遍加快了市场经济立法特别是民商法的制定。在短短几年内，我们制定和全面修订了《海商法》、《公司法》、《合同法》、《担保法》、《票据法》、《保险法》、《商标法》、《反不正当竞争法》、《专利法》、《著作权法》、《证券法》、《合伙企业法》、《消费者权益保护法》、《继承法》等一批市场经济急需的法律，并开始着手制定《物权法》、《民法典》等基本法典。这些民事、商事法律以确认、保护和发展公民和法人的权利为立法精神，比较充分地体现了财产所有权一体保护原则、契约自由原则、利益竞合原则、公平竞争原则、经济民主原则、诚实信用原则、保护弱者及弱势群体原则、维护社会正义原则、责任自负原则、违法行为法定原则。这些法律的制定为我国社会主义市场经济的发展创造了比较公平、高效和安全的环境，在规范、引导、保障、推进市场经济方面发挥了并正在发挥着积极作用。

目前，我国正在发生的是第三次法制变革，它是在全球化的推动下发生的。我国在加入世贸组织前后自上而下进行的大规模法律法规规章清理，根据世贸组织协定进行的法律法规规章修改，以及中国加速融入全球治理结构，标志着第三次法制变革的开始。这次法制变革的基本内容包括：

（一）根据法治国家政治文明、和谐社会的建设目标，借鉴全球法治文明成果，改革政治法律体制

首先，根据中国共产党提出的依法执政、依法行政、依法司法的基本原则，理顺各级党委与立法机关、执法机关和司法机关的关系，保证国家机关独立负责地行使其立法、执法和司法的职能。其次，理顺立法、执法、司法等法律系统之间的关系，以及各法律系统内部上下左右的关系，大力改革国家机关设置、组织、管理和运行的制度和程序。通过这两个"理顺"，完善和创新人民代表大会制度，建立法治政府，推进司法体制改革，加快宪政步伐。再次，科学界定法治与社会自治、政治国家与市民社会的关系，一个以市场为中心的平等、自由和协商的社会领域，始终是法治国家的根基所在。为此，宪法应当扩大人权范围，加强人权保护，排除公共权力对公民权利和自由的不当介入；司法机关必须为公民的权利提供有效的救济手段。

（二）法律体系重构

法律体系重构涉及两个方面：一是体系的外部方面，二是体系的内部方面。从外部方面将破除国内法与国际法的人为界限，在经济、政治所需要的领域实现与世界法的接轨。在法律全球化时代，我们首先面临的是如何协调国内法与国际法的关系。在过去一个相当长的时期，由于我们在理论上固守传统的"国家本位"、"主权至上"，所以在国内法与国际法的关系上不加区别地认定国内法高于国际法。后来，为了适应对外开放的需要和国际交流与合作的要求，借鉴世界上一些国家的立法经验，我国《民法通则》规定：

"中华人民共和国缔结或者参加的国际条约同中华人民共和国的民事法律有不同规定的，适用国际条约，但中华人民共和国声明保留的条款除外。中华人民共和国法律和中华人民共和国缔结或者参加的国际条约没有规定的，可以适用国际惯例"（第8章第142条）。《民事诉讼法》规定："中华人民共和国缔结或者参加的国际条约同本法有不同规定的，适用该国际条约的规定，但中华人民共和国声明保留的条款除外"（第24章第238条）。这些规定实际上宣布在涉外民事关系的法律适用上国际法高于国内法。我国《行政诉讼法》规定："中华人民共和国缔结或者参加的国际条约同本法有不同规定的，适用该国际条约的规定。中华人民共和国声明保留的条款除外"（第10章第72条）。这一规定表明我国在行政法领域同样实行国际法优于国内法的原则。这是明智的立法。我们已处在全球化的时代，国内法与国际法的联系从来没有像今天这样密切。"条约必须遵守"是一条公认的基本原则，一个国家缔结或者参加某项国际条约，就意味着承诺在享受条约赋予的权利的同时必须履行条约规定的义务。立法机关处理国内法与国际法的关系一般有两种方式：一是通过制定新法律或者修改已有法律把国际法转化为国内法的一部分；二是在有关的法律中明确规定当国内法与已经缔结或者参加的国际条约、已经认可的国际惯例出现冲突时，国内法服从国际法（即依照国际条约和国际惯例行事）。这是法治文明的体现，也是世贸组织的基本要求，更是国际法治社会的基本原则，我国作为开放的、文明的、步入法治社会的大国应当树立守法自律的形象和尊严。

从内部方面来说，就是调整各法律部门在法律体系中的地位和作用。法律体系的重构是对法律体系内部各组成部分（法律部门）进行的根本调整，以使这个体系如实地反映社会主义市场经济、民主政治和精神文明的现实，适应依法治国、建设社会主义法治国家的客观需要，适应全球化的时代趋势，更加符合人民群众的权利要求。改革开放初期的中国法律体系是公法私法不分，以刑为主。这是以阶级斗争为纲和实行计划经济体制的必然要求。随着以阶级斗争为纲转向以经济建设为中心，计划经济体制转向市场经济体制，必须强调宪法统领之下的公法与私法分化，并强调以保护私权为宗旨的民法为主体重构社会主义法律体系，改变法律对社会经济、政治和文化的调整机制，即从罪与罚的强制性调整方式转换为权利和义务的协调性调整方式。

（三）法的精神转换

法的精神是法律制度的灵魂或中枢神经。它支配着对社会经济、政治、文化进行的法律性制度安排，指引和制约着对法律资源因而也包括其他资源的社会性配置。传统法的精神是自然经济或计划经济的产物，是与政治上的专制主义或极端的人治体制相适应的，是国内法理念的本质体现。现代法的精神应当是与市场经济、民主政治、精神文明、生态文明相联结的，是与全球化的本质规律和发展趋势相适应的理性精神和价值原则。在当今时代，现代化与全球化是一个问题的两个方面，现代化的发展过程与全球化的发展过程是完全同步的。可以肯定地说，在未来的法律发展进程中，我国法律的现代精神、全球精神、人类文明普适精神、法律共同体的职业精神将更加鲜明，更进一步贯通整个法律体系和法律的运行机制。

责任编辑：张伟珍
装帧设计：周方亚
责任校对：吕　飞

图书在版编目（CIP）数据

法治的中国实践和中国道路 / 张文显 著 . — 北京：人民出版社，2017.8
　（2018.8 重印）
（中国法治实践学派书系 / 钱弘道主编）

ISBN 978 - 7 - 01 - 018093 - 9

I.①法… 　 II.①张… 　 III.①法治 - 研究 - 中国 　 IV.① D920.4

中国版本图书馆 CIP 数据核字（2017）第 205096 号

法治的中国实践和中国道路

FAZHI DE ZHONGGUO SHIJIAN HE ZHONGGUO DAOLU

张文显　著

人民出版社 出版发行
（100706　北京市东城区隆福寺街 99 号）

北京新华印刷有限公司印刷　新华书店经销

2017 年 8 月第 1 版　2018 年 8 月北京第 2 次印刷
开本：710 毫米 × 1000 毫米 1/16　印张：29
字数：428 千字

ISBN 978 - 7 - 01 - 018093 - 9　定价：88.00 元

邮购地址 100706　北京市东城区隆福寺街 99 号
人民东方图书销售中心　电话：（010）65250042　65289539